Robert Shapiro
Schöpfung und Zufall

Robert Shapiro

SCHÖPFUNG UND ZUFALL

Aus dem Amerikanischen
von Wolfgang Rhiel

C. Bertelsmann

Die amerikanische Originalausgabe ist unter dem Titel
»Origins – A Skeptic's Guide to the Creation of Life on Earth«
bei Summit Books/Simon & Schuster, New York, erschienen.

1. Auflage

Satz: IBV Satz- und Datentechnik GmbH, Berlin
Druck und Bindung: Mohndruck Graphische Betriebe GmbH, Gütersloh
Printed in Germany
ISBN 3-570-04894-2

Inhalt

Vorwort

Die Regale ächzen unter der Last der Bücher über den Ursprung des Lebens. Über diese Frage ist ohne Zweifel schon diskutiert worden, bevor die Schrift erfunden wurde. Und seither haben sich die Autoren mit Antworten auf das Rätsel unseres Ursprungs nicht zurückgehalten. Warum füge ich dann dieser Sammlung noch ein weiteres Buch hinzu? Weil Bedarf besteht an einer eindeutigen, der breiten Öffentlichkeit verständlichen Darstellung dessen, was die Wissenschaft über die Anfänge des Lebens weiß und nicht weiß.

Erstaunlicherweise ist bisher keine angemessene wissenschaftliche Erklärung für das Problem aufgetaucht, trotz der vielfältigen Anregungen und des enormen Fortschritts, den die Wissenschaften auf so vielen anderen Gebieten gemacht haben. Es fehlen nicht nur nähere Einzelheiten über den Beginn des Lebens auf der Erde, man hat das Grundprinzip noch nicht erfaßt. Viele Bücher zum Thema versäumen in ihrem Bemühen, einen bestimmten favorisierten Ansatz zu verteidigen, den Leser über diesen zentralen Punkt aufzuklären.

Obwohl es keine umfassende Antwort gibt, ist doch eine faszinierende Geschichte zu erzählen. Inwieweit haben sich die bisherigen Theorien als unzureichend erwiesen? Was hat die Verfechter verschiedener Lösungen bewegt, ihre Antworten als endgültig hinzustellen? Viele Streitfragen sind aufgekommen zwischen den Befürwortern konkurrierender Standpunkte, von einer Debatte zwischen Wissenschaftspriestern im 18. Jahrhundert über Ereignisse im Kalten Krieg bis hin zur heute noch immer andauernden Kontroverse der Anhänger der Schöpfungslehre. Die Geschichte dieser sehr menschlichen Begebenheiten liefert einen wichtigen Hintergrund für das Verständnis sowohl der sozialen Problematik wie auch der wissenschaftlichen Schwierigkeiten, denen sich dieses Forschungsfeld heute gegenübersieht. Denn letztlich ergibt sich das zentrale Problem aus der Beschäftigung mit den bestehenden Alternativen und den Argumenten, die vorgebracht werden, um sie zu fördern.

Hat man dieses Problem einmal aufgezeigt und sich ihm gestellt, ist der Weg frei für neue Spekulationen. Ich habe mich der Versuchung nicht widersetzt, eigene Anregungen zu geben. Doch sollen sie nicht als endgültige Wahrheiten gelten, sondern als Anreiz zu weiterem Forschen, um zu vermeiden, daß das Gebiet mit neuen Dogmen befrachtet wird. Schließlich sind Anregungen für Experimente gemacht worden, die bei der Lösung der anstehenden Schwierigkeiten von Nutzen sein könnten.

Das Buch beginnt mit einem Prolog, der dem Leser eine gewisse Vorstellung von der gewaltigen Vielfalt der Gedanken geben soll, die sich der Mensch schon über den Ursprung des Lebens gemacht hat. Dazu gehört die weitverbreitete Idee, bei welcher der Blitz und ein Gebräu aus Chemikalien auf der noch jungen Erde eine Rolle spielen, und andere, die sich auf Vorfahren aus Ton berufen, auf die Herkunft des Lebens aus dem All und auf das Eingreifen eines intelligenten Schöpfers (vorgebracht in einem eher wissenschaftlichen als religiösen Rahmen).

Für eine eingehendere Untersuchung dieser und anderer Möglichkeiten braucht man etwas Hintergrundwissen. In Kapitel 1 wird zwischen mythologischen und wissenschaftlichen Ansätzen zu diesem Problem unterschieden und auf die entscheidenden Kriterien hingewiesen, denen eine befriedigende wissenschaftliche Antwort genügen muß. In Kapitel 2 werden die Hauptmerkmale des Lebens auf der Ebene der Zellen und Moleküle beschrieben, wobei wir uns einer Vorgehensweise bedienen, die ein Sichtbarmachen dieser Merkmale möglich macht. Kapitel 3 befaßt sich mit der Frühgeschichte des Lebens auf diesem Planeten, wie es sich aufgrund von Fossilienfunden und radioaktiven Datierungsmethoden darstellt. Leser, die mit einem oder mehreren dieser Themen vertraut sind, können diese Kapitel überspringen und weiter hinten einsetzen.

In den Kapiteln 4 bis 10 werden die heute prominenten Theorien behandelt, sowohl die Inhalte als auch die oft turbulenten Umfelder. Sie werden verglichen mit dem Standard, den wir in Kapitel 1 für eine fundierte wissenschaftliche Arbeit beschrieben haben. Wir halten fest, was sie uns über den Ursprung des Lebens sagen und zu sagen versäumen. In Kapitel 11 wird anhand des Berichts über eine bedeutende internationale Konferenz dargestellt, wie diese Theorien heute nebeneinander existieren können. Der letzte Teil des Buchs enthält spekulative Anregungen bezüglich des Ursprungs und der Entwicklung des Lebens und empfiehlt Studien, die uns der Antwort vielleicht näherbringen.

Das leitende Interesse dieser ganzen Suche ist der wissenschaftliche Ansatz, die damit verbundene Sichtweise der Welt und die daraus resultierenden Forschungsmethoden. Wenn dieses Buch den Leser nicht nur über das ungelöste Rätsel unseres Daseins staunen läßt, sondern ihn auch dahin führt, daß er den Zweifel dem Dogma vorzieht und eine angemessene wissenschaftliche Praxis zu schätzen weiß, dann habe ich meinen Zweck erreicht.

Ich bin allen zu Dank verpflichtet, die mir bei der Vorbereitung dieses Buchs geholfen haben. Mehrere Wissenschaftskollegen waren bereit, mit mir über ihre Ideen zu sprechen, oft sehr ausführlich. Zu ihnen gehörten Graham Cairns-Smith, Francis Crick, Donald DeVincenzi, Gerald Feinberg, Jim Ferris, Sidney Fox, Hyman Hartman, Clifford Matthews, Stanley Miller, Leslie Orgel, Cyril Ponnamperuma, Bill Schopf, Alan Schwartz, Charles Thaxton und David Usher. Ich möchte ihnen für die mir gewidmete Zeit und ihre Aufmerksamkeit danken.

Dankbar bin ich auch meinen Agenten John Brockman und Katinka Matson für ihre Unterstützung sowie meinen Sekretärinnen Meredith Storer und Pat Smith. Schließlich möchte ich auch meinem Lektor Arthur Samuelson für seine wertvollen Anregungen zum Buch insgesamt danken.

Prolog: Am Anfang schuf...

Als ich noch ein Kind war, machte ich mir Gedanken darüber, woher ich gekommen war, und so fragte ich meine Mutter. Sie erklärte mir, ich sei in ihrem Bauch herangewachsen. Später stellte ich fest, daß dies der Wahrheit recht nahekam (am Unterschied zwischen Bauch und Uterus wollen wir hier nicht herumkritteln), aber damals konnte ich mich damit nicht abfinden. Denn schließlich erzählte sie mir sehr oft, wenn ich nach Belieben jeden Tag Hamburger äße, würden diese in *meinem* Bauch heranwachsen. Mir mißfiel der Gedanke, mein Anfang sei dem eines Hamburgers vergleichbar, der außer Kontrolle geraten war, und so wandte ich mich von dieser internen Ursprungstheorie der Babys ab und anderen Quellen zu.

Ich wuchs in den 40er Jahren in New York auf, zu einer Zeit, als die öffentliche Empfindsamkeit kein sehr umfangreiches Angebot an Informationen über Sex und Geburt in den Medien zuließ. In Comic strips und Zeichentrickfilmen brachte der Storch die Babys, eine externe Ursprungstheorie. Das kam mir unwahrscheinlich vor. Der Himmel war keineswegs voller geflügelter Boten, trotz der vielen Kinderwagen in unserem Viertel. Außer Tauben und ganz normalen Spatzen waren überhaupt keine Vögel zu sehen, und die waren zu klein, als daß sie eine solche Last hätten tragen können. Selbst wenn die Störche die Babys gebracht hätten, wäre doch die Frage geblieben, woher sie die Säuglinge hatten.

Ich hatte keine Möglichkeit zur direkten Beobachtung, da es damals in der engeren Verwandtschaft keine Schwangerschaft gab, und so dachte ich mir selbst phantastische Geschichten aus. Meine Mutter hatte schon einige Male von Gott gesprochen, auch wenn wir offiziell keiner Religionsgemeinschaft angehörten. Ich stellte mir vor, daß die Babys, wenn irgendein Gremium im Himmel meinte, die Zeit sei reif dafür, einfach auf wunderbare Weise bei ihrer Mutter erschienen. Vielleicht wurde die Mutter vorher irgendwie gewarnt, so rechtzeitig, daß sie ins Krankenhaus gehen konnte, wo das Baby bei seiner Ankunft die nötige Betreuung erhielt.

Ich mußte diese Vorstellung aufgeben, als ich von Gleichaltrigen auf der Straße erfuhr, wie es tatsächlich ist. Die Nachricht mußte sich überfallartig in unserem Viertel verbreitet haben, denn ich hörte die schonungslos offenen, plastischen Einzelheiten von so vielen Seiten gleichzeitig, daß ich überwältigt war. Sehr viel später, als Erwachsener, hatte ich Gelegenheit, die letzten Schleier des Geheimnisses um diesen Vorgang zu lüften, als ich selbst die Geburt meines Sohnes Michael miterlebte. Die Lösung dieses Problems ließ jedoch ein sehr viel größeres entstehen. Ich fragte mich nun nach dem Ursprung meiner entferntesten menschlichen Vorfahren und jener Lebewesen, die vielleicht vor ihnen da waren, am Anfang des Lebens selbst.

Als ich diesem neuen Problem nachjagte, war ich erneut in der Lage eines Kindes: Ich hatte keine Gelegenheit, den Vorgang direkt zu beobachten. Antworten gab es in Hülle und Fülle, aber keine konnte wirklich überzeugen. Ich konnte mir aussuchen, ob ich glauben wollte, daß das Leben wie ein Hamburger im Bauch von Mutter Erde wuchs oder daß geflügelte Boten es von außen gebracht hatten. Meine Kindheitstheorie von der wunderbaren Ankunft war natürlich von anderen schon viel früher aufgestellt worden und erfreute sich nun gewaltiger institutioneller Zustimmung. Die meisten Religionen lehrten, daß das Leben auf diese Weise begonnen habe.

Ich wollte keine religiöse Antwort, und so wandte ich mich erneut an meine gleichaltrigen Freunde. Jetzt fand ich sie nicht mehr auf der Straße, und ich identifizierte mich mit denen, die in den wissenschaftlichen Labors arbeiteten. Doch diesmal konnten sie mir nicht helfen. Es war zu früh; die Nachricht war noch nicht so weit vorgedrungen. Sie hatten sich noch nicht geeinigt, zumindest noch nicht über den wichtigsten Punkt der Geschichte.

Die Wissenschaft gibt uns eine zusammenhängende Darstellung über die Entwicklung des Lebens auf diesem Planeten. Wenn ich anerkenne, daß ich aus einem befruchteten Ei zu einem Baby und schließlich zu dem erwachsenen Menschen geworden bin, der ich bin, dann kann ich auch glauben, daß sich auf der jungen Erde eine einzelne Zelle entwickeln konnte, die der Anfang des Lebens war, wie wir es heute kennen. Es ist äußerst erstaunlich, sich vorzustellen, daß eine einzelne Zelle genügend Informationen enthalten könnte, um *mich* entstehen zu lassen. Habe ich dieses Hindernis erst einmal überwunden, bin ich aufnahmefähig für die größere Vorstellung, daß irgendein primitives Bakterium über vier Milliarden Jahre hinweg die Fähigkeit besaß, uns alle entstehen zu lassen.

Aber wenn wir die Frage stellen, wie denn diese erste Zelle auf der Erde entstanden ist, dann geraten die wissenschaftlichen Erklärungen ins Mogeln und Schlingern, denn die denkbaren Alternativen wachsen um ein Vielfaches. Konkurrierende Theorien gibt es mehr als genug – was immer dann der Fall zu sein scheint, wenn wir sehr wenig über eine Sache wissen. Einige Theorien kommen natürlich mit dem Anspruch daher, *die* Antwort zu liefern. Als solche zählt man sie aber wohl besser zur Mythologie oder Religion als zur Wissenschaft.

Nach alldem kann ich nicht behaupten, daß dieses Buch *die* Antwort bereithielte. Ich schreibe es heute; morgen sieht alles vielleicht ganz anders aus. Die Frage nach unserem Ursprung ist eine ganz besondere Frage, die die Menschen zu allen Zeiten bewegt hat und eine Geschichte unterbreitet, die zu erzählen sehr wohl lohnt. Durch eine Untersuchung der Antworten, die gegeben wurden, können wir ganz behutsam eine Teilantwort auf den Ursprung des Lebens für uns herausfiltern.

Ohne eine eigene Sichtweise können wir keine Fortschritte machen. Aufgrund irgendeines Umstands in meiner Erziehung neige ich dazu, wie ich festgestellt habe, Neuigkeiten gegenüber skeptisch zu sein, wenn ich von ihnen höre. In dieser Beziehung unterscheide ich mich von vielen, die vertrauensvoller sind. Doch es kommt vor, daß ich etwas Neues höre, was mir besonders gut gefällt oder was ich im voraus erahnt habe, und ich nehme es vorbehaltlos an, ohne Zweifel, ganz im Gegensatz zu meiner sonstigen Art.

Ich habe mir einen Protagonisten ausgedacht, der uns bei unserer Suche begleiten wird. Er verkörpert die skeptische Haltung, der ich zuneige, tut dies aber ganz konsequent, ohne menschliche Schwächen. Wir wollen ihn den Skeptiker nennen. Er wird in diesem Buch hin und wieder angerufen, wenn es notwendig erscheint, bei einem besonders prächtig aufgeblasenen Ballon etwas Luft abzulassen. In diesem Kapitel wird ihm allerdings eine noch größere Rolle zufallen. Bevor er aber seine Arbeit aufnimmt, braucht er Vorschriften, einige Regeln, die er auf seine skeptischen Betrachtungen anwendet. Seine Kriterien werden die sein, die ich als Erwachsener für mich selbst auserkoren habe – die der Wissenschaft.

Den Anfang wollen wir mit einer surrealistischen Geschichte machen. Als Kinder verbrachten meine Freunde und ich an Straßenecken und auf Parkbänken Stunden damit, wer die längste und aberwitzigste Geschichte erzählen konnte. Die Geschichten folgten normalerweise einem bestimmten Schema, das wir mit allen möglichen Abenteuern ausschmückten, die uns gerade einfielen. Bei einem dieser Schemata ging es darum, nach der größten Absurdität der Welt zu suchen. Bei einem anderen, das unserem Thema näher ist, war es die Suche nach der Antwort auf letzte Fragen, wie etwa der nach dem Sinn des Lebens.

In einer der typischen Geschichten dieser Art sucht der Held sich eine allerletzte Instanz, die die Antwort kennt. Er bekam beispielsweise den Rat, einen weisen Guru ausfindig zu machen, der auf einem unzugänglichen Berg im Himalaja hauste. Stunden um Stunden echte Zeit vergingen, wenn wir von den jahrelangen Abenteuern des Helden bei seiner Suche nach dem Guru hörten. Er fand ihn schließlich auch und stellte fest, daß sein Äußeres allen Erwartungen entsprach. Der Guru trug ein langes Gewand, hatte ein gütiges Gesicht voller Falten und einen mächtigen grauen Bart. Er saß da und meditierte.

Der Held brachte seine Frage selbstverständlich sofort vor und bekam eine Antwort wie: »Das Leben ist ein Brunnen.« Das stürzte unseren Helden in Verwirrung und Angst, und er platzte nach einigen inneren Kämpfen heraus: »Die Antwort kann doch nicht sein, daß das Leben ein Brunnen ist.« Daraufhin erwiderte der Guru gelassen: »Dann ist das Leben eben kein Brunnen.«

Unser Held in diesem Buch ist selbstverständlich der Skeptiker, und seine Frage ist die nach dem Ursprung des Lebens. Wir wollen auch jetzt die Abenteuer überspringen und gleich zum Kernpunkt vordringen. Der Guru hat inzwischen über seine bisherigen Begegnungen nachgedacht und aus ihnen gelernt. Längere Antworten wurden von den Fragestellern erwartet. Außerdem waren sie oft nicht zufrieden mit den Antworten, die sie bekamen. Er beschloß, eingehender mit ihnen zu arbeiten, um ihnen zu einer annehmbaren Lösung zu verhelfen.

Als der Skeptiker seine Frage stellte, bot der Guru an, er werde sich um eine Antwort bemühen. Sollte der Skeptiker nicht zufrieden sein mit dem, was er hörte, sollte er am nächsten Tag wiederkommen, und der Guru würde es erneut versuchen. Der Guru war bereit, es eine ganze Woche so zu machen, wenn nötig. Dann würde er sich anderen Dingen widmen müssen.

Das Angebot wurde angenommen, und der Guru begann noch am selben Tag, einem Montag, mit seiner Antwort.

Die Montags-Geschichte

Das erste Lebewesen, von dem wir wissen, hieß Vater Rabe. Er schuf alles Leben auf der Erde und war der Ursprung von allem. Er war eine heilige Lebenskraft, hatte zuerst die Gestalt eines Menschen und wurde dann zu einem Raben.

Er erwachte plötzlich zu Bewußtsein und kauerte, wie er feststellte, in der Dunkelheit. Er wußte weder, wie er entstanden war, noch, wo er war. Um ihn herrschte völlige Dunkelheit, so daß er nichts sehen konnte. Er tastete sich in der Finsternis vorwärts, fühlte aber nur kalten Ton. Dann erkundete er mit den Händen sein Gesicht und den Körper und merkte, daß er ein Lebewesen war, ein Mensch. Oben an der Stirn hatte er außerdem einen kleinen, harten Knoten, der sich eines Tages zu einem Schnabel entwickeln würde, aber davon wußte er nichts.

Vater Rabe kroch auf dem Lehm umher und erkundete die Umgebung. Dabei stieß er auf einen harten Gegenstand, den er instinktiv vergrub. Er tastete sich weiter, kam plötzlich an einen Rand und machte kehrt. Plötzlich hörte er ein Schwirren und spürte, wie sich ein kleines Geschöpf auf seiner Hand niederließ. Er betastete es mit der freien Hand und erkannte in ihm einen Spatz. Dieser kleine Spatz war zuerst dagewesen und in der Dunkelheit zu ihm gekommen. Vater Rabe hatte ihn erst bemerkt, als er ihn berührte.

Vater Rabe setzte seine Suche fort und kehrte zu der Stelle zurück, wo er den Gegenstand vergraben hatte. Er hatte Wurzeln getrieben und war zu einem Strauch geworden. Andere Sträucher und Gras wuchsen inzwischen auf dem nackten Lehm. Der Mensch fühlte sich einsam, und so formte er aus dem Ton eine Gestalt, die der seinen ähnelte, und wartete. Das neue menschliche Wesen wurde lebendig und fing an, ruhelos herumzugraben. Es hatte ein hitziges Temperament und war sehr ungestüm. Vater Rabe mochte es nicht, und so zog er es zum Rand und stieß es in den Abgrund. Dieses Wesen wurde später der böse Geist, der Ursprung alles Bösen auf der Erde.

Vater Rabe kroch zurück zu den Sträuchern und stellte fest, daß aus ihnen ein Wald geworden war. Er erforschte sein dunkles Reich weiter, stieß aber überall auf Wasser, ausgenommen die Seite, an der der Abgrund lag. Der kleine Spatz war die ganze Zeit über ihm geflogen, und daher bat er ihn, hinunterzufliegen und zu erkunden, was es dort gäbe. Das tat der Spatz und berichtete bei seiner Rückkehr, daß sich dort unten ein neues Land befinde, auf dem sich gerade eine Kruste gebildet habe.

Sie waren in dem Land gewesen, das Himmel hieß; das etwas jüngere Land unten nannte Vater Rabe Erde. Er untersuchte den Spatz und ertastete mit den Händen, wie die Flügel konstruiert waren. Aus Zweigen des Waldes machte er sich selbst ein Paar und befestigte sie an den Schultern. Die Zweige verwandelten sich in richtige Flügel, und ihm wuchsen Federn und ein Schnabel. Er war ein großer, schwarzer Vogel geworden und nannte sich Rabe.

Vater Rabe und der Spatz wagten den langen Flug vom Himmel zur Erde, der sie sehr anstrengte. Als Vater Rabe sich erholt hatte, bepflanzte er das neue Land, wie er es im Himmel getan hatte, und erschuf dann die Menschen. Einige sagen, er habe sie aus Ton gemacht, wie das erste Wesen im Himmel. Andere behaupten, er habe den Menschen zufällig erschaffen, was noch merkwürdiger wäre, als hätte er es bewußt getan. Er habe ein paar Schoten gepflanzt, später dann eine davon geöffnet, und der erste Mensch sei herausgesprungen. Danach habe Vater Rabe alle anderen Geschöpfe erschaffen.

Als Vater Rabe die Erde bevölkert hatte, rief er die Menschen zusammen und sprach zu ihnen: »Ich bin euer Vater. Ihr verdankt mir euer Land und euer Leben. Vergeßt mich nicht.« Dann kehrte er in den Himmel zurück.

Es war die ganze Zeit dunkel gewesen. Mit ein paar Feuersteinen erschuf er jetzt die Sterne und ein großes Feuer, das die Erde erleuchtete. So entstanden die Erde, die Menschen und alles Leben. Aber davor schon war der Rabe da, und noch vor ihm der kleine Spatz.

Als der Guru seine Geschichte beendet hatte, fragte der Skeptiker nach der Herkunft dieser Geschichte. Er erfuhr, daß Apakag, ein Eskimo, sie Knud Rasmussen, einem skandinavischen Forscher, am Ufer des Nordpolarmeers erzählt habe. Es hieß, sie enthalte die alte Weisheit seines Volks.

Der Skeptiker fragte dann, welche Gründe es geben könne zu glauben, daß diese Geschichte eine genaue Darstellung der Ereignisse um den Ursprung des Lebens gebe. Der Guru erwiderte, wir haben nur das Wort des Eskimos. Viele Kulturen, so fügte er hinzu, haben Schöpfungssagen hervorgebracht. Die Version des Eskimos wies einige ungewöhnliche Eigenarten auf, etwa die Verwirrung der Schöpferkraft, die sie ihm interessant erscheinen ließ. Die Schöpfungssagen wichen in den Einzelheiten stark voneinander ab, doch jede machte sich für die Richtigkeit der eigenen Legende stark.

Wie, so wollte der Skeptiker wissen, könne man dann zwischen ihnen wählen? Ihm wurde geantwortet, das sei eine ganz persönliche Entscheidung.

Daraufhin erklärte er, daß ihm keine davon genüge. Er sei nicht an Mythologie interessiert. Er wünsche sich vielmehr die Antwort einer Disziplin, in der verschiedene Standpunkte verglichen und der richtige dann auf dem Wege allgemeiner Übereinkunft ausgewählt wurde. Die Wissenschaft verfüge über diese Merkmale. Ob der Guru ihm eine Darstellung vom Ursprung des Lebens geben könne, auf die sich die Wissenschaftler geeinigt hätten. Der Guru erklärte, er wolle das am nächsten Tag tun, am Dienstag.

Die Dienstags-Geschichte

Die Natur ist eine Einheit, begann der Guru. Sie stellt ein gewaltiges, grenzenloses Gebilde dar, das in sich selbst als lebendig betrachtet werden kann. Leben und Tod sind einfach verschiedene Seiten derselben Einheit. So wie Lebewesen ohne weiteres sterben und zu nichtlebender Materie werden können, so kann nichtlebende Materie sich verwandeln und Lebewesen entstehen lassen. Insbesondere die einfacheren Geschöpfe können mühelos gebildet werden.

Diese Wahrheit bedarf keines besonderen Beweises. Weise Männer und solche der Praxis haben sie schon in alter Zeit erkannt. Aristoteles und seine Anhänger haben beobachtet, daß aus dem Morgentau Leuchtkäfer aufstiegen und viele Kleintierarten sich aus dem Schlamm von Flüssen und Tümpeln erhoben. Urzeugung nannte man diesen Vorgang später. Der Philosoph René Descartes untersuchte ihn und erklärte, er sei das Ergebnis von Wärme, die auf die feinen, dichten Partikel verwesender Materie einwirke.

Viele andere berühmte Wissenschaftler und Philosophen haben sich die Vorstellung der Urzeugung zu eigen gemacht, unter anderem Thomas von Aquin, Francis Bacon, Galilei und Kopernikus. Eine stattliche Liste mit Organismen ist zusammengestellt worden, die auf diese Weise entstanden sein könnten. John Needham hat nachgewiesen, daß selbst in mit größter Sorgfalt sterilisierten Gebräuen spontan Mikroorganismen entstehen. Andere haben beobachtet, daß Würmer sich in Holz bilden, Käfer in Dung und Mäuse im Morast von Flüssen. Vor allem der Nil erweist sich als sehr fruchtbar, worüber sogar die Weltliteratur Zeugnis ablegt. In Shakespeares *Antonius und Cleopatra* sagt Lepidus zu Antonius: »Eure ägyptische Schlange wird also in Eurem Schlamm durch die Wirksamkeit Eurer Sonne ausgebrütet, und so auch Euer Krokodil.«

Ausgefallene Rezepte können zum gleichen Ergebnis führen. Jan Baptist van Helmont, ein flämischer Biologe aus dem 17. Jahrhundert, entwickelte ein Verfahren zur Schaffung von Mäusen aus einer Mischung aus Weizen und verschwitzter Unterwäsche. Die Mäuse erschienen ausgewachsen und konnten mit normalen Mäusen gekreuzt werden.

Wissenschaftler sind sich seit vielen Jahrhunderten einig, daß der Ursprung des Lebens kein Problem darstellt. Geschöpfe aller Art entstehen um uns her ohne Unterlaß.

Der Guru hatte seinen Vortrag beendet, aber der Skeptiker machte einen etwas ratlosen Eindruck, so als hätte er mehr erwartet. Schließlich bemerkte er, daß er meine, die Urzeugung sei verworfen worden. Der Guru bestätigte, daß man gegenwärtig Zweifel habe. Doch jahrhundertelang habe man sie fast widerspruchslos anerkannt. Aber der Skeptiker hatte um eine Darstellung gebeten, auf die sich die Wissenschaftler geeinigt hatten.

Er wandte ein, mit den Theorien der Vergangenheit habe er nichts im

Sinn. Er wolle eine Antwort, hinsichtlich der heute volle Einmütigkeit herrsche. Als ihm erwidert wurde, daß es keine solche Einmütigkeit gebe, verlangte er nach der Erklärung, die am meisten Anerkennung gefunden habe. Der Guru versprach sie für Mittwoch und begann auch sofort am nächsten Morgen.

Die Mittwochs-Geschichte

Die Erde war vier Milliarden Jahre alt. Der Himmel sah im wesentlichen so wie jetzt aus, doch seine Gase waren eigenartig. Anstelle von Sauerstoff enthielt die Atmosphäre Methan, Wasserstoff und Ammoniakschwaden.

Leben gab es nicht. Der Planet war bedeckt mit seichtem, totem Meer. Kahle Inseln waren das einzige Land; Kontinente existierten noch nicht. Aber es herrschte keineswegs Ruhe. Grollende Vulkane spuckten Lava. Aus heißen Quellen, die in der Nähe brodelten, entwichen Dampf und giftige Gase.

Hin und wieder peitschte ein Gewitter unseren Planeten. Grelle Blitze erleuchteten die Landschaft. Die elektrischen Entladungen wirkten auf die Gase der Atmosphäre ein und brachten sie dazu, sich miteinander und mit Wasser zu verbinden. Seltsame neue Moleküle entstanden, sogenannte Aminosäuren und Nukleotide. Zuvor hatte es sie auf der Erde noch nicht gegeben. Sie waren die Bausteine der lebenden Materie.

Nach und nach füllten immer mehr Aminosäuren und Nukleotide die Meere und schufen ein üppiges organisches Gebräu, das stärker konzentriert als eine Hühnerbrühe war. Die Moleküle kollidierten in dem Gebräu und hefteten sich gelegentlich aneinander. Immer größere Moleküle bildeten sich. Im Verlauf von Hunderten von Millionen Jahren entstanden durch zufällige Kollisionen die verschiedenartigsten Moleküle. Einige hatten die Form einer Spirale, andere waren kugelförmig, und wieder andere ähnelten langen Strängen.

Nach Milliarden Zufallsereignissen entstand schließlich ein Molekül, daß die magische Fähigkeit besaß, sich zu reproduzieren. Dieses Wunder-Molekül bestand aus zwei langen Nukleotid-Ketten, die sich umeinanderrankten. Wenn die Ketten sich trennten, zogen beide Teile

Nukleotide an und bildeten eine Kopie ihres früheren Partners. Es bestanden nun zwei Riesen-Moleküle anstelle von einem. Eine Reproduktion, eine Fortpflanzung, hatte stattgefunden.

Dieser Vervielfältigungsvorgang ereignete sich wieder und wieder. Schon bald beherrschten die Nachkommen des ursprünglichen Eltern-Moleküls die Meere der jungen Erde. Sie waren die ersten Lebensformen.

In den Jahrmilliarden, die folgten, entfalteten sich diese frühen, sich selbst reproduzierenden Moleküle und schufen schließlich die Vielfalt an Geschöpfen, die heute die Erde bevölkern – Mikroben, Pflanzen, Mäuse und Menschen. Jedes Geschöpf besteht aus Zellen, und die Zellen bestehen aus den gleichen Bausteinen, aus Aminosäuren und Nukleotiden. Im Zentrum jeder lebenden Zelle liegt ein Abkömmling des ersten lebenden Moleküls. Wir nennen es heute DNA.

Diesmal machte der Skeptiker einen fast zufriedenen Eindruck. Auf diese Geschichte war er in leicht abgewandelter Form schon viele Male gestoßen, an Schulen, in Museen und in öffentlichen Medien. Ihm gefiel gerade diese Version, und er hörte mit Genugtuung, daß sie von vielen Wissenschaftlern anerkannt wurde. Aber was war mit den übrigen? Würden auch sie bald einschwenken?

Der Guru bestätigte, daß diese Geschichte schon viele Male erzählt worden sei. Er hatte seine Fassung einer Darstellung entnommen, die der Astronom Robert Jastrow in seinem Buch *Until the Sun Dies* gegeben hatte. Es sei jedoch wenig wahrscheinlich, daß die Wissenschaftler, die diese Theorie heute ablehnten, sie in der Zukunft anerkennen würden. Tatsächlich gäbe es inzwischen sogar mehr Andersdenkende als noch vor zwanzig Jahren.

Der Skeptiker fragte, warum dies so sei. Er erfuhr, daß eine zunehmende Zahl Wissenschaftler heute glaube, daß weder die beschriebene Atmosphäre noch die »Ursuppe« je existiert hätten. Außerdem habe man sich bemüht, im Labor das Wundermolekül aus einer simulierten Ursuppe herzustellen, war jedoch bisher gescheitert.

Hätte auf der Erde Leben ohne diese Atmosphäre, die Ursuppe und die DNA entstehen können? Der Guru erwiderte, es sei eine neue Vorstellung aufgekommen, die ohne diese Zutaten auskomme. Er wolle diese Geschichte am nächsten Tag erzählen.

Die Donnerstags-Geschichte

Vor vier Milliarden Jahren gab es auf der Erde Felsgestein, Wasser und Luft, so wie heute. Aber die Luft war nicht erfüllt von eigenartigen Gasen, und in den Meeren schwammen auch keine Nukleotide und Aminosäuren. Die Atmosphäre enthielt Stickstoff und Kohlendioxid, die uns heute vertraut sind. Nur Sauerstoff fehlte, den wir zum Leben brauchen.

Stürme tobten, und Regen fiel. Das Gestein verwitterte, zerfiel und lagerte sich ab. Neue Erdschichten und Minerale entstanden. Zu ihnen gehörte die Tonerde, die in vielen verschiedenen Mustern kristallisierte. Die verschiedenen Formen entfalteten sich, zerbrachen, wurden von Flüssen fortgetragen und bildeten sich neu. Als sich die Bedingungen änderten, fanden einige weite Verbreitung, andere verschwanden.

Verfolgen wir die Erlebnisse dreier dieser Tonformen, die wir Matschig, Zäh und Klumpig nennen wollen. Jede hatte sich in der Gegend durchgesetzt, in der sie zuerst abgelagert worden war. Matschig war von lockerer, offener Beschaffenheit. Sie hatte viele offene Kanäle, durch die Wasser dringen konnte. Diese Wasserrinnsale lagerten Minerale ab, was Matschig weiter wachsen ließ. Sie nahm sehr schnell zu. Zäh war kompakt und geschlossen. Sie haftete sehr gut am umliegenden Gestein, ließ aber kaum Wasser durch. Sie wuchs sehr langsam. Klumpig war eine Mischung der Eigenschaften der beiden anderen. Sie war geronnen, hatte die Beschaffenheit einer mißlungenen Eiercreme. Sie wuchs mäßig schnell. Die drei Tonerden hatten ihr bisheriges Leben in ziemlich gleichbleibendem, trockenem Klima verbracht.

Eines Tages änderte sich das Klima, und es fing an, heftig zu regnen. Matschig fand kaum Halt auf dem Gestein. Sie wurde fortgespült, und man hörte nie wieder etwas von ihr. Zäh hielt sich ganz gut und machte in ihrer Randexistenz weiter wie bisher. Sie wuchs jedoch nicht und breitete sich auch nicht aus und spielte bei zukünftigen Ereignissen kaum eine Rolle. Klumpig war diejenige, die sich der Lage am besten anpaßte. Sie brach auseinander. Ein Teil blieb an Ort und Stelle. Der Rest, ihre Kinder, wurde weggeschwemmt. Vielen gelang es, an anderem geeignetem Gestein Fuß zu fassen. Als der sintflutartige Regen nachließ und wieder normale Bedingungen eintraten, wurden die Klumpig-Kinder größer.

Dieser Kreislauf wiederholte sich. Neue Klumpig-Generationen wuchsen heran und entwickelten sich zu verbesserten Arten. Eines Tages erschien eine neuartige Klumpig, die gelernt hatte, organische Moleküle – die Art, die wir heute im Leben benutzen – in ihre Struktur einzubauen. Diese Praxis griff um sich und eskalierte. Die ton-organischen Wesen hatten bessere Überlebenschancen als die, die nur aus Ton bestanden, und weitere Verbesserungen waren dadurch möglich, daß der Tongehalt noch stärker verringert wurde.

Eines Tages erreichte ein ferner Abkömmling von Klumpig das logische Ende dieses Prozesses. Der letzte Rest von Ton wurde aufgegeben. Der Abkömmling war nicht mehr an Gestein gebunden und konnte ungehindert in den Meeren der Erde umhertreiben. Die moderne Evolution hatte begonnen, mit dieser ersten Zelle, die nur aus organischen Chemikalien bestand.

Der Skeptiker runzelte die Stirn und sagte, daß sie sich doch darauf geeinigt hätten, die Mythologie aus dem Spiel zu lassen. Aber hier war sie wieder, mit Wesen, die aus Erde erschaffen worden waren. Es fehlte nur Vater Rabe.

Der Guru entgegnete, daß die Erschaffung des Lebens aus Ton zugegebenermaßen ein Merkmal vieler mythologischer Darstellungen und auch Teil der Theorie von der Urzeugung sei. Die obige Geschichte beruhe jedoch auf echter Wissenschaft und sei von einem Chemiker der Universität Glasgow namens Graham Cairns-Smith entwickelt worden. Vieles daran sei Spekulation, und man habe bisher auch kaum einschlägige Experimente durchgeführt, aber dennoch sei es Wissenschaft.

Der Skeptiker wollte daraufhin wissen, ob diese Theorie von anderen Wissenschaftlern unterstützt werde. Er erfuhr, daß ihr Urheber in der Wissenschaft noch keinen Namen habe. Erst eine kleine, aber wachsende Zahl von Anhängern befürworte diese Hypothese.

Wenn er sich schon Spekulationen anhören müsse, warf der Skeptiker ein, dann bitte die Gedanken berühmter Wissenschaftler unserer Zeit. Der Guru versprach, diesem Wunsch am nächsten Tag nachzukommen.

Die Freitags-Geschichte

Vor langer Zeit lebte in einem fernen Sternensystem eine zivilisierte Rasse. Ihre Sonne war der unseren sehr ähnlich, ging ihr jedoch um Jahrmilliarden voraus. Der Heimatplanet dieser Rasse hatte eine gewisse Ähnlichkeit mit der Erde – er besaß eine Atmosphäre, große Meere und ein angenehmes Klima. Der Planet war jedoch kompakter als die Erde, und seine große Schwerkraft machte es ihm möglich, einen Großteil der Wasserstoffwolke festzuhalten, in der er entstanden war. Diese Wasserstoffatmosphäre machte ihn im Gegensatz zur Erde zu einem sehr geeigneten Ort für die Entstehung von Leben.

Das Leben begann in dieser fernen Welt und entfaltete sich zu komplexeren Formen. Nach Milliarden Jahren erschienen schließlich intelligente Wesen. Der Evolutionsprozeß auf diesem Planeten hatte begonnen, als das Universum noch jung war, und die Zivilisation existierte dort zu einer Zeit, als unser eigenes Sonnensystem und unser Heimatplanet gerade entstanden waren.

Hier bekommt unsere Geschichte einen traurigen Einschlag. Diese Wesen, die wir die Alten nennen wollen, stellten fest, daß die Zivilisation auf ihrem Planeten nicht würde überleben können. Ihre Sonne würde irgendwann zu einem Roten Riesen werden, der ihre Welt verschlingen und rösten würde. Die Alten versuchten sich mit verschiedenen Mitteln zu retten. Sie erkundeten andere Welten in ihrer Nähe, in ihrem und in benachbarten Sonnensystemen, um für eine Besiedlung geeignete Planeten zu finden, aber vergebens.

Ferngesteuerte Raumsonden wurden ausgesandt, die weiter entfernte Sterne erkunden sollten. Sie meldeten, daß es einige Welten gebe, die der der alten in etwa ähnelten, auf denen aber kein Leben existiere. In einigen Fällen habe sich ein Gebräu aus organischen Molekülen angesammelt, doch fehle der eine oder andere Faktor, der zur Vollendung des Prozesses notwendig sei.

Daraufhin bauten die Alten Raumschiffe. Expeditionen, die viele Generationen dauerten, brachten die Siedler zu den neuen Welten. Die nächstgelegenen waren einhundert Lichtjahre entfernt. Die besten Raumschiffe, die die Alten bauen konnten, brauchten zehntausend Jahre für die Reise, ein Vielfaches ihres Lebens. Sie waren nicht in der Lage, einen scheintodartigen Zustand herbeizuführen, der diese Zeitspanne überbrückt hätte. Statt dessen schickten sie kleine Gruppen in das All, in der Hoffnung, die Abkömmlinge der Pioniere würden die neuen Planeten erreichen und besiedeln. Diese Gruppen erwiesen sich jedoch als nicht stabil genug. Die Raumschiffe kehrten entweder nach ein paar Jahrhunderten zurück oder gingen verloren.

Da sahen die Alten ein, daß sie das Überleben ihrer Zivilisation nicht durchsetzen konnten. Sie begnügten sich mit einem bescheideneren Ziel, dem Weiterbestand des Lebens an sich. Sie erwarteten nicht, daß höhere Organismen eine zehntausend Jahre lange Reise durch das All überstehen könnten, doch Bakterien konnten das ohne weiteres.

Man konstruierte spezielle Raumschiffe, die auf einer langen Reise tiefgefrorene Bakterien beförderten. Jede Rakete nahm viele Behältnisse mit jeweils Milliarden von Bakterien an Bord. Einige der Mikroben konnten sich von organischen Molekülen ernähren, andere von Mineralen, und mehrere Arten waren imstande, sich ihre Nahrung mit Hilfe von Sonnenenergie (Photosynthese) selbst herzustellen. Jedes Raumschiff war zu einem Sonnensystem unterwegs, das, wie man wußte, eine für das Leben geeignete Welt besaß.

Vor vier Milliarden Jahren erreichte eines dieser Raumschiffe die Erde. Das Ziel wurde erkannt. Die Ladung wurde abgeworfen, und ihr Inhalt ergoß sich über diesen Planeten. Viele Bakterien landeten in ungeeigneten Gebieten. Einige fanden im Wasser eine sichere Zuflucht. Die geeignetsten Arten faßten Fuß und entfalteten sich. Wir sind ihre direkten Abkömmlinge, aber die Alten waren unsere Paten.

Als der Guru geendet hatte, wartete er nicht die erste Frage ab, sondern fügte eine geschichtliche Anmerkung an. Francis Crick hat diesen Gedanken in seinem Buch *Das Leben selbst* ausführlich behandelt. Einige andere Wissenschaftler haben ihn schon früher beiläufig erwähnt. Crick ist einer der berühmtesten Wissenschaftler unserer Zeit, ein Nobelpreisträger. Zusammen mit James Watson entwickelte er die Watson-Crick-Theorie, den bedeutendsten Gedanken in der modernen Genetik. Crick hat darüber hinaus viele andere außergewöhnliche Beiträge zur Wissenschaft geleistet.

Diese Anmerkungen brachten den Skeptiker etwas durcheinander. Der dachte eine Zeitlang nach und stellte dann einige Fragen: Hat Francis Crick wirklich geglaubt, daß das Leben auf der Erde so begann? Wie würden wir je etwas von den Alten erfahren? Aber selbst wenn die Geschichte, die wie Science fiction anmutete, wahr wäre, so enthielt sie doch nicht die Antwort auf die eigentliche Frage nach dem Ursprung des Lebens. Wie waren die Alten auf ihrem Planeten entstanden?

Der Guru erwiderte, Crick sei nicht überzeugt gewesen, daß sich die Ereignisse so zugetragen hätten. Er habe es lediglich als eine Alternative zu den herkömmlichen Theorien dargestellt. Es war schwer, zu dieser Zeit Beweise für sie zu finden. Crick hatte die Theorie als verfrüht betrachtet. Und, nein, über den Ursprung des ersten Lebens in der Galaxie habe er nichts gesagt.

Aber, so fuhr der Guru fort, es gebe noch eine Theorie, die derjenigen Cricks in mancher Hinsicht ähnele. Auch sie postuliere für das Leben hier einen außerirdischen Ursprung vor vier Milliarden Jahren. Ein anderer berühmter britischer Wissenschaftler sei ihr Haupturheber. Er habe zwar nicht den Nobelpreis bekommen, sei aber geadelt worden. Es sei der Astronom Sir Fred Hoyle.

Hoyle war von der Gültigkeit seiner Theorie überzeugt. Er legte Material vor, das sie stützte, und führte die Ursprünge zurück bis zu einer letzten Antwort. Der Guru wollte morgen damit fortfahren, falls der Skeptiker daran interessiert sei. Der Skeptiker war einverstanden.

Die Samstags-Geschichte

Das Leben kam aus dem All auf die Erde, in Gestalt von lebender Materie, Bakterien und Viren. Zellen, Viren und kleine Stücke genetischen Materials sind während der ganzen Zeit, in der unser Planet besteht, hier aufgetaucht und haben viele der biologischen Fortschritte hervorgerufen, die der Darwinschen Evolution zugeschrieben werden.

Das lebende Material, das uns erreichte, wurde zuvor von einem anderen Sonnensystem ausgestoßen. Es kam durch den interstellaren Raum, getrieben vom Sonnenwind, bis es auf eine riesige Gaswolke stieß. Diese Wolke kollabierte schließlich und ließ unser Sonnensystem entstehen.

Zu Beginn ihres Daseins war unsere Sonne sehr heiß und hell; die Temperatur in der Entfernung der gegenwärtigen Umlaufbahn der Erde um die Sonne erreichte die eines Hochofens. In größerer Entfernung, in der Gegend der Umlaufbahnen von Uranus oder Neptun, war die Temperatur günstiger und lag bei etwa 20° C, was ideal für die Lebensprozesse war. Bei dieser Temperatur vermehrten sich die Bakterien stark, wobei sie sich von Chemikalien in der Wolke ernährten. Zu dieser Zeit bildeten sich Kometen, und einige der Bakterien siedelten sich in ihnen an und reproduzierten sich, bis sie in großer Zahl existierten. Andere Bakterien entwichen in den interstellaren Raum und begannen eine Reise zu einem anderen Sonnensystem. Die Sonne kühlte ab, und es entstanden die Planeten. Viele Kometen blieben jenseits des Orbits des Neptuns, wo jetzt extreme Kälte herrschte. Die Bakterien in den Kometen wurden eingefroren, ihre Lebensprozesse in der Schwebe gehalten, und so blieben sie vier Milliarden Jahre.

Von Zeit zu Zeit wurde ein Komet jedoch durch die Anziehungskraft eines vorbeiziehenden Sterns in eine neue Umlaufbahn abgelenkt und trat in den inneren Teil des Sonnensystems ein. Bei der Annäherung an die Sonne taute das gefrorene Material an seiner Oberfläche auf und verdampfte. Zellen und Viren wurden zusammen mit anderen Partikeln in das All freigesetzt und bombardierten die Erde. Zusätzlich zu dieser Invasion landeten gelegentlich ganze Kometen weich auf der Erde und anderen Planeten mit einer Atmosphäre, etwa dem Mars. In der Frühzeit der Erde gelangten ständig lebende Zellen von Kometen auf die Erdoberfläche. Viele gingen zugrunde, aber ein paar Arten überlebten und siedelten sich an. So begann das Leben auf der Erde.

Dieser Zustrom von den Kometen hielt durch alle Epochen an. Neues biologisches Material verursachte Entwicklungsschübe, deren Auswirkungen aber nicht durchwegs vorteilhaft waren. In der jüngeren Geschichte wurden Epidemien einschließlich mehrerer Grippewellen durch Infektionen ausgelöst, deren Ausgangsort Kometen waren.

Diese Geschichte hatte noch nichts darüber ausgesagt, wie die Bakterien und Viren im All entstanden sind. Selbst so einfache Lebensformen sind viel zu kompliziert, als daß sie durch zufällige chemische Reaktionen in einem Gebräu hätten entstehen können. Sie wurden von einer höheren Intelligenz entwickelt, vielleicht einem Wesen, dessen Lebensvorgänge auf den chemischen Eigenschaften von Silizium beruhen. Und hinter den Wesen, die uns geschaffen haben, stehen noch intelligentere Wesen. Diese Wesen waren in der Lage, die grundlegenden Gesetze der Physik selbst zu steuern und zahllose Merkmale des Universums zu bestimmen.

Es existiert eine ganze Kette intelligenter Wesen, die bis zu einer letzten Intelligenz führt, zu Gott, der das Universum selbst ist. Gott gleicht dem Universum.

Es folgte ein langes Schweigen auf diesen Bericht. Dann stellte der Skeptiker die erwarteten Fragen. Er wollte etwas wissen über das Vorliegen von Beweisen sowie die Art und Breite der Unterstützung, die diese Ideen bei anderen Wissenschaftlern gefunden hatten. Er äußerte sich zum Mangel an Einzelheiten über die Kette höherer Intelligenz. Hatte er es hier mit Wissenschaft oder mit Religion zu tun?

Der Guru erklärte, daß Hoyle und sein Mitarbeiter Chandra Wickramasinghe im wesentlichen allein stünden bei der Verteidigung ihrer Theorie, obwohl sie eine ganze Reihe technischer Unterlagen veröffentlicht hätten. Gott und die höheren Intelligenzen kamen in diesen ausführlichen Arbeiten nicht vor; sie wurden in einem populären Buch abgehandelt. Ein begrenzter Teil der Beweise wurde von einigen Wissenschaftlern anerkannt, aber das meiste war auf heftige Kritik gestoßen.

Aber es gab noch eine andere Gruppe, die sich für Wissenschaftler hielt. Sie unterstützten nachdrücklich bestimmte Teile dieser Theorie, insbesondere die Ablehnung des Gedankens an einen chemischen Ursprung des Lebens, und standen hinter der Vorstellung eines Weltenschöpfers. Die Ansichten dieser Gruppe finden enormen Zuspruch in der breiten Öffentlichkeit, fuhr der Guru fort. (Trotz der Abgeschiedenheit im Himalaja fand der Guru Wege, sich über die neuesten Ereignisse in der Welt zu informieren.) Bei einer Umfrage des Gallup-Instituts bekräftigten 1982 vierundvierzig Prozent der amerikanischen Öffentlichkeit ihre Haltung zur Erschaffung des Menschen und vermutlich des Lebens. Hoyle und Wickramasinghe haben bei bestimmten Anlässen tatsächlich mit dieser Gruppe zusammengearbeitet. Der Guru wollte über die Ansicht dieser Gruppe in seiner letzten Geschichte berichten, die am Sonntagmorgen beginnen sollte.

Die Sonntags-Geschichte

Am Anfang schuf Gott Himmel und Erde.

Und die Erde war wüst und leer, und es war finster über der Tiefe; und der Geist Gottes schwebte über dem Wasser.

Und Gott sprach: Es werde Licht! Und es ward Licht. Und Gott sah, daß das Licht gut war. Da schied Gott das Licht von der Finsternis und nannte das Licht Tag und die Finsternis Nacht. Da ward aus Abend und Morgen der erste Tag.

Und Gott sprach: Es werde eine Feste zwischen den Wassern, die da scheide zwischen den Wassern. Da machte Gott die Feste und schied das Wasser unter der Feste von dem Wasser über der Feste. Und es geschah so. Und Gott nannte die Feste Himmel. Da ward aus Abend und Morgen der zweite Tag.

Und Gott sprach: Es sammle sich das Wasser unter dem Himmel an besondere Orte, daß man das Trockene sehe. Und es geschah so. Und Gott nannte das Trockene Erde, und die Sammlung der Wasser nannte er Meer. Und Gott sah, daß es gut war. Und Gott sprach: Es lasse die Erde aufgehen Gras und Kraut, das Samen bringe, und fruchtbare Bäume auf Erden, die ein jeder nach seiner Art Früchte tragen, in denen ihr Same ist. Und es geschah so. Und die Erde ließ aufgehen Gras und Kraut, das Samen bringt, ein jedes nach seiner Art, und Bäume, die da Früchte tragen, in denen ihr Same ist, ein jeder nach seiner Art. Und Gott sah, daß es gut war. Da ward aus Abend und Morgen der dritte Tag.

Und Gott sprach: Es werden Lichter an der Feste des Himmels, die da scheiden Tag und Nacht und geben Zeichen, Zeiten, Tage und Jahre und seien Lichter an der Feste des Himmels, daß sie scheinen auf die Erde. Und es geschah so. Und Gott machte zwei große Lichter: ein großes Licht, das den Tag regiere, und ein kleines Licht, das die Nacht regiere, dazu auch die Sterne. Und Gott setzte sie an die Feste des Himmels, daß sie schienen auf die Erde und den Tag und die Nacht regierten und schieden Licht und Finsternis. Und Gott sah, daß es gut war. Da ward aus Abend und Morgen der vierte Tag.

Und Gott sprach: Es wimmle das Wasser von lebendigem Getier, und Vögel sollen fliegen auf Erden unter der Feste des Himmels. Und Gott schuf große Walfische und alles Getier, das da lebt und webt, davon das Wasser wimmelt, ein jedes nach seiner Art, und alle gefiederten Vögel, einen jeden nach seiner Art. Und Gott sah, daß es gut war. Und Gott segnete sie und sprach: Seid fruchtbar und mehret euch und erfüllet das Wasser im Meer, und die Vögel sollen sich mehren auf Erden. Da ward aus Abend und Morgen der fünfte Tag.

Und Gott sprach: Die Erde bringe hervor lebendiges Getier, ein jedes nach seiner Art: Vieh, Gewürm und Tiere des Feldes, ein jedes nach seiner Art. Und es geschah so. Und Gott machte die Tiere des Feldes, ein jedes nach seiner Art, und das Vieh nach seiner Art und alles Gewürm des Erdbodens nach seiner Art. Und Gott sah, daß es gut war. Und Gott sprach: Lasset uns Menschen machen, ein Bild, das uns gleich sei, die da herrschen über die Fische im Meer und über die Vögel unter dem Himmel und über das Vieh und über alle Tiere des Feldes und über alles Gewürm, das auf Erden kriecht. Und Gott schuf den Menschen zu seinem Bilde, zum Bilde Gottes schuf er ihn; und schuf sie als Mann und Weib. Und Gott segnete sie und sprach zu ihnen: Seid fruchtbar und mehret euch und füllet die Erde und machet sie euch untertan und herrschet über die Fische im Meer und über die Vögel unter dem Himmel und über das Vieh und über alles Getier, das auf Erden kriecht. Und Gott sprach: Sehet da, ich habe euch gegeben alle Pflanzen, die Samen bringen, auf der ganzen Erde, und alle Bäume mit Früchten, die Samen bringen, zu eurer Speise. Aber allen Tieren auf Erden und allen Vögeln unter dem Himmel und allem Gewürm, das auf Erden lebte, habe ich alles grüne Kraut zur Nahrung gegeben. Und es geschah so. Und Gott sah an alles, was er gemacht hatte, und siehe, es war sehr gut. Da ward aus Abend und Morgen der sechste Tag.

So wurden vollendet Himmel und Erde mit ihrem ganzen Heer. Und so vollendete Gott am siebenten Tage seine Werke, die er machte, und ruhte am siebenten Tag von allen seinen Werken, die er gemacht hatte. Und Gott segnete den siebenten Tag und heiligte ihn, weil er an ihm ruhte von allen seinen Werken, die Gott geschaffen und gemacht hatte.

»Das hab' ich schon mal gehört«, sagte der Skeptiker, »aber das ist nun wirklich Religion. Es mag ja eine sehr gute Religion sein. Aber eine derartige Erklärung suche ich nicht. Ich habe den weiten Weg gemacht, um eine wissenschaftliche Antwort zu bekommen, keine religiöse oder mythische. Ich dachte, ich hätte dir das klargemacht. Das hier zählt nicht. Ich möchte eine andere Geschichte.«

Der Guru zeigte sich unbeeindruckt durch diese Bitte. Ja, viele hielten diese Geschichte für Religion. Aber die Gruppe, die er gemeint habe, die Anhänger der Lehre von der Weltschöpfung durch einen allmächtigen Schöpfer, ließen sich nicht davon abbringen, daß es sich um Wissenschaft handle, und beharrten darauf, daß sie im Wissenschaftsunterricht in den Schulen gelehrt werden solle. Er habe dieses Material nicht als Religion unterbreitet, sondern wollte ihren Standpunkt darlegen, demzufolge er wissenschaftlich sei.

Gleichviel, er konnte keine Zeit mehr erübrigen. Er riet dem Skeptiker, sich selbst mit dem Material zu befassen, wenn er eine wissenschaftliche Antwort auf seine Fragen haben wolle, anstatt sich an eine Autorität zu wenden, auch wenn diese so weise sei wie ein Guru. Aber zuvor, fügte er hinzu, wäre es vielleicht ratsam, etwas über das Wesen der Wissenschaft zu lernen und über den Unterschied zwischen ihr, der Religion und der Mythologie.

Wir wollen dem Rat des Gurus folgen.

1. Zweifel und Gewißheit

Lebewesen unterscheiden sich auf so verblüffende Art von der unbelebten Welt um sie her, daß wir gar nicht umhin können, uns zu fragen, wie das Leben begann und zu seiner gegenwärtigen Form fand. War der Beginn des Lebens ein Zufall, das unvermeidliche Ergebnis von Naturgesetzen oder vielleicht das bewußte Werk eines mächtigen, übernatürlichen Wesens? Die Antwort auf diese Frage ist von weitreichender Bedeutung für uns, da sie nicht nur Einfluß darauf hat, wie wir unser eigenes Leben einschätzen, sondern auch den weiteren Sinn des Lebens an sich.

Die Frage nach dem Ursprung des Lebens ist daher so alt wie die Menschheit selbst, und jede Gesellschaft hat zu einer Antwort gefunden. Lange Zeit hatten diese Antworten in der Regel die Form einer Sage, einer Darstellung, die sich selbst bestätigte und nicht den Versuch unternahm, ihre Richtigkeit durch irgendeine objektive Methode zu belegen. Diese Sagen waren meistens eingebunden in einen größeren religiösen Rahmen, der Führung in vielen Fragen des menschlichen Daseins bot.

In neuerer Zeit hat eine andere Art des Umgangs mit der Wirklichkeit die Phantasie der Menschen beschäftigt: die Wissenschaft. Die Entwicklung des modernen Wissenschaftsbildes vom Universum war ein grandioses geistiges Unternehmen der menschlichen Rasse. Viele Ereignisse, die einmal komplex und unklar erschienen, sind uns verständlich geworden – von den Bewegungen der Sterne bis zu grundlegenden Vorgängen in unserem Körper. Darüber hinaus wurde dieses Wissen genutzt, im Alltag weite Gebiete der Natur unter Kontrolle zu bringen. Unsere Vorfahren warteten geduldig auf die Morgendämmerung, aber wir können es mit einem Schalter Licht werden lassen. Sie litten unter chronischen Krankheiten, während wir oft nur eine Tablette zu schlucken brauchen, damit die Schmerzen verschwinden.

Diese Triumphe der Technologie sind ein Beweis für die Kraft des wissenschaftlichen Vorgehens. Sie wecken in uns die Erwartung, die Wissenschaft könne uns auch sagen, wie das Leben entstanden ist. Die Wissenschaftler, die sich am intensivsten mit der Erforschung des Ursprungs des Lebens befassen, haben uns tatsächlich eine solche Darstellung gegeben. In ihr wird von einer jungen Erde berichtet, die mit grollenden Vulkanen bedeckt war und auf der in einer Atmosphäre aus seltenen Gasen Gewitter tobten. Viele Chemikalien entstanden, die sich in den Meeren lösten und ein Gebräu schufen, die sogenannte Ursuppe. Dieses fruchtbare Gebräu enthielt fast alle für das Leben notwendigen Bestandteile. Irgendwann entstand durch Zufall eine Chemikalie, die die phantastische Fähigkeit besaß, sich zu vermehren. Das geschah auch. Sie durchsetzte das Gebräu mit ihren Abkömmlingen, und die Darwinsche Evolution begann.

Dieses Bild hat sich eine ganze Generation lang gehalten. Wir lernen es im Schulunterricht und begegnen ihm in Museen und den Medien. Und in populärwissenschaftlichen Artikeln und Presseveröffentlichungen erfahren wir, daß sich noch ein weiteres Stück des beinahe vollständigen Mosaiks gefunden habe. Bei genauerem Hinsehen merken wir jedoch, daß nicht alles auf diesem Gebiet so ganz im Lot ist. Es fehlt die letzte Sicherheit, wie bei unserem Wissen um die Bewegung der Planeten oder den Blutkreislauf.

Die Befürworter der herrschenden Theorie sind sich in einem wesentlichen Detail ganz und gar uneins: der chemischen Beschaffenheit des ersten sich selbst reproduzierenden Moleküls. Die Mehrheit ist für die Nukleinsäuren, die heute als Erbträger dienen. Eine vernehmlich widersprechende Minderheit gibt den Proteinen den Vorzug, einer anderen wichtigen Klasse von Biochemikalien. Und seit neuestem erklärt eine radikale Splittergruppe, daß Tonminerale, die uns eher an Töpferei als an die Fortpflanzung denken lassen, diese so bedeutende Anfangsrolle gespielt hätten.

Einige bekannte Wissenschaftler haben sich von all diesen Bemühungen, den Beginn des Lebens auf der Erde zu beschreiben, abgewandt und eine erstaunliche Alternative vorgeschlagen: Das Leben hat anderenorts begonnen und ist dann hierhergekommen. Einer von ihnen, Sir Fred Hoyle, hat darüber hinaus behauptet, eine höhere, chemisch nicht mit uns verwandte Intelligenz habe unsere Art von Leben geschaffen. Bei der Propagierung dieses Gedankens hat er gemeinsame Sache mit einer sehr viel größeren Gruppe gemacht, die sich mit dem gleichen Ziel auf den biblischen Schöpfer berufen will, nicht in Form einer religiösen Lehre, sondern unter dem Deckmantel der Wissenschaft.

Im Verlauf dieses Buchs werden wir, wenn auch auf breiterer Basis, die im Prolog vom Skeptiker vorgebrachte Bitte wiederholen: Wir möchten den bestmöglichen wissenschaftlichen Zustandsbericht über den Ursprung des Lebens. Wir werden sehen, daß die Anhänger der bekanntesten Theorie nicht in guter wissenschaftlicher Weise auf die immer häufigeren Gegenbeweise eingegangen sind und die Gültigkeit ihrer Überzeugung in Frage gestellt haben; sie haben sich vielmehr entschlossen, sie als über jeden Zweifel erhaben zu betrachten, und sie damit zur Mythologie gemacht. Viele alternative Erklärungen haben bei den Reaktionen noch mehr mythologische Elemente eingeführt, bis von Wissenschaft schließlich keine Rede mehr sein konnte, auch wenn es sich dem Namen nach immer noch um eine solche handelte.

Wenn wir den Zweck unserer Suche erfüllen wollen, müssen wir zur richtigen Praxis der Wissenschaft zurückkehren. Vor allem wollen wir den Wert des Zweifels bekräftigen. Dieses Wesenselement wird oft übersehen, wenn wissenschaftliche Ergebnisse der Öffentlichkeit vorgestellt werden. Im Alltag bedeutet die Erklärung, etwas sei wissenschaftlich, daß es richtig ist, zweifelsfrei bewiesen. Wer würde es wagen, eine wissenschaftliche Tatsache anzugreifen? Die Erde ist rund und bewegt sich um die Sonne. Das Universum besteht aus Atomen, die sich zu Molekülen verbinden. Über diese Dinge brauchen wir uns nicht weiter den Kopf zu zerbrechen. Der Begriff Wissenschaft besitzt eine solche Autorität, daß er ganz profanen Vorgängen hinzugefügt wird, wenn man etwa von der »Wissenschaft des Polsterns« spricht oder umstrittene Forschungsgebiete aufwerten soll wie im Fall »übersinnlicher Wissenschaft«. Die Wissenschaft hat das letzte Wort.

Wenn es um den Ursprung des Lebens geht, stoßen wir auf eine Vielzahl widerstreitender Theorien, von denen sich jede als die einzige wissenschaftliche Antwort betrachtet. Wir werden sie im Verlauf dieses Buchs an den rigorosen Beweiskriterien messen, die in der heutigen Wissenschaft gelten. Wir werden erfahren, was man über die Geschichte des Lebens bisher weiß und welche großen Probleme noch nicht gelöst, ja noch nicht einmal erforscht worden sind. Wir können danach einige denkbare Lösungen umreißen und vorschlagen, wie man eventuell zu den fehlenden Informationen kommen könnte.

Bevor wir uns jedoch an diese Aufgabe machen, müssen wir etwas vertrauter mit unseren Werkzeugen werden. Im Rest des Kapitels werden wir mehr über die besten wissenschaftlichen Vorgehensweisen und über die Philosophie erfahren, die dem zugrunde liegt.

Wissenschaft: Das Reich des Zweifels

Ich habe mich für diese Überschrift entschieden, um den Gegensatz zwischen der üblichen Sicht der Wissenschaft, wie sie oben beschrieben wurde, und ihrem eigentlichen Wesen so deutlich wie möglich zu machen. Wissenschaft ist kein vorgefertigtes Bündel mit Antworten, sondern ein System, Antworten zu erhalten. Die Methode, mit der eine Untersuchung durchgeführt wird, ist wichtiger als die eigentliche Lösung. Fragen brauchen überhaupt nicht beantwortet zu werden, oder Antworten werden möglicherweise gegeben, dann aber wieder geändert. Es ist egal, wie oft oder wie einschneidend sich unsere Sicht des Universums ändert, solange diese Änderungen in einer der Wissenschaft angemessenen Weise erfolgen. Denn die wissenschaftliche Praxis wird, wie ein Fußballspiel, durch ganz eindeutige Regeln bestimmt.

Weder Wissenschaft noch Fußball können erfolgreich betrieben werden, wenn die Akteure nicht bereit sind, die Regeln zu befolgen – oder sie zumindest nicht nach Belieben abzuändern. Beim Fußball wird der Ball nur mit den Beinen oder dem Körper ohne Einsatz der Arme gespielt. Die Regeln sind zum Teil auslegungsfähig; wird der Ball beispielsweise mit der Hand gespielt, dies aber unabsichtlich, so kommt der Spieler damit durch. Würde er den Ball jedoch in die Hände nehmen und damit loslaufen, würde er zurückgepfiffen. Bestände er auf seiner Spielweise, würde er vom Platz genommen. In diesem Buch begegnen wir Argumenten, die als Wissenschaft ausgegeben werden, doch diejenigen, die sie aufstellen, laufen gleichsam mit dem Ball in den Händen los. Sie suchen Antworten auf ihre Art, aber diese Art liegt nicht mehr innerhalb der Wissenschaft.

Bei der Suche nach dem Ursprung des Lebens wird eine bestimmte Theorie oder Sichtweise oft in den Stand eines Mythos erhoben. Sie wird dann nur noch als eine Lehre betrachtet, die es zu bestätigen gilt, nicht als Lehre, die hinterfragt werden soll. Es ist wichtig, diese Fälle zu erkennen, und wir wollen daher kurz innehalten, um über den rechten Gebrauch der Mythen und ihren Beitrag zu den Gedanken der Menschen über den Ursprung des Lebens nachzudenken.

Mythologie: Das Reich der Gewißheit

In meinem Lexikon wird der Begriff »Mythos« zurückgeführt auf das alte griechische *mythos,* was »Wort« bedeutet, und zwar in dem Sinn, daß es das entscheidende, das letzte Wort in einer Sache ist. Ein Mythos präsentiert sich als ein maßgeblicher Bericht über Tatsachen, die nicht zu hinterfragen sind, so seltsam sie anmuten mögen. Die Kehrseite der Medaille ist *logos,* der griechische Begriff für eine Aussage, deren Wahrheit vorgezeigt und diskutiert werden kann. Der Mythos darf nicht mit Fiktion verwechselt werden. Eine fiktive Geschichte gibt nicht vor, wahr zu sein – sie hat vielmehr einen unterhaltenden oder anderen Wert.

Viele Mythen oder Sagen haben die Abenteuer übermenschlicher Wesen zum Inhalt. Im vorliegenden Fall soll der Begriff auch für Theorien und Schilderungen geologischer Ereignisse und chemischer Reaktionen gelten. Die Art und Weise, in der ein Bericht vorgelegt wird, wird darüber entscheiden, ob wir ihn als Wissenschaft oder als Mythologie betrachten. Derjenige, der einen Mythos vorbringt, unterstellt, daß er wahr ist, und zieht keine alternative Erklärung in Betracht. Er legt eventuell Beweise vor, die den Mythos stützen, aber er würde auch an ihn glauben, wenn es keine Beweise gäbe oder sie in eine andere Richtung wiesen. So kann beispielsweise jemand glauben, daß sein Geburtstag ihm Glück bringt. Fände er an diesem Tag Geld auf der Straße, würde er das als Beweis seines Glücks ansehen. Würde er sich dagegen an seinem Geburtstag den Knöchel verstauchen, würde er den Zusammenhang vielleicht übergehen oder annehmen, daß er sich sogar das Bein gebrochen hätte, wenn der Unfall sich an einem anderen Tag ereignet hätte.

Ein Gedanke oder eine Darstellung müssen nicht falsch sein, nur weil sie in Gestalt einer Sage daherkommen. Im vorliegenden Buch suchen wir allerdings Antworten in der Wissenschaft, nicht in der Mythologie. Die bloße Aussage, daß etwas wahr sei, braucht nicht als Beweis zu ihren Gunsten betrachtet zu werden, gleichgültig wie viele Stimmen in den Chor mit einfallen.

Sagen werden erzählt, wo immer es Menschen gibt, und sie kommen vielen Bedürfnissen entgegen. Oft sind sie ein wesentlicher Bestandteil einer Religion, wenngleich Religionen viele zusätzliche Elemente aufweisen wie Rituale, Verhaltenskodizes und Wertsysteme. Sagen sind auch wichtige kulturelle Einrichtungen, die den Regeln und Traditionen einer Gesellschaft Bedeutung verleihen. Außerdem liefern sie dem Menschen notwendige psychologische Unterstützung.

Versetzen wir uns in die Lage eines primitiven Bauern. Er hat viele Stunden auf seinem Feld gearbeitet, sich fürsorglich der Bedürfnisse seiner Familie angenommen und die Traditionen seiner Gemeinschaft gepflegt. Und dann erlebt er, wie Hochwasser seine Ernte vernichtet, sein Haus von einem Blitz zerstört wird und seine Familie und Nachbarn einer Seuche zum Opfer fallen. Er könnte verzweifelt aufgeben, das Gefühl haben, daß alles Mühen sinnlos ist, daß er die Ereignisse nicht beherrschen kann und daß die Welt ein entsetzlicher und furchtbarer Ort ist. Wenn er dagegen das Gefühl haben kann, daß er in irgendeiner Form die Götter beleidigt hat und sie ihn gestraft haben, bleibt eine gewisse Würde gewahrt. Die äußeren Ereignisse waren die Folge seines Handelns, und vielleicht lernt er, es um einer besseren Wirkung willen zu beherrschen. Er kann den Zorn anderer Menschen verstehen und lernen, damit fertig zu werden. Falls die Natur menschliche Eigenschaften hat, kann er sich darauf ebenso einstellen.

Selbst in Fällen, wo sich ein Mensch vielleicht schuldlos fühlt und schreckliche Ereignisse keinen Sinn ergeben, können Mythen den Kummer mildern helfen und Hoffnung bieten. Viele von uns hatten Eltern, die allwissend und mächtig schienen, uns jedoch ohne jeden ersichtlichen Grund schmerzlichen Erfahrungen aussetzten. Wir vertrauten darauf, daß sich letztendlich doch alles noch einrenken würde. Naturereignisse sind, im gleichen Licht betrachtet, leichter zu ertragen. Die berühmte Bibelgeschichte über Hiob berichtet von einem aufrechten Mann mit sieben Söhnen, drei Töchtern und zahllosen Haustieren. Um Hiobs Glauben zu prüfen, erlaubt Gott dem Satan, Hiobs Familie und Herden zu vernichten und Hiob mit Aussatz heimzusuchen. Nach langer Selbsterforschung bleibt Hiob seinem Glauben treu und wird belohnt. Er gründet eine neue Familie, wieder mit sieben Söhnen und drei Töchtern, und kommt mit einer doppelt so großen Herde zu neuem Wohlstand.

Mythische Erzählungen und religiöse Überzeugungen spenden dem Menschen angesichts von Widrigkeiten sehr viel Trost. Um wirksam zu sein, müssen sie festgefügt und frei von Zweifeln sein. Ungelöste Fragen, unklare Antworten und sich ändernde Ansichten wirken in die entgegengesetzte Richtung. Sie erzeugen in uns Ungewißheit hinsichtlich unserer Sicherheit und unseres Schicksals. Für viele von uns ist eine eindeutige Antwort, die das Gefühl vermittelt, einen Sinn zu haben, besser als überhaupt keine Antwort.

Schöpfungsmythen

Seit Menschengedenken haben Mythen Antworten auf die zentralen Fragen unseres Daseins einschließlich des Ursprungs der Menschheit, des gesamten Lebens und des Universums geliefert. Grundsätzlich hängen diese Themen zusammen. Schöpfungsmythen gibt es in praktisch sämtlichen Kulturen, und Sammlungen wie die *Sun Songs* von Raymond van Over unterstreichen die vielen gemeinsamen Themen. Nicht nur Ähnlichkeiten, sondern auch Unterschiede bestehen zwischen den verschiedenen Mythen. Eine Variante ist besonders für dieses Buch von Belang, da sie sich über die Mythologie hinaus auch auf jene Konflikte erstreckt, die die Wissenschaft spalten und sie darüber hinaus von der Mythologie trennen. Im Grunde geht dieser Streit darum, ob die Schöpfung das Werk eines Einzelwesens oder des Universums insgesamt ist.

In vielen Schöpfungsmythen entstammt alle Existenz dem Handeln eines allmächtigen Schöpfers. In dieser Hinsicht ähnelt ein samoanischer Schöpfungsmythos unserer Bibel. Er beginnt: »Der Gott Tagaloa lebte in der Weite des Alls. Er schuf alle Dinge, Er war allein, es gab keinen Himmel und keine Erde. Er war allein und zog durch das All.«

Der Ursprung dieses ersten mächtigen Wesens wird in Erzählungen dieser Art selten hinterfragt. Er selbst hat keinen Anfang und hat seit jeher bestanden. Oft hat es die Gestalt eines Menschen, doch es gibt Ausnahmen. In einer Sage der Sia-Indianer Neu-Mexikos heißt es zum Beispiel: »Im Anfang, vor langer, langer Zeit, gab es auf der Erde nur ein einziges Wesen. Das war die Spinne Sussistinako. Zu jener Zeit gab es keine anderen Insekten, weder Vögel noch Tiere noch sonst irgendein Lebewesen.« In dieser Geschichte erschafft die Spinne dann alle anderen Lebewesen.

Es gibt andere Mythen, in denen der Schöpfer weniger zielgerichtet und mächtig ist – etwa die Geschichte von Vater Rabe im ersten Kapitel. Diese Macht kann sogar noch weiter beschnitten werden und kaum die unsere übersteigen. Die Geschichte der Alten im ersten Kapitel wäre ein großartiger Mythos mit einem ziemlich eingeschränkten Schöpfer.

Ein Schöpfer mit begrenzten Fähigkeiten, der außerdem jünger als das Universum ist, stellt für die Suche nach dem Ursprung eine Zwischenlösung und keine Endlösung dar. Wir würden weiter fragen, welche Kraft ursprünglich verantwortlich für den Beginn des Lebens war. Eine alternative Antwort hebt auf die Keimkraft des Universums als der Quelle des Lebens ab. Diese Antwort taucht in den Mythen verschiedener Kulturen auf. Van Over zitiert in seinem Buch Dr. Heinrich Brugsch, der die folgende Zusammenfassung ägyptischer Mythen gibt:

> »Am Anfang gab es weder Himmel noch Erde, und nichts war außer dem grenzenlosen Urmeer, das eingehüllt war in Finsternis und den Keim und Anfang all dessen enthielt, was es in der zukünftigen Welt einmal geben sollte, männlich und weiblich. Der göttliche Urgeist, der ein wesentlicher Teil der Urmaterie war, verspürte in sich das Verlangen, das Schöpfungswerk zu beginnen, und sein Wort erweckte die Welt zum Leben, die ihre Form und Gestalt schon in sich trug.«

Der indische *Rgveda* spricht ganz ähnlich von einem unergründlichen Chaos, aus dem sich die Gestalt der Dinge ergab. Der chinesische Philosoph Laotse spricht vom *Tao,* einer Stille ohne Form, die durch spontanes Handeln alle Dinge erschuf. Diese alte alternative Tradition der Mythologie ist in unseren Tagen im Kern des wissenschaftlichen Ansatzes zu diesem Thema wieder aufgetaucht: Das Leben entsteht aus bereits existierender Materie, die zwar nicht organisch ist, aber über die Kraft verfügt, die Formen zu schaffen, die wir kennen. Mit dieser Anmerkung wollen wir die Mythologie verlassen und die völlig anderen Bedeutungen betrachten, derer sich die Wissenschaft bedient hat, um zur gleichen Position zu kommen.

Die Spielregeln

Die Wissenschaft leitet sich vom *logos* her, weniger vom *mythos*. Sie benutzt eine andere Vorgehensweise, um die Welt um uns zu verstehen. Wer eine schnelle, befriedigende Antwort sucht, wird von der Mythologie besser bedient. Der Skeptiker hätte, wäre er so veranlagt gewesen, seine Suche schon am ersten Tag aufgeben können und sich nicht weiter bemühen müssen. Viele Menschen entschließen sich zur Annahme eines einheitlichen Glaubenssystems, das Antworten auf die großen Fragen des Lebens gibt, und ersparen sich die Last weiteren Fragens. Ihren Bedürfnissen kommt die Mythologie entgegen. In der Wissenschaft dagegen ist die Methode, mit der eine Antwort gesucht wird, wichtiger als das Wesen der Lösung. Fragen brauchen überhaupt nicht beantwortet zu werden, oder Antworten können zwar gegeben, später aber verworfen, durch eine neue Theorie ersetzt werden.

Der einfache Bauer, dessen Leben durch Hochwasser, Blitz und Seuchen ruiniert worden ist, wird kaum Trost darin finden, diese Dinge wissenschaftlich zu erforschen. Irgendwann jedoch werden er oder seine Nachfahren lernen, Dämme zu bauen, Blitzableiter anzubringen und Impfstoffe zu entwickeln. Zukünftig werden Unglücke vermieden werden. Selbst wenn sich die von der Wissenschaft gebotenen Erklärungen ändern, werden die damit verbundenen technologischen Verbesserungen bestehen bleiben und sich verbessern.

Der sichtbare Fortschritt der Wissenschaft unterscheidet sie von vielen anderen Betätigungen des Menschen. Die Stücke des Euripides zum Beispiel werden noch immer gespielt. Die Philosophie Platos wird noch immer gelehrt und diskutiert. Doch die wissenschaftlichen Theorien des Aristoteles sind so tot wie er selbst, außer für Historiker. Fortschritt ist in der Wissenschaft (wie auch beim Fußball) möglich, weil Theorien, wie Mannschaften, verlieren können. Ein Erkennungszeichen dafür, daß eine Theorie wissenschaftlich ist, ist das Vorhandensein eines Prozesses, durch den sie zugunsten einer anderen Theorie widerlegt werden kann. Das geschieht durch Beobachtungen und Experimente, die in der Welt um uns herum gemacht werden.

Das Universum, das wir bewohnen und beobachten, ist die letzte maßgebliche Quelle der Wissenschaft. Keine Aussage in irgendeinem Text und kein Wort eines einzelnen, wie berühmt er auch sein mag, läuft ihm den Rang ab. Die Theorie der Urzeugung wurde aufgegeben, als sie durch Experimente nicht belegt werden konnte, trotz der langen Liste berühmter Personen, die sie im Lauf der Jahrhunderte unterstützt haben. Auseinandersetzungen werden in der Wissenschaft durch zusätzliche Beobachtungen geschlichtet, nicht durch Debatten oder Abstimmungen. Doch hier unterscheidet sich die Wissenschaft vom Sport dadurch, daß das Endergebnis nicht mit einem Schlag feststehen muß, wie bei einem Endspiel. Viel öfter ist es eine allmähliche Entwicklung.

Ergebnisse im Sport sind endgültig; bis auf wenige Ausnahmen werden abgeschlossene Spiele nicht wiederholt. In der Wissenschaft dagegen können sich die Grunddaten verlagern und verändern, wenn Fehler entdeckt werden. Das Ausmaß an Fehlern, die sich in den Verlauf einfacher Beobachtungen einschleichen können, ist viel größer, als Nichtwissenschaftler im allgemeinen annehmen.

Eine Fülle von Irrtümern

Ein beliebter Grundsatz lautet: »Ich glaube es erst, wenn ich es mit eigenen Augen sehe.« Als ich mit der Arbeit in meinem Labor begann, stellte ich sehr bald fest, daß ich nicht einmal meinen eigenen Augen rückhaltlos trauen konnte, geschweige denn denen anderer.

Wir täuschen uns bei unseren Wahrnehmungen auf viele Arten und neigen dazu, etwas zu sehen, was wir schon früher gesehen haben oder gern sehen möchten. In einer berühmten Versuchsreihe von J. S. Bruner und Leo Postman wurde Testpersonen ganz kurz eine Spielkarte gezeigt, und man bat sie dann zu bestimmen, was sie gesehen hatten. Sie machten ihre Sache ausgezeichnet, wenn man ihnen normale Karten zeigte, doch bei ungewöhnlichen Karten sah die Sache ganz anders aus. Eine schwarze Herz-Vier wurde fast immer als schwarze Pik-Vier oder rote Herz-Vier gesehen. Erst wenn die Karte mehrmals gezeigt wurde, änderten sich die Antworten. Manche Testpersonen kamen durcheinander; sie merkten, daß irgend etwas nicht stimmte. Andere wurden auch durch wiederholtes Zeigen nicht unsicher.

Fehler bei Beobachtungen sind nicht auf ungeübte Beobachter und sehr kurze Beobachtungszeiträume beschränkt. Der bekannte Astronom Percival Lowell war um die Jahrhundertwende viele Jahre davon überzeugt, daß ein ausgedehntes Kanalnetz die Oberfläche des Mars überziehe. Er erfand kunstvolle Phantasiegeschichten über die Bewohner, die diese Kanäle erbaut hätten. Lowell benannte die verschiedenen Kanäle und entwarf detaillierte Landkarten, die miteinander verbundene gerade Linien zeigten, die sich über Tausende von Kilometern erstreckten. Jahrzehnte später, als die Oberfläche des Mars in allen Einzelheiten von vorbeifliegenden Raumsonden photographiert wurde, waren keine derartigen Kanäle zu sehen und auch keine Merkmale, die ihnen in Form und Lage auch nur entfernt entsprochen hätten. Lowell war das Opfer einer optischen Täuschung geworden, die entsteht, wenn getrennte, unregelmäßige Merkmale im Grenzbereich menschlicher Wahrnehmungsfähigkeit beobachtet werden. Unter diesen Bedingungen werden solche Muster als gerade Linien wahrgenommen.

Wenn wir den Wahrnehmungen unserer Sinne nicht trauen können, wie sollen wir uns dann verhalten? Selbst Photographien, Maßangaben und elektronische Digitalanzeigen müssen wir schließlich mit den Augen deuten. Wir müssen auf jeden Fall weitermachen und daran denken, daß jede Einzelbeobachtung oder Beobachtungsserie falsch sein kann. Je überraschender ein Ergebnis ist, desto eher besteht Grund, ihm zu mißtrauen. Wenn ich die Temperatur bestimme, bei der eine neue chemische Substanz schmilzt, und der festgestellte Wert im Bereich des Normalen liegt, neige ich dazu, ihn zu akzeptieren. Wenn ich dagegen gesehen hätte, wie die Substanz langsam aus dem Reagenzglas aufsteigt und in der Luft schwebt, würde ich nicht daraus schließen, daß sie fliegen gelernt hat. Ich würde den Beweis meiner fünf Sinne entweder anzweifeln oder eine andere, herkömmlichere Erklärung für das suchen, was ich gesehen habe. Ich würde die Beobachtung nicht ignorieren, doch ich würde eine Bestätigung aus weiteren Beobachtungen haben wollen. Ein weiser Philosoph hat vor ein paar Jahrhunderten gesagt, daß es, sollte er ein Wunder erkennen, notwendig wäre, daß die dafür sprechenden Beweise derart überwältigend sein müßten, daß die Unrichtigkeit dieser Beweise ein noch größeres Wunder wäre.

Veröffentliche, um zu überzeugen

Das Rückgrat wissenschaftlichen Fortschritts ist die Veröffentlichung, die Vorlage eines vollständigen Berichts über die Experimente, der so detailliert ist, daß ein anderer Forscher sie notfalls wiederholen kann. Im Idealfall sollte die Veröffentlichung in einer angesehenen Fachzeitschrift erfolgen, die mit Sachverständigen zusammenarbeitet. Diese Personen sind erfahrene Wissenschaftler, die mit dem betreffenden Gebiet vertraut sind und vielleicht Fehler in der Art entdecken, in der das Experiment durchgeführt worden ist, oder erkennen, daß sich der Schluß nicht aus den Daten ergibt.

Meine Frau Sandy erzählte mir einmal von einer ungewöhnlichen Gelegenheit, bei der ein Sachverständiger direkt am Ort des Experiments in Aktion trat, nicht später, als die Daten mitgeteilt wurden. Sandy ist studierte Psychologin. Eine ältere Kollegin, die auf sowjetische Psychologie spezialisiert war, hatte ihr von neuen, erstaunlichen Entwicklungen in diesem Land berichtet. Die Russen hatten erklärt, einige begabte Personen hätten die Fähigkeit, Farben mit den Fingerspitzen wahrzunehmen. Man hatte schließlich eine dieser Personen im Raum New York ausfindig gemacht. Sandys Kollegin erzählte ihr von dem Trauerspiel, zu dem es gekommen war, als diese Person getestet wurde. Man hatte der Frau die Augen verbunden und sie an einen Tisch gesetzt. Dann hatte man ihr Karten in die Hand gegeben. Sie war mit den Fingern darüber gefahren und hatte nach einiger Zeit die richtige Farbe jeder Karte genannt. Die Demonstration überzeugte alle Anwesenden bis auf einen. Dieser wollte einen Sachverständigen hinzuziehen und holte einen Berufszauberer. Der Zauberer kam sehr schnell zu einem Urteil: »Sie spickt.«

Es war eine anständige Frau, und niemand hatte damit gerechnet, daß sie mogeln würde. Tatsächlich schien sie sich selbst nicht dessen bewußt zu sein, was sie tat. Sie hatte sich ganz auf ihre Fingerspitzen konzentriert und dabei ihre Gesichtsmuskeln verzogen. Schließlich erspähte sie ganz kurz eine Farbe. Vielleicht hatte sie sich eingebildet, die Wahrnehmung erfolge in ihrem Gehirn. Tatsächlich war etwas Licht unten durch die Augenbinde gedrungen. Als das Experiment unter Bedingungen wiederholt wurde, unter denen ein Sehen wirklich unmöglich war, verschwand der Effekt.

Hin und wieder erscheinen in den Zeitungen Berichte über Forscher, die in betrügerischer Absicht manipulierte wissenschaftliche Ergebnisse veröffentlichen. In einem solchen Fall ging es um einen Wissenschaftler, der Mäusen Flecke auf den Rücken malte, um das erwartete Ergebnis zu simulieren. Auch Wissenschaftler sind Menschen, und so etwas kommt vor. Die drohende Entdeckung scheint jedoch auszureichen, derartige Vorkommnisse in erträglichen Grenzen zu halten. Viel häufiger sind unbeabsichtigte Fehler, in denen ein Forscher das Ergebnis sieht, daß er sich erhofft, und er greift es nur zu gerne auf, ohne innezuhalten und ausreichende Vorsichtsmaßnahmen gegen mögliche Fehler zu treffen. Im Idealfall sollte ein Wissenschaftler, der eine aufregende Entdeckung macht, den Advocatus Diaboli spielen. Er selbst sollte das Ergebnis mit größter Skepsis betrachten und alle Anstrengungen unternehmen, eine weniger aufregende Erklärung dafür zu finden. Erst wenn diese Bemühungen fehlschlagen, sollte er das Ergebnis veröffentlichen. Ich zögere, diese Regel als wesentlich zu bezeichnen, denn sie wird ebenso befolgt wie die Geschwindigkeitsbegrenzungen auf unseren Straßen. Wenn ich jedoch sehe, daß eine Untersuchung auf diese Weise durchgeführt worden ist, halte ich das für ein Merkmal großer Qualität. Das Fehlen dieser Eigenschaft bewirkt das Gegenteil, es läßt ein Warnlicht aufblinken: Der Leser sollte sehr vorsichtig sein, denn diese Ergebnisse können wertlos sein.

Veröffentlichungen können untergehen

Nicht alle Fehler können vor einer Veröffentlichung ausgemerzt werden – wie beim Experiment des Sehens der Farben mit den Fingerspitzen. Viele Fehler entgehen den Argusaugen der Sachverständigen versehentlich, oder weil das Manuskript unzureichende oder unkorrekte Informationen enthielt. Ich erinnere mich lebhaft an einen Fall, den ich selbst erlebt habe.

Ich hatte mich über einen äußerst angesehenen Professor vom California Institute of Technology geärgert. Er hatte in der renommiertesten chemischen Fachzeitschrift zwei Artikel veröffentlicht, die für mein Gebiet von großer Bedeutung waren. Die Artikel waren beachtlich und strotzten vor Tabellen, Graphiken und endlosen Berechnungen. Dennoch gab es eine Schwierigkeit. Andere Wissenschaftler hatten vorher den gleichen Komplex mit anderen Methoden untersucht und waren zu völlig entgegengesetzten Ergebnissen gekommen. Die früheren Arbeiten waren sehr sorgfältig gemacht worden und schienen keine schwache Stelle zu haben. Bei der Veröffentlichung seiner Theorie hatte der Professor des California Institute diese früheren Untersuchungen mit keinem Wort erwähnt.

Kurz darauf hatte ich Gelegenheit, ihn mir vorzunehmen. Der Rahmen war phantastisch: der Campus einer der berühmtesten Universitäten im Osten der USA Anfang Mai. Die Sonne stand strahlend über den blühenden Bäumen und bildete den idealen Hintergrund für zwanglose Gespräche in den Pausen. Die Wissenschaftler hatten jedoch nichts von all dem. Der Organisator der Veranstaltung, ein aggressiver, stämmiger junger Mann, ließ die Redner anstandslos ihre Zeit überschreiten. Das Treffen dauerte vom frühen Vormittag bis spät in den Abend, und das alles in einem schummrigen, fensterlosen Raum. Am zweiten Tag sprach schließlich der Professor vom California Institute.

Er legte seine veröffentlichten Daten vor, was mit großer Begeisterung aufgenommen wurde. »Das ist das Aufregendste, was wir bei diesem Treffen gehört haben«, posaunte der Organisator. Endlich bekam ich das Wort. »Was ist mit all den früheren Arbeiten, die der Ihren widersprechen?« fragte ich und führte sie kurz auf. Er sah mich an, als hätte ich ihn nach dem Namen des Bürgermeisters von Schanghai gefragt. Er zuckte die Schultern, sagte, er habe sich damit nicht befaßt, und wandte sich einem anderen Fragesteller zu.

»Aber dann sind Ihre Daten womöglich alle falsch!« platzte ich heraus. Niemand beachtete mich. Ratlos sah ich mich nach Unterstützung um. Es war jemand bei dem Treffen, den ich sehr schätzte und der die alten Arbeiten ebenso kannte wie ich. Es war ein gescheiter Schotte, der mitgeholfen hatte, dieses Forschungsgebiet zu begründen. Aber er war nirgendwo zu sehen.

Fünf Minuten später entdeckte ich ihn. »Warum bist du mir nicht beigesprungen, Dan?«

»Oh«, erwiderte er, »ich komme gerade von der Toilette. Hat sich was Interessantes getan?«

Das Buch *Der Pate* und der Film haben gezeigt, daß Rache süß sein kann, auch wenn sie unerwartet kommt, das heißt, Monate oder Jahre später. So war es in diesem Fall. Ein Jahr danach kam ein Widerruf vom

California Institute of Technology. Eine Wiederholung der Ergebnisse in anderen Labors und am Institute selbst war fehlgeschlagen. Der Bericht, der Datenwust, alles war Unsinn, das Produkt eines kindischen Versuchsfehlers, der im Bericht unterschlagen worden war. Der Professor entschuldigte sich bei der wissenschaftlichen Gemeinde für das Durcheinander, das er angerichtet hatte. Die Teilnehmer waren sowohl um die Wahrheit wie auch um die Schönheit des Campus an diesem Frühlingsnachmittag gebracht worden.

Man muß wissenschaftliche Artikel ebenso angehen wie ein neues Wort in einem Kreuzworträtsel. Wenn es gut zu den bereits vorhandenen Wörtern paßt, ist es wahrscheinlich richtig. Widerspricht es früheren Eintragungen, können wir nicht einfach über diese hinwegschreiben. Wir müssen sie vielmehr ausradieren und Alternativen finden, die zu dem neuen Wort passen, das wir bevorzugen. Diese Probleme haben wir nicht, wenn das neue Wort noch ganz für sich allein in dem Rätsel steht. Es empfiehlt sich, auch hier vorsichtig zu sein und es ganz leicht mit Bleistift zu schreiben. Wenn wir zu fest annehmen, daß neue Ergebnisse richtig sind, kann unsere Annahme weitere Fortschritte auf diesem Gebiet blockieren – bei einem Kreuzworträtsel wie in der Wissenschaft.

Die Behandlung der Wissenschaft in den Medien und der Öffentlichkeit läßt diese Vorsicht oft vermissen. Unveröffentlichte Ergebnisse, über die bei Tagungen berichtet wird, werden als Tatsachen betrachtet. Veröffentlichungen werden behandelt, als wären sie in Steintafeln gemeißelt. Aussagen wie »eine erwiesene wissenschaftliche Tatsache« sind zur gängigen Münze in der Werbung wie in allgemeinen Diskussionen geworden. Diese Formulierung spiegelt nicht das Wesen der Wissenschaft wider, sondern deutet eher auf eine ungestillte Sehnsucht nach Mythologie. Wir Wissenschaftler teilen diese Sehnsucht, vor allem wenn unsere eigenen Bemühungen verantwortlich für das Entstehen des Mythos sind. Wir geraten aus dem Häuschen und freuen uns, wenn uns ein Gedankenblitz kommt oder sich im Labor irgendein neuer Erfolg einstellt. Wenn ein oder zwei sich bestätigende Bruchstücke zusammenpassen, steigt unser Selbstvertrauen: Jetzt sind wir im Besitz der Wahrheit. Und dieses Gefühl präjudiziert dann unsere weiteren Bemühungen. Wir können dieser menschlichen Neigung nicht ausweichen; wir können uns ihrer jedoch bewußt sein und uns vor ihr hüten, sobald sie sich zeigt.

Die Kunst, eine Theorie aufzustellen

Die Gefahr, daß unsere Daten vielleicht falsch sind, ist nur eines der Risiken wissenschaftlicher Arbeit. Ein anderes gefürchtetes Risiko besteht darin, daß unsere Beobachtungen unter Umständen nichtssagend sind, wie ich an einem Beispiel zeigen möchte: Während ich dies schreibe, blicke ich aus dem Fenster meines Arbeitszimmers auf die dichtbelaubten Bäume, die mein Haus umgeben. Sie bieten reichlich Gelegenheit, Daten zu sammeln. Ich könnte die Zahl der Bäume auf dem Grundstück zählen oder die Zahl der Blätter jedes Baums. Das wäre mühsam, zeitaufwendig und fehleranfällig, wenn es nicht äußerst sorgfältig gemacht würde. Derartige Merkmale würden einige Wissenschaftler sogar dazu veranlassen, das alles wohlwollend zu betrachten. Leider wäre es uninteressant, aus den Zahlen ergäbe sich keine Theorie. Würde ich die Blätter dagegen täglich zählen und die Zahlen in einer zeitlichen Darstellung erfassen, würde ich die Reaktion der Bäume auf den Ablauf der Jahreszeiten »entdecken«. Diesmal hätte ich ein wichtiges Ergebnis erzielt. Leider ist es bereits bekannt. Auch hier wäre meine Mühe vergebens.

Die kreativen Wissenschaftler sind diejenigen, die Daten von Belang sammeln, wichtige Zusammenhänge erkennen und richtige Schlußfolgerungen ziehen. Für dieses Vorgehen gibt es keine systematischen Richtlinien, dafür aber reichlich Fallgruben. Betrachten wir beispielsweise den Mann, der sich am Montag mit Gin und Tonic betrinkt, am Dienstag mit Wodka und Tonic und am Mittwoch mit Rum und Tonic. Was hat seine Trunkenheit hervorgerufen?

Wenn wir nichts über alkoholische Getränke wüßten, läge unsere erste Schlußfolgerung auf der Hand: Der gemeinsame Faktor Tonic war die Ursache für den Rausch. Der Schluß kann falsch sein, aber er ist wissenschaftlich. Wir können ihn zu Voraussagen benutzen, die getestet werden können. Unser Experiment drängt sich fast von selbst auf. Man muß den Mann nur Tonic trinken lassen. Wenn er das macht und nüchtern bleibt, würden wir feststellen, daß unser erster Gedanke falsch war.

Falsche Theorien werden in der Wirklichkeit selten sofort aufgegeben. Zuerst bemüht man sich, sie dadurch zu retten, daß man sie abändert. Im obigen Fall könnten wir jetzt vermuten, daß Tonic nur dann betrunken macht, wenn es mit irgendeiner anderen Flüssigkeit verdünnt wird. Tonic mit Ginger-Ale könnte man als nächstes testen. Wenn sich jetzt noch nichts ergäbe, ließen sich weitere Merkmale hinzufügen. Schließlich könnte ein neuer Ansatzpunkt auftauchen. Aufgrund einer plötzlichen Eingebung könnten wir zu dem Schluß kommen, daß jeweils Rum, Gin und Wodka betrunken machen und Tonic bei dem Vorgang überhaupt keine Rolle spielt. Wir würden alles für ein kritisches Experiment vorbereiten. Unsere kooperationsbereite Testperson würde versuchen, sich an jedem dieser Getränke ohne Tonic zu betrinken. Diesmal hätte er Erfolg.

Ein entscheidendes, kritisches Experiment dieser Art hat etwas von einem Preisboxkampf. Aus einer Debatte zwischen widersprüchlichen Mythologien geht kein Sieger hervor, aber wenn in der Wissenschaft eine Theorie getestet wird, erwartet man einen Sieger. Selbstverständlich wird der Sieger nicht der Meister aller Zeiten sein. Neue Wettbewerber können jederzeit in den Ring steigen. Die neue Theorie, daß der Genuß der drei Flüssigkeiten Gin, Rum oder Wodka betrunken macht, käme schon am Donnerstagabend in Schwierigkeiten, wenn derselbe Mann sich mit Whiskey und Soda vollaufen ließe.

Schließlich käme vielleicht eine abgeänderte Theorie auf, die eine umfassende Aufzählung berauschender Getränke enthielte. Neue Getränke würden, sobald man sie entdeckt, einfach in diese Liste aufgenommen. Irgendwann könnte ein Chemiker herausfinden, daß all diese Getränke Äthylalkohol enthalten, und eine einfachere Aussage machen: Getränke, die Äthylalkohol enthalten, wirken berauschend. Diese und die frühere Zusammenfassung würde alle Daten richtig darstellen. Welche von beiden sollte man nehmen? Für diesen Fall gibt es eine wissenschaftliche Regel. Die einfachere der beiden Aussagen wird übernommen. Wer diesen Grundsatz anwendet, hat sich, wie man sagt, auf das Wesentliche beschränkt.

Alle oben angeführten Theorien, ob richtig oder falsch, einfach oder kompliziert, fallen in den Bereich der Wissenschaft, da sie widerlegt werden können. Betrachten wir zum Vergleich folgende Aussage. »Trunkenheit tritt immer dann auf, wenn der Gott Bacchus sich entschließt, mit einem Pfeil auf jemanden zu schießen. Der Zustand hält so lange an, bis der Pfeil herausfällt. Weder Bacchus noch seine Pfeile können auf irgendeine andere Weise nachgewiesen werden.« Ich kann mir einige wunderschöne Bilder vorstellen, da ich dies lese. Würde ich daran glauben, könnte ich mit weniger Schuldgefühlen leben. Bacchus träfe alle Schuld, wenn ich betrunken wäre, nicht mich. Aber schade, denn die Aussage gehört der Mythologie an, nicht der Wissenschaft. Es gibt keine Möglichkeit, sie zu verwerfen, sie als falsch zu beweisen. Bacchus bewirkt die Trunkenheit. Die Trunkenheit ist das Werk des Bacchus. Der Kreis ist undurchdringlich. Wer so etwas in die Wissenschaft einführen wollte, wäre fraglos mit jemandem zu vergleichen, der beim Baseball vom Schlagmal zum dritten Mal liefe.

Semmelweis und das Kindbettfieber

Die oben angeführten Beispiele sind lustig verschroben. Ich möchte einen etwas deutlicheren Bericht vom wissenschaftlichen Fortschritt geben und von Ignaz Semmelweis erzählen, der wichtige Vorsorgemaßnahmen zur Eindämmung des Kindbettfiebers einleitete.

Semmelweis war ein ungarischer Arzt, der in den 40er Jahren des 19. Jahrhunderts an einem Krankenhaus in Wien arbeitete. In zwei Entbindungsabteilungen dieses Krankenhauses differierten die Sterblichkeitsziffern bei der Entbindung aufgrund der obigen Krankheit ganz erheblich. Es gab keine spezielle Theorie über die Ursache der Krankheit oder die unterschiedlichen Raten, nur nichtssagende Allgemeinplätze etwa der Art, daß sie auf »atmosphärisch-kosmisch-tellurische« Einflüsse zurückgehe. Diese Beschreibung, die Himmel, Universum und Erde umfaßte, war so vage, daß sie an keinerlei Tests denken ließ, und im übrigen unwissenschaftlich und nutzlos. Semmelweis beschloß, die beiden Abteilungen eingehend zu beobachten.

In der ersten Abteilung erhielten Medizinstudenten ihre geburtshilfliche Ausbildung; es war die Abteilung mit der höheren Sterblichkeitsziffer. In der anderen Abteilung arbeiteten Hebammen. Waren die Studenten vielleicht ungeschickter und brachten den Wöchnerinnen durch Fahrlässigkeit bei den Untersuchungen Verletzungen bei? Untersuchungen der Patientinnen auf solche Verletzungen ergaben keine erkennbaren Unterschiede. Dann tauchte eine andere Möglichkeit auf. Die Frauen in der zweiten Abteilung entbanden in Seitenlage, die in der ersten Abteilung in Rückenlage. Unter einigen Mühen wurden die Studenten in der ersten Abteilung dazu gebracht, die Entbindung in Seitenlage zu übernehmen. An der Sterblichkeitsrate änderte das allerdings nichts.

Man zog eine psychologische Erklärung in Betracht. Die erste Abteilung lag neben einer Krankenstation, in die oft ein Priester gerufen wurde, um die Sterbesakramente zu spenden. Ein Meßdiener ging dem Priester ein Glöckchen läutend voran. Die beiden kamen auf ihrem Weg durch die erste Abteilung, nicht durch die zweite. Ängstigte und erschütterte dieses düstere, laute Schauspiel die werdenden Mütter und setzte ihre Widerstandsfähigkeit herab? Der Priester wurde umgeleitet, doch die Sterblichkeitsziffer blieb unverändert. Viele andere Umstände wurden überprüft, ohne Ergebnis.

Durch Zufall wurde eine entscheidende Beobachtung gemacht. Jakob Kolletschka, ein Kollege, verletzte sich bei einer Autopsie am Finger. Er starb, wobei seine Symptome denen des Kindbettfiebers ähnelten. Semmelweis kam zu dem Schluß, daß »Leichenpartikel«, die in den Blutkreislauf seines Kollegen eingedrungen seien, die Erkrankung verursacht hätten, und schloß so darauf, daß die Frauen auf der Entbindungsstation ein ähnliches Schicksal erlitten hätten. Medizinstudenten nahmen Autopsien vor, wuschen sich nur flüchtig die Hände, kamen dann in die erste Station, um die Patientinnen zu untersuchen, und infizierten sie. Die Hebammen auf der zweiten Station nahmen keine Sektionen vor und verursachten keine Erkrankung.

Semmelweis verlangte daraufhin, daß alle Studenten sich die Hände in einer Chlorkalklösung wuschen, bevor sie die Entbindungsstation betraten. Diese Substanz entfernte den Leichengeruch von ihren Händen und vernichtete vermutlich auch die Partikel. Innerhalb von zwei Monaten sank die Sterblichkeitsziffer in der ersten Station auf einen Bruchteil ihres früheren Standes.

Diese zufriedenstellende Leistung erklärte jedoch nicht alle Einzelheiten der neuen Theorie. Einige unglückliche Ereignisse führten zu ihrer Abänderung. Zur gleichen Zeit starben elf andere Patienten an Kindbettfieber. Es war keine Leiche im Spiel, und die Epidemie wurde bis zu einem anderen Ursprung zurückverfolgt. Eine Patientin derselben Abteilung hatte an einem »eiternden Gebärmutterkrebs« gelitten. Das Krankenpersonal, das sie untersucht hatte, hatte anschließend andere Patienten auf derselben Station untersucht, ohne sich vorher die Hände in Chlorkalk zu waschen. Man erkannte, daß nicht nur Leichenpartikel die Krankheit hervorrufen konnten, sondern auch »faulende Materie aus lebenden Organismen«. Man ging zu weiter verbesserten Maßnahmen über, so daß zweifellos weitere Menschenleben gerettet werden konnten. Trotz dieses Erfolgs wußte man noch nichts über die eigentliche Ursache der Krankheit, eine Infektion durch Mikroorganismen.

Die Mängel der Theorie und auch letztlich politische Widerstände verzögerten die Übernahme der Semmelweisschen Desinfektionsmaßnahmen. Ironie des Schicksals, daß er selbst, wie sein Kollege Kolletschka, an einer infizierten Wunde starb, noch bevor er seinen Triumph erleben konnte.

Der Aufmarsch der Paradigmen

Die Geschichte von Semmelweis macht deutlich, wie bestimmte Ideen, deren Erfolge voraussagbar sind, später zugunsten effektiverer abgetan werden können. Dieses Schicksal widerfährt nicht nur einzelnen Theorien, sondern sehr viel breiter angelegten erklärenden Konzepten, die ein ganzes Gebiet zusammenhalten. Der Philosoph Thomas Kuhn hat diese Konzepte in seinem grundlegenden Buch *Die Struktur wissenschaftlicher Revolutionen* »Paradigmen« genannt.

Semmelweis versuchte in einer Zeit Krankheiten zu bekämpfen, als die maßgebliche Wissenschaft sich noch in einem vorparadigmatischen Zustand befand. Viele wesentliche Daten waren über Sterblichkeit zusammengetragen worden, aber man verfügte über kein einheitliches Konzept, sie zu erklären. Wissenschaft, der es an einem Paradigma mangelt, kann eine planlose Angelegenheit sein. Daten werden im wesentlichen willkürlich gesammelt. Verschiedene konkurrierende Schulen entstehen, die die Informationen jeweils nach eigenem Gutdünken auslegen. Die Anhänger einer Schule nehmen die Ergebnisse der anderen Schulen im allgemeinen nicht zur Kenntnis. Ständig tauchen neue Spekulationen auf. (Eine Spekulation ist eine wissenschaftliche Erklärung, die weit über die vorhandenen Daten hinausgeht. Sie kann zwar grundsätzlich überprüft werden, doch ist das normalerweise im Augenblick nicht möglich. Cricks Gedanke, daß das Leben auf der Erde begann, indem Bakterien an Bord von Raumschiffen hierhergelangten, ist ein gutes Beispiel für eine Spekulation.)

Vorparadigmatische Wissenschaftsbereiche begeistern für gewöhnlich die breite Öffentlichkeit, enttäuschen jedoch die Wissenschaftler, die in ihnen arbeiten. Die Fragen nach der molekularen Grundlage des Alterns und Bewußtseins oder der Existenz und Art des Lebens anderswo im Universum sind solche Bereiche.

Wenn ein Gebiet zur Reife gelangt, triumphiert schließlich eine Gedankenschule. Ihre Art der Auslegung der Daten erweist sich als wirksamer und läßt bessere Voraussagen zu als die der anderen Schulen. Der Sieger etabliert sich als das herrschende Paradigma. Die Atomtheorie der Materie, die Darwinsche Evolutionslehre und die molekulare Grundlage der Vererbung fallen unter anderem in diese Kategorie. Ein Paradigma beherrscht, sobald es sich durchgesetzt hat, das Denken in seinem Bereich. Neue Schüler werden dadurch in das Gebiet eingeführt, daß sie eben dieses Paradigma studieren. Bücher und Artikel über diesen Bereich, die zuvor für den Laien verständlich waren, setzen jetzt detaillierte Kenntnisse des Paradigmas voraus und werden für die Allgemeinheit unverständlich. Vor allem kommt es zu einer explosionsartigen neuen wissenschaftlichen Betätigung.

Ein neues Paradigma bietet nur den groben Umriß eines Bereichs. Einzelheiten müssen eingesetzt werden. Die Folgen des Paradigmas müssen gründlich erforscht werden. Ergebnisse, die nicht in das Bild passen, müssen überprüft und wenn möglich in die Struktur eingebracht werden. Mögliche Erweiterungen des Paradigmas auf benachbarte Gebiete müssen versucht werden. Diese Tätigkeit, die das bestehende Bild bestätigt, wird von Kuhn die »normale Wissenschaft« genannt. Die meisten Ergebnisse enthalten vielleicht wenig Interessantes für die Allgemeinheit, doch befriedigt diese Art von Arbeit die Wissenschaftler. Experimente bringen, wenn sie mit Geschick durchgeführt werden, Ergebnisse, die sinnvoll sind. Ein weiteres Teil kommt zu einem Puzzle hinzu, dessen Gesamtinhalt klar ist. Die besten Ergebnisse gewinnen die Anerkennung fast aller, die in diesem Bereich arbeiten.

Gelegentlich fördert das intensive Studium eines Bereichs neue Anomalien zutage, neue Teile, die nicht passen. Viele davon erklären sich durch Fehler der Art, über die wir gesprochen haben. Jeder gesunde Wissenschaftsbereich bietet solche Anomalien. (Sie liefern geeignete Probleme für Doktorarbeiten.) Nach und nach werden sie gelöst, und neue treten an ihre Stelle. Aber gelegentlich geben die Anomalien nicht nach. Wenn Versuche unternommen werden, sie aufzulösen, vermehren sie sich und werden noch offenkundiger. Am Ende bedrohen sie das Paradigma selbst.

An diesem Punkt schleicht sich ein Gefühl der Krise und Unsicherheit ein; die Spezialisten empfinden Unbehagen. Diese Angst entspringt der emotionalen Natur der betroffenen Wissenschaftler, weniger einer Bedrohung der technischen Ausführung des Gebiets. Unberechenbarkeit und Unsicherheit sind in die ordentliche Welt des Paradigmas eingedrungen, das in seiner Sicherheit viele Funktionen eines Mythos erfüllt hat. Wie der Ketzer, der nicht gern in der Kirche gesehen wird, wird der Wissenschaftler, der das herrschende Paradigma herausfordert, von seinen Kollegen nicht gerade in die Arme geschlossen.

In einigen Fällen wachsen die Probleme, bis das Paradigma selbst stürzt und von einem anderen ersetzt wird. Eine wissenschaftliche Revolution hat stattgefunden. Ein solcher Fall war die Verdrängung des ptolemäischen astronomischen Weltbilds, das die Erde als Mittelpunkt des Universums sah, durch die Ansicht des Kopernikus, nach der sich die Erde zusammen mit den anderen Planeten um die Sonne bewegt. In anderen Fällen kann ein Paradigma unter der Last inhärenter Probleme zusammenbrechen – ohne einen direkten Nachfolger zu haben, und für einige Zeit tritt wieder eine vorparadigmatische Situation ein. In bezug auf die Urzeugung haben wir es mit einem solchen Fall zu tun.

Die Berichte über die Entwicklung der Wissenschaft nehmen ein allmähliches Anhäufen von Wissen an, ein langsames Erklimmen der Leiter der Erkenntnis im Verlauf der Geschichte. Kuhn sieht den Prozeß als eine Reihe zusammenhangsloser Ereignisse, ein Auf und Ab von Paradigmen. Die Geschichte der Frage nach dem Ursprung des Lebens wird am besten in diesem Zusammenhang gesehen. Die Vorstellung von der Urzeugung beherrschte jahrtausendelang das Feld. Im 18. Jahrhundert verlor sie an Einfluß, brach jedoch erst in den 60er Jahren des 19. Jahrhunderts gänzlich zusammen, als Louis Pasteur einige wichtige Experimente durchführte. Es folgte eine Zeit der Verwirrung, bis in den Jahren zwischen 1922 und 1953 ein neues Paradigma aufkam. Es wurde nach seinen Begründern, Alexander I. Oparin und J. B. S. Haldane, die Oparin-Haldane-Hypothese genannt. Diese Theorie herrscht heute vor, doch hat sie an Nachdruck eingebüßt. Anomalien sind aufgetreten und bedrohen jetzt das Grundgefüge. Neue Spekulationen, Kandidaten für die Rolle eines zukünftigen Paradigmas, sind aufgetaucht. Wie die Sache ausgeht, ist nicht sicher, doch werden wir die gegenwärtigen Schwierigkeiten besser einschätzen können, wenn wir verstanden haben, was die Vergangenheit lehrt.

Urzeugung: Das verlorene Paradigma

Der Begriff »Urzeugung« ist auf verschiedene Weise angewandt worden. Wir wollen uns hier an die Definition halten, die der Historiker John Farley gegeben hat. Es wird die Überzeugung vertreten, daß »einige Lebenwesen unvermittelt und durch Zufall aus Materie entstehen, unabhängig von irgendwelchen Eltern«. Dieser Gedanke gibt die Erfahrung vieler Beobachter wieder und reicht zurück bis ins alte China, Griechenland und Babylon.

Ich kann diese Beobachtungen durch eigene Erfahrungen ergänzen. Ich war vor einiger Zeit auf den Galapagosinseln, um mir die Stätten anzusehen, die Charles Darwin angeregt und so viele Daten für seine spätere Theorie geliefert haben. Meine Begleiter und ich erkundeten eine Insel, Fernandina, die von riesigen Lavafeldern bedeckt ist, den Überresten unregelmäßiger Vulkanausbrüche aus mehreren Jahrhunderten. Leben war kaum zu entdecken auf dieser riesigen Fläche aus bizarrem, zerklüftetem schwarzem Stein, die sich von den Bergen bis zum Meer erstreckte. Die besonders bemerkenswerten Ausnahmen ließen sich erst aus der Nähe erkennen, weil sie in Farbe und Form mit dem Gestein verschmolzen: winzige, grauschwarze Lavaechsen huschten an vielen Stellen über die Steine. Größere, stachelige, schwarze Reptilien, die Meeresleguane, aalten sich in der Nähe des Wassers. Sie waren ihrer Umgebung so gut angepaßt, daß die Vorstellung nahe lag, sie wären aus der Lava hervorgegangen, wären das Produkt einer Urzeugung. Alexander Oparin hat diesen Zusammenhang schon früher in Worte gefaßt: »Wann immer der Mensch auf unerwartete und üppige Lebensformen gestoßen ist, hat er sie als ein Beispiel für die Urzeugung des Lebens gehalten.«

Der Zusammenbruch des Paradigmas der Urzeugung begann, als der Mensch an die Stelle der passiven Beobachtung das aktive Experiment setzte. Francesco Redi, ein italienischer Arzt, war einer der ersten, der im 17. Jahrhundert Grund zum Zweifel lieferte. Redi lagerte das

Fleisch einer frisch getöteten Schlange in einem der Luft zugänglichen Gefäß. Wie schon viele andere vor ihm beobachtet hatten, kamen nach ein paar Tagen kleine, weiße Würmer, Maden, aus dem Fleisch. Redi entnahm einige Maden und gab sie in ein anderes Gefäß. Nachdem weitere Zeit verstrichen war, entwickelten sich die Maden zu Fliegen. Es waren keine Würmer gewesen, sondern Insektenlarven.

Er wiederholte das Experiment, bedeckte das Gefäß, in dem sich das Fleisch befand, jetzt jedoch mit Gaze. Sie war so feinmaschig, daß keine Fliegen an das Fleisch gelangen konnten. Im Gefäß entwickelten sich keine Maden, aber auf der Gaze tauchten Insekteneier auf. Nun wurde die schützende Gaze entfernt, und zur erwarteten Zeit erschienen Maden auf dem Fleisch. Damit war nachgewiesen, daß sie von Fliegen herstammten und nicht auf eine Urzeugung zurückzuführen waren. Der Gedanke der Urzeugung wurde in diesem speziellen Fall zwar verworfen, doch das Prinzip hatte Bestand. Redi selbst glaubte, daß eine Urzeugung unter anderen Umständen erfolgen könne.

Ein besonderer Fall, der von vielen Wissenschaftlern anerkannt wurde, war die Urzeugung von Mikroben. Diese mikroskopisch kleinen Tierchen waren von Antony van Leeuwenhoek entdeckt worden, der ein Zeitgenosse Redis war und bahnbrechende Untersuchungen mit dem Mikroskop durchführte. John Tuberville Needham, ein Naturforscher und Jesuitenpriester aus Wales, beharrte im 18. Jahrhundert darauf, in verschiedenen Nährflüssigkeiten, die er zubereitet hatte, die Urzeugung dieser winzigen Lebewesen beobachtet zu haben. Needham kochte die Flüssigkeiten, um bereits vorhandene Mikroorganismen abzutöten und versiegelte dann die Kolbenflaschen, einige Male sogar luftdicht. Nach dem Versiegeln erhitzte er die Kolben in heißer Asche, um die Luft in ihnen zu sterilisieren. Wie er behauptete, wurden keinerlei Vorkehrungen übersehen. In allen Fällen tauchten in den Kolben nach ein paar Tagen mikroskopisch kleine Tierchen auf.

Den Ansichten Needhams widersprach ein anderer Wissenschaftler und Priester, der Italiener Lazzaro Spallanzani, der die gleichen Experimente mit größerer Sorgfalt durchführte. Spallanzani versiegelte zuerst alle Gefäße luftdicht und erhitzte sie dann länger, um die Sterilisation sicherer zu machen. Bei mehreren hundert Experimenten, für die er verschiedene Nährflüssigkeiten verwendete, erschienen keine Mikroben. Er kam zu dem Schluß, daß Needham seine Gefäße entweder nicht sorgsam genug versiegelt oder sie nicht lange genug erhitzt hatte.

Needham war Spallanzani für die elegante Widerlegung seiner Theorie keineswegs dankbar. Vielleicht war er aufgrund seines Standes nicht auf die Rolle des Advocatus Diaboli vorbereitet. Vielmehr änderte er seine Theorie ab, um sie den neuen Umständen anzupassen. Er blieb bei der Meinung, daß seine Flüssigkeiten, die er Infusionen nannte, die Kraft hätten, Leben zu erzeugen, meinte jedoch, daß diese Lebenskraft durch rauhen Umgang à la Spallanzani zerstört werden könne. Zitieren wir Needham selbst: »Aber aufgrund der Behandlungsmethode, mit der er [Spallanzani] seine neunzehn pflanzlichen Infusionen malträtiert hatte, ist klar ersichtlich, daß er die Wachstumskraft der gebrauten Flüssigkeiten aufs höchste geschwächt oder vielleicht sogar völlig vernichtet hat.« Es war damals nicht klar, wie ein entscheidender kritischer Versuch durchgeführt werden konnte, und der Streit dauerte bis zur Zeit Louis Pasteurs an. Pasteur erhielt 1862 von der französischen Akademie der Wissenschaften einen Preis für seine Versuche im Zusammenhang mit der Theorie der Urzeugung. J. B. Dumas, ein Kollege, hatte ihn noch bei Beginn seiner Untersuchungen über den Ursprung des Lebens gewarnt: »Ich rate niemandem, sich allzu lang bei diesem Thema aufzuhalten.« Pasteur nutzte die Zeit gut, die er investierte, und mehr als ein Jahrhundert danach habe ich selbst einen ähnlichen Rat bekommen.

Pasteur wies nach, daß die angeblichen Fälle von Urzeugung auf eine Verunreinigung der Flüssigkeiten mit Mikroorganismen zurückgingen, die auf Staubpartikeln in der Luft saßen. In Schlüsselexperimenten verwendete er Schwanenhalskolben, so benannt, weil ein langer, S-förmiger Hals sie mit der umgebenden Luft verbindet. Die Flüssigkeiten in den Kolben wurden durch Hitze sterilisiert und blieben steril. Staubpartikel, auf denen Bakterien saßen, wurden im Hals festgehalten und konnten die Flüssigkeit nicht erreichen. Entfernte man den Hals jedoch, wimmelte es innerhalb von achtundvierzig Stunden in der Flüssigkeit von Mikroben. Das anfängliche Fehlen von Bakterien in der sterilisierten Flüssigkeit ging nicht auf den Verlust der Wachstumskraft zurück, sondern auf den Ausschluß der Mikroben aus der Luft.

Pasteur faßte seine Arbeit 1864 in einer triumphalen Vorlesung an der Sorbonne zusammen und schloß mit der Bemerkung: »Niemals wird sich die Lehre von der Urzeugung von dem Todesstoß erholen, den ihr dieses einfache Experiment beigebracht hat.«

Der Stoß war vielleicht tödlich, doch es dauerte einige Zeit, bis das

Opfer tatsächlich verschied. In Mißkredit gebrachte wissenschaftliche Theorien verschwinden nicht durch die schnelle Bekehrung ihrer Anhänger von der Bildfläche, sondern erst, wenn ihre letzten Getreuen gestorben sind. Der letzte Überlebende aus jener Zeit, der die Urzeugung verteidigte, war Henry C. Bastian, ein englischer Wissenschaftler. Er hatte herausgefunden, daß Heuaufgüsse ungewöhnlich hitzeresistente Sporen enthalten. Man mußte sie sehr viel länger erhitzen, um alles abzutöten. Er interpretierte seine Ergebnisse jedoch nicht so, sondern sah in ihnen den Beweis für die Urzeugung. In den 70er Jahren des vorigen Jahrhunderts lieferte er sich erbitterte Debatten mit Mitgliedern der Académie Française. Ganz allein auf sich gestellt, verteidigte er seine Position bis zu seinem Tod 1915.

Das Beispiel Bastians zeigt, wie sehr ein Paradigma oder eine Theorie sich im Geist eines Menschen einnisten kann. Die skeptische Haltung, die wissenschaftlicher Arbeit eher entspricht, wird aufgegeben, und die Idee nimmt die Eigenschaften eines Mythos an. Wir werden immer wieder auf dieses Verhalten treffen, wenn wir nach dem Ursprung des Lebens suchen. Bevor wir uns jedoch mit moderneren Theorien als der Urzeugung beschäftigen können, müssen wir innehalten, um einige der grundlegenden Erkenntnisse zu betrachten, die die Wissenschaft über das Wesen des Lebens und seine Geschichte auf diesem Planeten gewonnen hat.

2. Zwei Flecken auf einem Fels

Es ist leicht, einen Hund und einen Felsen zu betrachten und zu dem Schluß zu kommen, daß der eine lebendig ist und der andere nicht. Es ist sehr viel schwerer, zwei Flecken auf einem Fels zu vergleichen und zu dem gleichen Schluß zu kommen. Und doch kann der eine Fleck anorganisch und dem übrigen Felsen sehr ähnlich sein, während der andere vielleicht eine primitive Pflanzenform, wie eine Flechte, darstellt, die sich aus den gleichen Chemikalien zusammensetzt wie ein Hund.

Die Art der Fleckengruppe hat eine enorme Bedeutung, auch wenn sie noch nicht eindeutig bestimmt ist. 1976 setzten im Rahmen des Viking-Projekts zwei unbemannte Landefahrzeuge auf der Oberfläche des Mars auf und versuchten mit verschiedenen Mitteln zu bestimmen, ob es dort Leben gibt. Die Kameras, mit denen sie ausgerüstet waren, stellten die direkteste Methode dar, Leben festzustellen. Was man bisher über die Oberfläche des Mars wußte, war so kärglich und unvollständig, daß selbst das Vorhandensein von Tieren bis zu einer Größe von Eisbären nicht ausgeschlossen werden konnte.

Die Kameras zeigten nichts, was sich bewegte, auch keine offenkundigen Hinweise auf das Vorhandensein von Leben. Dr. Gilbert Levin, ein Mitglied des Viking-Forschungsteams, ließ sich jedoch nicht so schnell entmutigen und sah sich die Fotos ganz genau an. Er entdeckte, daß das Gestein in der Nähe eines der Landefahrzeuge grüne Flecken aufwies, die Ähnlichkeit mit den Flechten auf der Erde hatten. Flechten, die eigentlich eine Art Mittelding zwischen Algen und Pilzen sind, gehören zu den anpassungsfähigsten Lebensformen auf der Erde. Sie können an kalten, unwirtlichen Orten überleben, etwa auf Berggipfeln und in der Antarktis. Sie ruhen, wenn die Umstände schlecht sind, und bersten vor Leben, sobald Sonne und Feuchtigkeit zurückkehren. Sollten irgendwelche bekannten Lebensformen auf dem Mars zu finden sein, gehören Flechten zu den wahrscheinlichsten Kandidaten.

Leider ist die Untersuchung auf diesem Stand stehengeblieben, weil keine Proben der Flecken zu Analysezwecken mitgebracht werden konnten. Wir müssen warten, bis die Erforschung der Marsoberfläche eines fernen Tages wieder aufgenommen wird, wenn wir mehr über die Art dieser Flecken erfahren wollen. Wenn wir eine Probe dieses Materials zur Erde bringen könnten, gäbe es kaum Schwierigkeiten, sie zu bestimmen. Unter dem Mikroskop zeigen Flechten charakteristische Zellen und Filamente, während Minerale im allgemeinen ein ganz anderes Bild abgeben. Eine chemische Analyse würde sogar noch eindeutigere Ergebnisse bringen. Bestimmte Atome und Moleküle sind typisch für das Lebende auf der Erde, und im Gestein sind ganz andere vorhanden. Diese Untersuchungen leiten sich aus unserer langen Erfahrung sowohl mit Flechten wie mit Mineralen her, erfassen jedoch nicht den wesentlichen Unterschied zwischen lebender Schöpfung und nichtlebender Materie. Doch gerade diesen Unterschied müssen wir zur Gänze erkunden, wenn wir erklären wollen, wie das eine möglicherweise aus dem anderen entstanden ist.

Kehren wir zu unserem ersten Vergleich zwischen Hund und Fels zurück, und betrachten wir den Aufbau, weniger das Lebenselement. Der Körper des Hunds läßt sich in mehrere Teile zerlegen: etwa in Kopf, Beine, Rumpf und Schwanz. Gestein zeigt normalerweise keinen derartig offensichtlichen Aufbau. Und selbst wenn wir ein unregelmäßiges Exemplar mit eindeutigen Unterteilungen ausmachen könnten, wäre diese Gestaltung doch rein zufällig. Andere Hunde haben die gleichen Körperteile wie der zuerst von uns betrachtete, Steine jedoch haben keine derartigen Gemeinsamkeiten.

Das Innere eines Hunds ist ebenfalls klar gegliedert. Die verschiedenen Organe haben alle ihren speziellen Platz. Diese Gliederung setzt sich nach unten fort auf kleinere und immer kleinere Bausteine. Die Organe bestehen aus Gewebe, das seinerseits aus Zellen besteht. Die Zellen wiederum setzen sich ihrerseits aus ganz charakteristischen Teilen zusammen. Im Gestein gibt es keine derartige Reihenfolge klar umrissener Gliederungsstufen.

Die Evolutionstheorie besagt, daß die höheren Gliederungsebenen des Lebens sich aus den niedrigeren entwickelt haben. Wir werden sehen, daß die ältesten in Versteinerungen gefundenen Zellen einfach waren. Man nimmt allgemein an, daß komplexere Zellen erst später in der Evolution auftauchten und aus vielen Zellen bestehende Organismen noch später.

Der Ursprung des Lebens hat demnach zu tun mit dem Aufbau der untersten Ebenen, mit Molekülen und Zellbausteinen. Wir müssen lernen, wie das Leben auf diesen Ebenen heute funktioniert, bevor wir untersuchen können, wie diese Situation sich zum ersten Mal ergeben hat. Wir unterbrechen hier, um diese submikroskopische Welt zu erforschen.

Die Welt des KOGOL

Es ist schwierig, aber nicht unmöglich zu veranschaulichen, wie sich die Größe einer Zelle oder eines Atoms im Vergleich zu Gegenständen aus dem Alltagsleben verhält. Wir wollen das mit Hilfe einer imaginären Vorrichtung tun, die wir KOGOL nennen, was für »*ko*smischer *G*rößen*o*rdnungs*l*ift« steht. Während ein normaler Aufzug uns in ein höheres oder tieferes Stockwerk bringt, scheint KOGOL uns größenmäßig wachsen oder schrumpfen zu lassen. Wir betreten den Lift auf der Ebene 0, dem Erdgeschoß, und können Knöpfe von 1 bis 25 drücken, um nach oben zu kommen, oder Knöpfe von -1 bis -15, um in tiefere Ebenen zu gelangen. Jede positive Zahl steigert unsere sichtbare Größe um das Zehnfache der jeweils vorangehenden Stufe, während jede negative Zahl unsere Körpergröße entsprechend verkleinert im Vergleich zur Stufe darüber.

Würden wir beispielsweise den Knopf 1 drücken und zur ersten Ebene hinauffahren, erschienen wir zehnmal größer als wir normalerweise sind. Betrüge unsere Normalgröße 180 Zentimeter, würden wir danach in eine Welt hinaustreten, in der wir offenbar 18 Meter groß wären. Menschen würden uns gerade bis zur Wade reichen, und Bäume kämen uns wie Sträucher vor. Würden wir dagegen den Knopf 2 drükken, würden wir nach dem Aussteigen feststellen, daß wir die Größe eines Wolkenkratzers erreicht hätten. Die mathematisch Vorgebildeten werden vielleicht bemerkt haben, daß die Zahl auf den Knöpfen im KO-

GOL die Zehnerpotenz darstellt, mit der unsere sichtbare Größe multipliziert wird. Auf der zweiten Ebene wären wir also 10^2 oder 100mal so groß wie normal.

Die Größen, die wir erreichen, sind eine Täuschung. Die Naturgesetze erlauben uns nicht, unser Leben in einer breitgefächerten Größenskala zu führen und wie üblich unseren Geschäften nachzugehen, ungeachtet der Liliputaner und Brobdingnager von Jonathan Swift. Wenn unsere Körpergröße beispielsweise um das Zehnfache stiege, würde die Körperoberfläche um etwas das Hundertfache zunehmen und unser Gewicht, die Gesamtmenge des Fleischs, um das Tausendfache. Die durch die körperliche Betätigung erzeugte Wärme würde proportional zum Gewicht steigen, aber uns stände nicht genug Oberfläche zur Verfügung, um sie abzuleiten. Wir würden sehr bald bei lebendigem Leib gebraten. Vorher wären wir zu Boden gedrückt worden. Die Kraft unserer Beine wäre um das Zehnfache im Vergleich zu ihrem Querschnitt gestiegen, was jedoch unzureichend wäre und sie nicht in die Lage versetzen würde, uns zu tragen.

KOGOL wird am besten als eine Reihe von Modellen gesehen, die geschickt entworfen wurde, um wiederzugeben, wie die Welt aussehen könnte, wenn wir unsere Größe verändern könnten. Die Ebenen könnte man sich vorstellen oder auch tatsächlich auf verschiedenen Stockwerken eines Museums errichten; erreichen würde man sie mit einem normalen Aufzug mit den entsprechenden Bezeichnungen. Bei unserer Suche nach dem Ursprung des Lebens brauchen wir nicht die Ebenen über dem Erdgeschoß, sondern die darunter. Beginnen wir unsere Erkundung und betrachten dieses Buch. Es mißt geschlossen etwa 14 mal 22 mal 3 cm. Drücken wir den Knopf -1 des KOGOL, und betrachten wir es erneut. Es ist zu einer Platte mit den Ausmaßen etwa eines großen Bettes geworden.

Für unsere weiteren Ausflüge wollen wir das Buch aufschlagen. Konzentrieren wir uns auf irgendein »i« auf dieser Seite und drücken den Knopf -3. Unsere Körpergröße ist auf ein Tausendstel ihres normalen Werts geschrumpft, wenn wir aus dem Aufzug treten; wir sind so groß wie das »i« – ohne den Punkt. Wir könnten uns gerade auf das »i« legen. Der i-Punkt selbst wäre ein schwarzer Fleck von 30 Zentimeter Durchmesser, der Größe eines Papierkorbs an der Oberseite. Die gesamte Seite, auf der wir stünden, würde eine Fläche von drei Wohnblocks in der Länge und zwei in der Breite bedecken, genug, um einen großen öffentlichen Platz abzugeben. Wenn wir an den Rand gingen und hinunterschauten, säßen wir oben auf einem Felsen von der Höhe eines sechsgeschossigen Gebäudes. Der Blick seitlich auf den Felsen würde dem auf die Seite eines Teppichstapels ähneln. Jeder »Teppich«, eine Seite dieses Buches, wäre etwa 6 cm dick. Auch die Oberfläche der Seite, auf der wir stünden, gliche eher einem Teppich als einem glatten Blatt, wiese verwobene Fäden, Kanäle und leicht sichtbare Vertiefungen auf.

Wir unternehmen diesen Ausflug nicht, um die Kunst des Büchermachens zu studieren, sondern als Teil der Suche nach dem Ursprung des Lebens. Um unser Verständnis vom Leben zu schärfen, legen wir das Modell eines einfachen Organismus auf den i-Punkt, ein Pantoffeltierchen. Im wirklichen Leben bewohnen Pantoffeltierchen allerdings eher Süßwasserteiche als Buchseiten. In unserem Modell hat es etwa die Größe unserer Hand und nimmt ungefähr den halben Punkt ein. Bei genauerem Hinsehen können wir erkennen, daß es die Form einer gedrungenen Zigarre hat und mit Hunderten kleiner, haarähnlicher Gebilde bedeckt ist, seinen Wimpern. Auf einer Seite hat es eine Öffnung zum Einstrudeln der Nahrung.

Die Nahrung des Pantoffeltierchens besteht häufig aus Bakterien, winzigen Organismen, die zu den kleinsten gehören, die auf diesem Planeten leben. Sie kommen auch in diesem Modell vor und befinden sich in der Nähe des »Mundes« des Pantoffeltierchens. Auch auf der Ebene -3 des KOGOL sind sie noch sehr klein, etwa in der Größe eines gedruckten »o« in unserem Alltag.

Die Zelle, ein mit Flüssigkeit gefüllter und von einer Membrane umgebener Einschluß, ist eine Grundeinheit in der Biologie. Unser Körper besteht aus mehreren Billionen Zellen. Die beiden Geschöpfe, die wir untersucht haben, bestehen jeweils aus einer einzigen Zelle, trotz ihrer unterschiedlichen Größe. Jedes hat scheinbar sehr viel mehr mit dem jeweils anderen gemein als mit uns, und doch ordnet ein grundlegendes Einteilungsschema in der Biologie das Pantoffeltierchen der gleichen Gruppe zu wie uns, den sogenannten Eukaryoten. Aber wir sind keineswegs allein mit ihm, sondern teilen uns mit fast allem, was lebt und uns vertraut ist, in die Gruppe, von der Ananas bis zum Zebra. Die andere Klasse, die Prokaryoten, umfaßt vor allem die Bakterien und Blaualgen. Die Grundlage dieser Unterteilung ist der komplexe Bauplan der einzelnen Zellen. Die Merkmale, die uns mit einem Pantoffeltierchen verbinden, kann man erkennen, wenn wir ein Modell einer typischen menschlichen Zelle auf der Ebene -3 auf diese Buchseite legen und sowohl das Pantoffeltierchen wie diese Zelle von innen erleuchten, so daß man das Innere sieht.

Die menschliche Zelle hätte die Größe einer Münze, wäre kleiner als das Pantoffeltierchen und hätte weder Wimpern noch Mundöffnung. Beide Zellen würden jedoch einen markanten Innenraum aufweisen, den sogenannten Nukleus oder Zellkern. Außerdem besäßen beide eine verwirrende Vielfalt von Säckchen, Röhren und anderen Gebilden, die sogenannten Organellen. Die Modelle würden sehr viele innere Einzelheiten und eine Menge Ähnlichkeiten erkennen lassen.

Die Bakterien sind für eine Untersuchung auf der Ebene -3 zu klein, so daß wir wieder den KOGOL besteigen müssen. Wir drücken den Knopf -6 und steigen auf dem Punkt des »i« aus. Wir haben jetzt ein Millionstel unserer normalen Größe, während der i-Punkt auf der Ebene -3 seine Ausmaße um 1000 vergrößert hat. Er hat jetzt einen Durchmesser von etwa 330 m, die Größe eines kleinen Sees, wohingegen der Hauptteil des Buchstabens »i« sich nun über 1,75 km erstreckt. Der Seitenrand ist viele Kilometer entfernt . Ein Ausflug dorthin, ja nicht einmal ein kleiner Abstecher in die Umgebung des i-Punkts würde uns Spaß machen, da das Gelände ziemlich zerklüftet geworden ist. Dicke Fasern aus Papier, einer Chemikalie mit dem Namen Zellulose, türmen sich über uns auf, und unter uns drohen tiefe Spalten und Krater. Wir beschränken unsere Erkundungen auf die allernächste Nachbarschaft, ein einzelnes Bakterium. Wir betrachten die Welt aus der Perspektive eines Bakteriums.

Das Bakterium ähnelt einem abgerundeten Zylinder von 2 m Länge und 1 m Dicke. Das Pantoffeltierchen würde dagegen wie ein Ungetüm wirken und hätte die Ausmaße eines kleinen Kriegsschiffs. Sechs peitschenähnliche Fäden, die Plasmageißeln, ragen aus dem Bakterium heraus, jeder länger als dessen Körper, wenn auch nicht dicker als ein Finger. Sie dienen der Fortbewegung.

Wir haben unser Bakterienmodell mit einer Innenbeleuchtung ausgestattet, die wir einschalten können, wenn wir sein Innenleben untersuchen wollen. Dabei sollten wir jedoch anmerken, daß die kleineren Einzelheiten in einem echten Bakterium mit normalem Licht nicht mehr untersucht werden können, nicht einmal mit einem Mikroskop. Das sichtbare Licht kann Gegenstände unterhalb einer bestimmten

Größe nicht auflösen. Die Wissenschaftler haben die Feinstruktur der Bakterien mit Hilfe einer andersartigen Beleuchtung und eines besonderen Geräts erforscht, mit dem Elektronenmikroskop.

Unser Modell bereitet keine derartigen Schwierigkeiten. Wir können erkennen, daß ein festes, netzartiges Material, die Zellwand, das Bakterium umgibt; darunter liegt eine weichere Schicht, die Zellmembran. Die Geißeln sind durch ein hakenartiges Ende, das einige Stäbchen und Ringe enthält, mit diesen Umhüllungen verbunden. Das Innere des Bakteriums ist relativ komplex aufgebaut, wenn auch nicht so komplex wie ein Pantoffeltierchen oder eine menschliche Zelle. Eine der Organellen des Pantoffeltierchens oder der menschlichen Zelle würde ein ganzes Bakterium ausfüllen. Das Bakterium hat auch keinen Nukleus, doch sind einfachere Strukturen zu erkennen. Winzige Kugeln von der Größe kleiner Münzen sind über die Flüssigkeit in dem Organismus verteilt, in einigen Fällen verbunden durch einen Faden. Diese sogenannten Ribosomen finden sich in allen Zellen. Ein weiteres Merkmal unseres Modells ist ein an der Innenseite der Zellmembran befestigtes Gebilde, das einer in vielen Windungen um einen Kern gewickelten Schnur ähnelt. Dieses Gebilde, das bakterielle Chromosom, enthält eine Chemikalie, die DNA.

Diese Zellbausteine, die selbst dann noch von bescheidener Größe sind, wenn man sie auf der Ebene -3 unseres KOGOL betrachtet, stellen noch nicht die unterste Organisationsstufe des Lebens dar. Sie sind aus besonderen Molekülen aufgebaut, die auf ganz spezielle Art angeordnet sind. Diese Moleküle ihrerseits entstehen durch die besondere Verbindung bestimmter Atome. Wir müssen daher unsere Untersuchung über den Aufbau des Lebens auf der Ebene der Atome beginnen.

Ein Universum aus Atomen

Religiöse Fundamentalisten bestreiten die Evolutionstheorie, und die amerikanische Flat Earth Society zweifelt sogar die Kugelgestalt unseres Planeten an; aber soviel ich weiß, gibt es keine Vereinigung, die die Atomtheorie der Materie ablehnt. Alle, die Wissenschaft betreiben, stimmen darin überein, daß Atome existieren und die Eigenschaften der Materie bestimmen, auch wenn sie so klein sind, daß man sie nicht direkt oder mit dem Mikroskop betrachten kann. In unserem KOGOL-Modell können wir sie jedoch sehen. Wir befinden uns auf der Ebene -6, auf der der Punkt eines »i« die Ausmaße eines kleinen Sees hat. Wenn wir irgend etwas aus unserer Umgebung ganz genau untersuchen würden, eine Zellulosefaser aus dem Papier, einen Druckfarbenfleck oder eine Bakteriengeißel, fänden wir, daß es körnig beschaffen wäre wie Sand am Strand oder ein Foto in einer Zeitung. Die für unsere Augen kaum wahrnehmbaren Körner wären Atome. Es wäre sehr beschwerlich, die auf das Bakterium entfallende Anzahl festzustellen, denn sie beläuft sich auf etwa 200 Millionen dieser Körner. Die Unterschiede in der Art der vorhandenen Atome und ihre Anordnung sind verantwortlich für die Eigenschaften, durch die sich Papier, Druckfarbe und ein Bakterium voneinander unterscheiden. Zur Erforschung dieser Unterschiede wollen wir unsere Fahrt mit dem KOGOL unterbrechen und ein weiteres fiktives Gerät zu Hilfe nehmen, den Atomwolf.

Im Gegensatz zu unserem wundersamen Fahrstuhl hat das neue Gerät ein Gegenstück in der realen Welt. Die Chemiker können jede Substanz nehmen und, durch Anwendung verschiedener Verfahren und Einsatz einiger Instrumente, die darin enthaltenen Arten der Atome bestimmen. Wir wollen den Ablauf in dieser Darstellung beschleunigen und verwenden daher ein Gerät, das alles schluckt und im Nu die relative Anzahl der in dem Stoff enthaltenen Atome bis auf ein halbes Prozent genau angibt.

Atome spielen in einem Gegenstand etwa die gleiche Rolle wie Buchstaben in einem gedruckten Text. Für ein gedrucktes Buch werden rund 80 Symbole verwendet. Es gibt 29 Groß- und 30 Kleinbuchstaben, 10 Zahlzeichen und rund ein Dutzend gängige Satzzeichen. Das Universum enthält über einhundert verschiedene Atome, einige vom Menschen künstlich hergestellt und so kurzlebig, daß sie von untergeordneter Bedeutung sind. In einer lebenden Sprache ist die Anordnung von Symbolen (wir nennen sie ab sofort Buchstaben) zu Worten wichtiger als die Gesamthäufigkeit eines bestimmten Buchstabens. Dieses Buch, ein aktueller Bestseller und die Bibel enthalten den Buchstaben »s« oder »e« wahrscheinlich ähnlich oft. Sollten sie voneinander abweichen, wird das kaum in irgendeiner bedeutsamen Weise mit dem Inhalt des betreffenden Buchs zusammenhängen. Wenn jedoch wirkliche Gegenstände untersucht werden, sind sowohl die Arten der vorhandenen Atome wie auch ihre Anordnung von Bedeutung. Wir können das jetzt mit Hilfe des Atomwolfs veranschaulichen. Als erstes wollen wir Luft in die Maschine strömen lassen. Sie surrt und tuckert und druckt dann aus: Stickstoff 77%, Sauerstoff 21%, Wasserstoff 1%, Argon 0,4%, andere Atome nur in geringen Mengen. Nur vier von etwa einhundert möglichen Atomen sind in größerem Umfang vorhanden. Auch die Anordnung der Atome in der Luft ist einfach. Um das zu verdeutlichen, wollen wir uns zum Vergleich wieder der Sprache bedienen. Buchstaben werden zu Worten angeordnet, während Atome durch chemische Bindungen zu Molekülen zusammengefügt werden. Worte haben selten mehr als zwanzig Buchstaben, doch Moleküle meist eine sehr große Anzahl Atome. In der Luft sind jedoch nur einfache Moleküle in größerem Umfang vorhanden, was Worten aus ein, zwei oder drei Buchstaben entspräche. Argon ist einatomig. Es gehört zur Gruppe der sogenannten Edelgase. Sie bilden keine Verbindungen und treten nicht zu Molekülen zusammen. Sauerstoffatome verhalten sich ähnlich. Wasserstoffatome bestehen zusammen mit Sauerstoff, im Verhältnis 2:1, und bilden ein Molekül, dessen chemische Darstellung H_2O ist, das wir jedoch besser unter der Bezeichnung Wasser kennen.

Eine Anmerkung muß noch gemacht werden, um die Leichtigkeit der Luft zu erklären. Die verschiedenen Moleküle in der Luft ballen sich nicht zusammen, sondern sind weit voneinander getrennt. Als Analogie denke man an ein Buch mit nur wenigen, auf jeder Seite verstreuten Buchstaben.

Um unsere Untersuchung fortzusetzen, schütten wir als nächstes etwas Wasser in unserem Atomwolf. Sofort druckt er aus: Wasserstoff 67%, Sauerstoff 33%. Die Zusammensetzung von flüssigem Wasser ist die gleiche wie die des Wassers in der Luft. Ein Stückchen Eis, das man in den Wolf werfen würde, ergäbe das gleiche Ergebnis. Festes und flüssiges Wasser unterscheiden sich insoweit vom gasförmigen Zustand, als ihre Moleküle dicht beieinander sind, nicht weit auseinander, wie in der Luft. Um den Unterschied zwischen fest und flüssig zu erklären, gebrauchen wir jedoch besser ein anderes Bild und betrachten eine Gruppe Einzelpersonen. Der flüssige Zustand ähnelt einer überfüllten Tanzfläche, auf der sich die Tänzer bewegen und aneinander vorbeischieben. Zur Verdeutlichung des festen Zustands stelle man sich ein vollbesetztes Theater vor, in dem die einzelnen Personen zwar auch dicht beieinander sitzen, aber an Ort und Stelle bleiben.

Als nächstes wollen wir eine Bakterienprobe untersuchen, um zu sehen, welche Atome zum Bau lebender Materie gebraucht werden. Stellen wir es uns so vor, daß wir einen Vorrat davon aus einem Teich holen und sie dann in den Atomwolf schieben. Nachdem die Maschine sie geschluckt hat, zeigt sie an: Wasserstoff 61%, Sauerstoff 27%, Kohlenstoff 8%, Stickstoff 2,5%; es sind noch zahlreiche andere Elemente vorhanden, doch hat keins von ihnen einen Anteil von 0,5% oder mehr. (Der Ausdruck »Element« wird oft anstelle der Bezeichnung »Atomart« verwendet. Wir können somit sagen, daß das Universum über einhundert Elemente enthält.) Bakterien bestehen überwiegend aus vier Elementen, von denen drei reichlich im Wasser und in der Luft vorkommen. Das vierte, der Kohlenstoff, kommt in unserer Umwelt nicht so oft vor, spielt jedoch beim Bau des Lebens eine entscheidende Rolle. Ungefähr 70% des Gewichts eines Bakteriums entfällt auf Wasser, und es ist insgesamt ganz ähnlich wie Wasser zusammengesetzt. Der Rest ist eine Mischung aus sehr komplexen Molekülen.

Wir haben Luft, Wasser und Leben untersucht; jetzt wollen wir uns der Erde zuwenden. Der Kern unseres Planeten besteht, wie man annimmt, überwiegend aus geschmolzenem Eisen, aber das interessiert uns im Moment nicht. Wir möchten vielmehr etwas über die Zusammensetzung der Kruste wissen, über das Oberflächengestein, zwischen dem und dem Leben ein wechselseitiger Einfluß erfolgt. Wir haben eine Gesteinsprobe ausgesucht, deren Zusammensetzung die der Erdkruste als Ganzes widerspiegelt, und werfen sie in den Wolf. Wir erhalten die bisher längste Analyse: Sauerstoff 48%, Silizium 28%, Aluminium 4,5%, Kalzium 3,5%, Kalium 2,5%, Magnesium 2% und mehrere andere Stoffe weniger als 1%.

Nur Sauerstoff ist auch auf unseren vorigen Listen erschienen. Silizium ist ein wichtiger Bestandteil des Gesteins und spielt beim Aufbau in etwa die gleiche Rolle wie der Kohlenstoff für die lebende Materie. Es bindet sich an mehrere Atome gleichzeitig und bildet sehr große Moleküle. Die letzten vier Elemente aus der Zusammenstellung sind Metalle. Einige sind uns aus der Küche oder Werkstatt bekannt, wo wir ihnen im freien Zustand begegnen (chemisch nicht an andere Stoffe gebunden). In diesem Zustand sind es glänzende, harte, wärmeleitende Materialien, die zur Herstellung von Werkzeugen, Münzen, Waffen und Gebäuden gebraucht werden. Die im Gestein vorhandenen Metallatome sind meistens chemisch gebundene Formen und zeigen ganz andere Eigenschaften, so wie Rost sich von Eisen unterscheiden kann.

Bei der zu Beginn dieses Kapitels geschilderten Erforschung des Mars hätte uns demnach die Bestimmung der in jedem Fleck vorhandenen Elemente und ihrer relativen Mengen einen guten Dienst leisten und uns sagen können, ob es sich um eine Flechte oder ein Mineral handelte. Leider war das Viking-Landefahrzeug dazu nicht in der Lage.

Die chemische Analyse genügt also, um den Unterschied zwischen einer Flechte und einem Mineral oder zwischen einem Hund und einem Felsbrocken festzustellen, aber sie erklärt nicht den Unterschied zwischen Lebendem und nicht Lebendem. Wir könnten ohne weiteres eine Mischung aus Kohlenstoff, Wasserstoff, Sauerstoff und Stickstoff herstellen, aber sie hätte kein Leben. Wie wir gesehen haben, kommen die drei letzten Elemente reichlich in einer Mischung aus Wasser und Luft vor. Kohlenstoff könnte der Verbindung problemlos hinzugefügt werden. Wir könnten das Gas wählen, Kohlendioxid, das wir als die Bläschen im Mineralwasser kennen. Wir könnten auch Kalkstein hinzugeben, ein Mineral, das viel Kohlenstoff enthält, oder Diamanten verwenden, die fast ausschließlich aus Kohlenstoff bestehen. Keine Mischung aus Luft, Wasser und irgendeinem dieser Stoffe hätte auch nur im entferntesten etwas mit Leben zu tun. Es würde auch nichts nützen, die verschiedenen Elemente hinzuzufügen, die in kleinen Mengen in lebender Materie vorkommen. Ohne Frage spielt sehr viel mehr als nur die Zusammenstellung der Atome eine Rolle. Wir müssen die Anordnung der Atome zu Molekülen genauer betrachten. Vor allem Kohlenstoff wird uns interessieren müssen, wenn wir versuchen herauszufinden, wie sich auf der untersten Aufbaustufe Belebtes von Unbelebtem unterscheidet.

Die Eigenschaften des Kohlenstoffs bedingen einen riesigen chemischen Bereich von solcher Komplexität, daß sich ihrem Studium inzwischen ein ganzes Gebiet widmet, die organische Chemie. Alle übrigen Elemente außer Kohlenstoff sind im Vergleich dazu in nur einem alternativen Bereich zusammengefaßt, der anorganischen Chemie.

Die Kohlenstoffatome haben die phantastische Fähigkeit, untereinander und mit bestimmten anderen Atomen Ketten zu bilden, deren Länge von zwei bis zu mehreren Millionen Atomen reicht. Diese langen Ketten sind charakteristisch für viele lebenswichtige Moleküle.

Aber es sei noch einmal betont, daß diese Umstände noch kein Leben ergeben. Bis ins frühe 19. Jahrhundert hat man einmal eine Zeitlang geglaubt, daß die Trennung zwischen organischer und anorganischer

Chemie die Grundlage sei, die die lebende von der toten Materie scheide. Heute wissen wir es besser. Bestimmte Meteoriten bestehen zum Beispiel aus einer komplexen Mischung organischer Verbindungen mit Ketten unterschiedlicher Länge. Aber sie enthalten kein Leben, und es gibt auch keine Anzeichen dafür, daß sie jemals mit Leben in Berührung gekommen sind, bevor sie auf die Erde stürzten. Und um die Sache noch komplizierter zu machen, enthält auch Gestein lange Atomketten, wenn auch anderer Art. Siliziumatome bevorzugen Sauerstoff als Bindungspartner, und zusammen bilden sie eine Atomgruppe, das sogenannte Silikat. In Gestein verbinden sich Silikate zu langen Ketten. Die chemische Zusammensetzung dieser Stoffe ist ziemlich kompliziert, allerdings auch noch nicht so erforscht wie die des Kohlenstoffs.

Der eigentliche Unterschied zwischen Belebtem und Unbelebtem auf der Ebene der Moleküle liegt nicht im Vorhandensein eines bestimmten Merkmals, wie langen Atomketten, sondern in der Organisation und Identität der Moleküle. Um das deutlich zu machen, wollen wir das Innere eines Sandkorns auf der Ebene -8 des KOGOL betrachten. In unserem dieser Ebene entsprechenden Modell benutzen wir kleine Kugeln von der Größe einer Pampelmuse bis zum Tischtennisball zur Darstellung der Atome. Außerdem werden wir verschiedene Farben benutzen, um die unterschiedlichen Atome zu kennzeichnen.

Würden wir wahllos irgendwelche Stellen innerhalb des Sandkorns heraussuchen, fänden wir im wesentlichen jeweils die gleiche Situation vor: ein dreidimensionales Netz aus abwechselnd Silizium- und Kohlenstoffatomen, die sich endlos in alle Richtungen erstrecken. Die übliche chemische Bezeichnung für diesen einförmigen Stoff ist Quarz. Eine ähnliche Einförmigkeit finden wir auch in anderen Stoffen. Ein Diamant zum Beispiel besteht aus einem sich wiederholenden, dreidimensionalen Netz nur aus Kohlenstoffatomen.

Etwas ganz anderes würden wir erleben, wenn wir die gleiche Untersuchung an einem Bakterium vornähmen. Seine Membran erschiene als dicke Wand mit mehreren, darin eingebetteten Gebilden. Das Innere der Wand bestünde im wesentlichen aus den beiden Elementen Kohlenstoff und Wasserstoff, doch die Außenfläche der Wand würden Sauerstoffatome zieren. Als ein in etwa herzförmiger Gegenstand würde ein Ribosom mit einem Durchmesser unserer Körpergröße erscheinen. Würden wir unser Modell eingehender untersuchen, würden wir feststellen, daß es sich aus zwei Einzelteilen zusammensetzt, die beide mehrere komplizierte, große Moleküle enthalten, die zu einem riesigen, dreidimensionalen Puzzle zusammengefügt sind.

Andere aber ebenso komplexe Erlebnisse würden uns erwarten, wenn wir andere Stellen im Bakterium untersuchen würden. Das ganze Geschöpf könnte es auf der Ebene -8 an Größe und Gewirr mit einem Ozeanriesen aufnehmen. Es wäre eine gewaltige Aufgabe, wollten wir Atom für Atom sämtliche Verbindungen untersuchen. Die Biochemiker widmen sich gerade dieser Arbeit seit Jahrzehnten, wobei sie nicht den Vorteil haben, alles direkt vor sich zu sehen, wie wir bei unserem imaginären Ausflug; sie müssen sich vielmehr beschwerlicher, indirekter Methoden bedienen. Ihre Arbeit ist erst zum Teil vollendet, doch haben ihre bisherigen Leistungen das in diesem Kapitel vorgestellte KOGOL-Modell ermöglicht. Dies ist nicht der richtige Ort, die von ihnen angewandten Verfahren oder Einzelheiten ihrer Entdeckungen zu besprechen, was viele Bände erfordern würde, wollte man es angemessen tun. Wir wollen jedoch einige Schlüsselmerkmale betrachten, die wichtig sind für das Verständnis der Probleme im Zusammenhang mit dem Ursprung des Lebens. Um uns die Aufgabe einfacher zu machen, wollen wir die Analogie eines Buchs wählen.

Die Sprachen des Lebens

Dieses Buch enthält mehrere hunderttausend Buchstaben, die in ihrer Anordnung weit mehr Informationen beinhalten, als mischte man sie zu einer einfachen Buchstabensuppe. Auf der ersten Aufbauebene werden die Buchstaben zu Worten zusammengestellt. Die Wortbildung allein vermittelt aber noch keine Botschaft. Würde man uns dieses Buch als Wortsalat präsentieren, könnten wir erkennen, daß es in Deutsch geschrieben ist und wahrscheinlich etwas Wissenschaftliches zum Inhalt hat, aber viel mehr nicht. Die Worte müssen zu Sätzen zusammengestellt werden, und die Sätze zu Abschnitten und Kapiteln, die die richtige Reihenfolge haben müssen, bevor wir die beabsichtigte Botschaft in ihrem ganzen Umfang erfassen können. Dieser Aufbau ist mit dem eines Bakteriums vergleichbar. Atome werden zu Molekülen zusammengefaßt wie Buchstaben zu Worten. Diese Moleküle werden zu noch größeren verbunden, den Makromolekülen, was dem Zusammenstellen von Worten zu Sätzen von der Länge eines Abschnitts entspräche. Makromoleküle verbinden sich zu wieder größeren Gebilden, etwa Ribosomen, so wie Sätze sich zu einem Abschnitt zusammenfügen. Ein Ribosom entspräche einem sehr langen Kapitel, da es ungefähr halb so viele Atome hat wie dieses Buch Buchstaben. Der Gipfel dieser Baustufen ist das Kombinieren von Zellbausteinen zu einem Bakterium, so wie Kapitel ein Buch bilden.

Doch wir müssen diese Analogie verändern, wenn wir noch mehr ins Detail gehen wollen. Dieses Buch ist in einer Sprache geschrieben, in Deutsch. Das »Bakterien-Buch« dagegen ist in vier verschiedenen »Sprachen« geschrieben, die in einzelne Sätze oder Kapitel unterteilt sind. Ihre Bezeichnungen, uns vertraut vom Essen und aus populärwissenschaftlichen Arbeiten, lauten Lipide (Fette), Kohlenhydrate, Proteine und Nukleinsäuren.

Lipide: Schutz und Energiespeicher

Bakterien brauchen sich nicht zu sorgen, daß sie Fett ansetzen. Sie leben nicht gerne diätisch. Die Lipide erfüllen andere Aufgaben für sie, von denen wir hier nur eine zu erwähnen brauchen. Sie dienen als Haut, bilden einen wesentlichen Teil der Hülle, der Zellmembran, die das Innere einer Zelle von ihrer Umgebung trennt. Ihre wasserabweisenden Eigenschaften ermöglichen ihnen, diese Aufgabe zu erfüllen, denn weder Wasser noch die meisten wasserlöslichen Substanzen können eine Lipidschicht so ohne weiteres durchdringen.

Diese wasserabweisende Eigenschaft der Lipide geht zurück auf einen sehr großen Bestand an Wasserstoffatomen und einen Mangel an Sauerstoff- und Stickstoffatomen. Die Chemiker bezeichnen diesen wasserstoffreichen Zustand als »reduziert«, das Gegenteil, sauerstoffreich und wasserstoffarm, als »oxidiert«. Lipide sind die am stärksten reduzierte der gewöhnlichen Molekülklassen, die man in lebender Materie findet. Wir lägen allerdings schief, wenn wir versuchen würden, diese Begriffe für unsere Fastenkur zu nutzen. Eine an Lipiden reiche Diät würde unser Gewicht normalerweise nämlich nicht reduzieren!

Der kleine, in den Lipiden vorhandene Anteil Sauerstoff ist wichtig für deren biologische Aufgabe. Er unterscheidet sie außerdem von einer Gruppe meistens nichtbiologischer Stoffe, die nur aus Wasserstoff und Kohlenstoff bestehen, den richtigerweise so genannten Kohlenwasserstoffen. Der Unterschied zwischen den beiden Klassen wird deutlich, wenn irgendein Unglücksrabe Maschinenöl, eine Kohlenwasserstoffmischung, mit Salatöl verwechselt, was tödliche Folgen haben kann.

Im Gegensatz zu den Lipiden spielen die Kohlenwasserstoffe heute im Leben nur eine untergeordnete Rolle. Der einfachste Kohlenwasserstoff, Methan (ein Baustein des Erdgases), hat eine besondere Bedeutung in bestimmten Theorien über den Ursprung des Lebens. Danach war zu Beginn der Erdgeschichte reichlich Methan in der Atmosphäre vorhanden und lieferte den Kohlenstoff, der für den Bau der Moleküle gebraucht wurde, die für die Anfänge des Lebens notwendig waren. Wir kommen später noch darauf zurück.

Kohlenhydrate: Süß und stark

Die Kohlenhydrate sind eine andere wichtige »Sprache« der Biochemie. Die einzelnen »Worte« dieser Sprache sind die Zucker, während die »Sätze«, die durch die Reihung dieser Worte entstehen, Polysaccharide heißen. Zucker und Polysaccharide bilden zusammen die Klasse der Kohlenhydrate. Die Vorsilbe »poly« bedeutet »viel« (wie etwa bei Polygamie, der Vielweiberei), während der Wortstamm »Saccharide« »Zukker« oder »süß« bedeutet. Verwechseln Sie es nicht mit künstlichem chemischem Saccharin, das zwar auch süß, aber kein Zucker ist. Das Verknüpfen einzelner Zucker mit größeren Einheiten verwendet ein Prinzip, das dem des Verbindens von Worten in einem Satz entgegengesetzt ist. Wir fügen etwas hinzu, einen Zwischenraum, wenn Worte zusammengestellt werden. Aber wir entfernen etwas, wenn Zucker oder andere biochemische »Worte«, wie Aminosäuren oder Nukleotide, verbunden werden. Dieses Etwas ist ein Wassermolekül. Sollten die Teile zu einem späteren Zeitpunkt wieder getrennt werden, würde man das Wasser wieder einfügen. Jedesmal wenn eine weitere Einheit zu einer wachsenden Zuckerkette hinzukommt, wird ein zusätzliches Wassermolekül abgespalten. Bei der Bildung einer Polysaccharidkette aus 100 Einheiten würden 99 Wassermoleküle freigesetzt.

Obwohl man im Labor Tausende von Zuckern herstellen könnte, ist in der Biologie nur eine Handvoll von Bedeutung. Oft wird nur eine Zuckerart zusammengefügt, damit eine Polysaccharidkette entsteht, die die Einförmigkeit weiter erhöht. Man kann jedoch Abwechslung auf eine Art in den Verbindungsvorgang bringen, die keine Entsprechung in der deutschen Sprache hat. Ein populärer Zucker zum Beispiel, Glukose (im Handel manchmal Dextrose genannt), bildet Polysaccharide von großer Bedeutung. Werden die Glukoseeinheiten alle auf eine Art verknüpft, erhalten wir Stärke, die wir in Brot, Kartoffeln und anderen Lebensmitteln zu uns nehmen. Werden die Glukoseeinheiten aber auf die entgegengesetzte Art verknüpft, entsteht Zellulose, der Hauptbestandteil von Papier und Baumwolle. Der chemische Unterschied ist gering, aber unser Körper merkt ihn schon. Brot können wir essen, aber keine Baumwolle. Stärke und Zellulose stellen zwei Nutzungsarten der Kohlenhydrate dar, als Nahrungsreserve beziehungsweise Baumaterial. Vielfalt wird dafür nicht benötigt. Die Situation ändert sich allerdings, wenn wir die noch verbleibenden lebenswichtigen Molekülklassen betrachten, die Proteine und Nukleinsäuren.

Proteine: Sie erledigen die Arbeit

Sehr abwechslungsreich geht es bei den Proteinen (Eiweißkörpern) zu, der Klasse der großen Moleküle, deren Aufbau am meisten Ähnlichkeit mit dem der Sprache hat. Zwanzig verschiedene Einheiten, sogenannte Aminosäuren, werden von den lebenden Organismen zur Herstellung von Eiweißkörpern verwendet. Die Aminosäuren kommen in linearer, wechselnder, sich nicht wiederholender Reihenfolge vor, wie die Worte in der deutschen Sprache. Aminosäuren sind von großer Bedeutung für die menschliche Ernährung. Wir haben die Fähigkeit eingebüßt, fast die Hälfte des notwendigen Bestands selbst zu produzieren, und müssen sie daher mit den Nahrungsmitteln zuführen, die wir essen. Bakterien sind trotz ihrer Winzigkeit weit vielseitiger. Schon aus einer einzigen kohlenstoffhaltigen Substanz wie Glukose und anorganischen Quellen für andere notwendige Elemente erzeugen sie munter die gesamten zwanzig Aminosäuren und jede andere organische Verbindung, die sie brauchen.

Wir wissen nicht, warum das Leben auf der Erde, das wir kennen, zum Herstellen der Proteine gerade diese Aminosäuren aus den vielen Tausend ausgesucht hat, die die Chemie kennt. Die beiden einfachsten von ihnen, Glycin und Alanin, sollten wir im Hinterkopf behalten, da sie in unserer Darstellung später noch aktuell werden.

Die Natur ist nicht nur bei der Auswahl dieser zwanzig Aminosäuren sehr gezielt vorgegangen, sondern auch noch bei anderer Gelegenheit. Bis auf die einfachste Aminosäure, das Glycin, kommen alle in der Form eines doppelten Spiegelbilds vor. Die spiegelbildlichen Formen einer Verbindung enthalten jeweils den identischen Satz Atome, die auf die gleiche Weise verbunden sind. Aber es handelt sich nicht um die gleiche Substanz. Sie verhalten sich wie ein rechter und ein linker Handschuh zueinander. Nicht alle organischen Strukturen, aber doch sehr viele, können als zwei solche Formen vorkommen. Bei der Suche nach einer Entsprechung brauchen wir uns nur die eigene Handschrift anzusehen. Einige Buchstaben, beispielsweise »c«, »a«, »g« und »e«, weichen von ihren spiegelbildlichen Formen ab, wohingegen andere, wie das »t«, »o«, »i« und »l« mit ihrem Spiegelbild identisch sind.

Solche Spiegelbilder sind willkürlich als rechts- und linkshändig bezeichnet worden, wobei man die Vorsilben D und L nach den lateinischen Bezeichnungen »dexter« und »laevus« für rechts beziehungsweise links verwendet hat. Die Biologie benutzt bei den Proteinen nur L-Aminosäuren. Die Zucker in lebenden Organismen sind dagegen überwiegend rechtshändig. Der Grund für diese Wahl ist eines der vielen Rätsel und Anlaß zu nicht endenden Diskussionen. Der Unterschied zwischen den beiden Formen, der physikalisch und chemisch gering ist, ist für uns lebenswichtig. Würden wir Aminosäuren und Zucker mit dem falschen Spiegelbild zu uns nehmen, würden wir verhungern.

Proteine wie Polysaccharide werden in der Biologie für Aufbauzwecke verwendet. Wir begegnen ihnen in der Gestalt von Haar, Leder, Seide und Wolle. Doch das ist nicht ihre wichtigste Aufgabe. Von ganz außergewöhnlicher Bedeutung ist eine Untergruppe der Proteine, die Enzyme. Die Enzyme fungieren als biologische Katalysatoren, die die für das Leben unentbehrlichen chemischen Reaktionen beschleunigen. Sie erledigen mit anderen Worten die Arbeit und sorgen dafür, daß sich in der Zelle etwas tut.

Nukleinsäuren: Sie enthalten die Pläne

Eine nicht weniger entscheidende Rolle spielen die Nukleinsäuren, die letzte wichtige Gruppe biologischer Moleküle, die wir betrachten wollen. Die Nukleinsäuren enthalten die genetischen Informationen einer Zelle, die eigentlichen Anweisungen, die die Zelle für ihre Arbeit braucht. Die »Sprache« der Nukleinsäuren erfolgt in zwei eng verwandten »Dialekten«, in DNA und RNA. Der eigentliche Speicher, das Material unserer Gene, ist die DNA. Die in der DNA enthaltenen Befehle einer Zelle entscheiden, ob sie ein Bakterium ist oder sich zu einem Baum oder einem Menschen entwickelt.

Beim Aufbau der DNA hat die Biologie den gleichen Bauplan verwendet wie für die Proteine und Polysaccharide. Auch hier wird ein Riesenmolekül durch das Aneinanderreihen vieler Untereinheiten zusammengefügt, wobei bei jeder Verknüpfung Wasser austritt. Die für den Bau einer Nukleinsäure verwendete Untereinheit wird Nukleotid genannt. Nukleotide sind jedoch komplizierter als Aminosäuren und Zucker. Jedes Nukleotid setzt sich aus drei kleineren Teilen (oder Unter-Untereinheiten) zusammen, einer Base, einem Zucker und einem Phosphat. Diese Teile sind auf eine ganz besondere Art miteinander verbunden (nur eine Möglichkeit aus Dutzenden wird ausgewählt); bei diesem Vorgang treten zwei Wassermoleküle aus. Wenn Nukleotide sich zu Nukleinsäure verbinden, binden sich Zucker an Phosphate und bilden eine lange Kette, die die beiden abwechselnd enthält. Die Basen baumeln von dieser Kette, wie Anhänger von einer Halskette.

Diese Basen übernehmen die eigentliche Funktion der Informationsspeicherung. Vier verschiedene Basen sind in der DNA enthalten, und die Reihenfolge, in der sie in der Kette auftreten, enthält die Information, wie Worte in einem Satz oder Zahlen in einem Computer. Der körperliche Unterschied zwischen Ihnen und mir war, so groß er inzwischen auch sein mag, nur einmal in der Reihenfolge der Basen in den DNA-Ketten zweier befruchteter Eier verschlüsselt.

Wir haben die DNA noch nicht in ihrer ganzen Komplexität dargestellt. In lebenden Zellen sind zwei DNA-Ketten oder -Stränge umeinandergewickelt und bilden eine sogenannte Doppelhelix. Innerhalb der Helix trifft jede Base des einen Strangs auf einen Partner des anderen Strangs und geht eine schwache chemische Bindung mit ihm ein. Jede

Base braucht dazu einen speziellen Partner; sie verbindet sich nicht willkürlich. Die Verknüpfung zweier geeigneter Basen innerhalb der DNA nennt man ein Basenpaar. Weil jede Base in einem Strang einer Doppelhelix einen bestimmten Partner braucht, bestimmt die Reihenfolge der Basen des einen Strangs auch die des anderen Strangs. Die gleiche Information ist in unterschiedlicher Form in jedem Strang enthalten. Die Regeln, denen die Basenpaare und die DNA-Struktur folgen, wurden 1953 von James Watson und Francis Crick an der Universität in Cambridge abgeleitet. Ihre Leistung gilt als ein Meilenstein in der modernen Wissenschaft, ein Grundpfeiler des Aufbaus der Molekularbiologie.

Die andere Nukleinsäure, die RNA, dient nicht der Informationsspeicherung, sondern stellt sicher, daß die in der DNA aufgelisteten Befehle ausgeführt werden. Sie spielt dabei verschiedene Rollen, wie wir gleich sehen werden, wenn wir unser Bakterium bei einem kleinen Abenteuer begleiten. Die für den Bau der RNA verwendeten Nukleotide unterscheiden sich nur geringfügig von denen in der DNA. Die RNA kommt allerdings meistens in der einstrangigen Version vor, nicht als Doppelhelix.

Die RNA hat demnach heute in den lebenden Zellen die Funktion einer Vermittlerin beim Informationstransfer von der DNA zum Protein. Das war möglicherweise nicht immer der Fall. Wir werden später noch auf Spekulationen zurückkommen, daß die RNA sich vor der DNA entwickelt hat und selbst eine Zeitlang als der Informationsspeicher der Zellen diente.

Wir haben die wichtigsten »Sprachen« der Biologie beschrieben, derer sich die großen Moleküle zum Bau einer Zelle bedienen. Wir müssen jetzt Abschied von der Analogie zur Sprache nehmen. Ein Buch enthält zwar Informationen, wendet sie aber nicht an. Bakterien tun etwas, wie andere Lebewesen auch, und verändern sich dabei. Um diese Seiten aus ihrem Leben kennenzulernen, wollen wir mit Hilfe des KOGOL die Abenteuer eines Bakteriums eine Weile verfolgen.

Tage im Leben eines Bakteriums

Als wir die Szene betreten, hat das Bakterium gerade einen Glukosevorrat aufgespürt und tut sich daran gütlich. Dazu braucht es keinen Mund, es hat auch keinen. Die Glukosemoleküle dringen durch eine etwas festere, netzartige, äußere Zellwand und gelangen zur Membran, die direkt darunter liegt. Die Zellwand gibt dem Bakterium seine typische Gestalt und schützt es mechanisch. In Wasser gelegte Bakterien würden anschwellen und platzen, wären sie nicht durch die Zellwand geschützt. Die Lipidmembran schützt das Innere des Bakteriums vor Fremdstoffen. Den Aufgaben des Bakteriums wäre jedoch nicht gedient, wenn keinerlei Durchlässigkeit bestände. Mehrere aus Eiweißkörpern bestehende Tore überwachen den Ein- und Austritt der Stoffe. Einzelne Glukosemoleküle stoßen auf die Membran und werden an den geeigneten Durchlässen aufgenommen. Problemlos gelangen sie hinein und kommen dann nicht mehr hinaus. Beim Eintritt werden sie durch Anlagerung eines Phosphatrests gekennzeichnet. So markiert, werden sie in der Zelle zurückgehalten.

Welches Schicksal erwartet sie? Sie werden verschlungen, verdaut, als Nahrung verwertet zur Lieferung der benötigten Energie. Diesen Zweck erfüllen sie überall in lebenden Systemen, in Bakterien ebenso wie in uns. Das Leben braucht, wie ein Apparat oder ein Auto, Energie, um ablaufen zu können. Ein Fels überdauert vielleicht, unbeeinträchtigt von der Umwelt, Millionen Jahre. Anders als der Fels befinden sich die Chemikalien in uns weit entfernt vom Zustand größter Stabilität, der Gleichgewicht genannt wird. Sie ähneln eher Bällen, die durch die ständige Kunst eines Jongleurs in der Luft gehalten werden. Eine mehr oder weniger dauernde Energiezufuhr ist nötig, damit diese Beeinträchtigung aufrechterhalten werden kann.

Um ein relevanteres Beispiel zu nennen, wollen wir annehmen, daß unser Bakterium einen neuen Eiweißkörper bilden will. Aminosäuren müssen unter Wasseraustritt verknüpft werden. Wasser ist sowohl im Bakterium wie auch in dessen Umgebung reichlich vorhanden. Das Erzeugen weiteren Wassers wäre also ebenso dienlich wie der Transport von Schnee in die Antarktis. Der bevorzugte Prozeß, nämlich der, der ein Gleichgewicht anstrebt, bestünde im genauen Gegenteil: der Auflösung bestehender bakterieller Eiweißkörper bei gleichzeitigem Verbrauch von Wassermolekülen. Aber unser Bakterium möchte zusätzliche Proteine bilden, anstatt zugrunde zu gehen. Dazu braucht es Energie. Der sogenannte 1. Hauptsatz der Thermodynamik besagt, daß Energie innerhalb bestimmter Grenzen nicht geschaffen (oder vernichtet), sondern nur von einer Form in eine andere umgewandelt werden kann. Unser Geschöpf braucht eine Energiequelle.

Glukose und praktisch jedes andere organische Molekül stellt einen Vorrat an chemischer Energie dar. Wird es mit Sauerstoff verbunden, der fast überall auf der Erde vorhanden ist, reagiert es und bildet Kohlendioxid und Wasser und setzt die gespeicherte Energie frei. Das geschieht bei höheren Temperaturen ziemlich schnell, wie wir beobachten können, wenn wir Feuer an Zucker oder ein Streichholz an ein Stück Papier halten. Bei normalen Temperaturen laufen solche Reaktionen so langsam ab, daß sie unerheblich sind – was ein Glück für uns ist, da wir sonst verbrennen und zerfallen würden, sobald wir mit Luft in Berührung kämen.

Kehren wir zurück zu unserer Glukose-Phosphat-Verbindung im Bakterium. Dieses Molekül bewegt sich ziellos hin und her und stößt dabei auf eine Reihe von Enzymen, die es Schritt für Schritt abbauen. Dabei wird Sauerstoff verbraucht, und schließlich entstehen Kohlendioxid und Wasser. Wenn Glukose in einer Flamme verbrennt, wird die in ihm gespeicherte Energie als Wärme freigesetzt. In diesem von Enzymen gesteuerten Prozeß wird jedoch ein Teil dieser Energie eingefangen und in einem anderen Molekül gespeichert, das ATP heißt. Die Energie im ATP wird freigesetzt, wenn sie zur Bildung eines Proteins oder für andere Zwecke der Zelle gebraucht wird.

Welche Eigenschaft erlaubt es den Enzymmolekülen, ihre speziellen Aufgaben auszuführen? Es ist vor allem die jedem Enzym eigene dreidimensionale Gestalt. Sie wird bestimmt durch die genaue Reihenfolge, in der ihre Bausteine, die Aminosäuren, verknüpft sind. Würden wir uns unser Bakterienmodell genauer ansehen, würden wir eine Vielzahl Enzyme und andere Eiweißkörper verschiedener Form und Größe bemerken, die die Arbeit der Zelle verrichten. Proteine würden verschiedene Makromoleküle bilden, andere reparieren, Stoffe transportieren und den Energievorrat sichern.

Zu Beginn der Ereignisse, die wir beschreiben, hatte unser Bakterium einen üppigen Glukosevorrat. Glukose ist auf diesem Planeten kein natürlicher Rohstoff wie Sand und Wasser. Woher ist sie gekommen?

Die elementare Quelle der meisten Energie für das Leben auf der Erde ist die Sonne. Sonnenenergie wird in der sogenannten Photosynthese eingefangen. Unterschiedliche Pflanzen vom Mammutbaum bis zu den mikroskopisch kleinen Prokaryoten namens Blaualgen führen diese Funktion durch. In der wichtigsten Form der Photosynthese werden Kohlendioxid, Wasser und sichtbares Sonnenlicht verwendet, um Kohlenhydrate herzustellen und Sauerstoff freizusetzen, womit der Vorgang innerhalb des Bakteriums umgekehrt wird. Indirekt wurde das Bakterium durch das Sonnenlicht mit Brennstoff versorgt.

Bakterien können für ihren Fortbestand auch andere Energiequellen als Glukose nutzen. Eine ganze Reihe organischer Moleküle dient diesem Zweck, und einige Bakterienarten haben sogar gelernt, dadurch Energie zu gewinnen, daß sie anorganische Chemikalien wie Schwefel oder Eisen mit Sauerstoff verbinden. Grundsätzlich läßt sich jede geeignete chemische Reaktion, die Energie freisetzt, dazu nutzen, Leben zu erhalten. In unserer Darstellung der Ereignisse wollen wir unser Bakterium jetzt jedoch in Bedrängnis bringen. Der Glukosevorrat soll plötzlich zur Neige gehen, und das Bakterium trifft auf ein weniger vertrautes Kohlenhydrat, die Laktose. Das Laktosemolekül kommt normalerweise in der Milch vor. Es enthält zwei Zuckereinheiten, Glukose und noch eine andere, die auf ungewöhnliche Weise miteinander verknüpft sind. Als unser Bakterium sich in der Laktoselösung umherbewegt, finden einige Moleküle einen Weg durch eine Öffnung und dringen in die Zelle ein. Aber sie können nicht verdaut werden. Die beiden Zucker müssen zuerst getrennt werden, und für diese Aufgabe gibt es in der Zelle kein Enzym.

Um diese Krise zu veranschaulichen, wollen wir sie zuerst in Form einer Fabel darstellen und dann exakter in der Sprache der Moleküle. Die Fabel beginnt in einem Raum, der als »bakterielles Kontrollzentrum« ausgewiesen ist. Dort ringt der Ausschuß der Kobolde, die dieses komplizierte Wesen überwachen, die Hände.

»So ein Schlamassel«, ruft einer der Kobolde. »Der gute Brennstoff ist aufgebraucht, die Energievorräte sind gering, und da schaffen sie uns dieses komische Zeug hier herein, mit dem niemand etwas anzufangen weiß. Was sollen wir machen?«

»Wir schauen am besten mal im Handbuch bei Notfällen nach«, schlägt ein anderer Kobold vor. Sie eilen in einen großen, verstaubten Raum, der mit verschlossenen Aktenschränken angefüllt ist. Sie hantieren mit einem Schlüsselbund und wühlen, nachdem die Schränke aufgeschlossen sind, hastig in ihnen herum. Kurz darauf hört man einen Freudenschrei. Ein Kobold zieht eine Mappe hervor, die eine Beschreibung des neuen Brennstoffs und einige Konstruktionszeichnungen einer Maschine enthält, die ihn verwerten kann.

»Bring diese Pläne sofort runter in die Werkstatt«, ordnet der Chefkobold an. »Ich hoffe, die haben die Teile, um dieses Ding zusammenzusetzen.« Glücklicherweise sind die Standardteile, die für den Bau der Einheit benötigt werden, am Lager. Es dauert nicht lange, und die neue Maschine surrt vor sich hin und verbrennt Laktose als Treibstoff. Irgendwann entfernt sich das Bakterium jedoch aus dem Milchvorrat und tritt wieder in den Zuckerstrom ein. Zu diesem Zeitpunkt wird die Laktose verwertende Maschine abgebaut; ihre Teile werden für andere Zwecke verwendet. Die Baupläne kommen sorgfältig zurück an ihren Platz im Schrank, der wieder verschlossen wird.

In der wirklichen Welt der Bakterien spielt sich in etwa Entsprechendes ab. Die Akten sind die DNA, die Baupläne enthält das RNA-Molekül, die Werkstatt ist das Ribosom, die Ersatzteile sind die Aminosäuren, eigens für den Zusammenbau zu einem Protein präpariert, und die neue Maschine ist ein Enzym, das Laktose verarbeiten kann.

Wenn die DNA in Form einer Doppelhelix vorkommt, wird ihre Information gespeichert, wie in einem verschlossenen Aktenschrank. Um die Akte zu öffnen, müssen die Stränge in dem Bereich getrennt werden, der die gewünschte Information enthält. Dieser Prozeß läuft, unterstützt von Eiweißkörpern, während der normalen Tätigkeit einer Zelle ständig ab. Es wird eine Kopie des gewünschten Informationsabschnitts hergestellt, indem ein RNA-Molekül mäßiger Länge zusammengesetzt wird, das zur Basensequenz einer der DNA-Ketten paßt. Normalerweise wird für einen DNA-Abschnitt, der genügend Informationen zum Bau eines Eiweißkörpers enthält, die Bezeichnung »Gen« verwendet.

Die RNA-Kopie, die die Informationen aus der DNA-Akte enthält, heißt Messenger-RNA (vom englischen »messenger« = Bote). Wenn der Bote erstellt ist und sich auf den Weg gemacht hat, schließt sich die DNA-Helix wieder. Der Bote überbringt seine Botschaft an ein Ribosom. Dieses Gebilde fungiert als Fertigungsstraße für den Bau von Proteinen. Die benötigten Aminosäuren werden von verschiedenen kurzen RNA-Molekülen, den sogenannten Transfer-RNA, zu den Ribosomen gebracht. Jedes Transfer-RNA-Molekül ist auf den Transport einer Aminosäurenart spezialisiert. Die Ribosomen selbst sind komplizierte Partikel, jedes aus über fünfzig Proteinen und RNA-Molekülen (sogenannten ribosomalen RNA) bestehend und zu einer besonderen dreidimensionalen Anordnung zusammengefügt. Innerhalb des Ribosoms wird die in der Reihenfolge der Basen in der Messenger-RNA vorhandene Information dazu benutzt, den Bau eines Eiweißkörpers zu steuern, der Aminosäuren in einer bestimmten Reihenfolge enthält. Dieser Vorgang der Informationsumwandlung aus der Sprache der Nukleinsäuren in die der Proteine hat einen eigenen Namen – Translation. Die Regeln, die für diese Umwandlung gelten, der sogenannte genetische Code, sind praktisch universell und allen bekannten Organismen eigen, vom Bakterium bis zum Menschen.

Der oben beschriebene Informationsfluß von der DNA über die RNA zum Protein spielt eine zentrale Rolle in den Prozessen des Lebens auf der Erde. Er gilt als der zentrale Lehrsatz der Molekularbiologie, den Francis Crick als erster aufstellte. Abgekürzt wird diese Regel manchmal so formuliert: »DNA macht RNA macht Protein.«

Wir haben das normale Funktionieren einer Zelle beschrieben, aber die Krisensituation im Zusammenhang mit der Laktose wich in mancher Hinsicht davon ab. Die Laktose-Akte wurde nicht nur geschlossen, sondern auch verschlossen. Das Schloß, ein spezielles Eiweißmolekül, saß auf der DNA-Helix in der Nähe des Gens für das Enzym, das die Laktose angreifen konnte, und verwehrte Proteinen den Zugang, die die Helix aufgeschlossen hätten. Glücklicherweise konnte ein Schlüssel dieses Schloß öffnen, nämlich das Laktosemolekül selber. Wenn einige Laktosemoleküle in die Zelle gelangten, fand eins den Weg zur DNA und verband sich mit dem Eiweiß-»Schloß«, das es von der Helix entfernte. Der Weg war frei für die Produktion des erforderlichen Enzyms.

Später, als die gesamte vorhandene Laktose vom neuen Enzym verdaut worden war, wurde auch dieser Schlüssel angegriffen und zerstört. Das Eiweißschloß konnte auf seinen Platz auf der DNA zurückkehren und das Gen für das Enzym sperren, das Laktose verdaut. Das Bakterium nahm wieder seine normale Funktion auf.

In der obigen Darstellung fungierte die DNA nur als Informationsspeicher, doch sie hat im Lebenszyklus eines Bakteriums noch eine weitere äußerst wichtige Aufgabe. Nehmen wir an, unser Exemplar sei bei seiner Glukose- und Laktosediät gut gediehen und erheblich gewachsen. An einem bestimmten Punkt löst es sein Übergewichtsproblem, indem es sich in zwei Bakterien teilt. Als Vorbereitung dazu muß eine vollständige Kopie seiner DNA-Doppelhelix erstellt werden, damit jedes Glied der nächsten Generation einen kompletten Satz Anweisungen für das Leben hat. Mindestens zwanzig Protein-»Hebammen« und etwas von der RNA helfen bei diesem Kopiervorgang. Die ganze Doppelhelix der DNA, die bei einem Bakterium in jedem Strang vier Millionen Nukleotide enthalten kann, wird schrittweise auseinandergezogen. Ein neuer Partnerstrang wird erstellt, der zu jedem der beiden Originalstränge paßt. Sobald dieser Vorgang abgeschlossen ist, können auch der übrige Zellbestand und weitere Teile der Membran und Zellwand eingebaut werden, damit die Teilung zu einem Abschluß kommt.

Die obige Darstellung kann die komplizierten Zusammenhänge nur andeuten, die das Leben der Bakterien bestimmen. Ganze Bibliotheken sind schon über dieses Thema geschrieben worden. Für unsere Zwecke brauchen wir all diese Einzelheiten aber nicht zu kennen, doch wir müssen daran denken, daß Bakterien trotz ihrer Winzigkeit komplizierte Geschöpfe sind. Wir wollen unsere Aufmerksamkeit jetzt größeren Lebensformen widmen.

Die biochemische Einheit des Lebens auf der Erde

Kehren wir von den unteren KOGOL-Ebenen zurück, und betrachten wir vertraute Pflanzen und Tiere einmal mit anderen Augen. Auf den ersten Blick ist es ihre Vielfalt, die uns überwältigt. Bienen, Bäume und Schimpansen scheinen wenig gemein zu haben. Die Vielfalt verblüfft auch auf der Ebene der Zellen, sogar innerhalb eines einzigen Organismus. Nerven-, Fett- und Muskelzellen sehen ganz unterschiedlich aus und verhalten sich auch so. All diese eukaryotischen Zellen erscheinen recht kompliziert, wenn man sie mit einem Bakterium vergleicht. Hätte jeder Zelltyp und jedes Geschöpf einen individuellen Bestand an Chemikalien und einen eigenen zellulären Grundaufbau, wäre das Studium der Biochemie endlos. Glücklicherweise ist das aber nicht so. All diesen Variationen liegt eine elementare biochemische Ähnlichkeit zugrunde.

In jedem bekannten Organismus werden die vererbbaren Eigenschaften in den Nukleinsäuren bewahrt, werden Proteine in den Ribosomen erzeugt, werden die gleichen Aminosäuren zum Aufbau der Eiweißkörper verwendet, wird Energie im ATP gespeichert und ein beinahe identischer genetischer Code benutzt. Viele andere Merkmale sind gleich. So wie man mit dem Baukasten eines Kinds ein Spielzeughaus, eine Brücke oder ein Riesenrad bauen kann, können mit dem biochemischen Baukasten die verschiedenen uns bekannten Lebensformen gebildet werden.

Sobald wir dieses Konzept einmal verstanden haben, können wir die Abweichungen vom Grundthema, die auf biochemischer Ebene vorkommen, richtig einschätzen und als Wegweiser benutzen, wenn wir dem Pfad der Evolution folgen. Ein auffälliger Unterschied zwischen Eukaryoten und Prokaryoten liegt darin, wie diese Gene innerhalb der DNA organisiert sind. Wenn wir uns beispielsweise vorstellen, daß ein bakterielles Gen (selbstverständlich in der Sprache der DNA) etwa liest: »Hier sind die Pläne für den Bau eines Proteins zum Verdauen von Laktose«, dann liest ein entsprechendes Gen eines höheren Organismus vielleicht: »Hier sind die Pläne schnatter schnatter für den Bau prima prima eines Proteins zum Verdauen von Laktose.« Die Geschichte wird durch »Werbespots« unterbrochen, nicht zum Thema gehörende Botschaften, die die Biochemiker Introns nennen. Ihre Bedeutung ist unklar. Falls sich Eukaryoten aus Prokaryoten entwickelt haben, müssen wir herausfinden, warum es zu dieser Entwicklung gehört, fremdartiges Material in einwandfreie Botschaften einzuschleusen.

Es ist allerdings klar, daß diese Unterbrechungen nie die Ribosomen erreichen. Wäre es der Fall, würden sie behandelt, als wären sie ein geplanter Teil der Botschaft, und es würde ein fehlerhaftes Protein erzeugt. Sie werden vielmehr in einem Spleißvorgang auf RNA-Ebene ausgesondert.

Es bestehen noch andere feine Unterschiede, aber nicht in ausreichender Zahl, um die zentrale Botschaft von der biochemischen Einheitlichkeit des Lebens auf der Erde ernsthaft stören zu können. Es überrascht, diese Einheitlichkeit zu finden. Wir hätten damit rechnen können, Wettbewerb zwischen biochemischen Systemen zu erleben, so wie es Wettbewerb zwischen den Arten gibt. Falls früher in der Geschichte des Lebens ein solcher Wettbewerb existiert hat, wurde er zugunsten des Systems beigelegt, das wir kennen. Wir können schließen, daß irgendwann während der Evolution ein Organismus aufgetaucht ist, der alle üblichen Merkmale des heutigen Lebens aufwies. Dieser Organismus setzte sich durch und übernahm den Planeten. Wir alle stammen von ihm ab. Dieses hypothetische Geschöpf wird allgemein der letzte gemeinsame Vorfahr genannt.

Jetzt, da wir etwas über den Aufbau des Lebens kennengelernt haben, sind wir in der Lage, das geschichtliche Material zu erforschen und auf der Suche nach dem Ursprung des Lebens zurück in die Vorzeit zu gehen.

3. Das Zeugnis der Erde

Wir haben die Komplexität, die Ausgeklügeltheit des Aufbaus gesehen, die heute selbst im einfachsten Bakterium im Überfluß vorhanden ist. Um zu erfahren, wie sich das Leben so entwickelt hat, müssen wir uns den Unterlagen der Vergangenheit zuwenden. Wie wir noch sehen werden, behaupten die Kreationisten, die Anhänger der Lehre von der Weltschöpfung, daß wir durch wissenschaftliches Forschen nichts über den Ursprung des Lebens erfahren können. Es gab keinen Augenzeugen, kein menschliches Zeugnis existiert, das uns leiten könnte.

Ein Zeuge ist uns jedoch geblieben: die Erde selbst. Unser Planet trägt die Aufzeichnungen seiner Vergangenheit in seinen Ablagerungen, Bergen und Tälern, wie unser Körper die seinen in seinen Narben und Runzeln. Ebenfalls aufbewahrt in der Erde sind die Versteinerungen, Eindrücke und Nachbildungen der Lebensformen, die sie einst bewohnt haben. Um sie in einen aussageträchtigen Zusammenhang bringen zu können, müssen wir sie in eine Reihenfolge zueinander setzen und am besten mit je einem eindeutigen Datum belegen. Aus diesem Grund bemüht sich die Wissenschaft seit Jahrhunderten, das Alter der Erde und des Gesteins und der Fossilien in ihr zu bestimmen. Wir wollen diese geschichtliche Leistung prüfen, da sie sehr schön deutlich macht, wie die Wissenschaft durch eine unregelmäßige Serie von Annäherungen, die zunehmend genauer werden, zu einem klaren Schluß kommen kann. Die Darstellung dient außerdem dazu, wissenschaftliche und mythologische Ansätze zur gleichen Frage einander gegenüberzustellen. Als Einstieg könnten wir fragen, wie es möglich ist, das Alter von etwas zu bestimmen.

Wir können das Alter eines Gegenstands dadurch bestimmen, daß wir feststellen, wieviel Zeit vom Augenblick seiner Entstehung bis heute vergangen ist. Wir brauchen allerdings irgendein Richtmaß, einen Maßstab, auf dem wir den Punkt angeben können, an dem ein Ereignis der Vergangenheit stattgefunden hat. Der Maßstab muß ein Prozeß sein, dem wir folgen können und der mit konstanter Geschwindigkeit in der Zeit abläuft. Für die Ereignisse der überlieferten Geschichte hat sich das Verstreichen von Tag und Nacht bemerkenswert gut bewährt. Die Jahreszeiten haben ein weiteres Maß geliefert, das erlaubte, aus Tagen bestehende Blöcke zu Jahren zusammenzufassen. Als der Mensch die Fähigkeit, zu schreiben und zu zählen, entwickelte, lernte er einen Kalender führen. Ereignisse wurden einem bestimmten Tag und Jahr zugeordnet, und wir können ausrechnen, wieviel Zeit seither vergangen ist.

Archäologen der Neuzeit haben im Irak Aufzeichnungen in Keilschrift entdeckt, die um 3000 v. Chr. entstanden sind, und ägyptische Hieroglyphen, die fast ebenso alt sind. Bis ins 19. Jahrhundert war das Alte Testament jedoch die älteste fortlaufende Überlieferung von Ereignissen, die der westlichen Zivilisation bekannt war. Der Bibel zufolge erfolgte die Erschaffung der Erde, des Lebens und des Menschen innerhalb einer Woche. Der Zweck der Erde war es, dem Menschen eine Wohnstatt zu sein. Es gab offenbar keinen Grund, daß sie schon eine lange Geschichte hätte haben müssen, bevor der Mensch erschien.

Die Bibel gab kein genaues Datum für die Zeit der Schöpfung an, hielt jedoch den Ablauf jeder Generation und das Alter herausragender Gestalten bei ihrem Tod fest. Das Alter der Erde konnte aufgrund dieser Informationen geschätzt werden; es belief sich offenbar auf ein paar tausend Jahre. Um allem eine festere Grundlage zu geben, nahmen Theologen im Mittelalter an, die sechs Tage, die für die eigentliche Erschaffung gebraucht worden seien, stellten einen Zeitraum von sechs Jahrtausenden dar, der für die gesamte Menschheitsgeschichte gelten sollte. Nach dieser Zeit würde das zweite Kommen Christi das letzte Jahrtausend bringen, sein Königreich auf Erden. Seine Ankunft schien des öfteren bevorzustehen, und so wurde angenommen, daß die Erde etwa sechstausend Jahre alt sei. In der ersten Szene des IV. Akts von Shakespeares *Wie es euch gefällt* sagt Rosalinde: »Die arme Welt ist fast sechstausend Jahre alt...«, was die allgemeine Auffassung wiedergab.

Mit dem Entstehen der modernen Gesellschaft kam der Wunsch nach größerer Genauigkeit auf, selbst in religiösen Dingen. Erzbischof James Ussher vom Trinity College in Dublin studierte alte hebräische Texte, den hebräischen Kalender und die Bibel und kam 1650 zu dem Schluß, Gott habe Himmel und Erde am Abend des 22. Oktober 4004 v. Chr. erschaffen, einem Samstag. Nach modernem wissenschaftlichem Stand würden wir sagen, daß er zu viele Stellen hinter dem Komma verwendet hat und seine Schätzung hätte abrunden sollen. John Lightfoot von der Universität Cambridge, ein Zeitgenosse Usshers, vereinfachte seine Schätzung und erklärte, die Erschaffung habe im September des Jahres 3928 v. Chr. stattgefunden. Usshers Angabe konnte sich jedoch behaupten. Sie wurde 1701 als Randvermerk in einer englischen Bibel aufgeführt und danach übernommen. Wie wir noch sehen werden, halten sich bestimmte religiöse Gruppen noch immer an die Grundlage biblischer Autorität, derzufolge die Erde nur ein paar tausend Jahre alt sei. Wenn uns an einer davon abweichenden Sichtweise liegt, müssen wir uns einer ganz anderen Disziplin zuwenden – der Wissenschaft.

Die Zeit der Wissenschaft

Die Wissenschaftler nehmen an, daß die Erde älter ist als die Menschheit. Die geschriebene Geschichte dient nur dazu, ein Mindestalter für den Planeten festzusetzen. Wir brauchen ein anderes Maß, um zu bestimmen, wie lange die Erde vielleicht schon bestanden hat, bevor unsere Zivilisation sie zur Kenntnis nahm. Periodisch wiederkehrende Erscheinungen eignen sich am ehesten für diesen Zweck. Die Jahresringe der Bäume zum Beispiel lassen sich leicht zählen. Wir wissen aus Erfahrung, daß ein Baum in seinem Wachstum ein Jahr aussetzen oder zwei Ringe in einer Periode ansetzen kann. Doch in den meisten Fällen geben die Ringe das Alter eines Baums exakt wieder. Die ältesten noch existierenden Bäume bezeugen, in Kalifornien, eine Geschichte, die mehr als 4000 Jahre zurückreicht. Älteres Leben ist bisher nicht entdeckt worden, und so müssen wir uns geologischen Ereignissen zuwenden, um weiter in die Vergangenheit vorzudringen. Einige Gletscherseen lagern im Winter dunkle, im Sommer helle Tonschichten ab. Aufgrund dieser

Ablagerungen, die Bänderton genannt werden, kann man das Alter einiger Seen in Nordeuropa mit 8700 Jahren angeben. Die Seen liegen damit vor der biblischen Zeitrechnung. Regelmäßige jährliche Erscheinungen bringen uns nicht weiter, aber andere geologische Beweise belegen, daß die Erde sehr viel älter ist.

Im 18. und 19. Jahrhundert erklärten einige Geologen, die das Bild der Erde untersuchten, ohne auf aus der Mythologie abgeleitete Annahmen zurückzugreifen, daß sie sehr alt erscheine. Der Schotte James Hutton beobachtete, wie langsam Prozesse wie das Verwittern von Gestein und die Sedimentation ablaufen. In seinem Buch *Theory of the Earth* (1795) kam er zu dem Schluß, unser Planet zeige »keine Spur eines Anfangs – kein Anzeichen eines Endes«. Seine Arbeit wurde von Sir Charles Lyell fortgesetzt, einem Geologen, der großen Einfluß auf das Denken Charles Darwins hatte. Ihre und die Arbeit anderer führte zu der Auffassung, der Ursprung der Erde und des Lebens liege Jahrmillionen zurück.

Die Anhäufung von Sedimenten diente bei diesen Schätzungen als ein Zeitindex. Wasser wusch das Gestein aus, und das so entstandene Material wurde von Flüssen zu Tal getragen. Wenn ein Fluß ein weites, flaches Gebiet erreichte, wurde er langsamer und lagerte den Schutt als ein Sediment ab. Solche Vorgänge wurden sogar im Verlauf der aufgezeichneten Geschichte beobachtet. Der griechische Historiker Herodot, der die jährlichen Ablagerungen des Nils bemerkte, schätzte, daß der Strom viele Tausend Jahre gebraucht haben mußte, sein Delta zu schaffen. 1854 wurde eine Statue Ramses II. aus dem Jahr 1200 v. Chr. unter 2,75 m Flußschlamm gefunden. Man schätzte, daß pro Jahrhundert 9 cm abgelagert worden sind. Im Grand Canyon liegt Schichtgestein von 1,6 km Dicke offen an der Erdoberfläche. Legt man die obigen Zahlen zugrunde, können wir annehmen, daß es zwei Millionen Jahre gedauert hat, soviel Sediment abzulagern. Dies ist jedoch eine Minimalschätzung, da Sediment in großer Tiefe wahrscheinlich zusammengepreßt wird, und damit weniger Raum einnimmt.

Nirgendwo auf der Erde liegt Sedimentgestein von mehr als 2,5 km Dicke frei. Die Geologen schließen jedoch auf sehr viel stärkere Schichten. Sedimente sind nicht einheitlich, sondern lassen im Querschnitt unterschiedlich starke Schichten erkennen, etwa bei Einschnitten durch Flüsse. Diese Schichten spiegeln wechselnde geologische Bedingungen wider, die zur Ablagerung unterschiedlicher Schlammarten zu unterschiedlichen Zeiten geführt haben. Oft werden Ähnlichkeiten festgestellt, wenn man die Schichtenfolge an verschiedenen Orten untersucht. Gleichartige Ereignisse haben zur gleichen Zeit an beiden Orten stattgefunden. An den einzelnen Orten liegt immer nur eine bestimmte Anzahl Schichten frei. Durch Abstimmen ihrer Beobachtungen von vielen Orten können Geologen jedoch eine weit größere Schichtfolge rekonstruieren, als sie an irgendeinem einzelnen Ort existiert. Diese Schichtenfolge wird auch »Pyramide« genannt.

Der dahinterstehende Gedanke läßt sich anhand einer Analogie veranschaulichen, die Buchstaben einer Zeile benutzt. Nehmen wir an, es werden viele Kopien dieses Satzes, den wir gerade lesen, gedruckt, willkürlich auseinandergerissen und durcheinandergeworfen. Wenn wir die Bruchstücke sammeln und prüfen, können wir den Satz rekonstruieren. Ein Fragment enthält vielleicht das Stück »viele Kopien dieses Sat«, ein anderes »ses Satzes, den wir gera«. Durch Zusammenfügen beider Teile würden wir den Abschnitt »viele Kopien dieses Satzes, den wir gera« erhalten. Ein Überprüfen weiterer Fragmente ergäbe die ganze Botschaft.

Aus der Überlagerung verschiedener unvollständiger freiliegender Sedimente haben Geologen eine Sedimentspyramide von insgesamt vielleicht 120 km Dicke errechnet. Bei Schätzungen über das Alter der Erde werden selbstverständlich nicht nur Ablagerungszeiten berücksichtigt. Solche Ablagerungen müssen durch geologische Kräfte von Flußbetten oder Meeresböden aufgeworfen und dann durch Flußerosion oder andere Ereignisse freigelegt worden sein. Durch Schätzungen über den Zeitraum solcher Prozesse kamen die Geologen im 19. Jahrhundert auf mehrere Hundert Millionen Jahre als Alter der Erde.

Einen ganz anderen Ansatz zu dieser Frage hatten Wissenschaftler, die von der Wärme in der Brust unserer Mutter Erde ausgingen, nicht von den Falten in ihrem Gesicht. Die Menschen wußten seit langem, daß der Erdkern heiß ist. Die Temperatur steigt, wenn wir in einen Bergwerksschacht einfahren. Heiße Quellen und Vulkanausbrüche lassen ebenfalls auf große Hitze im Erdinnern schließen. Gelehrte im 18. und 19. Jahrhundert waren der Ansicht, die Erde habe sich in geschmolzenem Zustand gebildet und sei nach und nach erkaltet. Die dem Weltraum zugewandte, frei liegende Kruste war erstarrt, aber das Innere befand sich noch immer in geschmolzenem Zustand. Durch Betrachten des gegenwärtigen Zustands der Erde und der gemessenen Abkühlwerte bei festen Gegenständen kam man zu einer Altersschätzung für die Erde.

Isaac Newton hat eine solche Berechnung angestellt und geschätzt, daß eine rotglühende Eisenkugel von der Größe der Erde in 50000 Jahren abkühlen würde. Aufgrund seiner religiösen Einstellung verwarf er diese Antwort jedoch in der Annahme, irgendeinen Fehler gemacht zu haben. Er bemerkte dazu: »Ich sollte froh sein, daß das wahre Verhältnis durch Experimente erforscht wurde.«

Der französische Naturwissenschaftler Georges Louis Leclerc, Comte de Buffon, der im 18. Jahrhundert lebte, schränkte sich nicht derart ein und meinte, die biblischen Schöpfungs-»Tage« ständen für längere Zeiträume. Buffon stellte Berechnungen und Experimente über die Abkühlungsgeschwindigkeit von Kugeln an. Nach Einbeziehung aller Faktoren, die Buffon für wichtig hielt, kam er zu dem Schluß, daß die Erde 74832 Jahre alt sei, eine Zahl, die der Schätzung Newtons sehr nahe kam. Durch Extrapolation errechnete Buffon, daß die Erde nach weiteren 93291 Jahren so kalt sein werde, daß es auf ihr kein Leben mehr geben könne. Wie Erzbischof Ussher stand auch Buffon zu sehr im Bann der eigenen Zahlen. Durch die Nennung des genauen Jahres suggerierte er eine viel größere Genauigkeit, als seine Methoden verbürgten. Er hatte beispielsweise die Wärmemenge unterschätzt, die die Sonne an die Erde abgibt.

Verbesserte Berechnungen machte im Jahrhundert darauf der berühmte britische Physiker und Erfinder William Thomson, der 1892 Lord Kelvin wurde. Kelvin leistete grundlegende Beiträge zur mathematischen Theorie des Wärmeflusses (eine wissenschaftliche Temperaturskala ist nach ihm benannt) und anderen Bereichen der Physik. Nach der Veröffentlichung von Darwins *Die Entstehung der Arten* ließ er sich von der Kontroverse um die Evolutionstheorie anstecken.

Wie wir festgehalten haben, hatten Geologen und Anhänger der Theorie Darwins eine Erdgeschichte von mehreren Hundert Millionen Jahren angenommen, was reichlich Zeit für die langsamen Evolutionsprozesse ließ. In einer Reihe von Aufsätzen, die zwischen 1862 und dem letzten Jahr des Jahrhunderts veröffentlicht wurden, errechnete Kelvin, daß die Erde nicht so alt sei, wobei er Daten benutzte, die von Abkühlzeiten abgeleitet waren. 1862 hatten seine Schätzungen noch zwischen 100 und 200 Millionen Jahren gelegen, doch 1897 hatte seine »unwiderlegbare« Berechnung das Alter der Erde auf 10 bis 20 Millionen schrumpfen lassen. Andere Wissenschaftler kamen zu noch kürzeren Spannen für die Erdgeschichte.

Darwin war sich der Schwierigkeiten bewußt, die diese physischen Beschränkungen für seine Theorie aufwarfen, blieb jedoch auf der Hut. In der letzten Fassung seines Buchs schrieb er, daß viele Philosophen noch nicht bereit seien zuzugeben, daß wir genug über den Aufbau des Universums und das Innere unseres Erdballs wissen, um mit Sicherheit Spekulationen über seine bisherige Dauer anzustellen. Seine Behutsamkeit war berechtigt. Nur etwas mehr als zehn Jahre nach seinem Tod veränderte die Entdeckung der Radioaktivität durch Henri Becquerel 1896 das Bild vollkommen. In der Folgezeit erkannte man, daß die von radioaktiven Mineralien im Erdinnern freigesetzte Wärme vollauf ausreichte, den Wärmeverlust der Erde an das All auszugleichen und so die Temperatur des Planeten zu halten. Die Berechnungen Kelvins waren hinfällig, und der geologische Standpunkt kam der Wahrheit näher. T. C. Chamberlin, ein Beobachter dieses Streits, bemerkte damals: »Das unglaublich Eindrucksvolle der strengen mathematischen Analyse mit ihrer Atmosphäre von Genauigkeit und Eleganz sollte uns nicht blind machen gegen die Mängel der Voraussetzungen, die den gesamten Prozeß bedingen.«

Die Entdeckung der Radioaktivität zerstörte nicht nur die Grundlage der Kelvinschen Berechnungen über das Alter der Erde, sondern lieferte auch eine weit bessere Methode für diesen Zweck, eine Methode, die es ermöglichte, Altersangaben zu machen, die erheblich höher lagen, als die bis dahin in Betracht gezogenen. Die Atome des Wasserstoffs, Kohlenstoffs und der anderen Grundelemente, aus denen das Universum besteht, können in anderer Form auftreten, als sogenannte Isotope. Bestimmte Isotope sind jedoch instabil. Radioaktivität bedeutet die Auflösung instabiler Isotope in eine Vielzahl von Produkten.

So zerfällt ein in Mineralien vorhandenes Kaliumisotop langsam und ergibt Kalzium und das Gas Argon. Etwa 1,3 Milliarden Jahre braucht eine beliebige Menge dieses instabilen Stoffs, um zur Hälfte zu zerfallen. Die Produkte werden im Gestein zurückgehalten, zusammen mit dem übrigbleibenden Kalium. Durch Messen der Mengen dieser drei Elemente im Gestein können Geologen die Zeit berechnen, die vergangen ist, seit es sich erstmals verfestigt hat.

Oft enthält ein Fels oder eine Reihe zusammengehörender Felsen mehr als ein instabiles Isotop. Die aus einem Zerfallsmodus stammenden Ergebnisse können dann mit den anderen und der Position des Felsens in der geologischen Pyramide verglichen werden. Diese Verfahren sind von vielen Wissenschaftlern in diesem Jahrhundert angewandt worden, und man hat einheitlich Daten für die wichtigen Mineralien erhalten. Schließlich wurde auch ein Weg gefunden, diese Verfahren auf das Alter der Erde selbst anzuwenden.

Eine taktlose Frage

»Es ist vielleicht ein wenig taktlos, unsere Mutter Erde nach ihrem Alter zu fragen, doch die Wissenschaft läßt keine Scham gelten und hat von Zeit zu Zeit recht hemdsärmelig versucht, ihr ein Geheimnis zu entreißen, das sprichwörtlich gut gehütet ist.« So schrieb 1913 Arthur Holmes (1890–1965) in seinem Buch *The Age of the Earth*.

Die Bestimmung des Alters unseres Planeten mit Hilfe radioaktiver Datierung war keine leichte Arbeit; ein langes Herumprobieren war nötig. Im Verlauf dieses Prozesses wurden die Schätzungen über das Alter der Erde ständig besser, und in den Augen der Wissenschaftler wurde sie immer älter. Der oben zitierte Satz wurde von einem bekannten Geologen zu einer Zeit geschrieben, als sowohl er wie auch die Datierungsmethoden noch jung waren. Der Mann und das Verfahren reiften gemeinsam.

Die ersten Bestimmungen nannten Gesteinsalter, die zwischen 400 Millionen und 2 Milliarden Jahren lagen. Die relativen Altersschätzungen im 19. Jahrhundert waren zwar richtig, doch waren sie um den Faktor 10 zu klein. Die ersten radioaktiven Datumsangaben krankten auch an mathematischen Fehlern und lagen um 20 Prozent zu hoch. Bis 1941 war für die älteste bekannte Gesteinsprobe ein Alter von 2,6 Milliarden Jahren bestimmt worden. Es bestanden noch einige Unsicherheiten, und in einem zusammenfassenden Aufsatz aus jenen Tagen hieß es, die Erde »scheint ein Alter von etwa zwei Milliarden Jahren zu haben«.

Das älteste bekannte Gestein kann selbstverständlich jünger als der Planet selbst sein. 1946 berichteten Arthur Holmes und F. G. Houtermans über eine indirekte Methode, mit der das Alter der Erde selbst aus radioaktiven Daten geschätzt werden konnte, die aus jüngeren geologischen Proben stammten. Ihre Schätzung von etwa drei Milliarden Jahren wurde bis 1953 akzeptiert, dann wurden Irrtümer entdeckt und ein neues Alter von 4,5 Milliarden Jahren für richtig gehalten. Diese Zahl wird bis heute anerkannt. Die älteste bekannte Gesteinsformation auf der Erde bei Isua im Südwesten Grönlands ist jünger, »nur« 3,8 Milliarden Jahre alt.

Das indirekte für die Erde abgeleitete Alter ist durch Untersuchungen extraterrestrischer Körper erhärtet worden. Meteoriten haben ein Alter von bis zu 4,5 Milliarden Jahren. Das älteste Mondgestein wurde auf 4,6 Milliarden Jahre datiert. Da die meisten Theorien über die Entstehung unseres Sonnensystems postulieren, daß die verschiedenen Körper in ihm um etwa die gleiche Zeit entstanden seien, erhöhen diese Ergebnisse unsere Zuversicht, daß die taktlose Frage hinsichtlich des Alters von Mutter Erde richtig beantwortet worden ist.

Diese Zuversicht ist wichtig, denn die letzte Antwort ist so bemerkenswert. Es ist viel einfacher, eine biblische Geschichte von 6000 Jahren zu begreifen, was ungefähr 80 Menschenleben entspricht. Das geologische Alter aber beläuft sich auf über 60 Millionen Menschenleben. Würde man das Alter der Erde einem Jahr gleichsetzen, würde ein Menschenleben in der Zeit vorübergehen, die wir brauchen, um zwei Mal so schnell wie möglich mit den Augen zu blinzeln.

Natürliche Auslese

Mit Hilfe moderner Datierungsverfahren können Geologen das Alter von Versteinerungen angeben. Dann lassen sich die beherrschenden Arten zu jeder Zeit in der Geschichte bestimmen. Die Ergebnisse überraschen einigermaßen. Während das Leben selbst fast die ganze Erdgeschichte auf der Erde bestanden hat, kommen Lebewesen mit mehr als einer Zelle nur in Versteinerungen der letzten 800 Millionen Jahre vor. Würmer, Quallen und andere Organismen mit nur weichen Körperteilen waren die ersten. Dann kamen die Fische, Landpflanzen, Amphibien, Bäume, Kriechtiere, Insekten, Vögel und Säugetiere, ungefähr in dieser Reihenfolge. Einige Lebewesen, wie die Dinosaurier, tauchten nur auf, um dann wieder zu verschwinden. Die Geschichte der Evolution der höheren Lebensformen ist wieder und wieder erzählt worden und braucht hier nicht wiederholt zu werden. Wichtiger für unsere Darstellung ist der Mechanismus, der verantwortlich für dieses sich entwickelnde Auftreten der Lebensformen ist: die natürliche Auslese.

Fast alle Wissenschaftler sind heute der Meinung, daß die komplexeren Lebensformen auf der Erde sich aus einfacheren entwickelt haben, so wie es in der Evolutionstheorie steht. Der besterforschte der Mechanismen, die diesen Prozeß antreiben, ist die natürliche Auslese.

Die eigentlichen Einzelheiten der Veränderungen sind nach wie vor umstritten. Die Umwandlungen können allmählich erfolgt sein, wie die traditionellen Anhänger Darwins glauben, oder abrupter, wenn man der Theorie der »unterbrochenen Gleichgewichte« folgt. Zusätzliche Mechanismen jenseits der natürlichen Auslese können bestehen, eine Möglichkeit, die Darwin nicht ausschließt. Wir werden über diesen Punkt in naher Zukunft sicher noch viel mehr lernen, denn unser Wissen über die zellulären Rollen der DNA macht große Fortschritte.

Diese Substanz ist, wie wir gelernt haben, das Erbmaterial lebender Organismen. Bei der Reproduktion wird eine Kopie der DNA für die Weitergabe an die Nachkommen hergestellt. Bei diesem Vorgang können Kopierfehler vorkommen, was Mutationen hervorbringt, Veränderungen in der genetischen Botschaft. Die Genetiker haben viel über die Mutationsprozesse gelernt, die Änderungen bewirken, die der Modifikation eines einzelnen Wortes in einem Satz entsprechen. Neueste Untersuchungen haben ergeben, daß in unserem genetischen Material durch natürliche Mechanismen auch sehr viel größere Informationsblöcke bewegt werden. Diese beweglichen DNA-Segmente hat man »springende Gene« getauft. Viel vertrauter sind uns natürlich die Veränderungen bei Lebewesen, die durch geschlechtliche Fortpflanzung entstehen.

All diese Mechanismen bringen Vielfalt in die Populationen der lebenden Organismen. Viele der so entstehenden Abweicher, vor allem die Schöpfungen von Zufallsmutationen, sind nicht unbedingt besser als ihre Vorgänger. Wenn Sie das bezweifeln, versuchen Sie einmal, ein Wort aus diesem Satz gegen ein wahllos aus einem Wörterbuch herausgesuchtes Wort auszutauschen. In den meisten Fällen bedeutet dieser Prozeß für die unglücklichen Produkte den Untergang. Gelegentlich jedoch überlebt ein Mutant und gibt sein Erbe an die Zukunft weiter. Wir können das an einem Beispiel vorführen. Nehmen wir an, ein Bakterienstamm an einer bestimmten Stelle ist durch ein neues Antibiotikum vernichtet worden. Ein einziges Exemplar der ursprünglich Milliarden Bakterien hat jedoch überlebt. Es hatte eine genetische Veränderung erfahren, dank derer es resistent gegen das Medikament war; aber alle anderen sind vernichtet worden. Falls die übrigen Umstände günstig bleiben, kann sich dieser eine Organismus vermehren und in ein paar Tagen den ganzen Bereich neu bevölkern. Das vorteilhafte Gen würde sich ausbreiten und Bestandteil der genetischen Anweisungen des Stammes werden.

Diese Vorkommnisse veranschaulichen den Prozeß der natürlichen Auslese, die Kraft, die nach Meinung der meisten Wissenschaftler verantwortlich für den Evolutionsprozeß ist. Bei späterer Gelegenheit werden wir überlegen, ob die natürliche Auslese auch dazu hätte beitragen können, das erste Lebewesen zu schaffen.

Das Zeitalter der Mikroorganismen

Eine reiche Ausbeute an Fossilien bekundet die Zeit, in der die Vielzeller auf der Erde vorherrschten. Die letzten 600 Millionen Jahre, in denen harte Teile wie Schalen und Knochen für Versteinerungen zur Verfügung standen, sind besonders gut dokumentiert. Sehr viel spärlicher sind die Zeugnisse einer längeren, 2,5 Milliarden Jahre dauernden Zeit, als das Leben nur aus einzelligen Organismen bestand. Noch bis vor wenigen Jahrzehnten stellte man sich die Frage, ob zu jener Zeit überhaupt Leben auf der Erde existiert habe.

Die magere Ausbeute an Daten ist gut zu verstehen. Gestein kann durch Verwittern oder Schmelzen untergehen. Gestein aus jüngerer Zeit gibt es im Überfluß, aber älteres wird immer seltener, je höher das Alter liegt. Und mit dem 3,8 Milliarden alten Isua-Gestein auf Südwestgrönland erlöschen die Zeugnisse vollkommen. Nichts ist geblieben, was uns von früheren Tagen auf diesem Planeten berichten könnte.

Ein weiteres Problem ist das Aufspüren und Bestimmen versteinerter Mikroorganismen. Die Knochen eines Dinosauriers bereiten, sind sie erst einmal freigelegt, kaum Bestimmungsschwierigkeiten. Mikrofossilien dagegen sind nicht so leicht aufzuspüren. Ihr fossiler Charakter ist oft nicht eindeutig und verrät uns kaum mehr als Größe und Gestalt der Zelle. Trotz dieser Schwierigkeiten haben Geologen an etwa vierzig

Orten mit viel Geduld gearbeitet und das Bild eines ausgedehnten Zeitalters der Mikroorganismen entstehen lassen, das von vor 3,5 bis 0,9 Milliarden Jahren reichte.

Diesen Zeugnissen zufolge tauchten eukaryotische Zellen erstmals vor etwa 1,2 bis 1,4 Milliarden Jahren auf. Diese Altersangabe kann selbstverständlich jederzeit revidiert werden, sollten eindeutige ältere eukaryotische Fossilien gefunden werden. Behauptungen sind aufgestellt und diskutiert worden, doch die meisten Feldarbeiter scheinen mit der obigen Zeitspanne zufrieden zu sein.

Spuren prokaryotischer Formen, die modernen Bakterien und Blaualgen ähneln (letztere werden auch Cyanobakterien genannt), gehen in noch weit frühere Zeiten vor mehr als 3,5 Milliarden Jahren zurück. Diese Zeugnisse reichen dann ohne Unterbrechung und gut dokumentiert bis in die Zeit von vor etwa 2,2 Milliarden Jahren und schließlich mit Lücken weiter bis zu den ältesten bekannten Versteinerungen, die aus Westaustralien und Südafrika stammen. Für die lange Zeitspanne von über zwei Milliarden Jahren, was ungefähr dem halben Erdalter entspricht, repräsentierten nur Prokaryoten das Leben auf diesem Planeten. Während die direkten fossilen Abdrücke dieser uralten Geschöpfe mikroskopisch klein sind, sind andere Überreste ihres Daseins für das bloße Auge wahrnehmbar. An einer Stelle in Australien, die wegen ihrer Abgelegenheit (nicht wegen des Klimas) »Nordpol« genannt wird, ist ein kuppelförmiges, etwa 30 cm hohes Gebilde zu sehen, das eingebettet ist in einen verwitterten, zutage liegenden Felsen. Diese Objekte, die aus Hunderten hauchdünner Gesteinsschichten bestehen, sind mit Kohlköpfen, Waffeln und versteinerter Baklava (einem orientalischen Blätterteiggebäck aus hauchdünnen Schichten) verglichen worden. Wir können in ihnen Produkte des Lebens erkennen, weil ihre Gegenstücke noch heute existieren. Diese Stromatolithen genannten Strukturen findet man im seichten Wasser einiger weniger Gebiete, zum Beispiel an der Küste Australiens wenige Kilometer vom »Nordpol« entfernt. Sie entstehen, wenn Kolonien aus Mikroorganismen, in der Regel Blaualgen, in Schichten wachsen, die Kiesel und Schutt anhäufen. Dann bildet sich eine neue Blaualgenschicht auf dem Schutt, und der Kreislauf wiederholt sich. Die Bewohner dieser uralten Fossilien existieren nicht mehr, aber die von ihnen erbauten Häuser stehen noch.

Die Blaualgen der Neuzeit bereiten sich ihre Nahrung mit Hilfe der Photosynthese selbst, wobei sie Kohlendioxid aus der Luft und Sonnenenergie verwenden. Sie machen sich keine organischen Verbindungen aus ihrer Umgebung zunutze, wie es die Bakterien getan haben, über die wir im letzten Kapitel gesprochen haben. Falls die Geschöpfe, die die alten Stromatolithen gebildet haben, den modernen Blaualgen ähnelten, dann ist die Photosynthese ein sehr alter Prozeß. Dieser Schluß wird durch andere Zeugnisse bekräftigt, die sich aus den Verhältnissen der Kohlenstoffisotope in sehr alten Sedimenten ableiten.

Abgesehen von den Stromatolithen liefern sowohl der australische wie der südafrikanische Fundort den direkten Beweis für Zellen, die vielleicht schon vor 3,5 Milliarden Jahren existiert haben. Der fossile Abdruck mehrerer Zellen, die aneinandergereiht waren und einen krummen Faden bildeten, den man in Australien an der besagten Stelle fand, besitzt eine verblüffende Ähnlichkeit mit Fäden auf Bakterien, wie wir sie heute antreffen. Eine südafrikanische Versteinerung zeigt mehrere zusammenhängende Kugeln, anscheinend in verschiedenen Stadien der Zellteilung. Die Untersuchungen an beiden Orten waren gründlich und sind gut dokumentiert. Sie haben zu der allgemein anerkannten Auffassung geführt, daß eine Milliarde Jahre nach Entstehen der Erde an mehr als nur einem Ort bereits Leben existiert hat.

Die gezeigte Vorsicht und das Ausmaß an produzierter Dokumentation waren notwendig. Mineralien enthalten auch organisierte Formen anorganischer Art, die auf den ersten Blick biologischen Versteinerungen ähneln können. Es sind Fehler vorgekommen. Wir können beispielsweise den Anhänger der Evolutionslehre, G. G. Simpson, zitieren: »Das Eozoon, stolz ›Tier des Anfangs‹ genannt, wird inzwischen überhaupt nicht mehr als Tier betrachtet, auch nicht als Pflanze oder sonst eine Lebensform, sondern als ein bloßer Niederschlag anorganischer Substanzen.«

Das Phänomen des Eozoon gehört dem 19. Jahrhundert an, doch seine geistigen Abkömmlinge haben sich bis heute gehalten. Erst noch in jüngster Zeit, 1979, tauchte einer auf und nahm Bezug auf das Isua-Gestein. Die Entdeckung von Lebensspuren in sehr altem Gestein ließ offenbar bei einigen Wissenschaftlern den Wunsch aufkommen, diesen Prozeß bis an seine logischen Grenzen zu treiben – Fossilien im ältesten Gestein zu finden, das man bisher auf der Erde kennt. Leider sind die Isua-Felsen für diesen Zweck schlecht geeignet, da sie in ihrer Geschichte mehrmals erheblich erwärmt worden sind. Eine solche Behandlung zerstört Fossilien normalerweise. Trotz all dem kamen zwei voneinander unabhängige Berichte heraus, in denen die Entdeckung nachhaltiger Beweise für Leben bei Isua behauptet wurde.

Die American Chemical Society hatte im Sommer 1979 in Washington ein Treffen, und ihr Fachorgan *Chemical and Engineering News* berichtete über die aufregenden Neuigkeiten. In einer Überschrift hieß es: »Beweise für Leben im ältesten bekannten Gestein gefunden«. Mehrere Wissenschaftler von verschiedenen Universitäten hatten bei dem Treffen eine wissenschaftliche Arbeit vorgelegt. Ihr Sprecher bei einer Pressekonferenz war Cyril Ponnamperuma von der Universität Maryland. In dem Bericht des Fachorgans war von der Isolierung von Kohlenstoffen aus dem Isua-Gestein die Rede, und von Beweisen aufgrund des Kohlenstoffisotop-Verhältnisses. Das Verhältnis ließ darauf schließen, daß die Verbindungen durch Photosynthese entstanden waren, also durch Organismen. Im Bericht hieß es weiter, daß Versteinerungen, die einen überzeugenderen Beweis für Leben liefern würden, bisher noch nicht gefunden worden seien.

Dieser Mangel wurde von anderen behoben. Ungefähr zur gleichen Zeit erschien in der renommierten britischen Wissenschaftszeitschrift *Nature* der Bericht von H. D. Pflug, einem deutschen Geologen, und H. Jaeschke-Boyer, einem französischen Kollegen. Sie hatten bei Isua »zellartige Einschlüsse« entdeckt, die sie als Fossilien urzeitlicher Mikroorganismen identifizierten. Es wurden einzelne Zellen, Zellfäden und ganze Kolonien beobachtet. Die Wissenschaftler tauften ihren Fund Isuasphaera und erklärten: »Es besteht kaum ein Zweifel, daß es sich bei Isuasphaera um einen Organismus handelt.« Besonders beeindruckt waren sie von einer Scheide, die ihr Geschöpf umgab: »Die äußere, mehrschichtige Scheide, die die Isuasphaera-Zelle umschließt, kann nur als das Produkt biologischer Aktivität verstanden werden.« Vakuolen, Hohlbereiche, die in einigen lebenden Zellen vorkommen, wurden ebenso beobachtet wie Knospen, die von Hefezellen produzierten Knospen ähnelten. Die Autoren meinten, ihr Organismus sei der Hefe ähnlich, zügelten ihren Höhenflug jedoch, indem sie anmerkten, daß Hefe ein Eukaryot ist. Sie sträubten sich davor zu behaupten, daß Eukaryoten so früh in der Evolution aufgetaucht seien, und erklärten, Isuasphaera nehme einen Zwischenstatus ein.

Ein gewisser Mangel an Zweifeln und Skepsis in diesen Berichten sollte uns als Warnzeichen dienen. In den Fällen, wo Wissenschaftler nicht bereit sind, den Advocatus Diaboli für sich zu spielen, springen andere meistens nur zu gerne ein. Im vorliegenden Fall kam das böse Erwachen anderthalb Jahre später in Gestalt einiger Artikel, die ebenfalls in *Nature* veröffentlicht wurden. Das Vorhandensein von Kohlenwasserstoffen wurde bestätigt. Wenn man jedoch weiter analysierte, konnten nicht nur Kohlenwasserstoffe, sondern auch Aminosäuren nachgewiesen werden, sogar einige sehr leicht vergängliche. Tatsächlich konnte die ganze chemische Mischung nicht älter als ein paar Tausend Jahre sein, von Milliarden gar nicht zu reden. Die Aminosäurezusammensetzung ähnelte der von Flechten, die jetzt auf den Felsen wuchsen. Man kam zu dem Schluß, daß Chemikalien von den Pflanzen auf den Felsen in vergleichsweise junger Vergangenheit in das Gestein eingedrungen waren.

Isuasphaera erging es nicht besser als dem Eozoon und mußte den gleichen Weg gehen. Die vermeintlichen Fossilien wurden von einem internationalen Team untersucht, dem auch Wissenschaftler angehörten, die sich durch Untersuchungen über australische und südafrikanische Versteinerungen hervorgetan hatten. Sie kamen zu dem Ergebnis, daß die Isua-Strukturen nachweislich anorganische Artefakte waren und keinen Beweis für das Leben erbrachten. In einem herrlichen Beispiel wissenschaftlichen Understatements nannten sie ihre Arbeit im Titel ein »Warnzeichen«.

Die Widerlegung dieser Behauptungen über Isua läßt uns im Zustand unvollständigen Wissens. Es gab vor 3,5 Milliarden Jahren prokaryotenartige Formen, aber wir wissen nichts über die Zeit oder die Umstände ihres Ursprungs. An diesem Punkt verliert sich die Fossilienspur.

Das Aufkommen des Sauerstoffs

Kaum Hinweise auf einen evolutionären Fortschritt liefern Form und Größe der Mikrofossilien, die aus der Zeitspanne der Mikroorganismen stammen, und das trotz der Tatsache, daß das Zeitalter beinahe die halbe Erdgeschichte umfaßt. Wichtige Veränderungen können in dieser Zeit in diesen alten Mikroorganismen erfolgt sein, auch wenn ihr Äußeres sich kaum veränderte. Auch hier ist der Planet selbst wieder die Hauptquelle der Beweise.

Von den bekannten Welten des Sonnensystems hat nur die Erde einen nennenswerten Anteil (20%) Sauerstoff in der Luft. Wie wir gesehen haben, ist Sauerstoff lebenswichtig für die Prozesse aller Zellen höherer Organismen. Er wird gebraucht, damit er sich mit Nahrungsmitteln verbindet, Kohlendioxid und Wasser erzeugt und Energie freisetzt. Nur einige Bakterienarten sind von dieser Notwendigkeit ausgenommen, da sie die benötigte Energie aus Reaktionen gewinnen können, die keinen Sauerstoff erfordern.

Die Gesteinsproben zeigen, daß unsere Atmosphäre nicht immer so reich an Sauerstoff war wie heute. Erhebliche Veränderungen bei den Mineralien, die sich im Gestein abgelagert haben, sind vor ungefähr zwei Milliarden Jahren erfolgt. Vor allem die Bildung charakteristisch gebandeter Eisenformationen war in dieser Zeit sehr häufig, aber nicht danach. Vielleicht 90% der bekannten eisenhaltigen Erze, die unsere heutigen Bestände an diesem Metall ausmachen, wurden damals abgelagert. Diese Veränderungen sind, wie man glaubt, die Folge der ersten größeren Sauerstoffvorkommen in der Atmosphäre.

Die Herkunft des Sauerstoffs ist eine andere Frage. Die meisten Wissenschaftler sind sich über die Hauptursache dieser Umwandlung einig: Es war die Freisetzung von Sauerstoff in der Photosynthese durch Organismen wie die Blaualgen.

Wir haben über die Beweise gesprochen, daß es die Photosynthese unter Umständen schon seit 3,5 Milliarden Jahren gibt. Es ist eine offene Frage, ob die allerersten Organismen ihre Nahrung auf diese Weise bereiteten oder organische Verbindungen brauchten, die es in der Umgebung gab. Wie immer die Antwort hierauf lautet, zu irgendeinem Zeitpunkt der Erdgeschichte begann die Photosynthese mit der Freisetzung von Sauerstoff.

Eine Zeitlang wurde der freigesetzte Sauerstoff vielleicht von Substanzen der Umgebung verbraucht, die sich mit ihm verbinden konnten. Als sie zur Neige gingen, sammelte sich der Sauerstoff in der Luft an. Dieser Wandel kann viele Organismen vergiftet, ihren Untergang bewirkt oder sie dazu getrieben haben, Zuflucht in besonderen, sauerstofffreien Nischen zu suchen. Einige dieser Arten existieren heute noch. Eine bekannte Gruppe dieses Typs, die methanogenen Mikroorganismen, wird durch Sauerstoff getötet und bewohnt Orte wie den Schlamm auf dem Grund des Schwarzen Meers und der Bucht von San Francisco. Methanogene erhalten Energie nicht aus der Oxidation, sondern aus anderen chemischen Reaktionen. Ihre Lebensweise und bestimmte chemische Unterschiede, die die Methanogene von den meisten anderen Bakterien abheben, haben Spekulationen angeregt, daß es die Methanogene schon seit den ersten Anfängen der Erde gäbe. Zu jener Zeit sagte ihnen die Atmosphäre mehr zu und lieferte die Gase, die sie für ihren Energiehaushalt brauchten.

Die sauerstoffreiche Atmosphäre war zwar für einige Arten Gift, aber ein Segen für die Organismen, die sich ihr anpaßten. Sie konnten sehr viel mehr Energie durch das Kombinieren organischer Verbindungen mit Sauerstoff erhalten als mit den Methoden, die sie früher angewandt hatten. Dieser Vorteil hat vielleicht die Bildung eukaryotischer Zellen gefördert. Die neue Atmosphäre wirkte sich noch auf andere Weise günstig aus. Eine Reihe komplexer Reaktionen in der Luft führte zur Bildung von etwas Ozon, einer Form des Sauerstoffs. Ozon absorbiert eine bestimmte Art der Sonnenstrahlung, das ultraviolette Licht. Diese Strahlung ist für viele Verbindungen in belebten Dingen schädlich. Bevor sich der Ozonschirm entwickelte, waren das Land und der obere Bereich der Meere vielleicht unbewohnbar. Die Besiedlung des Landes durch Lebewesen ist daher vielleicht erst möglich geworden, nachdem Sauerstoff in die Atmosphäre gelangte.

Das älteste Gestein

Viele Probleme bleiben noch, was die Einzelheiten und den zeitlichen Ablauf der Umwandlung der Erdatmosphäre in ihre heutige Form angeht. Diese Fragen sind zwar wichtig, aber doch nicht so entscheidend für den Ursprung des Lebens wie eine andere Frage: Woraus bestand die Erdatmosphäre, als die ersten lebenden Zellen erschienen und bevor Sauerstoff freigesetzt wurde? Wegen der ersten Zeugnisse müssen wir uns an die Isua-Felsen halten.

Es ist möglich, daß die Erwärmung, die sie durchgemacht haben, eventuell bestehende Fossilien zerstört, aber die grundlegenden geologischen Botschaften, die vorhanden waren, nicht angegriffen hat. Diese Felsen sind Sedimente, die sich auf dem Meeresboden abgelagert haben und aus Partikeln bestehen, die durch die Erosion anderen Gesteins gebildet wurden. Dieses ältere Gestein waren vulkanische Wallberge, kein Festlandsmaterial. Aus verschiedenen Gründen glauben die Geologen, daß das Festland sich erst später gebildet hat. Zur Zeit von Isua war die Erde von seichten Meeren bedeckt, und die Landmassen, die nicht so ausgedehnt waren wie heute, bestanden größtenteils aus vulkanischem Material. Das Gestein von Isua und andere urzeitliche Sedimente sind in ihrer Zusammensetzung im übrigen unbedeutend, da sie viele mineralische Substanzen enthalten, die uns heute vertraut sind.

Diese Belege sind ziemlich dürftig, aber wenn wir versuchen, noch weiter zurück in der Erdgeschichte zu forschen, gibt es überhaupt nichts Konkretes mehr, was untersucht werden könnte. Unter solchen Umständen greift die Wissenschaft auf andere Techniken zurück und nutzt die bekannten Gesetze der Chemie und Physik, um Modelle zu konstruieren. Ein Modell gilt als erfolgreich, wenn es bei plausiblen Anfangsbedingungen ansetzt und bei Anwendung geltender Gesetze ergibt, daß der jetzige Zustand aus dem ursprünglichen folgt. Wir können natürlich nicht sicher sein, daß ein bestimmtes Modell das beste ist, da möglicherweise andere Umstände als die, an die wir bislang gedacht haben, eine andere Erklärungsweise nahelegen. Ein Modell, egal wie anfällig es für Veränderungen ist, ist immer noch besser als gar kein Rahmen, und so wollen wir betrachten, wie die Wissenschaft heute über die Entstehung des Sonnensystems und der Erde denkt.

Die Geburt des Planeten Erde

Als ich jung war, habe ich gelesen, daß das Sonnensystem bei einem Beinahezusammenstoß zweier Sterne entstanden sei, bei dem soviel Materie aus ihnen herausgerissen wurde, daß sich daraus die Planeten bildeten. Diese Theorie hat ausgedient. Die Chancen eines so nahen Zusammentreffens sind gering, und was noch wichtiger ist, die mathematischen Modelle eines solchen Ereignisses ergeben kein Planetensystem mit den Eigenschaften des unseren. Das gegenwärtige Paradigma, das in seiner allgemeinen Form aber nicht in allen Einzelheiten anerkannt wird, bildet die Nebeltheorie. Nach dieser Theorie entstanden die Sonne und die Planeten gleichzeitig durch die Kondensation einer Wolke aus interstellarem Gas und Staub.

Wir können solche Wolken heute auch an anderen Stellen der Galaxie beobachten, von denen einige anscheinend im Begriff sind, neue Sterne hervorzubringen. Ihre Zusammensetzung spiegelt die des Universums insgesamt wider: überwiegend Wasserstoff und Helium (ein leichtes Edelgas, das zur Füllung von Ballons verwendet wird) sowie einige andere Elemente in kleinen Mengen. Der Prozeß der Sternbildung beginnt, wenn eine interstellare Staubwolke anfängt, sich aufgrund der Gravitation zu verdichten. Die sich verdichtende Wolke, ein sogenannter Sonnennebel, beginnt eine kreisende Bewegung und nimmt die Gestalt einer Scheibe an. Der größte Teil der in ihr befindlichen Materie sammelt sich im Zentrum und erhitzt sich durch die Schwerkraft. Wenn eine bestimmte Temperatur und Masse erreicht sind, setzt eine Kernreaktion ein, bei der Wasserstoffatome in Helium umgewandelt werden. Sobald diese zusätzliche und dauerhafte Energiequelle fließt, hat das Leben des betreffenden Sterns begonnen.

Der Nebeltheorie zufolge haben diese Prozesse zur Geburt unserer Sonne vor mehr als 4,5 Milliarden Jahren geführt. Aber nicht die gesamte, in dem Nebel vorhandene Materie ging in der Sonne auf. Andere Trümmer blieben in unterschiedlicher Entfernung in einer Umlaufbahn und verdichteten sich zu Planeten, Satelliten, Meteoriten und Kometen. Die chemische Zusammensetzung der einzelnen Körper hing zum Teil von ihrer Entfernung von der Sonne ab, die die Temperatur des Nebels an den unterschiedlichen Standorten bestimmte. Bei der Entfernung der Erde von der Sonne konnten schwereres Eisen und leichtere Silikatmineralien in fester Form existieren, und sie verdichteten sich und ließen unseren Planeten entstehen.

Verschiedene Theorien sind vorgebracht worden, die diesen Verdichtungsprozeß beschreiben. Allen ist ein Merkmal gemeinsam: Sie alle müssen schließlich zu unserem Planeten in seiner gegenwärtigen Form führen, den wir durch die Untersuchung von Erdbebenwellen, des Magnetfelds der Erde und anderer Zusammenhänge kennengelernt haben. Das Innere unseres Planeten setzt sich aus mehreren eigenständigen Zonen zusammen. Das Zentrum bildet ein Kern aus überwiegend festem und flüssigem Eisen. Darüber liegt eine Zwischenzone, der sogenannte Mantel, der aus zum Teil geschmolzenem Gestein besteht. Ganz außen befindet sich eine dünne Kruste von wenigen Kilometern Stärke, und über dieser bekannten Gesteinsschicht haben wir die Meere und die Atmosphäre.

Die direkteste Theorie über die Erdentstehung besagt, daß das von

Anfang an so war. Zuerst sammelten sich Eisenpartikel und bildeten den Kern. Als er eine bestimmte Größe erreicht hatte, bewirkte seine Gravitationskraft, daß sich das weniger »haftende« Silikat obenauf ablagerte. Nach einem anderen Modell sammelte sich verschieden zusammengesetztes Gestein und bildete umfangreichere Masseteile. Dieser Verdichtungsprozeß setzte sich fort, und die Erde wurde größer; es dauerte ungefähr 100 Millionen Jahre, bis sie die Größe des Mars erreicht hatte. Irgendwann ließ die durch die Gravitationskraft freigesetzte Wärme, verstärkt durch die von Radioaktivität erzeugte Wärme, das Innere des Planeten schmelzen. Das ermöglichte dem schwereren Eisen, ins Zentrum zu sinken, während die leichten Silikatbestandteile an die Oberfläche geschwemmt wurden.

Wie immer der Entstehungsablauf war, die Erdoberfläche befand sich nach ihrer Bildung höchstwahrscheinlich in einem sehr bewegten Zustand. Das von Kratern gezeichnete Äußere des Mondes und anderer luftloser Körper unseres Sonnensystems zeugt von einer Zeit intensiven Bombardements mit Meteoriten, die vielleicht vor vier Milliarden Jahren endete. Irgendwann während der Entwicklung der Sonne, so glaubt man, hat eine gewaltige Eruption von Sonnenmaterie und Strahlung, der sogenannte Sonnenwind, das Sonnensystem von allen kleinen Trümmern freigefegt. Er hat auch alles an Atmosphäre weggeweht, was die Erde eventuell vom Sonnennebel angenommen hatte. Eine Zeitlang hat die Erde möglicherweise in einem kraterübersäten, luftlosen Zustand existiert, so wie der Mond heute.

Dieser Zustand konnte nicht von Dauer sein. Die sich im Innern ereignenden Veränderungen machten sich an der Oberfläche in der Form von Vulkantätigkeit bemerkbar. Eine neue Atmosphäre, die Vorläuferin unserer jetzigen, bildete sich aus den von den Vulkanen freigesetzten Gasen. Das geringe Vorkommen von Elementen wie dem Edelgas Neon in unserer Atmosphäre, verglichen mit dessen überreichlichem Vorhandensein in der Sonne, ist ein Hinweis auf diesen inneren Ursprung der Luft, die die frühe Erde umgab.

Eine zentrale Frage nach dem Ursprung des Lebens betrifft die Art dieser frühen Atmosphäre. Ein entscheidender Unterschied besteht zwischen einem sauerstoffreichen Umfeld (oxidierend oder oxidiert genannt) und einem wasserstoffreichen (reduzierend oder reduziert). Sauerstoff und Wasserstoff bleiben kaum länger zusammen, zumindest nicht bei Temperaturen wie denen auf der Erde. Jeder Funke, Schock oder Katalysator versetzt sie in die Lage, oft heftig miteinander zu reagieren und Wasser zu erzeugen. Nun ist die Erdatmosphäre sehr stark oxidierend. Im Weltall mit seinem überwiegenden Wasserstoffgehalt herrschen reduzierende Bedingungen vor. Der Nebel, aus dem sich unser Sonnensystem gebildet hat, war wahrscheinlich ebenfalls wasserstoffreich, so wie ursprünglich die Erdatmosphäre. Die großen, überwiegend gasförmigen äußeren Planeten, wie etwa der Jupiter, sind bis heute so geblieben.

Wenn wir allerdings die vulkanische Ursprungstheorie der Erdatmosphäre gelten lassen, dann ist das Schicksal der einstmals reduzierenden Atmosphäre mit der Formulierung »vom Winde verweht« gut charakterisiert. Das Leben begann, als letztere vorhanden war. Ein paar Hinweise über ihre Zusammensetzung erhält man, wenn man die heute von Vulkanen ausgestoßenen Gase untersucht. Danach glauben die meisten Geologen, daß unsere heutige Atmosphäre in ihrer frühesten Form Stickstoff, Kohlendioxid und Wasser sowie kleinere Mengen anderer Stoffe enthielt. Wasserstoff war in einer Menge von weniger als einem Prozent vorhanden, da seine Ansammlung dadurch, daß er ins All entwich, begrenzt wurde. Nachdem genügend Wasser freigesetzt worden war, kondensierte diese Feuchtigkeit und bildete Flüsse und Seen. Damit kommen wir zu der Welt, wie das Isua-Gestein sie vermuten läßt, mit einer weder oxidierenden noch reduzierenden, sondern ziemlich neutralen Atmosphäre, die allenfalls einen geringfügig reduzierenden Charakter hat.

Diese Antwort ist alles andere als gesichert. Ein Planetologe bemerkte dazu vor einiger Zeit bei einer Veranstaltung: »...die frühe Erdgeschichte gehört zu den undurchsichtigsten und hartnäckigsten Problemen, vor denen wir stehen.« Aber gerade diese Vieldeutigkeit, die so typisch für die präparadigmatischen Bereiche der Wissenschaft ist, ist dennoch der Hintergrund, auf dem Theorien ansetzen müssen, die den Ursprung des Lebens betreffen. Einige der heutigen Theorien, wozu auch die bekannteste gehört, erfordern eine alternative Umgebung, und eben diese abweichende Auffassung trägt zu der Verwirrung um die Frage nach dem Ursprung des Lebens bei. Diese Situation wollen wir im nächsten Kapitel erforschen, wenn wir uns mit dem beherrschenden Paradigma auf diesem Gebiet befassen.

4. Der Funke und die Suppe

Im Jahr 1952 führte Stanley Miller, ein junger Doktorand an der Universität Chicago, ein Experiment durch, das nachhaltige Auswirkungen auf das wissenschaftliche Denken über den Ursprung des Lebens hatte. Er setzte eine Mischung aus reduzierten Gasen einer Energiequelle, einem elektrischen Funken, aus, wobei er einen Apparat benutzte, den er zusammen mit seinem Doktorvater Professor Harold Urey entworfen hatte. Zu den Reaktionsprodukten gehörten auch signifikante Mengen zweier Aminosäuren, die zu den zwanzig gehören, die lebende Zellen zur Bildung von Eiweißkörpern brauchen. Nach der Veröffentlichung der Ergebnisse 1953 wurden auch die Medien aufmerksam. *Time* berichtete, Miller und Urey hätten »Urzeitbedingungen der Erde simuliert und aus den atmosphärischen Gasen einige organische Verbindungen erzeugt, die den Proteinen sehr nahe kommen... Sie haben nachgewiesen, daß komplexe organische Verbindungen, die in lebender Materie vorkommen, hergestellt werden können... Wäre ihr Apparat so groß wie das Meer gewesen und hätte anstatt einer Woche eine Million Jahre gearbeitet, hätte er vielleicht so etwas wie das erste lebende Molekül erzeugt.«

Gerade die Umstände der Reaktion haben möglicherweise ihre Wirkung auf die Öffentlichkeit verstärkt. In den letzten zwanzig Jahren hatte Hollywood mehrere Filme auf den Markt gebracht, in denen unbelebte Materie durch die Einwirkung von Elektrizität zum Leben erweckt worden war. Die Uraufführung 1931 wurde von einem Historiker wie folgt beschrieben: »Die Abfolge der Erschaffung war für das Auge sehr aufregend, und das elektrische Feuerwerk setzte Maßstäbe für zukünftige Filmfassungen.« Das Ergebnis dieser Umwandlung waren allerdings keine Aminosäuren, sondern das Monster Frankenstein, gespielt von Boris Karloff.

Im Fall des Miller-Urey-Experiments war die Wissenschaftsgemeinde ebenso beeindruckt wie die Öffentlichkeit. Die Arbeit wurde in den darauffolgenden Jahren wiederholt zitiert, an Schulen und Universitäten in Biologie- und Geologiebücher aufgenommen und in Museen vorgeführt. Sie wurde zum klassischen, bekanntesten Experiment über den Ursprung des Lebens. Zahlreiche Abwandlungen wurden versucht, bei denen die verschiedensten Energiequellen eingesetzt wurden, wodurch eine beachtliche Literatur zu diesem Thema entstand. Einer der Berichte, der die Auswirkungen zusammenfaßt, stammt von dem Chemiker William Day:

> »Es war ein Experiment, das den Damm brach. Die Einfachheit des Experiments, die große Ausbeute der Produkte und die besonderen, durch die Reaktion hervorgerufenen biologischen Verbindungen in begrenzter Zahl genügten, um zu zeigen, daß der erste Schritt zum Beginn des Lebens kein Zufallsereignis war, sondern eine zwangsläufige Entwicklung... Beim richtigen Gasgemisch löst jede Energiequelle, die die chemischen Bindungen spalten kann, eine Reaktion aus, die zur Bildung von Bausteinen des Lebens führt.«

Das Experiment wirkte sich auch auf eine Reihe anderer Probleme aus, nicht nur auf das vom Ursprung des Lebens auf der Erde. Zitieren wir den Astronomen Carl Sagan: »Das Miller-Urey-Experiment wird heute als der wichtigste Einzelschritt anerkannt, der viele Wissenschaftler davon überzeugte, daß es im Kosmos Leben im Überfluß gibt.« Ein Ergebnis, das Auswirkungen dieses Ausmaßes hat, verdient, näher betrachtet zu werden, und so wollen wir uns die eigentlichen Daten und die aus ihnen abgeleiteten Deutungen genauer ansehen.

Der Lebensfunke

Die Ausrüstung Millers betand im wesentlichen aus drei Geräten. Das erste war nichts weiter als ein Kolben mit kochendem Wasser. Der aufsteigende Wasserdampf gelangte in eine Kammer mit zwei Elektroden. Zwischen den Elektroden wurde eine so hohe Spannung aufrechterhalten, daß eine Funkenentladung die Lücke zwischen beiden überspringen konnte. Nachdem der Wasserdampf diese Entladungszone passiert hatte, gelangte er in einen kühleren Bereich, wo er sich als Wassertropfen niederschlug. Diese Tropfen flossen dann zurück in den Kolben. Das ganze System war luftdicht verschlossen und mit einem Gemisch aus Methan, Ammoniak und Wasserstoff gefüllt. Der Aufbau insgesamt war einfach und auch für Laien nachvollziehbar.

Das erste Experiment lief über eine Woche. In seinem Verlauf färbte sich das Wasser im Kolben zuerst rot und dann gelbbraun. Dann wurde die Funkenentladung unterbrochen und der Kolbeninhalt mit verschiedenen chemischen Methoden analysiert. Im Verlauf des Experiments war das Methan aufgebraucht worden, und die ursprünglich in ihm enthaltenen Kohlenstoffatome waren jetzt auf mehrere organische Stoffe verteilt. Das vorherrschende Produkt war eine unlösliche Substanz, die aus einem Netz aus Kohlenstoff und anderen Atomen bestand, die auf verzweigte und unregelmäßige Art miteinander verbunden waren. Diese Substanz bedeckte die Innenwände des Geräts. Stoff dieser Art, Teer, Harz oder Polymere genannt (was »viele Teile« bedeutet), ist häufig das Ergebnis organischer Reaktionen. Er ist sehr lästig, vor allem wenn man darangeht, das Gerät zu säubern.

15% der Stoffe waren nicht zu Teer geworden und konnten chemisch bestimmt werden. Die vorhandenen Verbindungen und ihr mengenmäßiger Anteil wurden festgehalten. Bei Reaktionen dieser Art hängt die Zahl der identifizierten Produkte in erster Linie von der Geduld und dem Geschick des Forschers ab. Inzwischen stehen Instrumente zur Verfügung, die die Bestimmung von Stoffen im Bereich von *parts per million* (Abkürzung: ppm = Anzahl der Stoffe auf 1 Million Anzahl des Lösungsstoffs) oder gar *parts per billion* (Anzahl der Stoffe auf 1 Milliarde Anzahl des Lösungsstoffs) erlauben. Auf dieser Ebene können viele tausend Stoffe in der Mischung vorhanden sein. Harold Urey war vor dem Experiment Millers gefragt worden, was er an Produkten erwarte, und er hatte geantwortet: »Beilstein.« Dieser Name bezieht sich auf ein mehrbändiges Handbuch, das Millionen organischer Verbindungen beschreibt. Miller erklärte: »Urey meinte mit seiner Antwort, die elektrische Entladung würde wahrscheinlich ein bißchen von allem erzeugen.«

Wären alle Produkte nur in winzigen Mengen vorhanden gewesen, hätte das Experiment kaum Bedeutung erlangt. Das tatsächliche Ergebnis wich jedoch insofern ab, als einige Stoffe in der Mischung in größeren Mengen erzeugt wurden. Fünf von ihnen lagen bei Anteilen zwischen 1,6 und 4%. Weitere acht lagen zwischen 0,25 und 0,75%. Die Wahl von 0,25% als Schwellenwert für die Signifikanz ist willkürlich, denn die Bedeutung des Experiments wurde bestimmt durch die Art der wichtigsten Stoffe und ihre begrenzte Anzahl. Würde man den Schwellenwert niedriger ansetzen und einige Produkte mehr berücksichtigen, hätte das kaum Auswirkungen auf die Schlußfolgerungen. Was können wir nun aus der Auflistung dieser 13 Verbindungen lernen?

Einem Chemiker würde sofort auffallen, daß alle diese Verbindungen einer einzigen Klasse angehören, den sogenannten Carbonsäuren. Aminosäuren sind eine Untereinheit dieser Klasse. Das Ergebnis überrascht eigentlich nicht, da es durch die Anordnung des Apparats begünstigt wird. In der Entladungskammer spaltet die Energie des Funkens chemische Bindungen auf und läßt neue Produkte entstehen. Kein Produkt ist jedoch vor weiteren Veränderungen sicher, es sei denn, es kann dem Ort des Geschehens entfliehen. Eine Fluchtmöglichkeit besteht darin, feste, unlösliche Teere zu bilden, und die meisten Moleküle ereilt dieses Schicksal. Der andere Weg führt hinaus zum Behälter mit dem kochenden Wasser. Für die Mehrzahl der kleineren organischen Moleküle wäre das aber nur ein vorübergehender Zufluchtsort. Sie würden mit dem Wasserdampf wieder in die gasförmige Phase eintreten und zurück in die Entladungskammer befördert. Die Carbonsäuren können jedoch ständige Zuflucht im Wasserkolben finden. Unter den Bedingungen des Experiments werden sie bei der Ankunft dort in eine unbewegliche Form verwandelt und so gerettet.

Die Familie der Carbonsäuren ist selbstverständlich sehr groß, die Zahl ihrer Angehörigen unbegrenzt. Bei der Miller-Urey-Reaktion entstanden nur ein paar ausgesuchte Säuren. Wer waren die Begünstigten? Ein kurzer Blick auf die Liste zeigt, daß alle vorhandenen Säuren einfacher Art waren. Die kleinstmögliche Carbonsäure, die Ameisensäure, die nur fünf Atome hat, war mit 4% das am stärksten vertretene Produkt. Andere Stoffe auf der Liste hatten zwischen 8 und 16 Atome. Wie oben erwähnt, entkamen diese Überlebenden dem Funken, nachdem sie ihm nur begrenzt ausgesetzt gewesen waren, und hatten die Möglichkeit, nur einige wenige chemische Bindungen zu bilden. Noch ein anderer Umstand begrenzte die Ausbeute an größeren Molekülen. Wenn die Anzahl der Atome in einem Molekül wächst, erhöht sich die Zahl alternativer Strukturen, die aus diesen Atomen gebaut werden können, sprunghaft. Außer der Ameisensäure kann keine Carbonsäure aus fünf Atomen gebildet werden, wenn nur Kohlenstoff, Wasserstoff, Sauerstoff und/oder Stickstoff verwendet werden, doch drei verschiedene stabile Säuren haben die spezifische Formel $C_3H_7NO_2$ (3 Kohlenstoff-, 7 Wasserstoff-, 1 Stickstoff- und 2 Sauerstoffatome). Alle drei sind auf unserer Liste in der Gesamtzahl von 2,7% enthalten, die natürlich unter sie aufgeteilt werden muß. Im Fall sehr viel umfangreicherer Säuren wäre die Zahl der konkurrierenden Strukturen größer, und die Ausbeute an einzelnen Säuren würde entsprechend abnehmen.

Außer diesen allgemeinen Überlegungen taucht in der Liste auch einiges Ausgefallene auf. Die Ausbeute an einigen Carbonsäuren war höher oder niedriger als erwartet, wenn nur die obigen Faktoren einwirkten. Die zweiteinfachste Säure, die Essigsäure, der bekannte scharfe Bestandteil im Essig, hat nur acht Atome. Sie war zwar auch vorhanden, aber nur mit einem Anteil von 0,5%, weit weniger als die Ameisensäure. Man hätte mit mehr rechnen können. Diese Besonderheiten spiegeln die spezifischen chemischen Prozesse wider, die sich im Funken ereignen, bestimmte Entwicklungen begünstigen und andere bremsen. Noch ein anderer wichtiger Umstand beeinflußt die Produkte, die bei einem solchen Experiment entstehen, aber er wird nicht so beachtet: die Auswahl durch den Experimentator. Wir können ihren Einfluß in diesem Fall nachvollziehen, da Stanley Miller seine Arbeit in aller Offenheit dokumentiert hat. Sein Experiment ist bekannt wegen der Produktion von Aminosäuren, doch bei seinem allerersten Versuch wurden überhaupt keine Aminosäuren festgestellt. Er hatte das gleiche Gasgemisch und den Funken verwendet, die verschiedenen Kammern jedoch in einer anderen Reihenfolge angeordnet. Lassen wir ihn selbst sprechen: »Ich füllte den Apparat mit der geforderten einfachen Atmosphäre, Wasser, Methan, Wasserstoff und Ammoniak, stellte den Funken an und ließ den Apparat über Nacht laufen. Am nächsten Morgen war auf dem Wasser eine feine Schicht Kohlenwasserstoffe, und nach ein paar Tagen war die Kohlenwasserstoffschicht etwas dicker. Ich unterbrach daher den Funken und suchte mit der eindimensionalen Papierchromatographie nach Aminosäuren.«

Er fand keine. Miller analysierte damals nicht die Produkte, die sich gebildet hatten, sondern baute seinen Apparat um und unternahm einen neuen Versuch. Beim nächsten Versuch erhielt er ein Ergebnis, das ihn zufriedenstellte. Diese Anordnung wurde dann auch für die weitere Arbeit genommen. Eine Abänderung, die zu einem späteren Zeitpunkt ausprobiert wurde, war wenig hilfreich. Die Einwirkung der Funkenentladung ist oft mit der Wirkung eines Gewitters verglichen worden. Miller bemühte sich, die Analogie zu verbessern: »Es wurde der Versuch unternommen, eine Blitzentladung zu simulieren, indem wir mittels eines Kondensators eine sehr hohe Ladung aufbauten, bis der Funke den Raum zwischen den Elektroden übersprang... Es bildeten sich nur ganz wenige organische Verbindungen, und wir verfolgten diese Entladung nicht weiter.«

Solange jedoch Anordnung und Bestandteile beibehalten wurden, ergab sich das gleiche Produktgemisch einschließlich der Aminosäuren. Miller gab sich große Mühe nachzuweisen, daß die Produkte genau das waren, was er behauptete, und daß sie durch die Entladung entstanden waren, nicht durch das zufällige Einführen biologischen Materials. Die Gesamtausbeute konnte allerdings schwanken. Zwanzig Jahre nach seinen ersten Untersuchungen schrieb Miller: »Es war überraschend, daß die Ausbeute an Aminosäuren bei diesen ersten Experimenten die höchste war, von der bisher bei irgendwelchen präbiotischen Experimenten dieser Art berichtet worden ist.« Bei seinen ersten beiden Versuchen hatte er demnach das best- bzw. schlechtestmögliche Resultat erzielt.

Eins sollte aus dieser Diskussion klar hervorgehen. Experimente allgemein gleicher Art können eine Vielzahl von Ergebnissen erbringen. Der Experimentator kann durch das Manipulieren scheinbar unbedeutender Variabler das Ergebnis nachhaltig beeinflussen. Die Daten, die er veröffentlicht, können durchaus gültig sein, aber wenn *nur* diese Ergebnisse veröffentlicht werden, kann ein falscher Eindruck hinsichtlich der Allgemeingültigkeit des Prozesses entstehen. Auf diese Situation wies Martin Lubenow hin, ein Anhänger der Lehre von der Weltschöpfung durch einen allmächtigen Schöpfer, als er schrieb: »Ich bin überzeugt, daß bei jedem Experiment zum Ursprung des Lebens durch einen Anhänger der Evolutionslehre die Klugheit des Experimentators insoweit beteiligt ist, als sie das Experiment beeinflußt.«

Die Bausteine

Experimente vom Miller-Urey-Typ haben uns zweifellos sehr viel über die Prozesse der organischen Gasphasen-Chemie beigebracht. Wir werden bald sehen, daß sie auch für die Kosmochemie von Bedeutung sind. Die Frage, die uns jedoch am meisten beschäftigt, ist die nach ihrem Bezug zum Ursprung des Lebens. Das Wasser, die Gase und die Funkenentladung sollten die Auswirkungen des Meeres, der Atmosphäre und eines Gewitters auf der frühen Erde verkörpern. Dieser Vergleich ist womöglich nicht stichhaltig, insbesondere im Fall der Atmosphäre nicht. Die wichtigste Behauptung, die im allgemeinen im Zusammenhang mit dem Miller-Urey-Experiment aufgestellt wird, wie es uns im Zitat von William Day begegnet, besagt, daß es »Bausteine des Lebens« hervorbringe. Wir müssen kurz innehalten, um uns die Beschaffenheit dieser Bausteine in Erinnerung zu rufen.

Die wichtigsten Baumaterialien bei einem Bakterium (oder bei uns, wenn wir besondere Ausstattungsmerkmale wie Knochen und Zähne einmal außer acht lassen) sind Eiweißkörper, Nukleinsäuren, Polysaccharide und Lipide. Zusammen machen sie etwa 90% des Trockengewichts einer Bakterienzelle aus. Diese großen Moleküle enthalten einige hundert bis mehrere Milliarden Atome. Keins von ihnen ist bei einem Miller-Urey-Experiment entdeckt worden. Wenden wir uns also den Bausteinen dieser Bausteine zu. Nukleinsäuren bestehen aus Nukleotiden, die ihrerseits aus einer Base, Zucker und Phosphat aufgebaut sind. In den Miller-Urey-Experimenten wurde kein Phosphor verwendet, so daß sich auch keine Nukleotide bilden konnten. Ein Nukleosid (eine Basen-Zucker-Verbindung ohne Phosphat) hätte erzeugt werden können, doch ist es dazu nicht gekommen. Und auch von keinem der Dutzend Zucker, die normalerweise zur Bildung der Polysaccharide verwendet werden, oder den normalen Bausteinen von Lipiden ist bei irgendeiner der Miller-Urey-Reaktionen in nennenswerter Menge berichtet worden. Die meisten dieser Stoffe enthalten zwanzig oder mehr Atome und würden kaum erwartet werden – aus Gründen, die wir schon erwähnt haben.

Als letztes wollen wir uns den Aminosäuren zuwenden, den Bausteinen der Eiweißkörper. Wie wir gesehen haben, gehören sie und andere Carbonsäuren zu den wichtigen Produkten der Miller-Urey-Reaktionen, oder zumindest von denen, die eingehender analysiert worden sind. Von den 13 Produkten, die in größeren Mengen gebildet wurden (Teer ausgenommen), waren sechs eine Aminosäure. Allerdings haben nicht alle Aminosäuren biologische Bedeutung. In der Biologie ist eine besondere Gruppe von 20 mit der Bildung von Proteinen beschäftigt. Wie waren sie bei den Funkenentladungsexperimenten vertreten?

Wir beginnen mit einer ermutigenden Feststellung. Glycin und Alanin, die zu dieser Gruppe gehören, erscheinen an zweiter und vierter Stelle auf der Liste mit Anteilen von 2,1 bzw. 1,7%. Alanin und alle Aminosäuren außer Glycin erscheinen jedoch in zwei spiegelbildlichen Formen, wobei nur die Form in L-Konfiguration für die Biologie von Belang ist. Aus diesem Grund hat nur die halbe Alanin-Ausbeute Bedeutung. Würden wir die Miller-Urey-Produkte nach anderen Proteinbausteinen untersuchen, die in bedeutungsvollen Mengen vorhanden sind, würden wir vergebens suchen. Der in der nächstgrößeren Menge vorkommende hat in seiner L-Konfiguration einen Anteil von nur 0,026% (260 ppm), und die anderen kommen noch seltener vor. Sie finden sich in einer Vielzahl organischer Stoffe, von denen sich minimale Mengen gebildet haben, die von Urey erwähnten »Beilsteins«. Die übrigen Substanzen, die bei diesem Experiment in signifikanten Mengen entstehen, können nicht als Bausteine der großen Moleküle des Lebens betrachtet werden. Einige erscheinen in untergeordneten Rollen im einen oder anderen biologischen System. Die Ameisensäure beispielsweise spielt für die Ameisen eine besondere Rolle. Eine frühe Methode, sie zu isolieren, bediente sich der Anwendung trockener Hitze auf einen Kolben voll dieser unglücklichen Tiere in trockenem Zustand. Es würde die Vorstellungskraft noch über das, was auf diesem Gebiet oft anzutreffen ist, hinaus beanspruchen, eine Verbindung zwischen diesem Ereignis, dem reichlichen Vorhandensein von Ameisensäure in einer Miller-Urey-Reaktion und dem Ursprung des Lebens sehen zu wollen.

Fassen wir zusammen. Das von Miller durchgeführte Experiment ergab als vorherrschendes Produkt Teer. Von den kleineren Molekülen, die entstanden, können vielleicht 13 als bevorzugte Produkte bezeichnet werden. Es gibt etwa 50 kleine organische Verbindungen, die »Bausteine« genannt werden, da sie dazu gebraucht werden, die vier größeren, lebenswichtigen Molekülarten zu bilden. Nur zwei dieser 50 kamen unter den bevorzugten Produkten des Miller-Urey-Experiments vor. Das waren Glycin und Alanin, die beiden einfachsten in Proteinen verwendeten Aminosäuren, Angehörige einer Klasse, die durch die Anordnung des Experiments begünstigt wurde. Diese Ergebnisse sind von Miller in bewundernswerter Weise dokumentiert worden und werden nicht angezweifelt. Ihre Interpretation allerdings muß uns stutzig machen.

Wie wir gesehen haben, weist das Reaktionsprodukt keine Ähnlichkeit mit dem tatsächlichen Gehalt eines Bakteriums auf, eines ausgeklügelten, organisierten Gebildes, das sich aus großen Molekülen zusammensetzt. Selbst wenn diese großen Moleküle in ihrer Bestandteile zerlegt würden, würde sich das danach ergebende Gemisch von der Zusammensetzung her nur teilweise mit dem des Millerschen Experiments überlappen. Das Miller-Urey-Produkt hat dagegen eine viel größere Ähnlichkeit mit einem natürlichen Gegenstand – einer Meteoritenart.

Die Sache mit den Meteoriten

Nicht alle zur Zeit der Entstehung des Sonnensystems in ihm vorhandenen Trümmer wurden von der Sonne, den Planeten und ihren Satelliten eingefangen. Eine Reihe kleinerer Bruchstücke hielt sich auf eigenen Umlaufbahnen. Die aus Gestein heißen Meteoriten; die anderen, die meistens aus Eis sind, kennen wir als Kometen. Hin und wieder kann ein Meteorit in unsere Atmosphäre eindringen und auf der Erde einschlagen. Die Bruchstücke, die man gefunden hat, sind genauestens untersucht worden, da sie Proben der Ursprungsmaterie sind, wie sie vor 4,5 Milliarden Jahren im Sonnennebel existierte, und uns vielleicht etwas über den Ursprung unseres Sonnensystems verraten könnten. Eventuell enthalten Meteoriten sogar interstellare Materiepartikel, die älter als unser Sonnensystem sind. Diese Fragen sind zwar äußerst faszinierend, interessieren uns hier aber nicht. Unser Augenmerk gilt einer

Untergruppe der Meteoriten, den kohlenstoffhaltigen Chondriten, die einen geringen Prozentsatz Kohlenstoff enthalten.

Der größte Teil dieses Kohlenstoffs wird in einer teerartigen, schwer löslichen Substanz gebunden. Der Rest besteht aus einem sehr komplexen Gemisch kleinerer Moleküle, das die Wissenschaftler, die die Untersuchungen durchgeführt haben, »eine Zufallsbehausung« oder »einen chemischen Vorratsraum« genannt haben. Auch der Begriff »Beilstein« wäre hier angebracht, da jeder Bestandteil nur in ganz kleinen Mengen vorhanden ist. Verschiedene Carbonsäuren einschließlich vieler Aminosäuren sind vertreten. Bei einem Vergleich der Beschaffenheit und *relativen* Anteile der in diesen Meteoriten vorhandenen Aminosäuren und denen bei den Miller-Urey-Experimenten kann man verblüffende Ähnlichkeiten beobachten. Zitieren wir zwei der Wissenschaftler, J. G. Lawless und E. Peterson: »Ein Vergleich der linearen neutralen Aminosäuren aus dem Murchison-Meteorit, aus chemischen Evolutionsexperimenten im Labor und aus einem terrestrischen Organismus zeigt eine eindeutige Ähnlichkeit zwischen dem Meteoriten und den Laborexperimenten und einen klaren Unterschied zwischen dem Meteoriten und *E. coli*.«

Der Murchison-Meteorit ist ein ausgiebig untersuchter Körper, der 1969 in Australien niederging, und *E. coli* ist die Kurzform des Namens eines noch intensiver untersuchten Bakterienstamms, *Escherichia coli*, der in unserem Darm siedelt. Das Miller-Urey-Experiment hat somit vielleicht einige der Prozesse nachvollzogen, die unter den reduzierten Gasen im ursprünglichen Sonnennebel erfolgten, und Verbindungen gebildet, die heute in Meteoriten erhalten sind. Ich habe eben das Wort »einige« gebraucht und im vorigen Abschnitt den Begriff »relativ« hervorgehoben, weil Aminosäuren und andere Carbonsäuren in Meteoriten in weit geringeren absoluten Mengen vorkommen als in den Miller-Urey-Experimenten. Wie schon vorher angedeutet, hat die Anordnung des Funkenapparats diese Verbindungen vielleicht begünstigt und ihr Vorkommen im Vergleich zu dem erhöht, das man in einer entsprechenden natürlichen Situation erwarten könnte. Wenn wir diese Erhöhung beiseite lassen, so ist der bleibende Beitrag dieser Experimente vielleicht der eines Modells für bestimmte chemische Prozesse im Weltraum.

Die Anhänger der Vorherbestimmung und ihr Reich

Uns bleibt eine ungelöste, rätselhafte Frage, die mehr mit Psychologie und Geschichte als mit Chemie zu tun hat: Warum hat das Miller-Urey-Experiment einen so starken Einfluß auf den Bereich »Ursprung des Lebens«? Um darauf eine Antwort geben zu können, müssen wir uns mehrere unterschiedliche Glaubenssysteme ansehen.

Im frühen 19. Jahrhundert glaubte man, der entscheidende Unterschied zwischen belebten und unbelebten Systemen läge in der Art der chemischen Stoffe, die zum Aufbau dieser Systeme gebraucht wurden. Organische Verbindungen enthielten die Lebenskraft, die anorganischen Substanzen nicht. Der Name »organische Chemie« sollte den Bereich beschreiben, den wir heute Biochemie nennen. 1828 stellte der deutsche Chemiker Friedrich Wöhler Harnstoff, einen Bestandteil des Urins, aus einer anderen Substanz her, die als anorganisch galt. Wöhler schrieb einem Kollegen: »Ich will Ihnen mitteilen, daß ich Harnstoff herstellen kann, ohne eine Niere oder ein Tier zu benötigen, weder einen Menschen noch einen Hund.« Seither weiß man, daß das Herstellen organischer Verbindungen nichts besonders Schwieriges ist, und auch nichts sonderlich Bedeutendes für das Leben. Die Entdeckung organischer Mischungen in Meteoriten und, wie wir noch sehen werden, im interstellaren Raum belegt, wie einfach und universal dieser Prozeß ist. Der schwierige Schritt beim Ursprung des Lebens liegt weiter unten in der Kette, nicht hier. Doch einiges von der Verwirrung in den Medien und in der Wissenschaft betrifft vielleicht gerade diesen Punkt. Der Chemiker William Day stellt bei seiner Darlegung der Miller-Urey-Ergebnisse fest: »Es gab nicht mehr die knifflige Frage, wie Organismen organische Verbindungen hatten herstellen können, bevor sie selbst existierten – die Bausteine waren bereits auf der Ur-Erde vorhanden gewesen.« Dieses Dilemma war schon ein Jahrhundert früher beigelegt worden.

Verwirrung gibt es auch, wo es um die eigentlichen Produkte der Experimente geht. Miller war bestimmt offen und genau bei seinen Veröffentlichungen und Zusammenfassungen. Doch wir finden folgende Bemerkung in A. L. Lehningers verbreitetem Lehrbuch *Biochemie*: »Viele verschiedene Energie- oder Strahlungsarten führen von so einfachen Gasgemischen zu organischen Verbindungen, einschließlich der Vertreter aller wichtigen Moleküle, die wir in Zellen finden, wie auch vieler, die nicht in Zellen zu finden sind.« Diese Aussage ist in dieser Form schlicht falsch. Für einige Moleküle trifft sie zu, wenn man Überlegungen der Quantität übergeht und lediglich dem Vorhandensein eines Stoffs Bedeutung beimißt, in welcher Menge er auch vorkommt. Vor einiger Zeit zum Beispiel entdeckte Cyril Ponnamperuma die fünf in der DNA und RNA gebrauchten Basen (die jeweils zwischen zwölf und sechzehn Atome haben) sowohl in einem Gemisch der Miller-Urey-Art wie auch in einem Meteoriten. Die Verbindungen brachten es auf einen Anteil von vielleicht 2 ppm, doch Ponnamperuma sprach auf einer Pressekonferenz von »einem fast ehrfurchtgebietenden Ergebnis«. Die Ehrfurcht muß in den Augen des Betrachters liegen. Das Ergebnis selbst begründet sie nicht.

Von anderen biochemischen Stoffen, etwa Nukleosiden, ist bei solchen Quellen nie berichtet worden, aber eine Legende ist entstanden, die das Gegenteil behauptet und diese Schlußfolgerung auf noch kompliziertere Moleküle ausdehnt. Ich habe in wissenschaftlichen Quellen mehrere Aussagen entdeckt, die behaupten, Proteine und Nukleinsäuren seien hergestellt worden, indem man eine reduzierende Atmosphäre verschiedenen Energiequellen ausgesetzt habe.

Diese Irrtümer spiegeln das Wirken eines ganzen Glaubenssystems wider, das ich vorherbestimmungsbedingt nennen möchte. Ein Anhänger der Vorherbestimmung glaubt, daß die Gesetze des Universums eine eingebaute Tendenz haben, die die Produktion der chemischen Stoffe begünstigt, die unentbehrlich für die Biochemie und letztlich das menschliche Leben selbst sind. Diesem System zufolge war kein schwieriger oder aufwendiger Prozeß beim Ursprung des Lebens beteiligt. Wenn wir das richtige Experiment durchführen, würde sich alles im Nu einstellen. Einem Anhänger der Vorherbestimmung liefert das Miller-Urey-Experiment die erwartete Bestätigung seiner Ansichten. Wenn Glycin und Alanin vorhanden waren, würden bestimmt auch die übrigen Aminosäuren in großen Mengen und auch Nukleotide auftauchen, sobald die entsprechenden experimentellen Modifikationen vorgenommen wurden. Das Prinzip war bewiesen worden; alles andere war nur noch eine Frage, wann man es sich vornahm.

Die Tatsachen stützen die Ansicht nicht, und wir können sie auch nicht aus dem hochrechnen, was wir wissen. Die Nukleotide zum Beispiel lösen, wenn sie in die DNA eingebaut sind, die Aufgabe des Speicherns und Übermittelns der Informationen recht gut. Vermutlich war eine lange evolutive Phase des Herumprobierens nötig, bis sich dieser Mechanismus entwickelte. Wieso sollten wir damit rechnen, daß die erforderlichen Bestandteile bevorzugt auf der frühen Erde entstanden, vor dem Beginn des Lebens? Falls das der Fall war, hatte offensichtlich jemand die Dinge so eingerichtet. Diese Tendenz ließ sich vielleicht einem mystischen Geist kosmischer Evolution oder einer wirklichen Gottheit zuschreiben. Irgend jemand oder irgend etwas da draußen kümmert sich um uns. Solche Gedanken mögen tröstlich sein, doch eilen sie jeder experimentellen Bestätigung weit voraus. Sie sind Teil der Religion oder Mythologie, nicht der Wissenschaft.

Die Oparin-Haldane-Hypothese

Bisher haben wir das erste Miller-Urey-Experiment diskutiert, als ob es völlig isoliert erfolgt wäre. Tatsächlich hingen jedoch die Inspiration dazu und seine Auswirkungen mit den geschichtlichen Umständen zusammen, die ihm vorausgingen. Das Experiment wurde als Bekräftigung nicht nur der Ansichten aufgefaßt, die wir geschildert haben, sondern auch einer umfassenderen Theorie, die sich allmählich die Gunst der Wissenschaftler gesichert hatte. Wie wir weiter oben erwähnt haben, wurde diese Theorie in den 20er Jahren von Alexander Oparin in der Sowjetunion und J. B. S. Haldane in England unabhängig voneinander aufgestellt.

Ihre Hypothese füllte ein gedankliches Vakuum im Zusammenhang mit dem Ursprung des Lebens, das seit dem Ableben der Urzeugung bestanden hatte. Pasteur hatte nachgewiesen, daß belebte Wesen nur aus bereits belebten Wesen hervorgingen. Aber wie war dann das erste Leben entstanden? In Ermangelung einer brauchbaren wissenschaftlichen Antwort konnten sich diejenigen, die eine Lösung brauchten, nur an die Religion halten. Für einige Wissenschaftler, insbesondere diejenigen, die die Evolution gegen Angriffe der Fundamentalisten verteidigten, war diese Situation untragbar. Das naheliegendste Mittel war die Wiederbelebung der Urzeugung in irgendeiner Form mit der zusätzlichen Vorkehrung, daß sie Bedingungen erforderte, die vor langer Zeit auf der Erde gegolten hatten, aber jetzt nicht mehr. Außerdem kam der

Gedanke auf, daß die Bildung eines ganzen Bakteriums vielleicht nicht nötig wäre. Damit das Leben seinen Anfang nahm, genügte es vielleicht, wenn irgendein kleinerer Teil der Zelle, ein Protein oder gar etwas vom gelartigen Protoplasma, der Zellflüssigkeit, sich belebte.

Haldane veröffentlichte seine Vorstellungen nur einmal und wandte sich dann anderen Wissenschaftsgebieten zu. Oparin dagegen arbeitete weiter an seiner Theorie. Sie erlangte größere Aufmerksamkeit in Wissenschaftskreisen, als sein Buch 1938 ins Englische übersetzt wurde, und kam zu Ansehen und Anerkennung, als Harold Urey sie Anfang der 50er Jahre übernahm und ausbaute. Urey hatte 1934 den Nobelpreis in Chemie für die Entdeckung eines neuen stabilen Wasserstoffisotops erhalten, des Deuteriums. Während des Zweiten Weltkriegs spielte er innerhalb des sogenannten Manhatten-Projekts eine wichtige Rolle bei der Herstellung der amerikanischen Atombombe. Danach beschäftigte er sich eingehend mit der Chemie des Sonnensystems. In seinem einflußreichen Buch *The Planets* (1952) unterstützte Urey die verschiedenen Komponenten der Oparin-Haldane-Hypothese.

In ihrer ausgereiften Form kann diese Theorie wie folgt zusammengefaßt werden: (1) Die Erde hatte zu der Zeit, als das Leben begann, eine reduzierte sauerstofffreie Atmosphäre mit Methan, Ammoniak, Wasserstoff und Wasser. (2) Diese Atmosphäre wurde verschiedenen Energiequellen ausgesetzt, Blitzen, Sonnenstrahlung und vulkanischer Hitze, die zur Bildung organischer Verbindungen führten. (3) Diese Verbindungen »müssen sich angesammelt haben, bis die Urmeere die Konsistenz einer heißen, gestreckten Suppe erreichten«, wie Haldane sich ausdrückte. (Dieser letzte Ausdruck hat sich dem öffentlichen Gedächtnis eingeprägt, und das Meer voll organischer Stoffe wird heute allgemein die Ursuppe genannt. Ein kürzlich im NASA Aerospace Museum in Washington vorgeführter Film zeigte die Fernsehköchin Julia Child bei der Zubereitung einer solchen Suppe. Aus Gründen, die später noch zu erläutern sind, würde ich sie nicht zum Verzehr empfehlen. Einige Bakterien gedeihen jedoch sehr gut in ihr. Aus diesem Grund und wegen des Sauerstoffs in der Luft könnte eine solche Suppe sich heute nicht halten.) (4) Durch weitere Umwandlungen entfaltete sich das Leben in dieser Suppe. Nach Ureys Worten blieben die Suppenzutaten »sehr lange im Urmeer…, es bot äußerst günstige Umstände für den Beginn des Lebens«.

Die Theorie ging nicht näher auf die Einzelheiten dieses letzten

Schrittes ein. Wie wir noch sehen werden, besteht in dieser Frage erhebliche Unstimmigkeit; Haldane und Oparin hatten diesbezüglich selbst sehr unterschiedliche Auffassungen. Wir werden einen großen Teil vom Rest dieses Buchs brauchen, um die verschiedenen Möglichkeiten zu sondieren. Im Moment wollen wir uns auf die ersten drei Teile der Theorie konzentrieren, denn sie stellen das herrschende Paradigma vom Ursprung des Lebens dar.

Wenn wir sie betrachten, brauchen wir die Haltung des Skeptikers, um das Logische vom Unlogischen, die Wissenschaft von der Mythologie zu trennen. Als erstes müssen wir festhalten, daß das Miller-Urey-Experiment durch die gesamte Theorie inspiriert wurde, aber nur den zweiten Punkt getestet hat. Doch tut man häufig so, als wäre die ganze Theorie durch das Experiment bestätigt worden. So erklärt zum Beispiel R. A. Goldsley in einem neueren geologischen Artikel: »Diese Experimente haben viele der chemischen Stoffe erzeugt, die für das Leben unentbehrlich sind. Angesichts dieser Ergebnisse ist es wahrscheinlich, daß Haldanes Beschreibung der Urmeere der Erde als eine ›heiße gestreckte Suppe‹ aus organischen Molekülen richtig war.« Doch diese Beschreibung träfe nur dann zu, wenn die Punkte (1) und (3) jeder für sich bestätigt würden. Tatsächlich haben sich die Beweise und Meinungen der Wissenschaftler, die sich am meisten mit diesem Thema befaßt haben, in die entgegengesetzte Richtung bewegt.

Eine Luftveränderung

Das Vorhandensein einer stark reduzierenden Atmosphäre ist eine wesentliche Voraussetzung der Oparin-Haldane-Hypothese und liegt auch Stanley Millers Experiment zugrunde. Selbstverständlich haben wir keine Möglichkeit, Proben der Luft von vor vier Milliarden Jahren zu nehmen, und Schlußfolgerungen hinsichtlich ihrer Zusammensetzung müssen indirekt sein. Urey stützte seine Argumentation auf den Überfluß von Wasserstoff im All und die wahrscheinliche Zusammensetzung des Sonnennebels. Die Vorstellungen über seine Zusammensetzung schwanken zwar, doch hört man am häufigsten die Annahme, es seien Stickstoff, Kohlendioxid, Wasserdampf und etwas Wasserstoff vorhanden gewesen, aber kein Methan, Ammoniak oder Sauerstoff.

Eine solche Atmosphäre ist überwiegend neutral, mit einem leicht reduzierenden Einschlag. Die Geologen haben inzwischen erkannt, daß eine Methan-Ammoniak-Atmosphäre innerhalb weniger Tausend Jahre von den durch das Sonnenlicht hervorgerufenen chemischen Reaktionen zerstört worden wäre.

Stanley Miller und andere haben versucht, Aminosäuren unter den neuen Umständen herzustellen. Das Verhältnis von Wasserstoff (H_2) zu Kohlendioxid (CO_2) ist eine entscheidende Variable. Sinkt ihr Wert unter 1, wie im Beispiel oben, wird nur Glycin in winzigen Mengen hergestellt, aber keine andere Aminosäure. Miller war in seinen Aussagen ganz offen: »Es ist schwer, H_2/CO_2-Verhältnisse aufrechtzuerhalten, die größer als 1,0 sind [für die frühe Erde], weil das H_2 aus der Atmosphäre entweicht. Geeignete H_2-Quellen zur Aufrechterhaltung dieses Verhältnisses sind zwar möglich, aber schwer zu rechtfertigen.« An anderer Stelle bemerkt er: »Wenn angenommen wird, daß komplexere Aminosäuren als Glycin für den Beginn des Lebens erforderlich wären, dann würden diese Ergebnisse auf einen Bedarf an CH_4 [Methan] in der Atmosphäre hinweisen.«

Und tatsächlich verlangt die Oparin-Haldane-Hypothese Methan in der Atmosphäre. Wären dieses Gas oder andere reduzierende Substanzen nicht vorhanden, würde das bedeuten, daß irgendein anderer Ablauf der Ereignisse, den die Theorie nicht beschreibt, zum Ursprung des Lebens geführt hat. Dieser Unterschied ist einigen Befürwortern der Hypothese jedoch entgangen. So erklärte zum Beispiel der Astronom Manfred Schidlowsky bei einem Treffen 1977: »Allein die Tatsache, daß sich Leben auf der Erde bildete, stellt den endgültigen Beweis für eine reduzierende Umgebung dar, denn letztere ist eine notwendige Voraussetzung für die chemische Evolution und den spontanen Ursprung des Lebens.« Und in einem 1983 von Geoffrey Zubay veröffentlichten biochemischen Artikel steht folgende Aussage: »Die Uratmosphäre muß in irgendeiner Form Reduktionsäquivalente enthalten haben, damit sich Aminosäuren ergaben, denn es bilden sich keine Biomoleküle oder deren Vorläufer, wenn ein Gemisch aus Kohlendioxid, Wasser und Stickstoff gezündet wird.«

Damit haben wir eine Situation erreicht, in der eine Theorie von einigen als Tatsache anerkannt und mögliche Gegenbeweise beiseitegeschoben werden. Einen solchen Zustand kann man selbstverständlich wiederum nur als Mythologie, nicht als Wissenschaft bezeichnen.

»Der Mythos der Ursuppe«

Der Ursuppe erging es kaum besser als der reduzierenden Atmosphäre. Die Überschrift zu diesem Kapitel stammt nicht von mir, sondern aus einem wichtigen Aufsatz des schwedischen Geologen Lars Gunnar Sillen. Er beginnt mit der Annahme einer methanreichen, reduzierenden Atmosphäre, stellt jedoch den Bestand einer Suppe unter diesen Umständen in Frage. Würde man sie sich selbst überlassen, so erklärt er, würde sie die Position größtmöglicher Stabilität einnehmen, das Gleichgewicht. Wenn diese Position erreicht wäre, befänden wir uns wieder am Ausgangspunkt, wo fast der gesamte Kohlenstoff die Form von Methan hätte und die Aminosäuren in minimaler Konzentration vorkämen. Ein System kann natürlich durch die ständige Zufuhr von Energie außerhalb des Gleichgewichts gehalten werden. Alles Leben befindet sich heute in dieser Situation. Ungeheure Energiemengen wären allerdings nötig, ein ganzes Meer in diesem Zustand zu halten. Außerdem sind Gemische aus organischen Stoffen weit weniger geeignet für die Bewältigung eines starken Energiestroms als lebende Systeme. Wie wir beim Miller-Urey-Experiment gesehen haben, bilden sie weiter chemische Bindungen, bis ein schwerer, unlöslicher Stoff, ein Teer, produziert wird, es sei denn, sie finden an einem Zufluchtsort Schutz.

Der eine oder andere Beweis aus unserer heutigen Welt bekräftigt diese Vorstellung. Eine bestimmte Menge biologischen Materials, das in die Meere freigesetzt wird, wird durch zufällige chemische Ereignisse verändert, so daß es für lebende Organismen nicht mehr genießbar ist. Dieses Material kann dann als Modell für alle organischen Stoffe dienen, die sich im Meer befanden, bevor das Leben begann. Der Chemiker Arie Nissenbaum hat sein Schicksal untersucht und erklärt, daß es sich in den Meeren nicht akkumuliert. Die Konzentration bleibt ziemlich niedrig, und das Durchschnittsalter des Materials beträgt nicht mehr als 3500 Jahre. Es erschöpft sich in mehreren geologischen Prozessen. Schwerere Moleküle lagern sich aus und bilden Ablagerungen. Andere Stoffe werden von Mineralien aufgenommen, die sich zu Sedimenten verdichten. Die Sedimente, die sich im Lauf der geologischen Geschichte abgelagert haben, enthalten organische Bestandteile dieser Art. Eine Ursuppe, so sie je entstände, würde wahrscheinlich das gleiche Schicksal erleiden, bevor sie die Möglichkeit hätte, von ihrem anderen Geschick ereilt zu werden, der Rückkehr zum Gleichgewicht.

Rückzug von der Hypothese

Das Wissen um diese Entwicklungen hat sich in den letzten Jahren in der Wissenschaftsgemeinde, die sich mit dem Ursprung des Lebens befaßt, verbreitet und ein Abbröckeln des Paradigmas, der Oparin-Haldane-Hypothese, bewirkt. Wie in einer solchen Situation kaum anders zu erwarten, hat man sich bemüht zu retten, was zu retten ist. Es hat Spekulationen gegeben, daß genügend organisches Material zur Ausstattung des Urmeers durch Meteoriten, Kometen oder gar eine Begegnung mit einer kosmischen Staubwolke hätte herbeigebracht werden können. Derartige Annahmen würden zwar die Vorstellung einer reduzierenden Atmosphäre aufgeben, aber wenigstens die Suppe retten. Damit jedoch genug Material vorhanden ist, so daß Pläne dieser Art verwirklicht werden könnten, muß man spezielle Annahmen machen über die Einfallshäufigkeit extraterrestrischer Körper und das Überleben organischer Verbindungen während der Eintritts- und Aufschlagsphase. Es gibt keine eigenständigen Beweise, die solche Annahmen stützten. Derartige Spekulationen können nicht einfach abgetan, sondern müssen in der Schwebe gehalten werden, bis irgendeine Bestätigung gefunden wird. Eine dieser Theorien ist allerdings so spektakulär, daß wir ihr noch ein eigenes Kapitel widmen werden.

Eine andere aufsehenerregende und anschauliche Alternative hat der Biologe Carl Woese von der Universität Illinois ins Spiel gebracht. Professor Woese hat deutliche Worte der Kritik für die gegenwärtige Lehre gefunden und erklärt: »Die These Oparins ist schon längst kein ergiebiges Paradigma mehr: Sie liefert keine neuen Ansatzpunkte mehr zum Problem; immer öfter bedarf sie irgendwelcher Abänderungen, wenn sie neue Tatsachen erklären soll; und ihre Wirkung insgesamt ist inzwischen so, daß sie sich in ihren Aussagen widerspricht und Desinteresse am Problem des Ursprungs des Lebens erzeugt. Diese Symptome lassen auf ein Paradigma schließen, dessen Zeit abgelaufen ist, das kein gültiges Modell mehr für den wirklichen Sachverhalt ist.«

Woeses Gedanke ist ohne Frage neuartig. Er meint, daß das Leben in den ersten Tagen der Erde begann, noch bevor der Planet sich ganz ausgebildet hatte. Mantel, Kern und Kruste waren zu der Zeit noch nicht richtig getrennt. An der Erdoberfläche befanden sich noch große Mengen Eisen; es ging chemische Reaktionen ein, die eine Atmosphäre mit

Kohlendioxid und Wasserstoff erzeugten. Es war so viel Kohlendioxid vorhanden, daß ein »galoppierender Treibhauseffekt« entstand, ein sengendheißer Zustand ähnlich dem, wie er heute auf der Venus herrscht. Die Oberfläche war heiß und an einigen Stellen vielleicht geschmolzen. Immer wieder schlugen Meteore auf der Erde auf. Starke Winde erzeugten schwere Staubstürme, die Partikel hoch in die Atmosphäre trugen. Wasserdampf kondensierte und bildete riesige Wolken winziger Wassertropfen um diese Staubpartikel. Diese Wolken, die einzige bewohnbare Oase auf einem unruhigen Planeten, diente als die Wiege des Lebens. Jeder Tropfen wirkte wie eine primitive Zelle, ein kleines Labor für Experimente mit der chemischen Evolution.

Dieser Theorie zufolge lieferten die Atmosphäre und der Staub die Rohstoffe, während die Sonne die Energie stellte. Die ersten Organismen, die sich entwickelten, waren die Methanogene, die das Kohlendioxid in der Atmosphäre reduzierten, indem sie es mit Wasserstoff verbanden. Als der Kohlendioxidgehalt zurückging, schwächte sich der galoppierende Treibhauseffekt ab, und die Erde kühlte ab. Daraufhin konnten sich die Meere bilden, und unser Planet näherte sich seinem heutigen Zustand.

Es wurden auch weniger radikale Lösungen vorgeschlagen, um mit den Schwierigkeiten des gegenwärtigen Modells fertig zu werden. Wenn für den Ursprung des Lebens eine reduzierende Umgebung gebraucht wird, muß man deshalb nicht einen ganzen Planeten umkrempeln. Einige regionale Nischen würden ausreichen, in denen reduzierende Bedingungen herrschten. Charles Darwin selbst genügte ein kleiner Teich als Ursprungsort für das Leben; andere haben sich ihm angeschlossen. Gezeitenbecken waren eine andere beliebte Alternative. Am meisten in Mode waren in den letzten Jahren jedoch ganz andere Orte, heiße Vulkanschlote auf dem Meeresgrund.

Diese Schlote kommen dort vor, wo die Erdkruste dünn ist und geschmolzenes Gestein bis dicht unter die Erdoberfläche vordringt. Mehrere solcher Schlote gibt es bei den Galapagosinseln, dem Ort, wo Charles Darwin einige Einblicke in den Ursprung der Arten gewann. Diese Gegend ist bei Expeditionen, bei denen man mit einem Tauchboot, der *Alvin,* operierte, intensiv erforscht worden.

Die Schlote stoßen reduzierte chemische Verbindungen aus, unter anderem Schwefelwasserstoff, Methan und Ammoniak, und außerdem heißes Wasser. Bakterien ernähren sich von der chemischen Energie des

Schwefelwasserstoffs, während höhere Organismen wie Würmer und Muscheln letztlich auf die Bakterien als Nahrung angewiesen sind. So existiert auf dem Meeresgrund ein vom Sonnenlicht unabhängiges ökologisches System.

Wasser kocht bei dem hohen Druck, der bei 2500 m Meerestiefe und mehr herrscht, bei erhöhten Temperaturen. Bemerkenswert, daß unter diesen Umständen einige Bakteriengemeinschaften offensichtlich beim Temperaturen von 360° C gediehen. Im Labor wuchsen Proben unter Druck bei 250° C. Bis dahin hatte man keine Mikroorganismen gekannt, die längere Zeit bei mehr als 105° C überlebten. Ein so bemerkenswerter Bericht verlangt selbstverständlich eine skeptische Überprüfung durch andere Wissenschaftler. Für eine endgültige Annahme sind Wiederholung und Bestätigung erforderlich. Tatsächlich ist auch schon erklärt worden, die Ergebnisse seien Artefakte, und der Ausgang ist zur Zeit ungewiß.

Diese ungewöhnlichen Umstände haben, zusammen mit den reduzierenden Bedingungen, die in den Gewässern bei den Schloten herrschen, zu Spekulationen geführt, das Leben sei sehr früh in der Geschichte der Erde in solchen Schloten entstanden. Chemische Prozesse würden in einer solchen Umgebung beschleunigt ablaufen, unbeeinflußt von Ereignissen in der Atmosphäre. Das begrenzte Volumen und die relativ kurze Lebensdauer der einzelnen Schlote stellen dagegen ungünstige Faktoren dar. Die Schlote sind ein möglicher Ort für den Ursprung des Lebens, aber nicht der einzige, und sie müssen auch nicht der günstigste sein.

Es können sich noch viele andere ortsbedingte Lösungen für das Problem einer reduzierenden Umgebung ergeben. Wir können beim jetzigen Stand nicht einmal sicher sein, ob eine reduzierende Umgebung notwendig war. Die Tonerden-Theorie zum Beispiel vertritt einen ganz anderen Standpunkt. Im übrigen ist die Spezifizierung des richtigen Orts nicht das schwierigste Problem, dem sich die Theorie über den Ursprung des Lebens gegenübersieht. Selbst die besten Ergebnisse von Miller und Urey bringen uns, wie wir gesehen haben, nicht sehr viel weiter auf dem Weg zu einem lebenden Organismus. Ein Gemisch aus einfachen chemischen Stoffen ähnelt, selbst wenn es mit ein paar Aminosäuren angereichert ist, einem Bakterium nicht mehr als einige richtige und unsinnige Worte auf ein paar Fetzen Papier dem Gesamtwerk Shakepeares. Das, was sich nachher in dem ursprünglichen chemischen

Gemisch ereignet, interessiert uns. Diese Ereignisse waren nicht unter denen, die wir in diesem Kapitel erörtert haben. Populäre Darstellungen vom Ursprung des Lebens beachten diese Seite des Problems im allgemeinen kaum. Es wird angenommen, daß das Hin und Her der Moleküle in der Ursuppe, wenn genügend Zeit vorhanden ist, früher oder später ein belebtes System hervorbringt. Wir wollen dieser Annahme im nächsten Kapitel unsere skeptische Aufmerksamkeit widmen.

5. Die Chancen

Eine ganze Reihe bunter und exotischer Plätze ist für den Ursprung des Lebens schon ins Spiel gebracht worden: die Wolken, der Meeresgrund, Gezeitenbecken, das Innere von Kometen und fremde Planeten, die andere Sternensysteme umkreisen. Diese Annahmen waren so sensationell, daß sie eine weit grundlegendere Frage durch das Problem des Orts des Ursprungs überschatteten: Welcher Prozeß war beteiligt, als das Leben begann?

Die Vertreter der einzelnen Theorien haben meistens jeweils behauptet, ihr Ort sei der für die Chemie à la Miller-Urey geeignetste. Die richtige reduzierende Umgebung sei vorhanden, und die Reaktionen würden so ablaufen wie im Labor. Aber selbst wenn sie es getan hätten, wäre kaum etwas geschehen. Eine tiefe Kluft trennt ein chemisches Gemisch, das ein paar Aminosäuren enthält, von der hochorganisierten Komplexität der einfachsten, heute lebenden Zelle.

Die kleinsten, frei lebenden Organismen sind wahrscheinlich die Mykoplasmen, winzige Bakterien, die nur einen Bruchteil der Größe des typischeren Bakteriums haben, das wir seit unserem KOGOL-Ausflug kennen. Auf der Ebene -6, auf der Bakterien wie *E. coli* ungefähr so groß wie wir wären, hätte ein kleines Mykoplasma etwa die Größe eines Basketballs. Aber selbst diese winzigen Lebewesen besitzen noch Zellmembranen, Ribosomen, DNA, Unmengen Enzyme und die übrige Vielschichtigkeit, die zu allem Leben auf diesem Planeten gehört. Wie wir noch sehen werden, sind Viren im allgemeinen kleiner als Mykoplasmen, aber sie sind keine eigenen Lebewesen. Sie fungieren als Teile von Organismen, nicht als vollständige Organismen.

Falls das Leben seinen Ursprung in einem einfachen chemischen Gemisch genommen hat, wollen wir die einzelnen Schritte kennenlernen, die von diesem Gemisch die Leiter der Organisation hinauf zur ersten Zelle geführt haben. Die Frage bliebe die gleiche, wenn das Gemisch sich nicht irgendwo auf der Erde, sondern an irgendeinem Ort im Universum gebildet hätte. Wir haben gesehen, daß Replikation und natürliche Auslese einen vernünftigen Mechanismus für die weitere Evolution des gemeinsamen Vorfahren liefern. Aber dieses Geschöpf ist in seiner Komplexität vielleicht einem Bakterium nahegekommen. Leider haben wir keine Gewißheit über den Prozeß, der es hervorgebracht hat.

Eine verbreitete Annahme seit Menschengedenken war die, daß der erste Organismus sich durch Zufall gebildet habe. Ein geeignetes Gemisch ordnete sich willkürlich immer wieder neu, bis eine lebende Zelle entstand. Diese Ansicht wurde von vielen bis zur Zeit Louis Pasteurs vertreten, als die Komplexität selbst der kleinsten Zellen noch nicht bekannt war. Seine Experimente lieferten den überzeugenden Beweis gegen die Urzeugung von Bakterien. Doch die Vorstellung wich nur langsam. Noch Jahrzehnte später, zu Beginn des 20. Jahrhunderts, experimentierte Henry Bastian in seinem Laboratorium in der Hoffnung, daß die Anwendung des richtigen Ausmaßes an Hitze genügen würde, alle Lebewesen in seinem Gebräu abzutöten, ihm aber doch die Fähigkeit zu lassen, neues Leben hervorzubringen. In einem der nächsten Kapitel werden wir Olga Lepeschinskaja kennenlernen, der 1950 der Stalinpreis für ihre Arbeit über die Urzeugung von Zellen verliehen wurde. Das sind jedoch anormale Vorgänge, denn heute glauben praktisch alle Wissenschaftler, daß lebende Zellen im Grunde nicht durch Zufallsprozesse aus ihren chemischen Bestandteilen erzeugt werden können.

Anhänger der Lehre von der Weltschöpfung durch einen allmächtigen Schöpfer und einige andere religiöse Gruppen führen diese Situation gelegentlich als Beweis für die Existenz Gottes an. Eine beliebte Analogie bedient sich des Funds einer Armbanduhr auf einem Gang durch die Wildnis. Stellen wir uns vor, wir haben eine laufende Uhr gefunden und beim Blick in ihr Inneres die verwirrende Anordnung der Rädchen und Federn entdeckt, die für das gleichmäßige Vorwärtsgehen der verschiedenen Zeiger sorgen. Wir würden nicht annehmen, daß dieser Mechanismus mit seinen Einzelteilen durch Zufall zusammengefunden hätte. Er würde nur dann funktionieren, wenn seine Teile von einem Uhrmacher richtig zusammengesetzt worden wären.

Ähnlich bedingt die Existenz von Bakterien und anderer Lebewesen, die alle weit komplizierter als eine Armbanduhr sind, das Vorhandensein eines Schöpfers, denn nur ein höheres Wesen könnte Geschöpfe schaffen, die für ihre Aufgabe derart gut geeignet sind.

Diesem Ausweg wollen wir in unserem Buch nicht folgen, da wir uns vorgenommen haben, eine Antwort im Bereich der Wissenschaft zu suchen. Wenn eine Armbanduhr kompliziert ist, dann muß der Uhrmacher noch weit komplexer sein. Ein Wesen mit der Fähigkeit, einen Uhrmacher zu erschaffen, wäre das Komplexeste überhaupt. Wenn wir diesen Gedankengang akzeptieren, machen wir unser Problem schwieriger anstatt leichter und können es nur noch dadurch lösen, daß wir übernatürliche Kräfte einführen. Wir müssen nach einer anderen Lösung suchen, wenn wir im Bereich der Wissenschaft bleiben wollen.

Die Uhrenanalogie dient dazu, uns das Wesen unseres Problems vor Augen zu führen, unterschätzt es jedoch. Es würde nicht genügen, eine Uhr durch Zufall zusammenzufügen, indem man ihre Teile in einer Schachtel zusammenschüttelt, um die Urzeugung von Leben nachzuvollziehen, denn die Teile selbst sind hergestellt worden. Die Urzeugung verlangt das Zusammenfügen einer funktionierenden Zelle aus den Rohstoffen der Umgebung. Als Annäherung an diesen Prozeß müßten wir uns vorstellen, daß wir eine angemessene Menge Roherze in eine Schachtel packen und dann schütteln. Die Erze wären Eisen und andere Metalle, Silikate (für das Glas) und Kalkstein (als Lieferant von Kohlenstoff für die Diamantlager). Wenn diese Erze beim Schütteln ihre Atome so umgruppieren würden, daß eine Uhr entstünde, hätten wir die Urzeugung schon angemessener nachvollzogen.

Doch selbst dieses Vorgehen würde die tatsächliche Situation nicht wiedergeben. Im obigen Beispiel haben wir eingegriffen, die Erze ausgewählt, sie zusammengebracht und geschüttelt, damit sie zusammenfinden. Um diesen Eingriff auszuschalten, sollten wir nach einem Platz in der Wildnis suchen, wo die entsprechenden Erze einigermaßen beieinanderliegen. Wenn dann Lavaströme, Bergstürze, strömendes Wasser und Erdbeben dafür sorgten, daß die Erze zusammenkämen und geläutert und dann Teil für Teil zu einer funktionsfähigen Uhr zusammengefügt würden, *dann* hätten wir eine der Urzeugung eines Bakteriums entsprechende Analogie erfüllt.

Aber Bakterien unterscheiden sich ganz wesentlich von Armbanduhren. Es gibt ein Verfahren, das aus einem Gemisch à la Miller-Urey Bakterien machen kann. Wir brauchen den chemischen Stoffen nur ein einziges Bakterium des richtigen Typs hinzuzufügen und zu warten. Nach ein paar Tagen sind unter Benutzung der Stoffe in dem Gemisch viele neue Bakterien entstanden. Diese Umwandlung ist kürzlich vorgeführt worden, wobei man als Nahrungslieferanten eine Substanz namens Tholin verwendet hat. Diese komplexe, organische Masse, das Produkt von Funkenentladungen in bestimmten reduzierenden Atmosphären, ist mit den Teeren verwandt, die sich beim Miller-Urey-Experiment bilden.

Wenn geeignete chemische Nahrung beschafft wird, können binnen weniger Tage Milliarden Bakterien erzeugt werden. Der gesamte Prozeß würde aber nicht ohne den Anfangskeim einsetzen. Der Prozeß der Vermehrung ist jedoch so gewaltig, daß einige Wissenschaftler, die die Urzeugung als allgemeinen Vorgang ablehnen, versucht sind, sie nur ein einziges Mal in der Geschichte der Erde zu bemühen, damit das Leben in Gang kommt. Könnte man dieses eine Ereignis voraussetzen, könnte alles andere folgen, und das Problem unseres Ursprungs wäre gelöst.

Professor George Wald ist der vielleicht beredteste Vertreter dieser Ansicht. Er ist Biochemiker in Harvard und hat 1967 den Nobelpreis für seine Untersuchungen über die Chemie des Sehens erhalten. Er hat auch bei mehreren Themen außerhalb seines Fachgebiets kein Blatt vor den Mund genommen, unter anderem beim Ursprung des Lebens. Seine Anmerkungen zur Urzeugung, die 1954 in einem Artikel im *Scientific American* veröffentlicht wurden, sind in vielen Aufsätzen und Anthologien angeführt worden. Ich möchte mich dieser Tradition anschließen und ihn hier direkt zitieren: »Man muß nur über die Größe dieser Aufgabe nachdenken, um zuzugestehen, daß die Urzeugung eines lebenden Organismus unmöglich ist. Aber wir sind hier – als ein Ergebnis der Urzeugung, wie ich glaube.«

Dieser Widerspruch löst sich, wenn wir unsere Vorstellung vom Unmöglichen überdenken. Professor Wald weist daraufhin, daß wir dieses Wort meistens auf Ereignisse anwenden, die nach unserer täglichen Erfahrung äußerst unwahrscheinlich sind. Wenn man bei einem Ereignis jedoch immer wieder Versuche über einen sehr langen Zeitraum hinweg machen kann, einen Zeitraum, der sehr viel mehr als die Menschheitsgeschichte umfaßt, steigen die Chancen beträchtlich.

Wir können zeigen, wie wiederholte Versuche aus einem unwahrscheinlichen Ereignis ein wahrscheinliches machen. Stellen Sie sich eine Schachtel mit zehn Münzen vor. Wenn wir die Schachtel schütteln und nachsehen, wie die Münzen gefallen sind, wäre die Chance, daß alle Wappen oben liegen, weniger als 1:1000. Es ist äußerst unwahrscheinlich, daß dies bei nur einem Versuch eintrifft. Aber nehmen wir an, wir könnten die Schachtel 1000mal schütteln. Die Chance, wenigstens einmal zehn Wappen oben liegen zu haben, beträgt jetzt 63%. Es ist wahrscheinlicher geworden.

Wald führt an, daß wir nicht vertraut sind mit dem Gedanken von Versuchen in sehr großer Anzahl. Bei genügend Versuchen aber werden sehr unwahrscheinliche Ereignisse wahrscheinlich. Ich kann das an einem anderen Beispiel deutlich machen. Die Gewinnchance bei einem Zahlenlotto kann 1:10 000 000 sein. Wenn wir den Haupttreffer erzielen, würden wir uns als vom Glück begünstigt betrachten. Wenn wir täglich nur ein Los kaufen, das aber 30 000 Jahre machen könnten, würde ein Gewinn wahrscheinlich werden. (Leider würden unsere Gewinne wahrscheinlich nicht aufwiegen, was wir bis dahin für Lose ausgegeben hätten).

Im Fall des Ursprungs des Lebens würde ein einziger Gewinn genügen. Die betroffene Zeitspanne könnte eine Milliarde Jahre betragen, und die ganze Erdoberfläche stände für Versuche zur Verfügung, so daß viele gleichzeitig ablaufen könnten. Wir wollen den Geologen R. F. Flint aus seinem Buch *The Earth and Its History* zitieren: »Wie viele Male hätten 10 000 Versuche solcher Zufallsereignisse innerhalb von 3,3 Milliarden Jahren ablaufen können? Unsere Vorstellungskraft versagt bei dem Gedanken, eine so große Zahl auszurechnen. Niemand, der sich in Statistik auskennt, weist den Gedanken zufälliger chemischer Verbindungen zurück, denn es stand genügend Zeit zur Verfügung, mehr als genug.«

Eine weitere Aussage der gleichen Richtung finden wir in George Walds Artikel im *Scientific American:* »Die Zeit ist in der Tat der Held der Handlung. Die Spanne, mit der wir rechnen müssen, bewegt sich in der Größenordnung von zwei Milliarden Jahren. Was wir aufgrund unserer menschlichen Erfahrung als unmöglich betrachten, ist hier gegenstandslos. Bei so viel Zeit wird das ›Unmögliche‹ möglich, das Mögliche wahrscheinlich und das Wahrscheinliche praktisch gewiß. Man braucht nichts weiter zu tun, als zu warten; die Zeit selbst vollbringt die Wunder.«

So steht also der enormen Unwahrscheinlichkeit der Urzeugung die Unermeßlichkeit der Erdoberfläche und der verfügbaren Zeit gegenüber. Man wird kaum eine beredtere Aussage zur obigen Ansicht finden als die von Professor Wald, aber ist sie richtig? Wir wollen den Gedanken abwägen und die Zahlen, um die es geht, messen, nicht von ihnen erschlagen werden.

Zunächst einmal dürfen wir uns nicht durch riesige Mengen verwirren lassen. Der Mathematiker Douglas Hofstadter hat über die Unfähigkeit vieler Menschen geschrieben, mit sehr großen Zahlen umzugehen, etwa bei den Verteidigungsausgaben oder astronomischen Zeitspannen. Er fragt, ob »wir tatsächlich an Zahlenbenommenheit leiden. Werden wir bei immer größeren Zahlen immer benommener?« Er nennt diesen Zustand später in Anlehnung an den Analphabetismus »Anummeratismus«.

Wir werden Professor Walds Gedanken nicht bewerten können, wenn wir an diesem Zustand leiden, denn wir müssen einige sehr große Zahlen vergleichen. Wir werden auf der einen Seite wissen wollen, wie hoch die Chancen gegen einen Erfolg sind, auf der anderen, wie groß die Gesamtzahl der Versuche ist, die wir unternehmen können. Ist die Zahl der Versuche sehr viel größer als die Chancen, sind unsere Aussichten gut, aber wenn die Chancen größer sind, haben wir keine guten Aussichten. Um zu erfahren, welche Situation wir im Fall der Urzeugung anwenden sollen, müssen wir beide Größen abschätzen und vergleichen.

Beim Vergleichen sehr großer Zahlen nützt uns unsere Alltagssprache nicht sehr viel. In einem Artikel im *National Geographic* wurde vor einiger Zeit wie folgt über die Energie berichtet, die ein Quasar freisetzt: »Stellen Sie sich ein großes Atomkraftwerk vor, das 1000 Megawatt Strom erzeugt. Multiplizieren Sie diese 1000 Megawatt mit einer Milliarde Billionen, und multiplizieren Sie das dann mit 10 Milliarden.« Wieviel Strom ist das nun? Man könnte damit sicher einige Zeit eine Millionenstadt versorgen. Aber ist es mehr als, sagen wir, eine Billion Billion Billion Megawatt? Wir brauchen ein besseres System für die Arbeit, die wir vor uns haben.

Die Wissenschaftler vermeiden das Aneinanderreihen von Nullen dadurch, daß sie sich der exponentiellen Schreibweise bedienen. Die Zahl 10 wird ausgeschrieben und eine andere Zahl rechts oberhalb davon gesetzt, zum Beispiel 10^3. Diese Zahl kann ganz einfach in eine normale Zahl umgewandelt werden, indem man die »1« hinschreibt und so viele Nullen anhängt, wie die hochgestellte Zahl lautet. Im Fall 10^3 würden wir »1000« schreiben. Es bereitet keine Schwierigkeiten, auf die übliche Art 1000 zu schreiben, doch wenn wir es mit sehr großen Zahlen zu tun haben, leistet das Exponentialsystem wertvolle Dienste. Es ist sehr viel einfacher, 10^{18} als 1 000 000 000 000 000 000 zu schreiben. Es ist nicht sofort ersichtlich, daß die letzte Zahl größer als 100 000 000 000 000 000 ist, aber wir können sofort sagen, daß 10^{18} größer als 10^{17} ist.

Dank dem Gebrauch der exponentiellen Schreibweise kann man auch sehr viel größere Zeitspannen als die behandeln, die bei der Evolution des Lebens eine Rolle spielen. Ich war keineswegs beunruhigt durch einen Aufsatz, den ich kürzlich gelesen habe und der eine denkbare zukünftige Geschichte unseres Universums gemäß »offener« Modelle entwarf: Alle Sterne werden in etwa 10^{14} Jahren keine Energie mehr haben und aufhören zu leuchten. Sie werden in 10^{17} Jahren all ihre Planeten durch große Annäherung an andere Sterne verlieren. Alle Protonen werden bis zum Jahr 10^{32} zerfallen sein, und Materie der uns vertrauten Arten wird aufgehört haben zu existieren. Um das Jahr 10^{100} schließlich werden die schwarzen Löcher durch Evaporation ihre Masse verloren haben.

Ein neues Problem kann jedoch entstehen, wenn man mit Zahlen dieser Größe umgeht. Als ich über diese denkbare zukünftige Geschichte nachdachte, ertappte ich mich dabei, wie ich annahm, daß die Zeit, die die Sterne bis zum Verlust ihrer Planeten brauchten, nur 20% länger sei als die Zeit, bis sie keine Energie mehr hätten. Im Geist verglich ich die Exponenten 14 und 17, als wären sie Ziffern, nicht die Anzahl der Nullen, die einer 1 folgen. 10^{17} ist in Wirklichkeit 1000mal größer als 10^{14}. Wenn wir die Geschichte des Universums zu dem Zeitpunkt betrachteten, als die Planeten untergegangen waren, hätten die Sterne erst das erste 0,1 Prozent jener Geschichte geschienen. Für den ganzen Rest jener Zeit wären sie erloschen.

Ich will eine neue Vorrichtung einführen, den Zahlenturm, damit wir besser mit diesen großen Zahlen umgehen können. Wie der KOGOL ist dieser Turm logarithmisch – auf jeder Ebene sind die Dinge zehnmal größer als auf der Ebene darunter. Im Gegensatz zum KOGOL hat der Zahlenturm jedoch keinen Aufzug, sondern nur eine Treppe. Den Begriff »Turm« habe ich gewählt, um dem Ganzen eine Aura des Antiken zu geben, und auch um an den biblischen Turm zu Babel zu erinnern, der bis zum Himmel reichen sollte. Der Zahlenturm ragt, anders als der KOGOL, unbegrenzt in die Höhe.

Diese Einrichtung können wir nutzen, um die Übersicht über Gegenstände aller Art zu behalten, aber in unserem ersten Beispiel wollen wir etwas ganz Vertrautes nehmen, Geld in der Form von Pfennigen. Wenn wir, in unserer Phantasie, zu ebener Erde in den Turm treten, fänden wir einen Raum vor, dessen Boden mit Pfennigen bedeckt ist. Der Vorrat ist unerschöpflich, denn wenn wir einige aufheben, werden neue durch eine Öffnung in einer Wand nachgereicht. Die einzigen Dinge im Raum sonst sind eine Treppe, die zum nächsten Stock hinaufführt, und eine Schauvitrine mit einem Bediensteten. Die Vitrine enthält Dinge, die für einen bis neun Pfennig gekauft werden können. Der Bedienstete verkauft uns beispielsweise zwei Kopfschmerztabletten oder vier Rosinen oder fünf Zahnstocher für einen Pfennig, und wir können Pfefferminzdrops für sechs Pfennig kaufen.

Wenn wir teurere Sachen erstehen wollen, müssen wir eine Etage höher gehen. Wir steigen also die Treppe hinauf und kommen in den ersten Stock. Wieder finden wir einen Bediensteten und eine Schauvitrine vor, die diesmal Dinge zu Preisen zwischen 10 und 99 Pfennig enthält. Dieser Bedienstete nimmt am liebsten Zehnpfennigstücke an. Leider liegen hier keine Münzen auf dem Boden. Der Bedienstete gibt uns jedoch gerne ein Zehnpfennigstück für zehn einzelne Pfennige, die wir von unten mitgebracht haben. Der Kern dieser Geschichte wird zwar nicht berührt durch die Zahl der Münzen, die wir auf einmal von unten hochbringen können, aber um die Sache zu vereinfachen, wollen wir annehmen, daß die Regel besteht, daß nur zehn Münzen bei jedem Gang mit nach oben gebracht werden dürfen. Um eine Zeitung zu kaufen (für 30 Pfennig), müßten wir dreimal vom Erdgeschoß in den ersten Stock steigen, wobei wir jeweils zehn Pfennigstücke bei uns hätten.

Worauf es ankommt, ist, daß es immer beschwerlicher wird, etwas zu kaufen, je höher wir steigen. Im zweiten Stock werden Markstücke angenommen. Aber um an ein Markstück zu kommen, müßten wir zehnmal vom Erdgeschoß in den ersten Stock steigen, um zehn Zehnpfennigstücke einzutauschen. Diese Münzen müßten wir dann in den zweiten Stock tragen, wo wir sie in ein Markstück eintauschen könnten. Wenn wir uns eine Flasche Wein für fünf Mark kaufen wollten, müßten wir diesen Vorgang noch viermal wiederholen.

Wenn unsere Zeit und Ausdauer unbegrenzt wären, könnten wir Bargeld in die höheren Stockwerke tragen und uns im fünften Stock ein Fahrrad, im siebten ein Auto oder im achten ein Haus kaufen. Gingen wir noch weiter nach oben, würden wir im dreizehnten Stock den Haushalt der Bundesrepublik und im vierzehnten das Bruttosozialprodukt des Landes finden. Wahrscheinlich könnten wir alle Güter dieser Welt mit den Pfennigen kaufen, die wir in den siebzehnten Stock tragen müßten.

Der logarithmische Aufbau unseres Turms wirkt sich immer grimmiger gegen uns aus, wenn wir höher steigen. Wenn wir uns eine Wohnung kaufen wollten (achter Stock) und genügend Geld zusammen hätten, um den siebten Stock zu erreichen, wären wir doch noch nicht beinahe am Ziel, obwohl wir bereits sieben Achtel des Wegs zurückgelegt hätten. Wir hätten erst 10000,– DM und bräuchten noch weitere 90000,– DM. Wenn wir uns von der Pfennig-Ebene bis hierher hinaufgearbeitet hätten, müßten wir jetzt dorthin zurück und die ganze Plakkerei noch neunmal wiederholen.

Unser Turm kann andere Dinge als Geld darstellen. Atome beispielsweise sind dem Thema dieses Buchs angemessener. Nehmen wir an, der Boden im Erdgeschoß sei bedeckt mit einem unbegrenzten Vorrat an Atomen aller Art. Würden wir uns zwei Wasserstoffatome und ein Sauerstoffatom nehmen, könnten wir sie beim Bediensteten für ein Wassermolekül eintauschen. Für neun Atome (zwei Kohlenstoffatome, sechs Wasserstoffatome, ein Sauerstoffatom) könnten wir ein Molekül Äthylalkohol kaufen. Im Erdgeschoß könnten wir nur ganz einfache organische Moleküle erstehen.

Um die Bausteine des Lebens zu bekommen, müßten wir weiter nach oben steigen. Im ersten Stock (10 bis 99 Atome) fänden wir Aminosäuren, Nukleotide und einfache Zucker. Die meisten Lipide wären im zweiten Stock zu bekommen, während es Enzyme und RNA-Moleküle im dritten und vierten Stock gäbe. Wenn wir die DNA-Doppelhelix haben wollten, aus der die Chromosomen eines Bakteriums bestehen, müßten wir in den achten Stock steigen, während ein Ribosom etwas tiefer zu finden wäre, im siebten Stock. Der Aufbau eines ganzen Bakteriums würde so viele Atome erfordern, daß wir in den elften Stock hinauf müßten, während es eines Aufstiegs in den 27. Stock bedürfte, um einen Menschen zu erhalten. Beim weiteren Hinaufsteigen würden wir im Stockwerk 51 auf die Erde, und im Stockwerk 57 auf die Sonne treffen. Das Universum fänden wir in der Vitrine im 78. Stock (es enthält etwa 10^{78} Atome).

Wir sind jetzt in der Lage, die Chancen für die Urzeugung eines Bakteriums zu behandeln. Mit Hilfe des Zahlenturms schätzen wir die Zahl der Versuche statt Pfennige oder Atome und können die »schwindelerregende« Zahl dem richtigen Stockwerk zuordnen. Wir wollen für unsere Zwecke die größtmögliche Zahl der Zufallsversuche, die sich auf der früheren Erde ereignet haben könnten, auswählen, da es sicher sehr schwer ist, die tatsächliche Zahl anzugeben.

Wir müssen zwei Dinge kennen: die Zeit, die für einen Versuch benötigt wird, und die Zahl der Versuche, die gleichzeitig stattfinden können. Unter den günstigsten Bedingungen kann sich eine Kolonie *E. coli* in etwa zwanzig Minuten verdoppeln. Ein Bakterium braucht mit anderen Worten zwanzig Minuten, um aus einfachen chemischen Stoffen eine Kopie von sich herzustellen. Es ist unwahrscheinlich, daß ein Bakterium durch Zufallsprozesse schneller zusammenkäme. Aber nehmen wir an, es ginge um ein einfacheres Bakterium als *E. coli,* und setzen wir als Zeit für einen Versuch eine Minute an. Wenn wir die fossilen Beweise und das im allgemeinen für das Sonnensystem genannte Alter akzeptieren, ständen für den Beginn des Lebens auf der Erde maximal eine Milliarde Jahre oder 5 mal 10^{14} Minuten zur Verfügung.

Wie ist es mit dem verfügbaren Raum? Wir können im äußersten Fall annehmen, daß die gesamte Erde von einem 10 km tiefen Meer bedeckt war, das für Experimente zur Verfügung stand. Wir wollen außerdem zulassen, daß der Raum in kleine Abteilungen von der Größe eines Bakteriums (1 Mikrometer pro Seite) unterteilt wird. Wir hätten dann 5 mal 10^{36} einzelne Versuchskolben. Wenn in jedem Kolben eine Milliarde Jahre lang jede Minute ein eigenständiger Versuch stattfände, ständen uns 2,5 mal 10^{51} Versuche zur Verfügung. Wir befänden uns im 51. Stock des Turms.

Das ist eine ungeheure Zahl, und wir sind mit unserer Schätzung wahrscheinlich einige Stockwerke zu hoch, doch wir wollen dabei bleiben, um unseren Gedanken fortzuführen. Ist die Zahl so groß, daß jedes denkbare Ereignis abgedeckt wäre? Der Skeptiker würde das verneinen. Einige unwahrscheinliche Vorkommnisse werden bei dieser Zahl von Versuchen wahrscheinlich werden, aber andere nicht. Wenn wir uns das Beispiel mit den zehn gleichzeitig hochgeworfenen Münzen in Erinnerung rufen, so war es unwahrscheinlich, beim ersten Versuch zehn Wappen oben liegen zu haben, da die Chancen 1000 gegen 1 stehen. Das Ergebnis wurde jedoch wahrscheinlich, wenn wir 1000 Versuche hatten. Als Faustregel wollen wir daher nehmen, daß ein Ereignis dann wahrscheinlich wird, wenn die Zahl der Versuchsmöglichkeiten die gleiche Größenordnung hat (auf das gleiche Stockwerk im Turm fällt) wie die Chance bei nur einem einzigen Versuch. Wenn diese Chance im Fall der Urzeugung eines Bakteriums durch eine Zahl verkörpert wird, die in ein Stockwerk deutlich über dem 51. fällt, dann ist es sehr unwahrscheinlich, auch wenn uns sehr viele Versuche zur Verfügung stehen.

Wir können diese Chancen nicht genau berechnen, doch Annäherungen genügen für unseren Zweck recht gut. Viele Wissenschaftler haben solche Berechnungen angestellt; wir brauchen nur zwei von ihnen zu zitieren, um zu sehen, was los ist. Die erste Berechnung stammt von Sir Fred Hoyle, dessen Vorstellungen wir später noch eingehender erörtern. Er und sein Kollege N. C. Wickramasinghe sprachen sich zunächst spontan für die Urzeugung aus, änderten dann aber abrupt ihren Standpunkt. Warum taten sie das? Offensichtlich hatten sie die Chancen berechnet. Dabei schätzten sie nicht einmal die Chancen für ein ganzes Bakterium, sondern betrachteten nur die in einem Bakterium vorhandenen und wirkenden Enzyme. Ihr Ausgangspunkt war kein komplexes Gemisch, sondern die Gruppe der zwanzig L-Aminosäuren, die für den Bau der biologischen Enzyme gebraucht werden. Wenn aus dieser Gruppe jeweils immer eine Aminosäure willkürlich herausgegriffen und der Reihe nach angeordnet würde, wie groß wären die Chancen, daß dieser Vorgang ein echtes bakterielles Produkt hervorbrächte? Für ein typisches Enzym aus 200 Aminosäuren würde man die Chancen dadurch erhalten, daß man die Wahrscheinlichkeit für jede Aminosäure 1 zu 20 multipliziert, insgesamt 200 mal. Das Ergebnis, 1 zu 10^{120}, bringt uns in das Stockwerk Nr. 120 des Zahlenturms, weit, weit über dem Niveau, wo wir die Zahl der Versuche finden.

So schlecht müssen die Dinge allerdings nicht liegen. Was zählt, ist die Wirkungsweise des Enzyms, weniger die genaue Reihenfolge der Aminosäuren in ihm. Sehr viele Aminosäuresequenzen ergeben unter Umständen Enzyme mit der richtigen Wirkungsweise. Vor diesem Hintergrund schätzten Hoyle und Wickramasinghe die Chance, durch Zufall ein Enzym der richtigen Art zu erhalten, auf »nur« 1 zu 10^{20}. Um aber ein Bakterium zu reproduzieren, müßte man 2000 verschiedene funktionstüchtige Enzyme zusammenfügen. Die Chancen gegen dieses Ereignis wären 1 zu 10^{20}, 2000mal miteinander multipliziert, also 1 zu $10^{40\,000}$. Dieser spezielle Artikel wäre also im 40000. Stock des Zahlenturms zu finden. Wenn wir bedenken, daß die Zahl der Versuche uns nur bis zum 51. Stock gebracht hat, können wir verstehen, warum Hoyle seine Ansicht geändert hat. Die Wahrscheinlichkeit des Ereignisses war nach seiner Schätzung vergleichbar mit der Chance, daß »ein Tornado, der über einen Schrottplatz hinwegrast, aus den dort lagernden Materialien eine Boeing 747 zusammenbläst«.

In Wirklichkeit liegen die Dinge noch viel schlechter. 20 L-Aminosäuren waren wahrscheinlich gar nicht auf der frühen Erde vorhanden. Dieser Situation sind nicht einmal die besten Miller-Urey-Experimente nahegekommen. Und außerdem bilden mehrere Enzyme noch kein lebendes Bakterium. Eine realistischere Schätzung hat Harold Morowitz vorgenommen, ein Physiker von der Universität Yale. Er hat die Chancen für folgenden Fall ausgerechnet:

Nehmen Sie an, wir erhitzen in einem versiegelten Behälter eine große Menge Bakterien auf mehrere Tausend Grad, so daß alle chemischen Bindungen in ihnen gelöst sind (das gleiche Resultat könnten wir mit unserem fiktiven Atomwolf erreichen). Dann lassen wir dieses Gemisch langsam abkühlen, damit die Atome neue Bindungen bilden können, bis alles wieder im Gleichgewicht ist. In diesem Zustand würden die stabilsten chemischen Stoffe (die mit der wenigsten Energie) im Gemisch vorherrschen, während die mit der höheren Energie nicht so stark vertreten wären, wenn man den Gesetzen der Statistik folgt. Morowitz stellt nun die Frage, welcher Bruchteil des Endprodukts aus lebenden Bakterien besteht. Oder anders ausgedrückt: Wenn ein einziges Bakterium gebraucht wurde, das Experiment in Gang zu setzen (was garantiert, daß die richtigen Atome in der richtigen Menge vorhanden waren), wie groß wären dann die Chancen, daß am Ende ein lebendes Bakterium herauskäme?

Die von Morowitz errechnete Antwort verringert die Chance von Hoyle bis zur Bedeutungslosigkeit: 1 zu $10^{100\,000\,000\,000}$. Wir befinden uns im *einhundertmilliardsten* Stock unseres Turms! Diese Zahl ist so groß, daß wir, wenn wir sie in herkömmlicher Weise niederschreiben wollten, mehrere hunderttausend leere Bücher bräuchten. Wir würden auf Seite eins des ersten Buchs mit »1« anfangen und es selbst und die anderen Bücher dann mit Nullen vollschreiben. Falls wir dank irgendeiner unvorstellbaren Methode genug Versuche machen können sollten, um in unserem Turm in das Stockwerk 99 999 960 000 zu gelangen, wären wir »erst« bei der Chance, wie Hoyle sie angeführt hat.

Der Skeptiker wird Professor Walds Schlußfolgerung umschreiben wollen: Die Unwahrscheinlichkeit ist in Wahrheit der schurkische Held der Handlung. Die Unwahrscheinlichkeit, mit der wir es bei der Erzeugung auch nur eines Bakteriums zu tun haben, ist so ungeheuer groß, daß sie alle Überlegungen über Zeit und Raum zu Nichts zerrinnen läßt. Bei einer solchen Chance würden die Zeit, bis die schwarzen Löcher evaporieren, und der Raum bis ans Ende des Universums keine Rolle spielen. Wenn wir warten wollten, würden wir wirklich auf ein Wunder warten.

Ein Hintertürchen gibt es noch für die Urzeugung. Wieso hätte das Ereignis eigentlich wahrscheinlich sein müssen? Wir können uns die Chancen doch einfach ansehen, die Schultern zucken und voller Dankbarkeit feststellen, was für ein Glück wir gehabt haben.

Schließlich finden unwahrscheinliche Ereignisse alle Tage statt. Beispielsweise ist die Chance, im Zahlenlotto zu gewinnen, wie wir angeführt haben, 1 zu 10 Millionen. Wie wir gesehen haben, müßten wir 30 000 Jahre täglich spielen, damit ein Hauptgewinn wahrscheinlich wird. Und doch lesen wir in der Zeitung immer wieder, daß jemand gewonnen hat. Der Betreffende war nicht 30 000 Jahre alt und hat in der Regel nur ein- oder ein paarmal gespielt. Er hatte lediglich Glück.

Wenn ich will, kann ich augenblicklich ein sehr seltenes Ereignis stattfinden lassen. Die Schreibmaschine auf dem Schreibtisch meiner Frau hat 45 Tasten. Stellen wir uns vor, ich schlage sie wahllos an und schreibe so eine Zeile mit 72 Zeichen. Die Chance, ausgerechnet diese Zeile zu erhalten (oder jede andere, die sich ergibt), ist geringer als 1 zu 10^{83}, eine Zahl im 83. Stockwerk unseres Turms. Sie ist größer als die Anzahl der Atome im gesamten Universum. Und doch habe ich nur einen Versuch gemacht, und schon war sie da! Warum schreiben wir den Ursprung des Lebens nicht einem so glücklichen, unwahrscheinlichen Ereignis zu, beenden dieses Buch und wenden uns anderen Fragen zu?

Wenn wir das täten, wäre das so, als liefen wir beim Baseball von der Heimbase wieder direkt zum dritten Mal. Wenn wir konsequent Wissenschaft betreiben wollen, um die Welt sinnvoll zu erklären, sollten wir auf unwahrscheinliche Erklärungen erst dann zurückgreifen, wenn wir die wahrscheinlicheren ausgelotet haben.

Nehmen wir an, ich hätte jemanden gesehen, der über das Wasser des Schwimmbads meines Heimatorts gegangen wäre, wobei seine Füße nur die Oberfläche berührt hätten. Was sollte ich daraus schließen? Es besteht die sehr geringe, aber endliche Möglichkeit, daß die Wassermoleküle, die normalerweise in alle Richtungen davonstieben, an einigen Stellen des Beckens in einem bestimmten Augenblick alle nach oben drängen. Der Bereich dieser Aufwärtsbewegung hat vielleicht genau die Größe des Fußes des Betreffenden und liegt gerade dort, wo er hintritt, um ihn zu stützen. Weitere Stellen des Wassers verhalten sich vielleicht zufällig genauso, um die nächsten Schritte zu stützen, bis der Gang über das Wasser beendet ist.

Mit einigem Aufwand könnte ich vermutlich die Wahrscheinlichkeit dieses Ereignisses abschätzen. Ich nehme an, sie wäre noch geringer als die der Urzeugung eines Bakteriums. Ich würde, wenn ich Zeuge dieses Ereignisses geworden wäre, dennoch nicht als erstes gesagt haben, »Oh, was für ein Glück dieser Mann hat!«, sondern hätte nach irgendeinem Trick gesucht oder überlegt, wieviel ich getrunken habe.

Viele in der Religion und Mythologie geschilderte Ereignisse, die als Wunder gelten, könnten ebenfalls als äußerst unwahrscheinlich im Rahmen der Wissenschaft untergebracht werden. Aber wenn wir eine solche Erklärung bevorzugen sollten, wo eine wahrscheinlichere zur Hand wäre, würden wir uns von der Wissenschaft fort und hin zu einer religiösen Position bewegen.

Vielleicht kommt dereinst noch der Tag, an dem alle sinnvollen chemischen Experimente, die auf der Suche nach dem Ursprung des Lebens durchgeführt worden sind, gleichermaßen fehlgeschlagen sind. Außerdem deuten vielleicht noch geologische Beweise auf ein plötzliches Erscheinen des Lebens auf der Erde hin. Schließlich haben wir vielleicht das Universum durchforscht und keine Spur vom Leben gefunden oder sonstwo Prozesse entdeckt, die zum Leben führen. In einem solchen Fall wenden sich vielleicht einige Wissenschaftler wegen einer Antwort an die Religion. Andere dagegen, zu denen auch ich gehören würde, würden versuchen, die noch bestehenden, weniger wahrscheinlichen Erklärungen auszusondern, in der Hoffnung, daß eine übrigbleibt, die immer noch wahrscheinlicher als die anderen wäre.

Von diesem Zustand sind wir noch weit entfernt. Viele nicht übernatürliche Möglichkeiten sind noch offen, die wir kurz prüfen wollen.

Aber vorher wollen wir innehalten und einen letzten Schritt überdenken.

Es gibt einen Weg, jedes Ereignis, wie unwahrscheinlich es sein mag, wahrscheinlich zu machen. Man braucht nur ein Modell für das Universum zu wählen, das dessen Unendlichkeit postuliert. Der Physiker Michael Hart hat das gemacht und geschrieben: »In einem unendlichen Universum muß jedes Ereignis, das eine endliche Wahrscheinlichkeit – wie gering auch immer – hat, auf einem einzigen existierenden Planeten vorzukommen, zwangsläufig auf irgendeinem Planeten vorkommen.«

Alles geschieht also irgendwo. Unser eigener Planet ist offenkundig ein Ort, wo Leben begann.

Diese Erklärung kann natürlich zur Rechtfertigung jeden Ereignisses herangezogen werden. Die Erde kann noch letzte Nacht ein wirrer Haufen chemischer Stoffe gewesen sein. Plötzlich, durch eine zufällige Umwälzung, sind wir, unsere Erinnerung, unser Besitz und unsere Kultur entstanden. Auch dieses Ereignis sollte einmal in einem unendlichen Universum geschehen. Vielleicht war dies der Ort.

Das obige Argument hält nicht stand, wenn Beweise belegen, daß das Universum in seinen Grenzen definitiv endlich ist. Selbst ohne diese Beweise ist der Gedanke nicht sehr nützlich. Man kann ihn nicht widerlegen und nichts mit ihm anfangen. Besser, wir tun uns um und halten Ausschau nach zufriedenstellenderen Alternativen.

Wenn wir den Gedanken verwerfen, daß das Leben mit der Urzeugung eines Bakteriums oder eines Organismus vergleichbarer Komplexität begonnen hat, müssen wir annehmen, daß irgendein sehr viel einfacheres Gebilde das erste Lebewesen war. Und damit stehen wir vor einer höchst schwierigen Frage: Welcher Art war dieses Wesen?

6. Das Ei oder die Henne

Stellen Sie sich vor, Sie sind der Kapitän eines kleinen Segelboots, das in einem Sturm langsam sinkt. Sie müssen es leichter machen, wenn es sich über Wasser halten soll. Unglücklicherweise ist schon alles, was offensichtlich entbehrt werden konnte, über Bord geworfen worden. Was soll jetzt geopfert werden? Das Segel, die Nahrungsmittel, das Funkgerät, die Signalausrüstung oder vielleicht einer der Passagiere? Es ist eine schwere Entscheidung.

Vor einem ähnlichen Dilemma steht der Biochemiker, der über den Ursprung des Lebens nachdenkt. Wie wir gesehen haben, sind die einfachsten bekannten Organismen viel zu kompliziert, als daß sie sich spontan hätten bilden können. Der hypothetische gemeinsame Vorfahr, ein Organismus, der die Merkmale besitzt, die den lebenden Zellen heute gemeinsam sind, wäre ebenfalls kompliziert. Der erste Organismus war sehr viel einfacher.

Was sollte nun geopfert werden, damit der gemeinsame Vorfahr zu unserem Ursprungsorganismus wird? Die Membran, das Energie erzeugende System, der genetische Apparat oder die lebenswichtigen Katalysatoren? Verständlicherweise herrscht in dieser Frage Uneinigkeit. Übereinstimmung besteht jedoch, daß eins bewahrt werden muß. So wie der Kapitän den Rumpf seines Boots erhalten muß, muß der Biochemiker einige Mechanismen in diesem Organismus erhalten, die diesem ermöglichen, sich zu entwickeln und ein komplexeres Leben zu entfalten.

Die meisten Biochemiker sind bereit, sich von dem Energie erzeugenden System zu trennen und sich auf die segensreiche Wirkung der Ursuppe zu verlassen. Von dieser Suppe erwarten sie, daß sie die Funktionen eines modernen Säugetierweibchens übernimmt. Es muß in seinem Leib nicht nur einen lebenden Organismus bilden, sondern ihn nach der Geburt auch ernähren. Die chemischen Stoffe in der Suppe liefern den ersten Organismen die Nahrung, die Energie und die für das weitere Wachstum benötigten Stoffe.

Die meisten Biochemiker sind auch bereit, auf die Lipidmembran zu verzichten oder ihren Erwerb zu einem weniger wichtigen Merkmal in der Entwicklung des Lebens zu erklären. Wenn wir die Öffnungen für die Proteine außer acht lassen, wird die Membran einfach eine Trennwand, die die lebende Zelle gegen ihre Umwelt abgrenzt. Trennwände können auf viele Arten gebildet werden und brauchen keine komplexen Strukturen zu haben.

Carl Woese dachte, wie Sie sich vielleicht erinnern, an Abteilungen, die aus Tröpfchen in einer Wolke bestanden. Blasen aus Schaum oder das Innere eines Minerals können ebenfalls natürliche Kammern abgeben. Auch bestimmte Klassen chemischer Verbindungen mit einem meistens sehr hohen Molekulargewicht können sich von einer Wasserlösung trennen und winzige Tröpfchen bilden. Verschiedene Verbindungen, nicht nur Lipide, können dieses Verhalten zeigen. Diese Strukturen hat man Koazervate genannt; Alexander Oparin und andere haben sie ausführlich untersucht. In einem späteren Kapitel werden wir noch einfachen Kammern anderer Art begegnen: winzigen Kugeln aus Proteinen, den Mikrosphären. Die Bildung von Kammern oder Abteilungen ist nichts Schwieriges, und wahrscheinlich war dieser Vorgang nicht der entscheidende, als das Leben seinen Anfang nahm.

Wenn Lipide und Kohlenhydrate über Bord geworfen sind, bleiben uns noch die Proteine und Nukleinsäuren als Kandidaten für die Bestandteile des ersten Organismus. Einige vorsichtige Gelehrte würden gern beide an Bord behalten, doch dann würde das Boot sicher sinken. Beide sind komplexe Moleküle, die eine beträchtliche Größe haben müssen, damit sie richtig arbeiten. Wir werden noch sehen, daß es schwer ist, das Auftauchen eines dieser Moleküle auf der frühen Erde durch Urzeugung zu erklären. Werden beide gebraucht, versinken wir in einem Meer aus Unwahrscheinlichkeit.

Die meisten auf diesem Gebiet Forschenden sind bereit, sich der schmerzlichen Entscheidung in dieser Frage zu stellen. A. L. Lehninger formuliert sie in seinem Buch *Biochemie* folgendermaßen: »Sind die

Proteine oder die Nucleinsäuren bei der Entstehung des Lebens als vorrangig anzusehen?«

Die Nukleinsäuren sind selbstverständlich das Erbmaterial. Sie enthalten den Bauplan für den Organismus, der von den Mutter- an die Tochterzellen weitergegeben wird. Die DNA verdoppelt sich bei der Replikation, um für jede Tochter eine Kopie dieses Plans bereitstellen zu können. Der Aufbau der DNA mit ihren beiden komplementären Strängen macht das möglich.

Die DNA kann sich allerdings nicht allein reproduzieren. Dazu braucht sie die Hilfe der Proteine. Darüber hinaus hat weder die DNA noch die andere Nukleinsäure, die RNA, besondere katalytische Fähigkeiten. Im Gegensatz zu den Proteinen können sie nichts in Gang setzen. Francis Crick hat das in seinem Buch *Das Leben selbst* sehr schön zusammengefaßt: »RNS und DNS sind die dummen Blondinen der biomolekularen Welt, in erster Linie zur Reproduktion geeignet (mit ein bißchen Unterstützung der Proteine), aber für die wirklich anspruchsvolle Arbeit kaum zu gebrauchen.«*

Jeder Hinweis, daß DNA und RNA irgend etwas leisten können, wird begierig von denen aufgenommen, die den Nukleinsäuren den Vorrang einräumen. Ende 1982 zum Beispiel berichteten der Chemiker Thomas R. Cech von der Colorado State University und einige Mitarbeiter, daß bestimmte RNA-Moleküle sich reorganisieren könnten. Sie könnten ihre Bindungen neu ordnen, so daß bestimmte Abschnitte abgelöst und andere neu angelagert würden. Enzyme könnten diese Prozesse vielfach beschleunigen, doch sie erfolgten ohnehin langsamer, selbst wenn keine Enzyme vorhanden waren.

Die Zeitschrift *Science* brachte die Neuigkeit unter der Überschrift »RNA kann Katalysator sein« und deutete an, daß dies von Bedeutung für den Ursprung des Lebens sei. Diese Ankündigung war verfrüht, denn der Begriff »Katalysator« hat eine andere Bedeutung. Er meint einen Stoff, der andere Moleküle verändert, während er selbst unverändert bleibt. Andere Forscher zeigten später, daß ein RNA-Molekül ebenfalls in echter katalytischer Manier Hilfestellung beim Neuordnen oder Zusammenfügen eines anderen Moleküls leisten kann.

* Die international geltenden Kürzel RNA und DNA werden in Deutschland bisweilen mit DNS und RNS übersetzt, wobei A = Acid zu S = Säure wird (Anm. d. Übers.).

Die bisher gezeigten Wirkungen bezeugen die Vielseitigkeit der RNA als genetisches Material, aber belegen nicht die Steuerung anderer Molekülarten, die am Anfang des Lebens nützlich gewesen wären. Das ist vielleicht im weiteren Verlauf der Evolution hinzugekommen, als sich erstmals das Zusammenwirken von DNA und RNA herausbildete. Wie wir gesehen haben, trägt die DNA höherer Organismen besondere Botschaften, die an die RNA weitergegeben werden, aber entfernt werden müssen, bevor die Information zur Herstellung von Eiweißkörpern verwendet wird. Die Fähigkeit der RNA-Moleküle, sich ohne Hilfe von außen zu verbinden, zeigt, wie gut sie für diese spezielle Aufgabe gerüstet sind, verrät uns aber kaum etwas darüber, ob Nukleinsäuren oder Proteine beim Beginn des Lebens Vorrang hatten.

Die Proteine können Vorgänge in der Zelle bewirken. Aber leider fehlt ihnen eine andere Fähigkeit. Wir wissen von keinem Mechanismus, mit dem sie sich reproduzieren können. Wie Maultiere können sie zwar arbeiten, sind aber unfruchtbar. Würde man einer Zelle die DNA nehmen, würde sie noch eine Zeitlang tätig sein. Die Wimpern würden sich bewegen, die Ribosomen würden Eiweißkörper erzeugen, und Zucker würde in einfachere Stoffe umgewandelt, unter Freisetzung von Energie. Nach einiger Zeit würde sich jedoch alles festlaufen. Die Zelle würde sterben, ohne Nachkommen zu hinterlassen.

Gene und Enzyme sind in der lebenden Zelle miteinander verbunden – zwei zusammenhängende Systeme, die einander unterstützen. Es ist schwer zu erkennen, wie sie allein zurechtkommen könnten. Aber wenn wir vermeiden wollen, uns auf einen Schöpfer oder eine sehr große Unwahrscheinlichkeit zu berufen, müssen wir uns damit abfinden, daß am Anfang des Lebens eins vor dem anderen da war. Aber welches? Wir stehen vor der uralten Frage: Was war zuerst da? Das Ei oder die Henne?

In ihrer biochemischen Form – Proteine oder Nukleinsäure – ist die Frage noch jung und geht nicht weiter als bis zu Watson und Crick und unserer Kenntnis der Struktur und Funktion der Gene zurück. Im Kern aber ist die Problemstellung sehr viel älter und hat Leidenschaft und Bitterkeit hervorgerufen, die weit über die Grenzen der Wissenschaft hinausgehen. In einer älteren, allgemeineren Form ging die Frage darum, ob das Gen oder Protoplasma Vorrang hatte, aber nicht nur am Anfang, sondern auch in der Entwicklung des Lebens. Letztlich kann man sie noch weiter fassen und fragen, ob Veranlagung oder Umwelt das Lebewesen nachhaltiger formen.

Wir wollen in dieses Gebiet eintreten, indem wir uns mit einem Artikel des Nobelpreisträgers H. J. Muller (1890–1967) befassen, der 1966 im *American Naturalist* veröffentlicht wurde und die Ansichten des Wissenschaftlers über den Ursprung des Lebens zusammenfaßt. Muller war ein amerikanischer Forscher, der entdeckt hatte, daß Röntgenstrahlen Mutationen bewirken können. Er gehörte zu den ersten, der die Öffentlichkeit vor den gesundheitsschädlichen Wirkungen der Strahlen warnte, und sprach sich auch für eine Verbesserung des Menschen durch freiwillige Eugenik aus. Er war einer der Begründer der modernen Genetik.

Es überrascht nicht, daß Muller sich am nachdrücklichsten für den Vorrang des genetischen Materials am Anfang des Lebens aussprach. Er hatte diesen Gedanken, den er von einer früheren Theorie L. T. Trolands übernommen hatte, Ende der 20er Jahre vorgebracht. Troland behauptete in seiner Theorie, Enzyme und Gene seien die gleiche Substanz (das war lange vor Watson und Crick), und diese Substanz, die ihre eigene Reproduktion katalysiere, sei der wichtigste chemische Stoff des Lebens. Muller erkannte, daß die Funktionen möglicherweise getrennt sind, und schrieb dem Gen größere Bedeutung zu. Wir wollen direkt aus seinem Aufsatz von 1966 zitieren:

> »Es sind die spezifischen Sequenzen in der DNA, die sie in den Eiweißkörpern bestimmen, und *Veränderungen* in ersterer führen zu entsprechenden Veränderungen bei letzteren, während die umgekehrte Beziehung nicht gilt, um so mehr, als im allgemeinen *andere* erworbene Eigenschaften vererbt werden. Dieser Umstand gibt dem Genmaterial eindeutig Vorrang... Die ›entblößte‹ Definition eines Lebewesens, die hier angeboten wird, kann wie folgt wiedergegeben werden: *das, was die Möglichkeit der Evolution durch natürliche Auswahl besitzt*... Das genetische Material besitzt, von den natürlichen Materialien, auch diese Fähigkeiten, und es ist daher gerechtfertigt, es lebendes Material zu nennen, den heutigen Vertreter des ersten Lebens... Die einfachen Bedingungen boten ihm genug Mittel, sie auszuprobieren, damit es Protoplasma entwickelte, das ihm zugute kam... Das genetische Material selbst besitzt also die Eigenschaften des Lebens.«

Den Ansichten Mullers fehlt es heute nicht an Befürwortern, zu denen auch der Astronom Carl Sagan gehört. Sagan war Anfang der 50er Jahre Student an der Universität Chicago und arbeitete einen Sommer in Mullers Labor in Indiana. Nach seinem Examen veröffentlichte Sagan einen Artikel, in dem ähnliche Ansichten wie die von Muller zum Ausdruck kamen:

> »Der Organismus ist lediglich auf Genvermehrung und Überleben abgestellt... Nun läßt dieses Bild, das wir vom Molekül der Proto-DNA gezeichnet haben, das mit dem Protein verbunden ist, ohne Frage sehr stark an ein einfaches, frei lebendes nacktes Gen denken, das sich in einem wässerigen Medium aus organischer Materie befindet... Es gab kein Protoplasma *an sich*, nach dem sich das nackte Gen hätte richten können... Rechtzeitig hielt das nackte Gen es für von größerem adaptivem Wert, die Umgebung dadurch zu steuern, daß es seine Nacktheit ablegte.«

Sagan hat diesen Standpunkt während seiner ganzen erfolgreichen Tätigkeit als Autor astronomischer und anderer wissenschaftlicher Bücher vertreten. In seinem Buch und der Fernsehserie *Cosmos* setzte er den Ursprung des Lebens mit der Bildung des ersten sich selbst reproduzierenden Moleküls gleich: »der älteste Vorfahr der Desoxiribonukleinsäure, DNA, das Urmolekül des Lebens auf der Erde«.

Die Benennung einer Nukleinsäure als wesentliches Merkmal frühesten Lebens steht in Einklang mit anderen Entwicklungen der letzten 30 Jahre, die die Nukleinsäuren zu den gefeiertsten Stoffen in der Wissenschaft und dem Liebling der Medien gemacht haben. Die Eskapaden der DNA gehen weit über die Wissenschaft hinaus und reichen bis in die Wirtschaft, Politik und Ethik.

So hören wir zum Beispiel fast täglich von den Leistungen rekombinanter DNA. Es sind Verfahren entwickelt worden, mit denen Abschnitte der DNA einer Art in die DNA einer anderen Art eingesetzt werden, wo sie dann arbeiten. So haben Bakterien Gene zur Produktion der Aminosäureketten des menschlichen Insulins angenommen. Diese Gene wurden nicht in menschlichen Zellen hergestellt, sondern in einem Labor. Man hat die veränderten Bakterien arbeiten und Insulin in industriellem Maßstab erzeugen lassen. 1982 wurde dieses Produkt von der amerikanischen Arzneimittelbehörde für den US-Markt zugelassen. Viele andere Erzeugnisse werden folgen.

Mit dem Fortschreiten dieser Verfahren machte sich in der Öffentlichkeit Angst vor den möglichen Gefahren breit. Man befürchtete zum Beispiel, daß ein verändertes Bakterium, das ein krebserregendes Gen enthielte, entweichen und eine Epidemie auslösen könnte. Man verkündete ein zeitlich begrenztes Moratorium für bestimmte Experimente, bis wirksame Sicherheitsmaßnahmen entwickelt werden könnten.

Mit der Zeit und wachsender Erfahrung ließen diese Ängste nach. Die Ruhe kann jedoch schon bald durch neue Entwicklungen erschüttert werden. Es ist inzwischen möglich, neue DNA-Sequenzen künstlich im Labor herzustellen (sogenannte »Designer-Gene«). Schließlich werden Anregungen folgen, die Gene in uns umzugestalten, und es wird zu einer neuen Welle von Kontroversen kommen. Ich schreibe diese Zeilen unmittelbar nach der Veröffentlichung einer Erklärung durch eine Gruppe von Geistlichen, die sich gegen den Gebrauch dieser Methoden zur Änderung der menschlichen Anlagen wenden. Das Thema ist selbstverständlich wert, kontrovers behandelt zu werden – es geht um die biologische Zukunft der menschlichen Rasse.

Die DNA kann unter natürlichen wie auch künstlichen Umständen wandern. Abschnitte der DNA, die von einem Ort an einen anderen wechseln, sind auch »springende Gene« genannt worden. Wanderungsbewegungen genetischen Materials zwischen Zellkern, Mitochondrien und Chloroplasten haben zu der Bezeichnung »promiskuitive DNA« geführt. Das Verhalten dieses schändlichen Moleküls unter anderen Umständen hat ihm Namen eingebracht wie skelettartige, parasitäre, tote, unwissende und egoistische DNA.

Der letzte Begriff wurde von Francis Crick und Leslie Orgel auf bestimmte DNA-Sequenzen angewandt, die selbst keine Funktion haben, aber derart in arbeitende Sequenzen eingedrungen sind, daß es für die Zelle (energiemäßig) zu aufwendig ist, sie zu entfernen. Sie werden als molekularer Parasit auf der nützlichen DNA mitgeschleppt.

Das Wort »egoistisch« für die DNA wurde in einem weiteren Sinn auch von Richard Dawkins in seinem Buch *Das egoistische Gen* verwendet. Er weist der DNA die zentrale Rolle in der Entwicklung des Lebens zu. Alles andere dient lediglich dazu, für das Überleben und die Fortpflanzung der DNA zu sorgen. Nach dieser Ansicht ist der Körper eines Elefanten lediglich ein aufwendiger Apparat, der von der Elefanten-DNA erfunden wurde, damit der eigene Fortbestand gesichert ist.

Der Aufstieg der Nukleinsäuren zu ihrer heutigen Bedeutung und

Macht stellt eine richtige Tellerwäscher-Geschichte auf molekularer Ebene dar. Ihr Anfang war tatsächlich bescheiden.

Eine Nukleinsäure wurde erstmals 1869 im Labor des Schweizer Chemikers Friedrich Miescher isoliert. Die Quelle war ziemlich unappetitlich: Eiterzellen von Operationsbandagen. Die Entdeckung wurde skeptisch begrüßt. E. F. Hoppe-Seyler, Mieschers Mentor, bestand darauf, das Ergebnis selbst zu wiederholen, bevor es zur Veröffentlichung abgesandt werden konnte.

Unbekanntheit war der Lohn Mieschers für seine Leistung, zu seinen Lebzeiten und auch nach seinem Tod. Anläßlich der hundertjährigen Wiederkehr der Entdeckung Mieschers bemerkte der Biochemiker Erwin Chargaff im Jahr 1969:

> »Ich möchte diesen Aufsatz mit einem der Stillen im Lande einleiten, mit Friedrich Miescher, der vor einhundert Jahren, 1869, die Nukleinsäuren entdeckte, irgendwo zwischen Tübingen und Basel. Wie zu erwarten war, schenkte niemand dieser Entdekkung damals irgendwelche Beachtung. Der gewaltige Reklameapparat, der heute selbst den unbedeutendsten Zug auf dem Schachbrett der Natur mit mächtigem Getöse begleitet, war noch nicht vorhanden. Fünfundsiebzig Jahre mußten vergehen, bevor die Bedeutung der Miescherschen Entdeckung allmählich gewürdigt wurde. Miescher selbst – das wird aus seiner Korrespondenz und dem Ton seiner knappen Aufzeichnungen ganz deutlich – war sich der Bedeutung seiner Beobachtungen durchaus bewußt. Doch es gelang ihnen nicht, zu ihrer Zeit großen Eindruck zu machen; und wie gering das Echo war, läßt sich vielleicht aus der Tatsache ableiten, daß selbst heute noch die beste Geschichte der Naturwissenschaften in ihrem 1961 veröffentlichten Band über das 19. Jahrhundert den Namen Darwins 31mal und den Huxleys 14mal erwähnt, Miescher dagegen überhaupt nicht. Es gibt Menschen, die offenbar mit einer Tarnkappe geboren werden.«

Ironie des Schicksals, daß Chargaff selbst zu Beginn seiner Laufbahn eine entscheidende, aber vielleicht unterschätzte Entdeckung zur Zusammensetzung der DNA gemacht hatte, die für die Theorie Watsons und Cricks wesentlich ist.

Die Nukleinsäuren fristeten, wie ihr Entdecker, noch lange nach 1869 ein Dasein in relativer Vergessenheit. Man wußte, daß sie im

Zellkern existieren, aber ihre Funktion war unklar. Die meisten Biochemiker meinten, wenn tatsächlich eine Erbchemikalie existiere, dann würde es höchstwahrscheinlich ein Eiweißkörper sein. Einige wenige heldenmütige Chemiker stellten sich dennoch über ein halbes Jahrhundert die Aufgabe, die Struktur der Nukleinsäuren zu bestimmen.

Ich nenne sie deshalb heldenmütig, weil die Eigenschaften der Nukleinsäuren widerwärtig sind im Vergleich mit denen einfacherer organischer Chemikalien zur Strukturbestimmung, die es in Hülle und Fülle gibt. Die Nukleinsäuren destillierten nicht, bildeten keine Kristalle und lösten sich in geeigneten Lösungsmitteln wie etwa Benzol nicht auf. Das Arbeiten mit ihnen erforderte anfänglich indirekte und umständliche Verfahren.

Doch die Hartnäckigkeit der Chemiker zahlte sich schließlich aus, und in den 40er und 50er Jahren unseres Jahrhunderts ergänzten Alexander Todd und seine Mitarbeiter an der Universität Cambridge die grundlegenden Einzelheiten der Nukleinsäuren. Zeit und Ort waren gut gewählt: Die Bühne war gerichtet für Watson und Crick.

Hinweise auf die sich abzeichnende Bedeutung der DNA hatte es schon früher gegeben. 1944 hatten Oswald Avery und seine Kollegen Colin McLeod und Maclyn McCarty ein unerwartetes Ergebnis veröffentlicht. Die Erbmasse bestimmter Bakterien ließ sich dadurch verändern, daß man sie mit Hilfe eines transformierenden Prinzips behandelte, einem DNA-Produkt aus verwandten Bakterien. Dieses Experiment hatte kaum eine direkte Wirkung, letztlich aber doch eine sehr nachhaltige. Man hatte die Viren nämlich inzwischen als ansteckende Wesen erkannt, die nur aus Nukleinsäure und Protein bestanden. Alfred N. Hershey und Martha Chase berichteten 1952, daß die DNA und nicht das Protein die Erbinformation trage.

Die Struktur der Doppelhelix wurde 1953 veröffentlicht. Ein weiteres Jahrzehnt danach wurde der genetische Code entschlüsselt. Die Zeit der rekombinanten DNA begann Anfang der 70er Jahre. Seither sind die vielen anderen Einzelheiten der Funktionsweise der Nukleinsäuren und Proteine ans Licht gekommen. Wir wissen eine Menge über die chemischen Zusammenhänge der Vererbung. Diese bemerkenswerten Entwicklungen wurden allerdings nicht überall gern gesehen. Ausgesprochen unfreundlich war ihre Aufnahme in der Sowjetunion. Und damit wollen wir zurückkehren zum Konflikt Gen gegen Protoplasma und dem Ursprung des Lebens. Erneut ist unser Ausgangspunkt der 1966 im *American Naturalist* veröffentlichte Artikel von H. J. Muller, in dem er seine Ansicht darlegte, daß dem Protoplasma der Vorrang gebühre:

> »Es ist ein eigenartiger Anachronismus..., daß selbst heute noch einige der bedeutendsten Biochemiker und Biologen, die auf ihrem Gebiet Hervorragendes leisten, dieser Ansicht über den Ursprung des Lebens und deren Ergebnissen anhängen. Leider wurde sie mit Beginn der 1930er Jahre oft publiziert und ausführlich behandelt, zuerst von dem Lyssenkoisten Oparin in seinem Buch *The Origin of Life* (1938/9) als Teil des Versuchs, die Bedeutung der Genetik abzuwerten. Seine Beteiligung an diesem Versuch war äußerst raffiniert.«

Oparin sind wir in diesem Buch schon begegnet (und werden es auch noch einige Male), Lyssenko aber nicht. Im übrigen geht das gefühlsmäßige Engagement in der obigen Aussage über den rein wissenschaftlichen und rationalen Widerspruch hinaus. Um tiefer in diese Materie einzudringen, müssen wir das Leben H. J. Mullers etwas genauer betrachten.

Er war gebürtiger New Yorker, Jahrgang 1890, und studierte an der Columbia University. Dort kam er mit der Forschungsgruppe zusammen, die von Thomas Hunt Morgan geleitet wurde. Sie arbeiteten mit der Taufliege Drosophila, die sich als ideales Objekt zur Erforschung der Grundprinzipien der Genetik erwies. Pionierarbeit über den Mechanismus der Vererbung hatte der österreichische Mönch Gregor Mendel 40 Jahre früher geleistet, die dann vergessen wurde. Nach der Wiederentdeckung Mendels führte die Morgan-Gruppe die bahnbrechenden Untersuchungen durch, die die Rolle der Gene und Chromosomen bestimmten.

Muller selbst vollbrachte seine herausragendsten Leistungen zwischen 1920 und 1932, als er an der University of Texas arbeitete. In der Zeit entdeckte er die verändernden Wirkungen der Röntgenstrahlen. 1931 wurde er zum Mitglied der National Academy of Sciences. Doch Streit mit seinen Kollegen, eine mißlungene Ehe und wachsende Unzufriedenheit mit den sozialen Umständen in den Vereinigten Staaten, vor allem während der Weltwirtschaftskrise, machten ihm zu schaffen. Seine ausgeprägten sozialistischen Ansichten veranlaßten ihn schließlich, dieses Land zu verlassen.

Muller ging 1932 an das Kaiser-Wilhelm-Institut in Berlin, nur um mitzuerleben, wie Hitler an die Macht kam. Da erhielt er von dem berühmten sowjetischen Genetiker Nikolai I. Vavilow das Angebot, die Leitung eines genetischen Labors in der UdSSR zu übernehmen. Er willigte ein und begründete schließlich sein Institut in Moskau.

Die Freude, die er vielleicht über das Zusammenfallen seiner Forschungsinteressen mit seinen politischen Ansichten empfunden hat, war kurz. Denn zu dieser Zeit erwuchs Trofim D. Lyssenko zum starken Mann in der sowjetischen Biologie.

Lyssenko war im Grunde ein Landwirtschaftsreformer, der die Gedanken des ungebildeten Obstbaumzüchters Iwan V. Mitschurin befürwortete. Lyssenko glaubte, kurz gesagt, an die Vererbung erworbener Eigenschaften und leugnete die Bedeutung oder sogar Existenz von Genen und Chromosomen als Erbeinheiten. Wie der Dissident Zhores A. Medvedev in einem Bericht anführt, erklärte Lyssenko: »Die Erbgrundlage liegt nicht in irgendeiner besonderen sich selbst reproduzierenden Substanz. Die Erbgrundlage ist die Zelle, die sich entwickelt und ein Organismus wird. In dieser Zelle haben verschiedene Organellen verschiedene Bedeutung, aber es gibt nicht das geringste, was nicht der evolutionären Entwicklung unterworfen ist.«

Diese Lyssenkosche Version der Vererbung, die den Namen mitschurinisch bekam, wurde der Ansicht Mendels und Morgans von den Genen gegenübergestellt, die als formalistische, bürgerliche und metaphysische Wissenschaft galt. Diese Schlußfolgerungen waren nicht Ausfluß sorgfältigen Abwägens experimenteller Beweise, sondern der Auffassung, die Lyssenko von den ideologischen Bedürfnissen des Staats hatte.

Die Ideen Mitschurins fanden in der UdSSR Anklang, weil sie sich gut mit der herrschenden philosophischen Theorie des Kommunismus vertrugen, dem dialektischen Materialismus. Doch Friedrich Engels, einer der beiden grundlegenden Denker der sozialistischen Bewegung des 19. Jahrhunderts, interessierte sich sowohl für die Entwicklung des Lebens als auch für die der Gesellschaft. Oparin zitiert Engels folgendermaßen: »Das Leben ist die Daseinsweise der Eiweißkörper, und diese Daseinsweise besteht wesentlich in der beständigen Erneuerung ihrer chemischen Bestandteile durch Ernährung und Ausscheidung.« Der Begriff »Eiweißkörper« bezieht sich in seiner ganz allgemeinen Bedeutung lediglich auf wasserlösliche Proteine. Eine bekannte Form ist

Ovalbumin, eine Substanz im Eiweiß, die dem sich entwickelnden Hühnerembryo als Nahrung dient.

Engels meinte auf jeden Fall, das Leben und die Menschheit seien das Ergebnis einer fortwährenden Evolution der Materie, wobei der Ursprung des Lebens nur eine Sprosse in der langen Leiter der Entwicklung war. Auf einer sehr viel höheren Ebene führte der gleiche evolutive Prozeß die Gesellschaft zum Sozialismus.

Eine plausible Erweiterung dieser Vorstellungen war der Gedanke, daß die Umgebung die Erbanlagen forme. Der Zusammenhang wurde ganz deutlich von Mullers Biograph E. A. Carlson zum Ausdruck gebracht. Der sozialistische Staat hatte drastische Veränderungen bei der Bildung, der Beschäftigung und in anderen sozialen Bereichen erreicht. Warum sollte er nicht auch in der Lage sein, erbliche Gebrechen wie geistiges Zurückbleiben und bestimmte Krankheiten zu beeinflussen? Die Annahme, daß eine verbesserte Umwelt einen besseren Menschen hervorbringen würde, erschien vernünftig.

So wurde die zwangsläufige Entwicklung des Lebens zu einem Thema der marxistischen Philosophie. Gleichermaßen verworfen in dialektisch-materialistischer Sicht wurden der Idealismus (die Bezeichnung für die philosophische Schule, die die Rolle geistiger Werte im Dasein betont) und der Mechanismus. Letzterer stand für jeden Glauben an die Urzeugung, die Rolle des Zufalls bei Ursprung und Entwicklung des Lebens, oder den Gedanken, die höheren Eigenschaften der Dinge könnten direkt von den grundlegenden Gesetzen der Physik und Chemie abgeleitet werden. Der dialektische Materialismus behauptete, neue biologische, soziale und andere Gesetze kämen ins Spiel, sobald die Dinge eine höhere Entwicklungsstufe erreichten.

Das Hauptaugenmerk der Gruppe um Lyssenko galt jedoch nicht biochemischen Fragen, sondern schlicht verbesserten Landwirtschaftsmethoden. Man glaubte, das Einweichen der Samen (»Verjüngung«) könne aus Winterweizen Sommerweizen machen. Und durch ähnliche Methoden könnten weitere Pflanzenarten zu anderen werden. Man hoffte, die neue Biologie könnte die Landwirtschaft revolutionieren. Am Ende scheiterten sie, weil ihre Methoden einfach nicht funktionierten. Bei ihrem Versuch setzten sie die sowjetische Genetik mit ihrer Kampagne, die nach den Worten des sowjetischen Wissenschaftlers David Joravsky »fünfunddreißig Jahre brutale Unvernunft« brachte, für eine ganze Generation außer Kraft.

H. J. Muller stellte fest, daß er mit seinem Labor dieser Woge der Dummheit direkt im Weg stand. Er und seine Mitarbeiter waren Anhänger der Gentheorie. Der Name seines früheren Mentors Morgan war jedoch zu einem Synonym für bürgerliche Dekadenz geworden. 1934, bevor die neue Ideologie sich völlig durchgesetzt hatte, unternahm Muller einen Versuch (den er anschließend bereute), die Chromosomentheorie mit dem dialektischen Materialismus zu verbinden. Ohne Erfolg.

Muller hielt Lyssenko für einen Betrüger und Verbrecher. Er verteidigte die Gentheorie und trat der Ansicht Lyssenkos bei einer Konferenz in der Sowjetunion 1936 entgegen. Er zeigte auf, daß Lyssenkos Ansichten letztlich von denen des französischen Philosophen Jean-Baptiste de Lamarck abgeleitet waren. Die Vorstellung der Vererbung erworbener Eigenschaften, Lamarckismus genannt, war durch eine Reihe experimenteller Untersuchungen widerlegt worden. So hatte beispielsweise August Weismann, ein deutscher Biologe aus dem 19. Jahrhundert, fünf Generationen hindurch Hunderten von Mäusen den Schwanz amputiert, nur um am Ende festzustellen, daß sämtliche Nachkommen ganz normale, nicht einmal kürzere, Schwänze hatten.

Aber Muller wies nicht nur auf den Zusammenhang der Gedanken Lyssenkos und der Lamarcks hin, sondern erklärte auch, daß Lyssenkos Ansichten über die Vererbung eine logische Grundlage für Rassismus und Faschismus seien. Das bekam Beifall von den wissenschaftlichen Delegierten, fand aber verständlicherweise nicht die Zustimmung der Angegriffenen. Muller und seine Mitarbeiter sahen sich in der Folgezeit zunehmend Schikanen ausgesetzt. Schließlich mußte Muller die Sowjetunion verlassen. Er meldete sich als Freiwilliger für den spanischen Bürgerkrieg und kehrte nur noch einmal nach Moskau zurück, um seine Sachen zu packen. Eine Zeitlang war er ein wissenschaftlicher Nomade, bis er 1945 an der Indiana University eine Anstellung bekommen konnte. Im Jahr darauf wurde ihm der Nobelpreis verliehen.

Mullers sowjetischer Förderer und Freund Vavilov erlitt ein weniger freundliches Schicksal. Er wurde der führende Kopf der Gruppe, die sich Lyssenko widersetzte. 1940 wurde er verhaftet, vor Gericht gestellt und ins Gefängnis geworfen. Medvedev zufolge wurde Vavilov in der Gefangenschaft mißhandelt und starb in Sibirien.

Lyssenko stand erst 1948 auf dem Gipfel seiner Macht, als auf einer Konferenz fünf prominente Genetiker, die im anderen Lager gestanden hatten, widerriefen und ihre Ansicht änderten. Den Worten Medvedevs zufolge »brachten [die Anhänger Lyssenkos daraufhin] hemmungslos Ränge, Posten, wissenschaftliche Auszeichnungen, Ehrentitel, Preise, Einkommen, Medaillen, Aufträge, Ehrungen, Honorare, Wohnungen, Sommerresidenzen und Privatwagen an sich. Sie erwarteten nicht nur milde Gaben von der Natur.«

Muller hatte geschwiegen, nachdem er die UdSSR verlassen hatte, um ehemalige Kollegen und Gefährten, die dort geblieben waren, nicht zu gefährden. Doch jetzt gab er seine Mitgliedschaft in der Sowjetischen Akademie der Wissenschaften zurück und rechnete mit dem Lyssenkoismus ab. Die Akademie nahm ohne Bedauern den Austritt »ihres ehemaligen Mitglieds [zur Kenntnis], das die Interessen der wahren Wissenschaft verraten und sich offen in das Lager der Feinde des Fortschritts und der Wissenschaft, des Friedens und der Demokratie begeben hat«.

Wie wir gesehen haben, waren die Jahre nach dem Zweiten Weltkrieg die Zeit des Aufstiegs der Molekularbiologie. Lyssenkos Stern ging auf und sank mit der politischen Entwicklung, weniger mit der wissenschaftlichen. Stalins Unterstützung war eine der Quellen seiner Macht gewesen. Nach Stalins Tod 1953 geriet Lyssenko unter Druck und wurde 1955 gezwungen, einige Ämter abzugeben. Dann, unter Nikita Chruschtschow, bekam er wieder Aufwind, wurde gefördert und verlor seine Macht erst 1964, nachdem Chruschtschow aller Ämter enthoben worden war.

Während der letzten Machtperiode der Lyssenko-Gruppe nahm die Sprachregelung, derer sie sich zur Verteidigung ihrer wissenschaftlichen Ansichten bediente, einen Ton an, der eher an politische Verlautbarungen der Sowjets erinnerte. Für einige ausgewählte Beispiele sind wir wiederum Zhores Medvedev zu Dank verpflichtet.

Beginnen können wir mit einem Zitat Olga Lepeschinskajas, einer Zellbiologin, deren Arbeit über die Urzeugung wir schon kurz erwähnt haben. Wir werden ihr bald erneut begegnen.

> »In unserem Land gibt es keine einander feindlich gesinnten Klassen mehr. Doch der Kampf der idealistischen gegen die dialektischen Materialisten, der davon abhängt, wessen Interessen verteidigt werden, hat noch immer den Charakter des Klassenkampfs. Und tatsächlich sind die Nachfolger Virchows, Weismanns, Mendels und Morgans, die von der Unveränderlichkeit

des Gens sprechen und den Einfluß der Umwelt leugnen, Prediger pseudowissenschaftlicher Botschaften bürgerlicher Eugeniker und verschiedener Verzerrungen der Genetik, die die Grundlage für die rassistische Theorie des Faschismus in den kapitalistischen Ländern lieferten. Der Zweite Weltkrieg wurde von imperialistischen Kräften vom Zaun gebrochen, zu deren Arsenal auch der Rassismus gehörte.«

Weismann, Mendel und Morgan haben wir bereits kennengelernt. Rudolf Virchow war ein Pathologe aus dem 19. Jahrhundert, der die Krankheiten auf der Ebene der Zelle erforschte. Ich weiß nicht, welche spezielle Leistung ihn an die Spitze der obigen Liste brachte.

Die Fortschritte in der Genetik nach Watson und Crick änderten die Ansichten, die von Lyssenko und seinen Anhängern kamen, nicht. Wir wollen aus einem Artikel von N. M. Sisakhan aus dem Jahr 1954 zitieren, der nach den Veröffentlichungen Watsons und Cricks erschien:

> »In der Vergangenheit entwickelte der Vitalismus Begriffe der Entelechie oder Lebenskraft, um den Supermaterialismus lebender Erscheinungen zu erklären. Seine gegenwärtige Spielart unter dem Deckmantel des Morganismus sucht Zuflucht bei Genen, Codes und Matrizen, um nicht sein wissenschaftliches Gesicht zu verlieren. Aber eine geänderte Terminologie ändert, wie wir wissen, nicht den Inhalt. Und was den Inhalt angeht, sind Entelechie, Matrizenmoleküle, Lebenskraft und Genome Synonyme. Welche Kunstgriffe die Morganisten auch anwenden, der einzige Zweck ihres Jonglierens mit der neuen Terminologie ist doch nur, das idealistische Wesen ihrer Doktrin zu kaschieren und den unverblümten Idealismus mit einer wissenschaftlichen Sauce zu überdecken.«

1962, als die Einzelheiten des genetischen Codes entschlüsselt wurden, machte K. Y. Kostrinkova in einem Artikel folgende Aussage: »Die hypothetische Verbindung der leeren Abstraktionen [der Gen-Theorie] mit spezifischen Substraten – Chromosomen, DNA –, die als ›materielle Träger der Vererbung‹ bezeichnet werden, verleiht diesen Abstraktionen ebensowenig materiellen Gehalt, wie eine abergläubische Vergötterung von Objekten den Aberglauben materialistisch macht.« Lyssenko seinerseits leugnete auch 1963 noch die Existenz einer Erbsubstanz oder die Rolle der DNA bei der Vererbung.

Diese charakteristischen Aussagen wurden keineswegs von einer wissenschaftlichen Kritik der angegriffenen Theorien begleitet. Es gab keine detaillierten Analysen bestimmter Experimente, keine Hinweise auf methodologische oder logische Mängel. Außerdem führte man selbst keine vergleichbaren biochemischen Untersuchungen durch, die zu entgegengesetzten Schlußfolgerungen geführt hätten. Medvedev schreibt: »Die Hauptbetätigung der Nachfolger Lyssenkos auf theoretischem Gebiet, damals wie heute, besteht in Fehlinformationen und Kritik, und nach wie vor betrachten sie den Kampf gegen ihre Widersacher als ihre wichtigste Aufgabe.« Ihre Kritik erging sich außerdem darin, die Ansichten ihrer Gegner als Aberglauben zu bezeichnen, als die falsche Religion also. Sie hingegen hatten ihre Ansichten über die Vererbung aus den Prinzipien des dialektischen Materialismus abgeleitet, der aus den Gedanken von Engels und Marx folgte. Sie hatten, kurz gesagt, die richtige Religion.

Es besteht hier eine starke Ähnlichkeit mit der Kontroverse der Anhänger der Schöpfungslehre, auf die wir noch zu sprechen kommen. In beiden Fällen wurden umfangreiche und überaus gut dokumentierte wissenschaftliche Daten und die daraus abgeleiteten Schlußfolgerungen als Religion abgetan. Die Gegner dieser Schlußfolgerungen hatten an aussagefähigen Daten kaum etwas oder gar nichts in der Hand, da sich ihre Ansichten selbst im wesentlichen aus Religion oder Mythos herleiteten. Doch sie nahmen sehr gern den Begriff »Wissenschaft« für sich in Anspruch. Ein wichtiger Unterschied zwischen den beiden Fällen besteht darin, daß die Anhänger Lyssenkos mit der ganzen Macht eines totalitären Staatsapparats unterstützt wurden.

Nach dem Sturz Lyssenkos erholten sich die sowjetischen Genetiker allmählich und fanden zurück zur Welt von heute, wenngleich Lyssenko seine Auszeichnungen behielt und seine Ansichten bis zu seinem Tod 1976 ungehindert äußern konnte. Nach 1964 durfte allerdings der Name Mendels wieder mit Achtung erwähnt werden. 1969 beschrieb der Genetiker N. P. Dubinin Mutationen anhand dialektischer Prinzipien. Die Methodenlehre war demnach doch imstande, sich sich ändernden Umständen anzupassen.

In einem Beitrag in *Nature* gab 1983 einer der Vizepräsidenten der Sowjetischen Akademie der Wissenschaften eine zuversichtliche Beurteilung der sowjetischen Biotechnologie ab. Die Wissenschaftler in der UdSSR hatten die Möglichkeiten der neuen Verfahren vor einem Jahrzehnt erkannt und nutzten sie zur Herstellung von Insulin und des menschlichen Wachstumshormons in veränderten Bakterien. Eines der Hauptziele war die Manipulation von Pflanzengenen, um die Nahrungsmittelerzeugung zu steigern.

Sinnigerweise waren gerade die Ziele Lyssenkos, die Austauschbarkeit von Arten und eine verbesserte Landwirtschaftsproduktion, am besten mit den Methoden des Gebiets zu erreichen, das er verachtet hatte – und eines Gebiets, das nach seinem Dafürhalten der sozialistischen Lehre widersprach. Vielleicht lassen sich diese Methoden am Ende sogar für ein höheres sozialistisches Ideal anwenden – die Besserung des Menschen selbst.

Wir sind etwas vom Thema abgekommen, und es wird Zeit, zum Ursprung des Lebens zurückzukehren. Insbesondere wollen wir uns mit dem Leben Alexander I. Oparins (1894–1980) befassen, das all diese schweren Jahre in der Sowjetunion umfaßt hat.

Oparin war einer der Hauptbeitragenden zum modernen Modell vom Ursprung des Lebens. Wir haben einige seiner Gedanken bereits anhand der Oparin-Haldane-Hypothese und der Rolle der Koazervate erörtert. In einem Nachruf in der Zeitschrift *Transactions in Biological Sciences* wurde er »der anerkannte Führer der internationalen Gemeinschaft der Wissenschaftler, die sich mit den Ursprüngen des Lebens befassen«, genannt. Er war der erste Präsident der Internationalen Gesellschaft zum Studium des Ursprungs des Lebens. Die Gesellschaft hat nach seinem Tod zu seinen Ehren eine Verdienstmedaille geschaffen. Auch in seinem Heimatland wurde er geehrt. Viele Jahre war er Direktor des Instituts für Biochemie der Akademie der Wissenschaften der UdSSR. Er bekam den Lenin-Orden, wurde zum Helden der sozialistischen Arbeit ernannt und erhielt andere Auszeichnungen. Auch wenn er kein Englisch sprach, hinterließ er bei seinen Besuchen im Ausland einen guten Eindruck. Der oben erwähnte Nachruf erwähnte auch seine Liebenswürdigkeit gegenüber ausländischen Kollegen und seine bemerkenswerte Gastfreundschaft.

Oparins Ansichten über den Ursprung des Lebens wurden erstmals bei einer Ansprache vor der Botanischen Gesellschaft von Moskau im Frühjahr 1922 bekannt und 1924 veröffentlicht. Sie fanden damals kaum Beachtung. J. B. S. Haldane wußte nichts von der Arbeit Oparins und veröffentlichte 1929 ähnliche Gedanken. Bei einem Treffen 1963 räumte Haldane Oparin zuvorkommend den Vorrang ein: »Ich zweifle nicht daran, daß Professor Oparin der Vorrang vor mir gebührt. Ich muß zu meiner Schande gestehen, daß ich seine frühen Arbeiten nicht gelesen habe, sie also nicht kannte..., in meinem kurzen Beitrag gab es kaum etwas, das nicht auch in seinen Büchern stand... Die Frage des Vorrangs taucht überhaupt nicht auf, höchstens die Frage des Plagiats.«

1936 veröffentlichte Oparin ein Buch, in dem seine Theorien weit ausführlicher abgehandelt wurden. Dieses Buch wurde 1938 ins Englische übersetzt und brachte ihm internationale Anerkennung. Es gab allerdings bedeutsame Unterschiede zwischen diesem Werk und seinem früheren. Beide gingen von einer Reduktion auf der frühen Erde aus, so daß die Synthese durch normale chemische Reaktionen des Meers aus organischen Verbindungen (Haldanes »heiße gestreckte Suppe«) möglich war. In beiden Fassungen entstand das Leben aus diesem Gebräu. Die ersten Organismen, die sich entwickelten, nutzten dann diese Ursuppe eine Zeitlang als Nahrungsquelle. (Eine früher vorherrschende Ansicht war gewesen, die ersten Organismen hätten sich die organischen Stoffe selbst hergestellt.)

Aber wie ging diese außergewöhnliche Veränderung der Ursuppe zu Lebewesen vor sich? Oparin meinte ursprünglich, sie sei durch Zufallsprozesse zustande gekommen: »Es ist unmöglich, unglaublich, anzunehmen, daß im Verlauf vieler Hundert oder gar Tausend Jahre, die die Erdkugel bestand, nicht irgendwo ›durch Zufall‹ die Bedingungen entstanden wären, die zur Bildung eines Gels in einer kolloidalen Lösung führten.« Diese zuletzt genannte Struktur assoziierte Oparin mit dem ersten primitiven lebenden System. Es ist die gleiche Struktur, die er später mit dem Begriff »Koazervat« bezeichnete. Wenn wir die Zeitskala ein wenig ausdehnen, haben wir im wesentlichen die Position, die später auch von George Wald vertreten wurde: Urzeugung.

In dem 1936 herausgekommenen Buch und in späteren Werken hob Oparin einen anderen Mechanismus hervor: die allmähliche, unvermeidliche chemische Evolution. Dieser Standpunkt lag ganz auf der Linie der aufkommenden marxistischen Ansichten über die Vererbung. Dem Bericht David Joravskys zufolge hatte es im Werk Oparins von 1924 »in dieser Schrift nicht einen Hauch von Marxismus, weder bewußt noch unbewußt« gegeben. In den 20er Jahren unseres Jahrhunderts sahen die marxistischen Biologen den Ursprung des Lebens nicht als einen Punkt an, der sie von ihren nichtmarxistischen Kollegen unterschied.

Aber, so wieder Joravsky, »in den 1930er Jahren, als der sowjetischen Intelligenz das Bekenntnis zum Marxismus abverlangt wurde, wurde Oparin einer der aktivsten Bekenner. Er begann damit, daß er behauptete, Engels sei einer der Urheber seines Ansatzes zum Ursprung des Lebens gewesen... Er änderte seine Vermutungen über den Ursprung des Lebens, so daß sie zur Anschauung Lyssenkos paßten, und vermied die Untersuchung des Ursprungs genetischer Systeme.«

Um der Gerechtigkeit willen muß ich anfügen, daß Oparins spätere Ansichten wahrscheinlich nicht nur politischer Zweckdienlichkeit entsprachen, sondern auch seiner Überzeugung, denn er kam zu ihnen, bevor dies eigentlich notwendig war, und blieb ihnen bis zu seinem Tod treu, als Lyssenko längst gestürzt war. Was für Gedanken waren das? Wir wollen ihn zitieren:

> »Nach dem dialektischen Materialismus befindet sich die Materie in ständiger Bewegung und durchläuft eine Reihe von Etappen oder Stufen in ihrer Entwicklung. Dabei bilden sich immer neue, komplizierte und vollkommenere Bewegungsformen der Materie aus, die vorher nicht vorhandene Eigenschaften besitzen...
>
> Jetzt waren die biologischen Gesetzmäßigkeiten bereits in den Hintergrund getreten, und die beherrschende Rolle im weiteren Fortschritt begannen die Entwicklungsgesetze der menschlichen Gesellschaft zu spielen.«

Nach 1936 verwarf Oparin die Urzeugung und erklärte, es sei unvorstellbar, daß Lebewesen »in ganz kurzer Zeit, sozusagen vor unseren Augen, aus unorganisierten Lösungen organischer Substanzen erscheinen könnten.« Aus diesem Grund wies er auch die Vorstellung vom nackten Gen zurück – das plötzliche Auftauchen eines gut an seine Funktion angepaßten Moleküls. Er verneinte, daß eine einzelne Nukleinsäure oder ein Proteinmolekül Leben enthalten könne, während der Rest des Protoplasmas lediglich ein lebloses Medium sei. Er verglich diese Ansichten oft mit denen des griechischen Philosophen Empedokles, der gemeint hatte, die belebten Dinge seien durch die unabhängige Entwicklung einzelner Organe – Arme, Augen, Ohren und so fort – entstanden, die dann zusammengekommen seien.

Oparins Ansichten waren bestimmt geeignet, sein Überleben in der Zeit Lyssenkos zu sichern. Seine Dienste in dieser Sache gingen jedoch über das hinaus, was unbedingt notwendig war. In Joravskys Worten:

»Oparin war der einzige wirklich herausragende Biologe, der den Lyssenkoismus nachdrücklich unterstützte.« Medvedev sieht Oparins Rolle sehr kritisch und erklärte beispielsweise, daß er große Mühe auf sich nahm, Stalin als »die Inspiration der fortschrittlichen Biologie« zu loben: »Nach Oparin erklärte Stalin lange vor Lyssenko, daß erworbene Eigenschaften vererbt werden und daß es genau diese ›Einfälle des Genies Stalins‹ waren, die die Mitschurinisten in ihrem Kampf gegen den Neo-Darwinismus als eine idealistische Perversion der Biologie beflügelten.«

In der Zeit von 1948 bis 1955 arbeitete Oparin als wissenschaftlicher Sekretär (also Leiter) der biologischen Abteilung der Sowjetischen Akademie der Wissenschaften und füllte in dieser Funktion wichtige Vakanzen aus. Medvedev berichtet über den Fall D. A. Sabinen, einen bedeutenden Pflanzenphysiologen, der in Ungnade gefallen war. Er wurde entlassen, fand aber nach jahrelangen Bemühungen eine neue Stellung. »Doch Oparin, der damals die biologische Abteilung der Akademie leitete und Lyssenko in jeder nur erdenklichen Weise hofierte, lehnte es rundweg ab, Sabinens Einstellung zuzustimmen, so daß dieser erneut zum Ausgestoßenen wurde.« Der verzweifelte Sabinen erschoß sich schließlich.

1950 mußte Oparin sich mit Lyssenko zusammentun, um die Verleihung des Stalinpreises an Olga Lepeschinskaja zu unterstützen. Loren Graham, ein auf sowjetische Wissenschaft spezialisierter Historiker, beschreibt sie als »mittelmäßige Biologin von beeindruckender politischer Größe«. Sie war Mitglied der Kommunistischen Partei seit deren Gründung und hatte persönliche Beziehungen zu Lenin und anderen politischen Führern. Wir haben bereits eine Kostprobe ihrer Prosa kennengelernt. Ihre wissenschaftliche Arbeit schloß auch die Behauptung ein, lebende Zellen aus nichtzellulärer Nährsubstanz in nur 24 Stunden herstellen zu können. In einem dieser Fälle benutzte sie Albumin, aus Eiweiß (Engels Worte wurden offenbar ganz wörtlich genommen). Medvedev führt an, daß sie »den großen Louis Pasteur einen Reaktionär und Idealisten nannte«. Die Lepeschinskaja war in der Lage, ihn zu widerlegen, indem sie eine Urzeugung in einem Gebräu aus Heu erzielte. Eine weitere Großtat war die Entdeckung, daß Sodabäder ein bedeutendes Mittel gegen das Altern darstellten.

Oparin unterstützte ihre Auszeichnung und pries ihren bedeutenden Dienst an der Wissenschaft. Graham glaubt, Oparin habe sich politischem Druck gebeugt, da ihre Ansichten den seinen eindeutig widersprachen. Später rückte er allmählich von dieser Position ab und kehrte zur bedingungslosen Ablehnung der Urzeugung zurück. Das trug ihm die Kritik der Lepeschinskaja und ihrer Förderer ein.

Zu einem kurzen Aufstand gegen den Lyssenkoismus kam es 1955 während der vorübergehenden Tauwetterperiode, die auf Stalins Tod folgte. Nach Medvedev unterzeichneten damals dreihundert sowjetische Wissenschaftler eine Eingabe mit der Forderung nach der Entfernung Lyssenkos und Oparins von ihren Posten in der Akademie der Wissenschaften. Diese Forderungen wurden erfüllt. Im Nachruf auf Oparin in *Transactions in Biological Sciences* wird seine ganze Arbeit in dieser Position kurz zusammengefaßt: »Oparin war auch Sekretär der biologischen Abteilung der Akademie in einer unglücklichen Zeit, 1948–1955.«

In dieser Atmosphäre fand das Erste Internationale Symposium über den Ursprung des Lebens im August 1957 in Moskau statt. Anfang der 50er Jahre waren die Theorie von Watson und Crick sowie die Miller-Urey-Experimente veröffentlicht worden. Miller hatte in seinem Papier eingeräumt, gedanklich in der Schuld Oparins zu stehen. 1955 war die Idee eines Symposiums über den Ursprung des Lebens bei einer Tagung der International Union of Biochemistry aufgekommen. Die Organisatoren der Konferenz waren der Meinung, die Sowjetunion, »deren Wissenschaftler einen beachtlichen Beitrag zur Lösung der Frage nach dem Ursprung des Lebens geleistet hatten«, sei ein geeigneter Ort für das Treffen. Auch die Zeit war richtig, denn »eine gewisse Umkehr« auf dem Gebiet hatte stattgefunden.

Die Konferenz selbst bot ein Forum, gegensätzliche Meinungen darüber vorzutragen, wie das Leben entstanden sei. Oparin hatte den Vorsitz und sprach ein einleitendes Wort. H.J. Muller nahm nicht teil, doch mehrere amerikanische Wissenschaftler waren anwesend, die seine Stellung zum lebenden Gen teilten, unter ihnen Norman Horowitz, ein Biologe vom California Institute of Technology. Auch Lyssenko war nicht dabei, doch mehrere seiner Förderer hatten sich eingefunden. Einige westliche Wissenschaftler taten sich mit den sowjetischen zusammen und pflichteten dem Standpunkt der allmählichen Evolution bei. Olga Lepeschinskaja war da. Sie trug ihre eigenen Untersuchungen vor und zitierte die Definition von Friedrich Engels über das Wesen des Lebens.

Der Historiker John Farley faßte diese erste eindrucksvolle Konferenz über den Ursprung des Lebens wie folgt zusammen: »Hinter den scheinbar harmlosen Fragen, die gestellt wurden, standen tiefe ideologische und politische Unterschiede, die im kalten Krieg der 50er Jahre alles beherrschten.« Diese Fragen waren zweifellos vorhanden, aber nicht unbedingt offenkundig. Ich selbst war damals Doktorand in Harvard und in keiner Weise beteiligt. Vor kurzem fragte ich meine Kollegin Bea Singer, eine Teilnehmerin, nach ihren Eindrücken. Eine Reise in die Sowjetunion war zu jener Zeit etwas Neues. Bea konnte sich im wesentlichen nur noch an die Umstände der Reise erinnern; von einer politischen Konfrontation hatte sie nichts gemerkt.

Auf jeden Fall leitete die Konferenz eine ganze Serie internationaler Tagungen über den Ursprung des Lebens ein. Die zweite internationale Zusammenkunft fand im Oktober 1983 in Wakulla Springs in Florida statt. Einer der Höhepunkte war das erste Zusammentreffen von Oparin und J.B.S. Haldane, dem Mit-Urheber des Hauptparadigmas.

Haldane unterschied sich insofern von Oparin, als der Ursprung des Lebens nicht im Mittelpunkt seines wissenschaftlichen Interesses gestanden hatte. Haldane hatte sich seinen Ruf als mathematischer Biologe, Genetiker und Physiologe erworben. Er teilte mit Oparin die Liebe zum Kommunismus. Haldane hatte in den 30er Jahren marxistische Ansichten übernommen und war mehrere Jahre Redakteur beim *Daily Worker* in London gewesen. Er trat zwar in den meisten Fragen für die Linie der Kommunistischen Partei ein, tat sich aber mit dem Lyssenkoismus schwer, vor allem nach den Ereignissen von 1948. Ihm mißfiel offensichtlich die Behandlung der Gegner Lyssenkos, aber er war sich im unklaren über den wissenschaftlichen Wert der Ideen und meinte, es wäre vielleicht doch etwas daran. Sein Biograph Ronald Clark berichtet, daß Haldane Lyssenko nach Einzelheiten der Experimente fragte. Als er sie nicht erhielt, brach er 1949 mit der Partei und schrieb: »Ich bin ein Mendelist-Morganist.«

In seinem letzten Lebensabschnitt (Haldane starb 1964, ein Jahr nach der Konferenz in Florida) brach er auch mit seinem Heimatland England. Er ging 1957 nach Indien und nahm die indische Staatsbürgerschaft an. Anderer Meinung zu sein war offenbar ein Stück seines Wesens. Die Theorie von der »heißen gestreckten Suppe« war neu gewesen, als er sie aufstellte. Als sie Jahre später Anerkennung fand, ließ sein Mißtrauen gegen die Orthodoxie ihn zweifeln, ob sie richtig sein könnte.

Haldane und Oparin, die beiden ursprünglichen Chefköche der Ursuppe, waren uneins darüber, wie das Leben in ihr entstanden sei. Haldane war der einzige Marxist, der sich für die Urzeugung aussprach. Auf der Konferenz von 1963 wiederholten beide ihren Standpunkt, wobei Haldane erklärte, daß »der erste Organismus aus einem sogenannten Gen der RNA bestanden haben kann, die nur ein Enzym bestimmte«.

Trotzdem kamen die beiden offenbar gut miteinander aus. Haldane, der Oparin vorstellen sollte, sagte: »Ich nehme an, Oparin und ich werden in diesem Wissenschaftszweig wahrscheinlich als alte Denkmäler betrachtet, aber es besteht ein sehr beachtlicher Unterschied, denn ich verstehe nichts Besonderes davon, während Dr. Oparin sein ganzes Leben diesem Gebiet gewidmet hat.«

Wäre H.J. Muller zugegen gewesen, hätte er vielleicht weniger Rücksichtnahme gezeigt. Muller konnte wegen einer schweren Erkrankung nicht an der Konferenz teilnehmen. Er las später die Berichte und bemerkte, daß nur eine Handvoll Teilnehmer, unter ihnen Haldane, seine Position bezogen hatten, während viele andere die Ansicht Oparins vom Vorrang des Protoplasmas vertreten hatten.

Diese Verlagerung der Ansichten von der Urzeugung eines nackten Gens zum oparinschen Grundsatz des stufenweisen Fortschreitens ist eines der zentralen Themen des Buchs *Spontaneous Generation from Descartes to Oparin,* das der Historiker John Farley geschrieben hat. Als Zeichen dieser Verlagerung führt Farley die Veröffentlichung eines vielgelesenen Texts von John Keosian an, einem amerikanischen Biochemiker »ohne offene Verbindungen zum Marxismus«. In seinem Text schreibt Keosian: »Aus materialistischer Sicht war der Ursprung des Lebens kein Unfall in grauer Vorzeit; er war vielmehr das Ergebnis einer sich zu immer höheren Ebenen entwickelnden Materie, die ihre Vererbungsmöglichkeiten auf jeder Ebene unerbittlich ausschöpfte, um zur nächsten Ebene zu gelangen.« Farley selbst schloß 1974:

> »Heute neigt wohl die Mehrheit der Biologen und Biochemiker dem evolutiven Standpunkt Oparins zu... Das Leben entstand nicht durch eine Urzeugung. Das heißt, ein funktionelles Lebewesen, ob Maus, Made, Bakterium, Virus oder ›lebendes Molekül‹, entwickelt sich nicht in einem Zug aus Stoffen ohne lebens-

> ähnliche Eigenschaften. Das Leben entstand langsam als Teil eines langen Entwicklungsprozesses, dessen sämtliche Stadien zu der Zeit, als sie durchlaufen wurden, sehr wahrscheinlich waren.«

Oparin und seine Vorstellungen waren eindeutig die Sieger. Oparin überstand ohne ernste Schwierigkeiten die Ära Lyssenko. Er konnte in einer Doppelrolle auftreten, als Anhänger Lyssenkos daheim und als guter Theoretiker über den Ursprung des Lebens in der westlichen Welt. 1964 hatte er schließlich geschickt eine neutrale Haltung in einer Frage bezüglich eines von Lyssenko Ernannten eingenommen. Sein ganzes Arbeitsleben hindurch konnte er sich eine sichere Plattform erhalten, die ihm die Möglichkeit bot, seine wissenschaftlichen Ansichten zu verbreiten.

Sein behutsames Vorgehen in diesen Fragen wird aus einem Bericht des Journalisten Harold T. P. Hayes über ein 1978 gegebenes Interview deutlich. Das Interview fand im Beisein eines der stellvertretenden Direktoren der Akademie und eines Dolmetschers statt. Hayes wurde gebeten, seine Fragen schriftlich einzureichen, und Oparin wählte zur Beantwortung nur bestimmte Fragen auf der Liste aus. Am Ende des Interviews wurden Cognac, Gebäck und Süßigkeiten gereicht, und man sagte eine längere schriftliche Beantwortung zu. Doch nur eine Postkarte mit einem Gruß kam – ein Jahr später zu Weihnachten.

Oparins Ansichten sind das einzige erhaltene Fragment Lyssenkoscher Biologie, die vom dialektischen Materialismus abgeleitet ist. Im Gegensatz zu den Überresten der Gedanken Lyssenkos haben sie unter Umständen sogar noch eine gewisse Gültigkeit. Ganz bestimmt haben sie, wie Farley anmerkte, eine gewisse Aufwertung erfahren. Farley ging jedoch auf Nummer Sicher. Er schloß: »Die Frage ist schon viele Male aufgegeben worden, nur um zu einem späteren Zeitpunkt in anderer Aufmachung wieder aufzutauchen. Ob das letzte Kapitel über die Urzeugung nun geschrieben worden ist, kann unmöglich gesagt werden.«

Oparin, Muller, Haldane und Lyssenko sind nicht mehr. Auch die politische Brisanz der Frage ist vergangen und inzwischen Geschichte. Die wissenschaftlichen Aspekte dagegen bleiben. Der Skeptiker ist im Lauf dieser Auseinandersetzung sehr unruhig geworden. Er weist darauf hin, daß politische Komplikationen für die wissenschaftliche Antwort belanglos sind. Als Oparin zum Beispiel erklärte, daß »nur der dialektische Materialismus den richtigen Weg zum Ursprung des Lebens gefunden hat«, bestand sein Beitrag in einem Dogma, nicht in einem Experiment. Wissenschaft funktioniert weder durch Verlautbarungen noch durch Übereinstimmung, sondern nur durch das Experiment.

Tatsächlich ist die Frage des nackten Gens mit der sich daraus ergebenden Urzeugung heute äußerst lebendig. Sie hat frische Kraft geschöpft aus neuen experimentellen und mathematischen Untersuchungen, denen wir uns im nächsten Kapitel zuwenden wollen (das wohl kaum das letzte in ihrer Geschichte sein wird).

7. Der Zufallsreplikator

Die Wissenschaftler, die sich mit dem Ursprung des Lebens befassen, sind in vielen Fragen uneins. Erhebliche Konflikte gibt es zwischen denen, die an die chemische Evolution glauben, und denen, die das nackte Gen propagieren, die wir die nackten Gen-ies [Shapiro spricht hier mit einer Doppelbedeutung von den »naked genies«: Ein »genie« ist im Engl./Amerik. auch ein dienstbarer Geist] nennen wollen. Wie wir gesehen haben, hat dieser Streit die Grenzen der Wissenschaft überschritten und auf Politik und Philosophie übergegriffen. In diesem Kapitel wollen wir die Ansichten der nackten Gen-ies eingehender untersuchen.

Der bekannteste Mechanismus zur Erhöhung der Komplexität der Arten ist Darwins natürliche Auslese. Sie hat geholfen, die Entwicklung vom ersten einzelligen Organismus zur Vielfalt höherer Lebewesen einschließlich dem Menschen zu lenken, die heute die Erde bewohnen. Wenn wir diese gängige wissenschaftliche Absicht akzeptieren, bleibt immer noch die große Frage: Woher kamen die ersten einzelligen Geschöpfe? Sie sind zu komplex, als daß sie durch Urzeugung entstehen könnten, und müssen ebenfalls Produkte einer Evolution aus noch einfacheren Wesen sein. Einem nackten Gen-ie zufolge würde der Ursprung des Lebens zusammenfallen mit dem Erscheinen des ersten Wesens, das die Fähigkeit besäße, sich zu reproduzieren und zu mutieren. Einige dieser Mutationen würden zur Bildung von Abkömmlingen führen, die für das Überleben besser geeignet sind. Diese überlebenden Wesen würden sich vermehren und den Evolutionsprozeß über die natürliche Selektion fortsetzen.

Es wird somit wichtig, das einfachstmögliche sich selbst reproduzierende oder replizierende System zu finden, denn dies wäre das erste Lebewesen. Bei dieser Suche bilden Viren eine offenkundige Quelle der Anregung. Sie bestehen aus einer relativ kurzen Nukleinsäure, die in Protein gehüllt ist. In Flaschen abgefüllt in einem Regal sehen sie wie ein unscheinbares weißes Pulver aus, das kaum von Zucker oder Salz zu unterscheiden ist. Ein Präparat des Tabakmosaikvirus zum Beispiel könnte sich unauffällige Monate oder Jahre in einem Glas befinden. Wird jedoch ein bißchen von diesem Pulver auf die Blätter einer Tabakpflanze gegeben, verursacht es eine Erkrankung, die die Blätter der Pflanze mit Verletzungen übersät. Bei diesem Prozeß vermehrt sich das Virus viele Male.

Um zu erkennen, wie Viren sich hinsichtlich Größe und Komplexität zu anderen lebenden Organismen verhalten, wollen wir wieder unseren fiktiven Aufzug KOGOL rufen. Wir wollen zur Ebene -6 fahren, auf der normale Bakterien etwa unsere Größe haben und Atome noch kaum sichtbar sind. Auf dieser Ebene schwankt die Größe der Viren zwischen der einer Münze und unseres Unterarms. Einige sind rund, andere stärker zylindrisch, wieder andere haben weit kompliziertere Formen. Wir wollen uns einem der größeren Viren zuwenden, das T2 genannt wird und einem Mondlandegerät aus dem Kinderzimmer ähnelt. Es hat einen sechseckigen Kopf, einen komplexen Halsschaft und sechs spindeldürre Gliederbeine, alle aus Proteinen bestehend. Zum Bau dieser Struktur sind über fünfzig verschiedene Proteine nötig. Im Kopf steckt ein DNA-Faden, der die genetischen Informationen speichert. T2 ist sehr differenziert, wie eigentlich alle Viren, und enthält auf jedem DNA-Strang mehr als 100000 Nukleotide. Viren sind Parasiten, die beim Menschen Krankheiten von einer Erkältung bis zum Krebs hervorrufen können. Das Virus, das wir jedoch beobachten, interessiert sich nicht für uns, sondern sucht sich Bakterien als Ziel.

Der Lebenszyklus eines T2-Virus läuft wie folgt ab. Es landet mit den Beinen auf einem Bakterium und hockt sich hin, um das Schaftende in Berührung mit der Oberfläche des Bakteriums zu bringen. Die T2-DNA wird durch den Hals des Virus in das Bakterium injiziert. Diese DNA leitet sofort die Produktion von RNA-Molekülen und Eiweißkörpern ein, wobei sie sich dazu bakterieller Ribosomen, Enzyme und weiterer Untereinheiten bedient. Es wird ein Enzym hergestellt, das die DNA des Bakteriums zerstört. Die T2-DNA bemächtigt sich der Zelle und wandelt sie in ein Montageband für die Herstellung von Eiweißkörpern und DNA um, um weitere Partikel für T2-Viren zu produzieren. Nach einiger Zeit platzt das Bakterium, und Schwärme neuer Viren werden freigesetzt, die sich andere Opfer suchen.

Im Lebenszyklus des T2 ist die Nukleinsäure der essentielle Teil des Virus, während die Proteinhülle dem Schutz und dem Transport der Nukleinsäure von einem Opfer zum anderen dient. Das Protein hat eine Doppelfunktion als Mantel und Automobil.

Viele Viren sind einfacher als das T2. Einige der kleineren haben als genetisches Material RNA, nicht DNA. RNA-Moleküle sind im allgemeinen viel kürzer als die der DNA, doch können sie ebenfalls eine Doppelhelix bilden, Informationen speichern und repliziert werden.

Von besonderem Interesse für uns ist Q*β*, wie das T2 ein Parasit von Bakterien. Als genetisches Material hat es eine einsträngige RNA mit etwa 4500 Nukleotideinheiten. Eine Nukleinsäure muß nicht immer eine Doppelhelix sein. Sie muß diese Form allerdings annehmen, wenn sie kopiert wird, wie bei der Replikation. Wegen der geringen Länge seiner Nukleinsäure kann das Q*β*-Virus nur einige Proteine kodieren (die Anweisungen für sie halten). Es kann sich keine aufwendige Hülle wie T2 leisten, sondern muß sich mit einer sehr viel bescheideneren begnügen, die aus nur einem Proteintyp besteht, der mehrfach zusammengeflickt ist.

Es gibt sogar noch kleinere RNA-Moleküle, die in der Lage sind, sich zu reproduzieren. Einige, die Viroide, sind Partikel ringförmiger, einsträngiger RNA mit nur einigen Hundert Nukleotideinheiten. Viroide sind nackt, denn ihre steifen RNA-Stäbe haben keine Eiweißhülle. Wir können sie jedoch nicht Gene nennen, da ihre Nukleinsäure offenbar für keins der Proteine kodiert. Dennoch können Viroide in bestimmten Pflanzen replizieren und Krankheiten hervorrufen. Ich habe einmal Bilder von einer Palmenplantage gesehen, die durch eine Krankheit vernichtet worden war, die ein solches Viroid verursacht hatte, und fand den Gedanken erschreckend, daß der Schaden von einem so winzigen replizierenden Agens herrührte. Auf der Ebenene -6 des KOGOL wäre ein Viroid nicht größer als ein Finger.

Bestimmte RNA-Moleküle, die noch kleiner als die Viroide sind, können replizieren. Sie kommen nicht natürlich vor, sondern werden vom Q*β*-Virus in Experimenten abgeleitet, die eine Analogie zur Darwinschen Evolution im Reagenzglas gezeigt haben.

Bei der Replikation wird die Qβ-RNA kopiert, damit weitere Qβ-RNA entstehen. Bakterien enthalten Enzyme, die DNA replizieren, und andere, die DNA-Botschaften in RNA umwandeln, aber keine Enzyme, die RNA kopieren. Solche Enzyme würden, wenn es sie gäbe, sich daranmachen, Transfer-RNA-Moleküle und die RNA in Ribosomen zu kopieren, egal ob diese zusätzlichen Kopien gebraucht würden oder nicht. Die Menge der in einem Bakterium vorhandenen RNA wird normalerweise durch die DNA der Zelle gesteuert, nicht über die direkte Reproduktion der RNA.

Qβ muß also selbst für ein Kopierenzym, die Replikase, sorgen, wenn es Nachkommen haben möchte. Bald nach dem Eintritt in ein Bakterium fungiert die Qβ-RNA als Bote und lenkt die Herstellung dieses Enzyms; dazu benutzt sie bakterielle Ribosomen. Die Replikase wandelt die RNA von Qβ zuerst in eine Doppelhelix um, die sie dann dazu benutzt, weitere Kopien des ursprünglichen Qβ-RNA-Strangs herzustellen. Für die Produktion werden Rohstoffe gebraucht. Dafür eignen sich bestimmte Nukleotide, die einen eingebauten Vorrat an chemischer Energie besitzen. Wir wollen sie in diesem Buch »aktive Nukleotide« nennen. Das Virus hat selbst keine aktiven Nukleotide; es benutzt die des Bakteriums. Die Replikase hat noch eine andere entscheidende Fähigkeit. Sie kann die Qβ-RNA von den verschiedenen vorhandenen bakteriellen RNAs unterscheiden und vergeudet ihre Zeit nicht damit, letztere zu kopieren.

Die RNA des Qβ kann sich im Reagenzglas ebenso wie in einem Bakterium reproduzieren. Dieses System wurde zuerst in einer bemerkenswerten Versuchsreihe erforscht, die der Biochemiker Sol Spiegelman an der Universität von Illinois durchführte. Die Replikase wird selbstverständlich auch als Untereinheit zur Bildung der RNA und bestimmter Salze gebraucht, damit die Replikase und die Qβ-RNA in guter Verfassung bleiben. Mehr wird nicht benötigt. Wenn diese Bestandteile gemischt werden, wird die RNA repliziert, bis die Bausteine im Reagenzglas verbraucht sind.

Werden von diesen Untereinheiten weitere hinzugefügt, kann der Prozeß unbegrenzt andauern, allerdings wird mehr Platz für die Nachkommen gebraucht. Um zu vermeiden, daß der Inhalt des Reagenzglases zuerst zur Spüle und dann zur Badewanne gebracht wird, bedient man sich eines einfachen Hilfsmittels. Eine Probe aus dem ursprünglichen Reagenzglas wird nach einiger Zeit in ein frisches Reagenzglas gegeben, das zusätzliche aktive Nukleotid-Untereinheiten und Replikase enthält, aber für neue RNA. Auf diese Weise können die Abkömmlinge der ursprünglichen RNA-Moleküle über Dutzende von Generationen verfolgt werden.

Es kommt zwangsläufig zu Fehlern, wenn die Replikase ihre RNA kopiert. Treten solche Mutationen innerhalb des normalen Lebenszyklus des Qβ-Virus auf, können sie zu einer Veränderung in der Aminosäuresequenz eines Proteins führen, das von der RNA kodiert ist. Weist das neu erstellte Protein schwere Mängel auf, kann das mutierte Virus vielleicht nicht überleben oder replizieren. Die Veränderung geht unter.

Viele Mutationen der Qβ-RNA bringen vielleicht nur einen geringen Nachteil. Das neue Protein kann so gut oder fast so gut wie das alte sein. Außerdem berühren die Veränderungen einiger RNA-Sequenzen wegen der Art, wie Gene innerhalb der RNA des Qβ gespeichert werden, und wegen des genetischen Codes die Proteine überhaupt nicht – sie können harmlos sein.

Einzelne Qβ-Viren in der Natur sind wegen der fortlaufend erfolgenden Mutationen im allgemeinen nicht identisch. Eine RNA kann sich von einer anderen in einer oder zwei Nukleotiden aus einer Sequenz von Tausenden unterscheiden. Eine Partikelgruppe von Qβ-Viren ist im wesentlichen eine Ansammlung sehr eng verwandter Individuen mit einer gemeinsamen durchschnittlichen Erbanlage, die sich in der durchschnittlichen RNA-Sequenz spiegelt. Kein Einzelvirus wird jedoch wahrscheinlich sehr weit von dieser Sequenz abweichen, denn wenn sich mutationsbedingte Veränderungen anhäufen, steigt die Möglichkeit, daß eine Veränderung dabei ist, die tödlich ist. Weit seltener ist die wirklich positive Veränderung, die bei der natürlichen Auslese eine Dominanz in der Population erreichen würde.

Die Spielregeln ändern sich jedoch erheblich, wenn man der Qβ-RNA erlaubt, in einem Reagenzglas zu replizieren. Die Situation ist dann mit der eines wilden Tiers in einem Zoo vergleichbar. Es wird vor Gefahr geschützt und braucht nicht nach Beute zu jagen. Seine Bedürfnisse befriedigt der Wärter (Spiegelman bei den früheren Experimenten). Es hat nichts weiter zu tun, als sich zu vermehren. Unter diesen Umständen sind Mutationen an der Hülle oder den Replikaseproteinen harmlos. Die RNA braucht keine Hülle, und die Replikase wird von außen geliefert. Es kann überhaupt kein Protein hergestellt werden, da die RNA keinen Zugang zu der notwendigen Apparatur innerhalb des Bakteriums hat. Veränderungen bei diesen Sequenzen richten keinen Schaden an. Eine andere Veränderung ist jedoch positiv: eine, die die Replikation beschleunigt.

Wenn ein RNA-Molekül, sagen wir, in zehn statt den üblichen zwanzig Minuten repliziert werden kann, gibt es zwei Generationen in der Zeit, die normalerweise für eine gebraucht wird, und vier Abkömmlinge statt zwei. Die Nachkommen dieses einen Moleküls beherrschen am Ende das ganze Gemisch. Die langsameren Wettbewerbsteilnehmer werden sich nach und nach in den verschiedenen verdünnten Lösungen verlieren. Das imitiert die natürliche Auslese Darwins: Das geeignetste RNA-Molekül überlebt.

Wie kann ein RNA-Molekül die eigene Reproduktion beschleunigen? Die naheliegendste Methode ist die, sich zu verkürzen. So wie wir handschriftlich eine Nachricht von einer Seite in der Hälfte der Zeit kopieren können, die wir für eine zweiseitige Nachricht brauchen, kann ein RNA-Molekül halber Länge in der halben Zeit von der Replikase kopiert werden.

Nehmen wir an, eine virale RNA-Kette würde durch eine Zufallsreaktion mit Wasser, das eine der Phosphat-Zucker-Bindungen abtrennt, in zwei Teile getrennt. Jede Hälfte wäre jetzt ein neues Individuum, das von der Replikase in der halben Zeit kopiert werden könnte. In der Praxis wird allerdings nur eine der Hälften kopiert. Wir haben weiter oben erwähnt, daß die Replikase die Q*β*-RNA von den anderen RNA-Molekülen unterscheiden kann, die normalerweise in einer Bakterienzelle vorkommen. Das tut sie, indem sie sich bestimmten Sequenzen in der Nähe eines der Enden der viralen RNA anlagert. Diese Schlüsselsequenzen kommen in der bakteriellen RNA nicht vor. Ist die Replikase einmal mit den Sequenzen verknüpft, kann sie den Kopierprozeß aufnehmen. Sollte sich ein Molekül der Q*β*-RNA teilen, würde nur ein Teil der Erkennungssequenzen erhalten. Der andere würde nicht erkannt; er wäre effektiv steril. Der erkannte Teil würde sich sehr schnell fortpflanzen und das Gemisch bald beherrschen. Schließlich würde es bei einem seiner Nachkommen zu einem zufälligen Bruch der Kette kommen, was einen noch fruchtbareren Abkömmling hervorbrächte. Dieser Prozeß würde nur dann enden, wenn die kürzeste Kette produziert wird, die von der Q*β*-RNA abgeleitet werden und dennoch die notwendigen Erkennungssequenzen enthalten kann.

Bei ihrem früheren Experiment verfolgte die Gruppe um Spiegelman die Entwicklung der Qβ-RNA im Reagenzglas über 70 Generationen. Am Ende dieser Zeitspanne wurde das Gemisch von einer einzigen RNA-Art beherrscht, die 550 Nukleotide lang war. Der größte Teil der jetzt unbrauchbaren genetischen Informationen war zugunsten eines schnelleren Replikators aufgegeben worden.

Eine andere Versuchsreihe wurde mit RNA durchgeführt, die schon optimal gekürzt worden war. Diese RNA ließ man zusammen mit einer chemischen Verbindung replizieren, die den Prozeß verlangsamte. Diese Verbindung lagerte sich der RNA bei bestimmten bevorzugten Nukleotidsequenzen an. Wenn die sich umherbewegende Replikase eine Stelle erreichte, wo die Verbindung sich angelagert hatte, mußte sie sich an ihr vorbeizwängen, so wie wir vielleicht einen Karton an die Seite schieben müßten, der uns in einem Supermarkt den Weg versperrt. Dabei ging Zeit verloren.

Man erzeugte mehrere Generationen der RNA zusammen mit der Verbindung und analysierte die Nachkommen. Wieder war nur eine einzige Molekülart vorhanden. Sie unterschied sich von der Ausgangs-RNA durch drei Änderungen in der Nukleotidsequenz. Diese Veränderungen hatten die bevorzugten Anlagerungsstellen der chemischen Verbindung zerstört. Als Folge hatte die Replikationsgeschwindigkeit beinahe wieder den ursprünglichen Wert erreicht, bei dem keine Verbindung vorhanden gewesen war. Die RNA hatte sich erneut so geändert, daß die Fortpflanzungsgeschwindigkeit stieg.

Diese und andere, ähnlich geartete Experimente belegten, daß ein einzelnes Molekül sich genetisch Veränderungen seiner Umwelt anpassen kann. Daher ist der Prozeß »Evolution im Reagenzglas« genannt worden.

An dieser Stelle möchte sich der Skeptiker einschalten. Er ruft uns in Erinnerung, daß zur Evolution das Erlangen neuer Fähigkeiten und auch eine erhöhte Komplexität gehören. Er möchte wissen, ob die RNA in diesem Sinn wirklich eine Evolution durchgemacht hat.

Beim ersten, oben beschriebenen Experiment hat die RNA, wie der Skeptiker anmerkt, den größten Teil ihrer ursprünglichen Informationen verloren. Das Experiment mit der chemischen Verbindung zeigte nur die Anpassung angesichts widriger Umwelteinflüsse. Die RNA hat keine neue Fähigkeit erworben, konnte es auch gar nicht. Da sie keinen Zugang zur Proteinsynthese hatte, konnte sie beispielsweise keine verbesserte Replikase entwickeln oder ein Enzym, das die Verbindung hätte vernichten können.

Für diejenigen, die dem Vorrang der Nukleinsäure beim Ursprung des Lebens das Wort reden, war diese fehlende Kontrolle der RNA über die Proteine einschließlich des eigenen Replikationsenzyms eine Qual. Eines der Forschungsziele auf diesem Gebiet war die Entwicklung eines Systems, in dem eine Nukleinsäure ohne die Hilfe eines Proteins replizieren kann. Einige Teilerfolge sind erzielt worden.

Leslie Orgel und seine Kollegen am Salk Institute in La Jolla, Kalifornien, haben künstliche, energiereiche Nukleotiduntereinheiten erfunden. Wurden diese Untereinheiten mit bestimmten (nicht allen) RNA-Molekülen gemischt, verbanden sie sich und bildeten eine neue Kette, die nach den Regeln von Watson und Crick zur bestehenden Kette paßte. Die einsträngige ursprüngliche RNA wurde ohne die Hilfe einer Replikase in eine Doppelhelix umgewandelt.

Die neue Doppelhelix wies einige Fehlverbindungen an ihrem Zukker-Phosphat-Rückgrat auf, und die Durchschnittslänge der neuen Kette war auf etwa 15 Einheiten begrenzt. Die spezielle Untereinheit, die benutzt wurde, wurde nach langem Herumprobieren gefunden und war nach Orgels Worten wahrscheinlich keine Einheit, die es schon auf der frühen Erde gegeben hat. Außerdem stoppte der Prozeß, sobald eine Doppelhelix entstanden war. Die RNA wurde nicht weiter repliziert.

Aus diesen Gründen hat Orgel seine Arbeit mit großer Zurückhaltung vorgestellt und die Reaktion ein Modell genannt. Andere waren weniger vorsichtig und betrachten sie als einen klaren Hinweis darauf, daß sich ein nacktes Gen auf der frühen Erde irgendwie ohne Protein replizieren konnte.

Während dieses Buch geschrieben wurde, hat es keine Beweise dafür gegeben, daß eine Nukleinsäure ohne ein Protein zurechtkommt. Sicher kann das Q*β*-Reagenzglassystem nicht ohne die Replikase arbeiten. Dieses System hat jedoch ein anderes und unerwartetes Ergebnis gebracht. Die RNA ist der unnötige Bestandteil.

Intensive Untersuchungen des Q*β*-Reagenzglassystems haben in den letzten zehn Jahren der Nobelpreisträger Manfred Eigen und seine Kollegen am Max-Planck-Institut in Göttingen durchgeführt. Bei einigen Experimenten mischten sie die Replikase, aktive Nukleotide und Salze, ließen aber die RNA weg. Eine Zeitlang tat sich nichts, doch nach einer

Verzögerung, die von Experiment zu Experiment schwankte, erschien eine RNA, die sich dann replizierte und entwickelte.

Die RNAs, die entstanden, waren zunächst eine gemischte Population; einige waren nur 60 Einheiten lang. Beim sich anschließenden Evolutionsprozeß wurden sie länger, und am Ende kam eine einzige Art heraus, die zwischen 150 und 250 Einheiten lang war. Die Sequenz dieses einen Gewinners war jedoch von Experiment zu Experiment anders. Kurz und gut, die Replikase konstruierte, als sie keine RNA zum Kopieren erhielt, sich selbst eine.

Dieses Ergebnis war so unerwartet, daß man mutmaßte, eine winzige Menge RNA müsse vorhanden gewesen sein, damit der Prozeß anlief. In mehreren Labors unternahm man rigorose Anstrengungen, um diese Möglichkeit auszuschließen. Selbst jetzt ist diese Diskussion noch nicht beigelegt. Die Möglichkeit bleibt, daß eine kleine Menge RNA in allen Fällen zu Beginn vorhanden war. (Inzwischen hoffe ich, daß der Leser sich an diesen Zustand der Unsicherheit gewöhnt hat. In der Wissenschaft ist das das Normale.) Aber es scheint so, als hätte das Ergebnis Bestand. Wenn, dann ist es nicht so, daß es die beruhigt, die der Nukleinsäure den Vorrang einräumen. Wir kommen später darauf zurück, wenn wir dem Protein Gerechtigkeit widerfahren lassen.

Manfred Eigen und seine Kollegen haben eine ausgeklügelte Theorie über den Ursprung des Lebens entwickelt, die zum Teil auf umfangreichen mathematischen Berechnungen beruht, aber auch auf den Ergebnissen beim $Q\beta$-System. Ihre Berechnungen befassen sich mit den Wechselbeziehungen zwischen großen Molekülen in der frühen Entwicklungsphase des Lebens.

Ihre Überlegungen beginnen mit einer Ursuppe. Sie arbeiten nicht mit denen, die beim besten Miller-Urey-Experiment entstehen, sondern gehen von einer eigenen sehr viel nahrhafteren biochemischen Brühe aus. Ihr Rezept enthält wahllos hergestellte kleine Eiweißkörper, ausreichend Lipide, damit sich Membranteile bilden können und die natürlichen aktiven Nukleotide oder andere energiereiche Untereinheiten, die sich zum Aufbau von Nukleinsäuren eignen. Das entscheidende Ereignis in diesem Gemisch ist die zufällig erfolgende Bildung eines Moleküls, das sich replizieren kann. Dazu wird eher eine RNA als eine DNA ausgewählt.

Trotz des unangefochtenen Standes, den die DNA heute hat, gibt es doch einige Gründe, die vermuten lassen, daß die RNA beim Ursprung des Lebens vor ihr da war. Die RNA spielt im heutigen Leben zweifellos eine vielseitigere Rolle als die DNA. Wie wir gesehen haben, sind drei verschiedene Formen der RNA wesentlich für die Proteinsynthese. Die RNA spielt eine kleine, aber notwendige Rolle bei der bakteriellen DNA-Replikation. Bei bestimmten Viren fungiert die RNA selbst als das genetische Material. Die DNA ist sehr viel begrenzter.

Bei der Entwicklung von Gemeinschaften kommen die Alleskönner normalerweise eher als die Spezialisten. So war es wahrscheinlich auch bei der Entstehung des Lebens – die RNA war vor der DNA da. Andere Anzeichen deuten in die gleiche Richtung. In unserer allgemein anerkannten Biochemie entstehen die Bausteine der DNA aus den entsprechenden RNA-Untereinheiten. Das spiegelt möglicherweise die geschichtliche Reihenfolge der Ereignisse wider. Dafür gibt es auch einen Grund. Bei der chemischen Synthese ist der Zuckerbestandteil der DNA, die Desoxiribose, schwerer herzustellen und wird eher zerlegt als der RNA-Zucker, die Ribose. Die Entdeckung der Desoxiribose in Nukleinsäuren durch die Chemiker verzögerte sich aus eben diesem Grund. Wahrscheinlich gab es in keiner Ursuppe eine Desoxiribose; sie wurde wohl erst in die Lebensprozesse eingeführt, als sich Enzyme entwickelt hatten, die mit ihr umgehen konnten.

Kehren wir zum Eigen-Szenario zurück. Es nimmt an, daß das Leben an dem Tag begann, als ein oder mehrere replizierende RNA-Moleküle sich durch Zufall in der angereicherten Brühe bildeten. Dieser Gedanke gefiele sicher einem nackten Gen-ie, doch er verdient eine eigene Identität. In dieser Darstellung brauch das RNA-Molekül nicht nackt gewesen zu sein. Es hatte bei der Replikation vielleicht ein wenig Hilfe von Proteinen erhalten, die ebenfalls zufällig entstanden waren und in dieser Brühe schwammen. Vielleicht könnten wir sagen, daß die RNA ein Feigenblatt hatte. Außerdem war die RNA kein Gen. Wie $Q\beta$-RNA im Reagenzglas kodierte sie für kein Protein. Sie replizierte nur. Wir wollen sie den Zufallsreplikator nennen.

Ein oder mehrere RNA-Moleküle entstanden durch Zufall. Falls nur eins vorhanden war, diversifizierte es bald infolge ungenauer Replikation. Auf jeden Fall kristallisierte sich nach einer Zeit des Wettbewerbs und der Evolution ein Sieger heraus. Wie beim $Q\beta$-Experiment war es ein Molekül, das gut replizieren konnte. Es hatte keine einmalige Sequenz, sondern bestand eher aus mehreren eng miteinander verwandten Einzelmolekülen, einer sogenannten Quasi-Art.

Eigen und seine Mitarbeiter haben diese Quasi-Art einer mathematischen Analyse unterzogen. Sie meinen, eine Länge von 100 RNA-Einheiten könnte erreicht werden, aber jenseits dieses Werts würden Kopierfehler ihre Identität zerstören.

Die nächsten Phasen wurden ebenfalls aus Berechnungen abgeleitet, sind aber nicht in ihren biochemischen Einzelheiten angegeben. RNA-Moleküle lernten irgendwie die Proteine beherrschen und ihre Zusammensetzung und Funktionsweise beeinflussen. Dann entwickelte sich ein primitiver genetischer Code. Die verschiedenen RNA-Moleküle in den Quasi-Arten übernahmen verschiedene Funktionen und arbeiteten zum gegenseitigen Nutzen zusammen. So konnte beispielsweise eine RNA jede andere Aminosäure steuern (was die Transfer-RNA-Moleküle heute machen). Zusammen konnten sie ein Protein herstellen.

Eine Reihe komplizierter und kooperativer Wechselwirkungen, eine gegenseitige Kontrolle, entwickelte sich zwischen verschiedenen Nukleinsäuren und Eiweißkörpern. Sie wurden Hyperzyklen genannt und intensiver mathematischer Analyse unterzogen. Die Entwicklung von Hyperzyklen fand in einer kontinuierlichen Lösung statt, von keinerlei Teilungen unterbrochen. Sie reicherten die Brühe an. Zu diesem Zeitpunkt existierten keine einzelnen konkurrierenden Organismen. Die Hyperzyklen wurden komplexer und beherrschten ihre Umwelt zunehmend, bis eine Grenze erreicht war.

Damit auch weiterhin ein Fortschreiten gesichert war, mußte wieder Wettbewerb eingeführt werden. Die Lipide, die sich in Eigens nahrhafter Brühe befanden, wurden jetzt zum Bau von Kammern herangezogen. Anfänglich hatten die Kammern einen ähnlichen Inhalt. Als jedoch Zufallsmutationen ihre Einflüsse geltend machten, kam es zur Diversifikation. Verschiedene Hyperzyklen, jeder in seiner eigenen Membran, konkurrierten miteinander. Jetzt traten die Zellen auf der Erde in Erscheinung.

An dieser Stelle können wir die Darstellung der Eigen-Gruppe mit einer älteren Theorie von Norman Horowitz verschmelzen. Die ersten Zellen waren wegen des Vorrats an Produktionseinheiten und geeigneter Energiequellen vielleicht auf die Ursuppe angewiesen. Als die Zellen sich jedoch vermehrten, erschöpfte ihre Anzahl allmählich das Angebot, das die präbiotische chemische Synthese bereitstellte.

Nehmen wir an, eine wichtige chemische Verbindung sei bisher über die Kette A→B→C→D in der Brühe hergestellt worden. In dieser Darstellung war A ein reichlich vorhandener und unerschöpflicher Stoff, etwa ein wichtiger Bestandteil der Atmosphäre. Die frühen Organismen benötigten für ihre wichtigen Prozesse aber nur das letzte Produkt, D. Mit der zunehmenden Vermehrung der Organismen überstieg der Verbrauch von D schließlich dessen konstantes Angebot, und es wurde knapp. Der Wettbewerb um die nur noch begrenzt vorhandene Menge von D wurde härter und das Überleben schwierig.

Irgendwann erlangte ein Organismus durch Mutation die Fähigkeit, über Enzymkatalysation D selbst aus C herzustellen. Dieser Organismus konnte sich entwickeln und C anstatt D verbrauchen. Er vermehrte sich und beherrschte die Umwelt. Am Ende lernten die Konkurrenten entweder, D aus C herzustellen, oder starben einfach aus, und die vielversprechende Mutante breitete sich weiter aus. Wie immer es weiterging, irgendwann ging auch C zur Neige. Ein hektisches Hin und Her war die Folge, bis einige Organismen lernten, C aus B herzustellen. Dieser Prozeß setzte sich rückwärts fort, bis die einfachsten Vorräte für die Lebensprozesse verwendet wurden. Schließlich wurde die Photosynthese entwickelt. Zu dem Zeitpunkt konnten einige Organismen neben den normalen Bestandteilen der Luft und des Bodens direkt die Sonnenenergie nutzen. Die Ursuppe wurde nicht mehr gebraucht.

Diese Kombination aus der älteren Theorie von Horowitz und der laufenden Arbeit der Gruppe um Eigen bietet eine einheitliche und ziemlich kontinuierliche Darstellung des Ursprungs und der Entwicklung des Lebens aus der Ursuppe zur selbständigen Zelle. Es bestehen noch einige Unstimmigkeiten hinsichtlich bestimmter Mechanismen und Strukturen, die vielleicht ins Spiel gekommen sind, nachdem sich der erste Nukleinsäure-Replikator gebildet hatte, doch sind sie eingebettet in ein allgemeines Gefühl der Zuversicht, daß das Gesamtbild doch allmählich klarer wird. Eigen und drei Co-Autoren schlossen einen kürzlich im *Scientific American* erschienenen Artikel mit den Worten ab: »Die Grundsätze, die die Evolution einer solchen Organisation lenken, sind formuliert und experimentell bewiesen worden. Jetzt bleibt nur noch festzustellen, welches die vielversprechenden molekularen Strukturen waren.« Es ist mit anderen Worten noch einiges zu tun, doch können wir das Licht am Ende des Tunnels sehen.

Ein zufriedenstellendes Merkmal des Schemas ist, daß ein einziges, allgemein anerkanntes Prinzip, die natürliche Auslese Darwins, rückwärts ausgedehnt wird auf die Zeit des ersten Replikators. Es ist unterbrochen von bestimmten Perioden molekularer Zuammenarbeit in den frühen Phasen, aber trotzdem beherrscht es die gesamte Entwicklung des Lebens.

Die große Lücke bei diesem ganzen Vorgehen betrifft die Schritte vor dem Auftauchen des ersten Replikators. Die natürliche Auslese kann nicht angewendet werden, und uns bleibt nur der Zufall. Die Urzeugung kommt wieder aus der Versenkung, allerdings in eingeschränkterer Form. Wir verlangen keine ganze Zelle, sondern nur ein einziges Bruchstück, ein Molekül, den Replikator. Der Gedanke ist eigentlich nicht neu. L. T. Troland, ein Biochemiker von der Harvard University (Muller führte ihn als einen der Vorläufer dieser Denkweise an), schrieb 1914:

> »Wir sind folglich gezwungen, festzustellen, daß die Produktion des eigentlichen Lebensenzyms ein Zufallsereignis war... Die verblüffende Tatsache, daß die Enzymtheorie vom Ursprung des Lebens, wie wir sie umrissen haben, die Produktion nur *eines einzigen Moleküls* des ursprünglichen Katalysators erfordert, läßt den Einwand der Unwahrscheinlichkeit beinahe absurd erscheinen..., und als eines dieser Enzyme zuerst, bar aller Substanz, im Urmeer auftauchte, folgte als Konsequenz seiner charakteristischen, regulierenden Art, daß die Erscheinung des Lebens ebenfalls kam.«

Wir brauchen in Trolands Darstellung nur »Enzym« durch »Nukleinsäure« und »regulierend« durch »replizierend« zu ersetzen, um sie zu aktualisieren. Oparin rief, wie wir erwähnt haben, in seinem Artikel von 1924 ebenfalls den Zufall an, der seine erste, entscheidende Struktur hervorbringen sollte: »ein Gel in einer kolloidalen Lösung«.

In der Mittwochs-Geschichte im Prolog habe ich eine moderne, volkstümliche Darstellung der Zufallsschöpfung des Replikators von Robert Jastrow wiedergegeben. Andere sind in neuerer Zeit erschienen. Richard Dawkins schrieb zum Beispiel 1976 in *Das egoistische Gen*:

> »Analog verlaufende Prozesse müssen zur Entstehung der sogenannten ›Ursuppe‹ geführt haben, aus der, wie Biologen und Chemiker glauben, vor ungefähr drei bis vier Milliarden Jahren die Meere bestanden haben. Die organischen Substanzen konzentrierten sich an einigen Stellen, vielleicht in dem trocknenden Schaum an den Ufern oder in winzigen, fein verteilten Tröpf-

> chen. Unter dem weiteren Einfluß von Energie, beispielsweise ultraviolettem Sonnenlicht, verbanden sie sich zu größeren Molekülen ..., zu jener Zeit konnten große organische Moleküle unbelästigt durch die immer dicker werdende Brühe dahintreiben. Irgendwann bildete sich zufällig ein besonders bemerkenswertes Molekül. Wir nennen es *Replikator*. Es war vielleicht nicht unbedingt das größte oder komplizierteste Molekül ringsumher, aber es besaß die außergewöhnliche Eigenschaft, Kopien seiner selbst herstellen zu können.«

Dawkins fährt dann in dem Sinn fort, in dem schon George Wald argumentiert hatte. Ein solches Ereignis wäre zwar unwahrscheinlich, müßte aber nur einmal in einer Milliarde Jahre vorkommen. »Tatsächlich ist ein Molekül, das Kopien seiner selbst herstellt, nicht so schwer vorstellbar, wie es zuerst scheint ... Die kleinen Bausteine waren in der den Replikator umgebenden Suppe reichlich vorhanden.«

Wir brauchen dringend wieder die Meinung des Skeptikers. Offenbar sind die Chancen für die Urzeugung eines Nukleinsäure-Replikators besser als die für ein ganzes Bakterium. Aber letzteres war so hoffnungslos, daß Raum für enorme Verbesserungen ist, ohne daß die Lage danach weniger hoffnungslos wäre. Im Fall des Bakteriums stellten uns die Gleichgewichtsberechnungen von Harold Morowitz vor die Notwendigkeit, in den *hundertmilliardsten* Stock unseres Zahlenturms zu steigen, während wir berechnet hatten, daß die Höchstzahl der auf der Früherde zur Verfügung stehenden Versuche uns nur in den 51. Stock brächten.

Wie schwer wäre es also, den Replikator durch Zufall zusammenzufügen? Die niedrigsten, bisher veröffentlichten Schätzungen über seine Größe gehen von einem einzelnen RNA-Strang mit vielleicht 20 Nukleotiden aus. Für den Aufbau dieser Struktur müßten etwa 600 Atome auf eine besondere Art zusammengesetzt werden, weit weniger als die vielen Millionen, die man für ein Bakterium braucht. Es ständen auch mehr Versuche für den Aufbau zur Verfügung, da für jeden Versuch weniger Zeit und Platz gebraucht würde. Die Replikase von $Q\beta$ kann, wenn sie eine RNA-Kette kopiert, in einer Minute 200 Nukleotide zusammenfügen. Wir wollen annehmen, daß das spontane Verknüpfen im günstigsten Fall ebenso schnell erfolgen würde. Ein Replikator könnte also in einer Zehntel Minute hergestellt werden. Außerdem könnte der Platz, den ein Replikator von 20 Einheiten einnimmt, ein

Millionstel dessen ausmachen, den ein Bakterium braucht, so daß man viele Versuche für jeden Versuch machen könnte, den man für das Herstellen eines Bakteriums bräuchte. Berücksichtigt man all diese Faktoren, können wir annehmen, daß maximal 10^{59} Versuche bei einem Replikator zur Verfügung ständen. Wir haben den neunundfünfzigsten Stock des Zahlenturms erreicht, eine Verbesserung von acht Stockwerken.

Aber wie hoch sind die Chancen? J.B.S. Haldane wußte, daß die Chancen, eine selbstreplizierende Maschine zu erhalten, von der Anzahl ihrer Teile abhängen. Wenn die Anzahl klein war, gab es keine Schwierigkeiten: »Durch bloßes Verschieben der Buchstaben URSHVEC kommt man im Durchschnitt bei 5040 Versuchen einmal auf das Wort ›Versuch‹.« [Haldane benutzt im Original das Wort »machine« als Beispiel.] Wenn man eine Geschwindigkeit beim Verschieben von einmal pro Sekunde erreichen würde, benötigte man nur 84 Minuten für so viele Versuche.

Diese Analogie läßt vermuten, daß es nicht allzu schwer sein dürfte, einen kleineren Replikator zusammenzufügen; wir müssen also genauer hinsehen. Wir wollen beim Bild der Sprache bleiben, aber die Buchstaben auf Karten zugunsten einer anderen, häufig verwendeten Situation aufgeben: dem Affen an der Schreibmaschine. Nennen wir ihn Charlie, den Schimpansen. Charlie ist ein ganz besonderer Affe. Er wird nie müde und tippt eine Zeile pro Sekunde, vollkommen wahllos. Wir können die Schreibmaschine so einrichten daß jede Zeile die Anzahl Buchstaben enthält, die wir wünschen, und wir können darüber hinaus Buchstaben der Tastatur zufügen oder entfernen.

Wir wollen ein einfaches Beispiel ausprobieren. Wenn wir jede Zeile auf eine Länge von sieben Buchstaben festsetzen und auf der Tastatur nur die Buchstaben s, v, c, r, e, u und h belassen, wie lange würde Charlie brauchen, um »Versuch« zu tippen?

Er würde länger brauchen als wir beim Buchstabenverschieben, da er den gleichen Buchstaben mehr als einmal anschlagen kann. Die Chancen sind 1 zu 7^7, oder 1 zu 823 543. Bei einem Versuch pro Sekunde bräuchte Charlie neuneinhalb Tage für so viele Versuche.

Geben wir Charlie nun eine normale Tastatur mit, sagen wir, 45 Tasten. Die Chancen verschlechtern sich mit einemmal auf 1 zu 45^7 oder 1 zu 370 Milliarden. Charlie (oder seine Nachkommen) bräuchten 11 845 Jahre, um so viele Versuche durchzuführen. Das Wort »Versuch«

taucht doch nicht so schnell auf, wie Haldanes erste Analogie vermuten ließ.

Die Lage verschlechtert sich drastisch, sobald wir längere Botschaften zu tippen haben. Wir wollen Charlie original aus dem *Hamlet* tippen lassen. Der Satz »to be or not to be« hat 18 Zeichen, wenn wir die Wortzwischenräume mitzählen. Die Chance, daß unser Affe das tippt, ist 1 zu 45^{18} oder 1 zu 6 mal 10^{29}. Bei einem Versuch pro Sekunde braucht der arme Charlie mehr als 10^{22} Jahre für sämtliche Versuche. Sollte das offene Modell für das Universum richtig sein, sitzt Charlie noch an der Schreibmaschine, nachdem die Sterne längst aufgehört haben zu scheinen und alle Planeten durch Beinahekollisionen mit Sternen in den Weltraum verstreut sind.

Aber jetzt haben wir uns erst richtig für Shakespeare erwärmt. Wir wollen unseren Affen tippen lassen: »to be or not to be: that is the question«, was 40 Zeichen hat. Die Chance sinkt dann auf 1 zu 45^{40} oder etwa 1 zu 10^{66}. Diese Zahl ist zehnmillionenmal größer als die der Versuche, die maximal für das zufällige Entstehen eines Replikators auf der Früherde zur Verfügung stehen.

Da haben wir es. Wenn die Chance, daß durch Zufall ein Replikator in einer Ursuppe entsteht, geringer ist als die, zufällig auf einer Schreibmaschine »to be or not to be: that ist the question« zu tippen, vergessen wir das Ganze am besten. Der Replikator hätte etwa 600 Atome. Die Chance, daß Charlie richtig eine Passage von 600 Zeichen tippt (etwa doppelt soviel wie dieser Abschnitt), ist 1 zu 10^{992}.

Selbstverständlich können Atome und Buchstaben, Moleküle und Worte nicht direkt verglichen werden, und die Zahl möglicher organischer Verbindungen, die aus 600 Atomen gebildet werden können, läßt sich nicht so einfach berechnen. Wir könnten annehmen, daß auf der Früherde nur zehn verschiedene Atome verbreitet waren. Bei einer 10-Zeichen-Tastatur wären die Chancen, eine 600-Zeichen-Passage richtig zu schreiben, »nur« 1 zu 10^{600}. Außerdem könnte ein Teil dieser Verbindungen nicht hergestellt werden oder wäre aus technischen Gründen instabil. Andererseits sind organische Moleküle dreidimensional, bestehen in spiegelbildlicher Form und weisen andere Besonderheiten auf, die in der linearen Schreibweise nicht vorkommen. Aufgrund einer einfachen chemischen Beweisführung läßt sich leicht zeigen, daß es mindestens 10^{100} stabile organische Moleküle mit bis zu 300 Atomen geben kann.

Wir könnten die Sache auch ganz anders angehen und doch zu einem ähnlichen Ergebnis kommen. In einem der vorigen Kapitel haben wir die Methode von Harold Morowitz behandelt. Er berechnete bei seinem Vorgehen keine Gesamtmöglichkeiten und gewichtete auch nicht alle gleich. Er rechnete vielmehr aus, was eine Gruppe Atome bevorzugt tun würde, wenn sie ins Gleichgewicht käme. Wir haben die Chancen angeführt, ein Bakterium zu erhalten. Für ein kleines Virus müßten wir nur in den zweimillionsten Stock unseres Turms. Für ein kleines Enzym wäre ein Marsch in den 8000. Stock nötig. Er hat in seiner Aufstellung keine Daten für einen Replikator angegeben, doch würde ein Replikator, wenn man extrapoliert, viele Hundert, vielleicht sogar ein- oder zweitausend Stockwerke fallen.

Bei all diesen Methoden bleiben die Chancen des zufälligen Entstehens eines Nukleinsäurereplikators erheblich unter denen im Zahlenturm. Sie sind noch immer so schlecht, daß die zufällige Bildung des Replikators wie ein Wunder wäre (denn schon ein Unterschied von einem Dutzend Stockwerken in unserem Turm bedeutet eine Chance von 1 zu einer Billiarde, und ein Treffer unter solchen Umständen erschiene wirklich wie ein Wunder).

Noch etwas Ironisches kommt hinzu. Selbst wenn das Wunder geschähe und der Replikator im Meer der präbiotischen Erde schwämme, wäre sein Schicksal wenig freundlich. Ohne weitere Unterstützung würde er untergehen. Denn in diesem Zufallsmeer würde er nur auf Unmengen nicht verwandter chemischer Stoffe treffen, nicht aber auf die Untereinheiten, die er für seine Fortpflanzung bräuchte. Ein zweites Wunder wäre erforderlich, damit er genau von den Stoffen umgeben wird, die er für seine weitere Entwicklung braucht.

Trotz des bisher Gesagten haben wir uns noch nicht auf eine wirkliche Auseinandersetzung mit denen eingelassen, die sich für den Vorrang der Nukleinsäure aussprechen. Die meisten von ihnen wären wahrscheinlich mit der bisherigen Analyse einverstanden. Einige populäre Darstellungen deuten vielleicht an, daß das erste lebende Molekül aus einem völlig zufälligen chemischen Gemisch entstand, doch die Wissenschaftler glauben etwas anderes. Wenn ich ihre Position umreißen soll, sähe das wie folgt aus:

Der erste Replikator entstand nicht aus einem Gleichgewichtsgemisch. Er war Energie aus verschiedenen Quellen ausgesetzt – Blitzen, Sonnenstrahlung und so fort – und entfernte sich vom Gleichgewicht.

Die Berechnung von Morowitz ist also nicht von Belang. Da der Energiezustrom anhielt, entstanden immer mehr komplexe Verbindungen. Es bildeten sich jedoch nicht alle denkbaren Verbindungen. Einige entstanden besonders oft, andere sehr selten. Die aktiven Untereinheiten des Replikators und andere wichtige biochemische Stoffe taten sich unter den Verbindungen hervor, die entstanden. Der Replikator kam durch Zufall zustande, doch war dieses Gemisch der Ausgangspunkt.

Ich habe ihre Position aus Gründen der Klarheit selbst dargelegt. Aber da dies ein entscheidender Punkt ist, sollten wir die Anhänger vielleicht auch selbst zu Wort kommen lassen. Manfred Eigen und sein Kollege Peter Schuster schrieben 1978 in einem Artikel: »Hier beginnen wir einfach mit der Annahme, daß, als die Selbstorganisation begann, alle Arten energiereichen Materials überall vorhanden waren, vor allem: Aminosäuren in unterschiedlichem Umfang, Nukleotide einschließlich der vier Basen A, U, G und C, Polymere beider vorhergehenden Klassen… mit mehr oder weniger zufälligen Sequenzen.«

Um das zu unterstreichen, wollen wir B. Küppers zitieren, einen anderen Wissenschaftler aus der Göttinger Gruppe: »Tatsächlich beweisen zahlreiche Experimente auf dem Gebiet der uranfänglichen organischen Chemie ziemlich schnell, daß biologische Makromoleküle (Aminosäuren, energiereiche Nukleosid-Phosphate) spontan Proteine und Nukleinsäuren bilden und polymerisieren könnten.« Man lese in diesem Satz »große Moleküle« statt »Makromoleküle«, »aktive Nukleotide« statt »Nukleosid-Phosphate« und »zusammenfügen« statt »polymerisieren«.

Träfen diese Behauptungen zu, wäre der Ursprung des Lebens eine sehr viel einfachere Angelegenheit, als er offenbar ist. Nehmen wir beispielsweise an, eine Ursuppe enthielte etwa 40 biochemische Stoffe, die in ausreichender Menge vorhanden wären und sich zu größeren Molekülen verknüpfen könnten. Wir wollen weiter annehmen, daß der Vorrat an biochemischen Stoffen ständig aufgefrischt wird, so daß Versuche ununterbrochen stattfinden können, ohne Pause zum Beschaffen neuen Materials. Außerdem wollen wir annehmen, daß die natürlich vorkommenden aktiven Nukleotide (oder gleichwertige Untereinheiten) 10% des gesamten Gemischs ausmachen. Wenn all diese Voraussetzungen zuträfen, wäre die Chance, 20 Nukleotideinheiten in einer Reihe zusammenzufügen, »nur« 1 zu 10^{20}. Diese Chance ist noch immer erschreckend, aber sie bewegt sich in einem Rahmen, der uns einen

Treffer zugestehen würde, wenn uns eine Milliarde Jahre Zeit und einige geeignete Örtlichkeiten zur Verfügung ständen, wo die Experimente ablaufen könnten.

Wieder hat sich der Skeptiker bemerkbar gemacht. Die Analyse mag ja richtig sein, erklärt er, aber treffen die Annahmen zu? Es war schon schwer genug einzurichten, daß die Früherde eine reduzierende Atmosphäre hatte und selbst die einfachen Aminosäuren vorhanden waren. Warum sollten wir einen reichlichen, *überall vorhandenen* Bestand an Nukleotiden erwarten? Bei der Bestrahlung simulierter Atmosphären bei Miller-Urey-Experimenten ist nicht von Nukleotiden oder gar Nukleosiden berichtet worden. Man hat sie weder in Meteoriten festgestellt noch im interstellaren Raum entdeckt. Welche Experimente stützen die Vorstellung, die Früherde sei voll von ihnen gewesen?

Um ihm zu antworten, müssen wir ein Gebiet erforschen, das präbiotische Chemie genannt wird und die Aufmerksamkeit vieler experimenteller Wissenschaftler auf sich zieht, die sich mit der Frage nach dem Ursprung des Lebens beschäftigen. Der präbiotische Chemiker richtet die Produkte chemischer Reaktionen ein, experimentiert mit ihnen und analysiert sie, eine Beschäftigung, die er mit vielen anderen Chemikern gemeinsam hat, die sich nicht mit dem Ursprung des Lebens befassen.

Der präbiotische Chemiker arbeitet jedoch unter selbstauferlegten Einschränkungen. Er versucht, Reaktionen zu simulieren, die vielleicht auf der Früherde stattgefunden haben, um eine einleuchtende Folge von Schritten zu finden, die vielleicht zum Ursprung des Lebens geführt haben. Ein normaler Chemiker kann, wenn er irgendeine neue Substanz herstellen möchte, sich die Reagenzien und Bedingungen aussuchen, die seinem Zweck dienen. Der präbiotische Chemiker dagegen beschränkt sich auf Bedingungen, wie sie vor Beginn des Lebens auf der Erde geherrscht haben. Da sie unbekannt sind, wird die heutige Erde im allgemeinen als der Standard gewählt, die Atmosphäre ausgenommen, von der man annimmt, sie sei reduzierender Natur gewesen.

Kunststoffchemiker können im Gegensatz zu ihren präbiotischen Kollegen organische Lösungsmittel wie Äther, Tetrachlorkohlenstoff, Alkohol und vom Petroleum abgeleitete Flüssigkeiten verwenden. Wasser ist oft ein Feind, der so weit wie möglich ausgeschlossen werden muß, oft aber auch nicht. Zu meiner Chemikerausbildung gehörten diese Verfahren.

Ich kann mich noch an eine fürchterliche Tortur aus meinem ersten Laborkurs in organischer Chemie erinnern. Die Gruppe hatte ein Verfahren durchzuführen, das nach dem französischen Chemiker und Nobelpreisträger Victor Grignard benannt ist. Es erforderte, in einem geschützten Kolben ein Metall, Äther und eine organische Verbindung zusammenzubringen. Doch die geringste Spur von Feuchtigkeit ruinierte die Reaktion. Kein Atem, kein bißchen Speichel, kein Hauch normaler Laborluft durfte in den Apparat gelangen, sonst war alles vorbei. Flammen, luftdichte Verschlüsse, Chemikalien, die gierig alles Wasser aufsaugten, alles wurde in dem gezielten Bemühen aufgeboten, die wasserfreie Unberührtheit des Kolbeninhalts zu bewahren. Erst wenn diese unerbittlichen und unnatürlichen Anforderungen erfüllt waren, war die Grignard-Reaktion bereit, ihren Segen zu geben und anzulaufen. Sie signalisierte ihr Einverständnis mittels eines Stroms aus Bläschen, die an der glänzenden Oberfläche des Metalls erschienen. Wenn ich das Experiment durchzuführen hatte, beruhigten sich meine Nerven immer erst dann, wenn das Gemisch in Bewegung kam.

Der präbiotische Chemiker ist von dieser Tortur befreit, obwohl er sich ihr wahrscheinlich recht gern unterziehen würde. Was immer es an Meinungsverschiedenheiten über die Bedingungen auf der Früherde geben mag, es herrscht Einmütigkeit darüber, daß es Wasser im Überfluß gab. Keine sinnvolle präbiotische Simulation kann ganz ausschließen, was aus praktischen Gründen bedauerlich ist. Denn wir haben gesehen, daß die Untereinheiten unserer großen Moleküle in einem Prozeß zusammengefügt werden, bei dem sich Wasser bildet. Wenn sich zwei Aminosäuren verbinden, wird ein Wassermolekül freigesetzt. Zwei Wassermoleküle müssen freigesetzt werden, wenn ein Nukleotid aus seinen Bausteinen zusammengesetzt wird, und außerdem wird Wasser freigesetzt, wenn Nukleotide zum Aufbau von Nukleinsäuren verknüpft werden.

Unglücklicherweise ist die Bildung von Wasser in einer Umgebung, die voll davon ist, das chemische Gegenstück zum Transport von Sand in die Sahara. Sie ist ungünstig und erfordert den Einsatz von Energie. Solche Prozesse finden nicht ohne weiteres von sich aus statt. Tatsächlich sind es die umgekehrten Reaktionen, die spontan erfolgen. Wasser greift mit Vorliebe große biologische Moleküle an. Es hebelt Nukleotide auseinander, bricht Zucker-Phosphat-Bindungen auf und trennt Basen von Zuckerresten. Diese Reaktionen finden in diesem Augenblick in unseren Zellen statt. Glücklicherweise ist unser Körper nach Jahrmilliarden der Evolution gut gerüstet, mit diesen Ereignissen fertig zu werden. Wir haben ausgeklügelte Mechanismen entwickelt, um die Schädigung unserer Moleküle zu beheben, die der ständige Angriff durch das Wasser verursacht.

Auf der Früherde existierten solche Abwehrmechanismen nicht. Ununterbrochen bekämpfte das Wasser die Verknüpfung großer Biomoleküle und griff die an, die sich erfolgreich gebildet hatten. Doch es ist die Aufgabe des präbiotischen Chemikers zu zeigen, daß solche Moleküle dennoch entstehen konnten. So gerne er es auch täte, Bedingungen à la Grignard kann er nicht schaffen. Er muß sich mit weniger exotischen Manövern zufriedengeben.

Beschränkung muß auch geübt werden bei der Wahl der Reaktionstemperaturen. Die heutige Erde dient als Modell. Die bei präbiotischen Simulationen verwendeten Bedingungen können zwischen saharagleicher Hitze und sibirischer Kälte schwanken. Diese zweifellos breite Skala ist dennoch begrenzt, wenn man sie mit dem vergleicht, was dem normalen Chemiker zur Verfügung steht, der ohne zu zögern mit geschmolzenem Salz und flüssiger Luft arbeitet.

Schließlich müssen wir den Gebrauch von Säuren und Laugen erörtern, einem weiteren Gegensatzpaar, einem Yin und Yang der Chemie. Obwohl sie sich bekämpfen und zerstören, ist beiden ein Mangel an Mitgefühl für unsere Lebenssubstanzen und Materialien gemeinsam, die sich von ihnen herleiten, wie etwa unsere Kleidung.

In meiner frühen Zeit im Labor zeugten die verräterischen Löcher in meinen Hosen oder (wenn ich klüger war) in meinem Laborkittel von meinem mangelnden Respekt vor Säuren und Laugen. Wenn mir etwas auf die Haut kam, übermittelte mein Nervensystem glücklicherweise die Eilmeldung, die aggressive Substanz am besten so schnell wie möglich abzuwaschen, und ich beherzigte dieses Signal. Unser Gewebe mag Säuren und Laugen nicht. Es zieht den ausgeglichenen Zustand zwischen den beiden Extremen vor, der passend Neutralität heißt. Die Chemiker haben hierfür eine Zahlenskala, den pH-Wert. In diesem System bedeutet der Wert 7 Neutralität, Werte darunter geben den sauren, Werte darüber den alkalischen Bereich an.

Die pH-Skala ist logarithmisch aufgebaut, wie der KOGOL und der Zahlenturm. Eine Lösung mit dem pH-Wert 6 hat also den zehnfachen Säuregehalt wie eine Lösung mit dem Wert 7, und eine Lösung mit einem pH-Wert von 5 ist zehnmal saurer als eine Lösung mit dem Wert 6. Eine Lösung mit dem pH-Wert 10, drei Stufen von der neutralen 7 entfernt, ist 1000mal alkalischer. Eine neutrale Lösung hat sowohl saure wie alkalische Eigenschaften in geringem Umfang, doch gleichen sie sich genau aus.

Reines Wasser, das man sich selbst überläßt, ist neutral. Es wird erst sauer oder alkalisch, wenn Stoffe mit sauren oder alkalischen Eigenschaften hinzugefügt werden. Essig enthält also Essigsäure, und unser Magen eine schwache Lösung Salzsäure. Der übliche Haushaltsreiniger »Ammoniak« ist eine alkalische Lösung des Gases Ammoniak in Wasser.

Die für das Leben auf der Erde typischen biochemischen Prozesse bevorzugen neutrale Bedingungen. Unser Blut hat einen pH-Wert von etwa 7,4 – der physiologische pH-Wert. Die meisten Reaktionen von Enzymen und andere Prozesse, die in unseren Zellen ablaufen, erfolgen am besten in der Nähe der Neutralität. Geringe Abweichungen können hingenommen werden, aber vermutlich verursachen sie ein Ungleichgewicht in diesen Prozessen.

Stark saure oder alkalische Bedingungen sind ziemlich schädlich. Die schwächeren Bindungen, die unseren wichtigen Molekülen helfen, ihre Gestalt zu bewahren, werden zerstört, und die Geschwindigkeit, mit der Wasser diesen Molekülen einen weiteren dauerhaften Schaden zufügt, erhöht sich. Solche Reaktionen waren zum Beispiel für die Löcher in meinen Hosen verantwortlich.

Dennoch gibt es Mikroorganismen, die diese Umstände ertragen. Bakterienstämme, die mit den Methanogenen verwandt sind, können in alkalischen Gewässern mit einem pH-Wert von 11 oder in heißen sauren Quellen mit pH-Werten von 1 überleben. Die Zellen der Innenwand unseres Magens können die in ihm befindliche Lösung mit dem pH-Wert 2 ertragen. Diese Zellen überleben und gedeihen nicht dadurch, daß sie andere chemische Eigenschaften annehmen, sondern dadurch, daß sie sich gegen ihre Umwelt schützen. Sie nutzen die aggressiven Säuren oder Alkalien aus, wie ein Kühlschrank die Wärme ausnutzt, und halten so im Innern die Bedingungen nahe der Neutralität.

Der pH-Wert der Meere auf der Früherde ist nicht bekannt, doch wird allgemein angenommen, daß er nicht allzuweit von der Neutralität entfernt war. Der kluge präbiotische Chemiker wird seine Bedingungen daher auf die in der Nähe des pH-Werts 7 beschränken. Die sauren Quellen und alkalischen Gewässer liefern einen Vorwand für den Einsatz extremerer pH-Werte. Ihr Umfang ist jedoch sehr begrenzt, wenn man sie mit dem unermeßlichen Urmeer vergleicht; die Wahrscheinlichkeit, die Zahl der möglichen Versuche, sinkt also ganz rapide, wenn sich jemand auf sie bezieht. Wir können außerdem anführen, daß eine Lebensform, die heute unter neutralen Bedingungen bestens funktioniert, wohl doch eher unter ähnlichen Bedingungen entstanden ist und sich entfaltet hat.

Unter Berücksichtigung dieser Beschränkungen obliegt es nun der Vorstellungskraft des präbiotischen Chemikers, mehrere plausible Reaktionen zu ersinnen, die zeigen, wie ein einfaches chemisches Anfangsgemisch wichtige Biomoleküle liefert. Im speziellen Fall der Theorie vom Zufallsreplikator war es das Ziel, eine Umgebung zu schaffen, die reich an Nukleinsäuren als Untereinheiten ist, sich also für die Zufallsproduktion des Replikators eignet.

Hatten die Chemiker Erfolg? Einige sehr sachkundige und befähigte Chemiker haben auf diesem Gebiet gearbeitet. Mit viel Einfallsreichtum haben sie die Reaktionen erdacht und sie sorgfältig analysiert. Bis auf wenige Ausnahmen sind die Ergebnisse als korrekt anerkannt worden. Ihre Interpretation ist eine andere Sache. Wie im Fall der Miller-Urey-Experimente müssen wir auch hier die Einzelheiten genau prüfen.

Die präbiotische Replikatorsynthese beginnt mit einer reduzierenden Atmosphäre der Art, wie Miller sie verwendet hat. Die Aminosäuren interessieren hier nicht, wohl aber einfachere Zwischenprodukte, die sich anfänglich in dieser Atmosphäre bildeten: Cyanwasserstoff und Formaldehyd. Diese beiden Substanzen haben die gleiche Beziehung zu uranfänglichen Reaktionsrezepten wie Olivenöl und Tomatensauce zur italienischen Küche.

Beide Zwischenprodukte haben nur wenige Atome. Cyanwasserstoff hat je ein Wasserstoff-, Kohlenstoff- und Stickstoffatom und ist die einfachste Verbindung, die aus diesen drei Elementen hergestellt werden kann. Formaldehyd ist das kleinstmögliche aus Kohlenstoff, Sauerstoff und Wasserstoff herstellbare Molekül, wobei die beiden ersten Elemente jeweils ein Atom beisteuern, der Wasserstoff zwei.

Obwohl diese beiden Moleküle oft im Zusammenhang mit dem Ursprung des Lebens genannt werden, werden sie heute sinnigerweise als Todesstoffe gehandelt. Formaldehyd wird als Konservierungsmittel für die Aufbewahrung von Proben in biologischen Laboratorien verwendet, und Cyanwasserstoff ist in Gaskammern zu schrecklicher Berühmtheit gelangt. Diese beiden Chemikalien erfüllen wegen ihrer guten Reaktionsfähigkeit beide Aufgaben bestens, Leben und Tod. Sie verbinden sich ohne weiteres mit Wasser, miteinander und mit vielen anderen chemischen Stoffen. Wenn es an besseren Alternativen fehlt, verbindet sich jede mit sich selbst. Beide Chemikalien bilden sich vorübergehend, wenn reduzierende Atmosphären einer geeigneten Energiequelle ausgesetzt werden, reagieren dann auf verschiedene Arten und bilden Miller-Urey-Produkte.

Die präbiotischen Chemiker beginnen mit dieser Beobachtung und bedienen sich dann eines Verfahrens, das kennzeichnend für dieses Gebiet ist. Sie nehmen an, daß eine Substanz, sobald sie einmal in irgendeiner Menge als Produkt einer präbiotischen Reaktion nachgewiesen worden ist, daraufhin in reiner Form und größerer Menge als Ausgangsmaterial in einer ganz anderen präbiotischen Umwandlung eingesetzt werden kann. Dieser Prozeß wird wiederholt, bis eine ganze Reaktionsserie zusammengestellt ist, damit die reduzierende Atmosphäre mit einem Replikator zuammengebracht werden kann.

Um die Argumentation hinter diesem Verfahren vorzustellen, habe ich mir einen imaginären präbiotischen Sprecher ausgedacht und ihn Dr. Midas genannt, nach jenem legendären König, dessen Berührung normale Dinge in Gold verwandelte. In der gleichen Art kann Dr. Midas mit einer Handbewegung und einem passenden Spruch normale chemische Stoffe in Gene umwandeln.

Wir wollen ihn gewähren lassen und beschreiben ihm den Weg zum Replikator: »Zyanid und Formaldehyd wurden in der Uratmosphäre gebildet«, bemerkt er, »also fangen wir mit ihnen an.« Er weist darauf hin, daß Formaldehyd, wenn es allein den geeigneten Bedingungen ausgesetzt ist, ein Gemisch bildet, das etwas von der Ribose enthält. Cyanwasserstoff wird unter ganz anderen Bedingungen zum Teil in Adenin umgewandelt, eine der wichtigen Basen der Nukleinsäuren. Die anderen Basen können ebenfalls hergestellt werden, allerdings auf längeren und indirekteren Wegen. »Sie sehen«, erklärt Dr. Midas, »wir können die Basen und die Ribose herstellen. Die nächste Schwierigkeit sind die Nukleoside.«

Adenin und Ribose können zusammen mit einem geeigneten Katalysator erhitzt werden und ergeben ein Gemisch, das Adenosin enthält, einen Baustein der RNA. Die Bedingungen waren wieder andere als bei den früheren Schritten. »Soviel zum Problem der Nukleoside«, sagt Dr. Midas. »Jetzt wollen wir die Nukleotide herstellen.«

Wenn Adenosin mit Phosphat und anderen Katalysatoren als denen, die vorher verwendet wurden, erhitzt wird, ist unter den Produkten auch ein natürliches Nukleotid. Dr. Midas bemerkt dazu: »Wir haben gezeigt, daß sich auf der präbiotischen Erde Nukleotide bilden konnten. Wir müssen sie jetzt zusammenfügen, damit sie eine Nukleinsäure bilden.«

Noch andere Verfahren, an deren Anfang Nukleotide stehen, haben tatsächlich gezeigt, daß einige Einheiten miteinander verbunden werden können. »Damit ist die Sache entschieden«, schließt Dr. Midas. »Wir wissen, daß einsträngige Nukleinsäuren in eine Doppelhelix umgewandelt werden können, wenn geeignete Untereinheiten zur Verfügung stehen. Es bestand offenbar keine wirkliche Schwierigkeit, eine doppelhelikale Nukleinsäure auf der Urerde zusammenzusetzen.«

Der Midas-Standpunkt ist viele Male vorgebracht und zu einem Untermodell der aktuellen Theorie vom Ursprung des Lebens gemacht worden. Wegen eines Beispiels können wir uns noch einmal A. L. Lehningers biochemischem Werk von 1975 zuwenden. Im Zitat beziehen sich die Begriffe »Pyrimidine« und »Purine« auf Basen-Unterklassen; »Desoxiadenosin« ist ein Baustein von DNA in Form eines Nukleosids:

> »Wie bereits früher erwähnt..., entstehen die organischen Bausteine der Nucleotide, nämlich Pyrimidine, Purine, Ribose und 2-Desoxyribose unter simulierten Urerde-Bedingungen. Auch Nucleoside wie Adenosin und Desoxyadenosin wurden in solchen simulierten Experimenten entdeckt. Wenn Nucleoside und Polyphosphate erhitzt oder mit ultraviolettem Licht bestrahlt werden, bilden sich Gemische von Nucleotiden...
> Den nächsten Schritt in der chemischen Evolution der Nucleinsäuren bildet die Knüpfung von Bindungen zwischen den einzelnen aufeinanderfolgenden Nucleotiden. Auch dies konnte in den Modellexperimenten nachgewiesen werden...«

Der Skeptiker hat während dieser Ausführungen geschwiegen, ist jedoch immer unruhiger geworden. Jetzt spricht er. »Diese Experimente belegen nur, daß ein Chemiker eine Nukleinsäure heute im Labor herstellen könnte, wobei er verschiedene Bedingungen benutzt, die präbiotisch zu nennen er sich entschlossen hat. Aber selbst diese Herstellung wird nicht kontinuierlich durchgeführt. Formaldehyd wird nicht aus einem Miller-Urey-Experiment gesammelt, gereinigt und zur Herstellung von Ribose verwendet (wenngleich das ohne Frage gemacht werden könnte, wenn man moderne Apparate einsetzen würde). Statt dessen wird Formaldehyd als ein Zwischenprodukt in der Atmosphäre ermittelt, die reine Chemikalie dann von einem Lieferanten bezogen und bei der nächsten Reaktion verwendet. Diese Art des Vorgehens wird bei jedem Schritt bis zur untersten Ebene praktiziert. Dummerweise hat es auf der Früherde weder moderne Apparate noch Lieferanten gegeben, und bestimmt auch keine Chemiker.«

Dr. Midas erwidert: »Selbstverständlich haben wir einige Abkürzungen gewählt, um Zeit zu sparen. Wir sind nun einmal nur Menschen und leben nicht ewig. Wir wollten in ein paar Wochen die Schritte vorführen, die auf der frühen Erde eine Milliarde Jahre gebraucht haben.«

Der Skeptiker fragt Dr. Midas nun, ob eine Milliarde Jahre ausreichten, dieses Verfahren zu rechtfertigen, und führte unser früheres Beispiel vom Affen an der Schreibmaschine an. Er führt Midas hinüber in die Ecke, wo Charlie noch immer unverdrossen die Maschine bearbeitet, und fragt: »Wie lange, glauben Sie, braucht der Schimpanse, um ›to be or not to be: that is the question‹ zu tippen?«

Midas schaut sich eine der wahllos geschriebenen Zeilen an und prüft sie. »Gar nicht lange. Sehen Sie, hier ist ein ›t‹ und weiter unten auf der Seite ein ›o‹ und so weiter. Alle notwendigen Schritte können unternommen werden.«

»Aber können die Buchstaben auch in der richtigen Reihenfolge getippt werden?« fragt der Skeptiker.

»Kein Problem. Ich brauche nur das richtige Material.«

Midas verschwindet und kommt mit einem Bündel Bananen und einem neuen Stapel Schreibmaschinenpapier zurück. Er schiebt Charlie an die Seite und tippt ein paar Minuten drauflos, wobei er oft eine neue Seite einspannt. Dann setzt er den Affen wieder vor die Maschine. Er hat die Schreibmaschine so eingerichtet, daß sie in eine neue Zeile umschaltet, sobald ein Buchstabe geschrieben ist.

Der Affe fängt wieder an zu schreiben; Midas blickt ihm dabei über die Schulter. »Aha!« schreit Midas nach ein paar Sekunden und unterbricht Charlie. Er gibt ihm eine Banane, nimmt das Blatt aus der Maschine und zeigt es uns. Etwa zwei Dutzend Buchstaben sind getippt worden, jeder am Anfang einer Zeile. Der letzte ist ein »t«.

»Wir haben nachgewiesen, daß der Affe tatsächlich ein ›t‹ als Beginn einer Zeile schreiben konnte«, ruft Midas triumphierend. »Jetzt wollen wir es mit einem ›o‹ versuchen.«

Er zieht aus seinem Stapel ein Blatt. Er hat ein »t« an den Anfang jeder Zeile geschrieben. Er spannt dieses Blatt in die Maschine, stellt den Rand so ein, daß der nächste angeschlagene Buchstabe in jeder Zeile rechts neben das »t« kommt, und läßt den Affen wieder loslegen.

Nach etwa einer halben Minute ruft er und unterbricht den Affen. Wieder bringt er uns das Blatt. In jeder Zeile steht jetzt eine Einheit aus zwei Buchstaben, die mit einem »t« beginnt. Die ersten dreißig sind sinnlos, »tx«, »t!«, »te«, »tt« und so fort, aber die letzte lautet »to«.

»Hier!« sagt Midas. »Der Affe hat das Wort ›to‹ geschrieben. Jetzt müssen wir es mit dem Zwischenraum versuchen.«

Umsichtig hat er ein Blatt mit dem Wort »to« vorbereitet, das am Anfang jeder Zeile steht. Er geht wieder zu Charlie an die Maschine.

Eineinhalb Stunden später, nach einer ganzen Reihe solcher Schritte, ist Midas soweit, daß er das letzte Blatt einspannen kann. Darauf steht der Satz »to be or not to be: that is the questio« am Anfang jeder Zeile. Charlie tippt wieder pflichteifrig los und fügt jeder Zeile wahllos einen Buchstaben an, bis er ein »n« schreibt, worauf Dr. Midas ihn erneut belohnt und die Vorstellung beendet.

»Hier ist die Zeile, die Sie haben wollten«, sagt er. »Ich habe Ihnen bewiesen, daß der Affe es kann. Ich habe den Vorgang etwas beschleunigt, aber nur, weil ich heute noch einiges zu erledigen habe. Aber es ist möglich. Wenn man den Affen sich selbst überließe, würde es einfach etwas länger dauern. Geben Sie ihm genügend Zeit, und Sie bekommen bestimmt Ihr Zitat.«

Midas entschwindet mit einer anmutigen Verbeugung.

»Da sehen Sie, was ich meine«, bemerkt der Skeptiker. »Der Affe hat die Zeile nicht geschrieben. Midas war es. Er gab dem Affen jedesmal das Stichwort, wenn der richtige Buchstabe getippt war, und ließ ihn dann jedesmal neu anfangen, wobei er alle zuvor getippten, richtigen Buchstaben gesammelt festhielt.

Die präbiotischen Chemiker machen es genauso. Sie lassen eine Menge Reaktionen ablaufen, bis sie die Verbindung bekommen, die sie haben wollen. Wenn sie das gemacht haben, egal wie viele Versuche sie gebraucht haben oder wie gering die Ausbeute des gewünschten Produkts war, meinen sie, zum nächsten Schritt übergehen zu können. Dabei beginnen sie mit einem neuen, reinen Vorrat der Verbindung, die sie hergestellt haben. Sie behaupten, nur ein paar Ecken abzuschneiden, um Zeit zu sparen.

Aber schauen Sie sich mal die Ecke an, die Dr. Midas mit Charlie abgeschnitten hat. Der Schimpanse brauchte etwa 45 sec, um zufällig jeden Buchstaben anzuschlagen. Für den Text von 40 Buchstaben betrug die gesamte Schreibzeit 45 mal 40 sec beziehungsweise 30 min. Hätte man den Affen sich selbst überlassen, wäre seine Chance 1 zu 45^{40} gewesen. Wie wir weiter oben gesehen haben, hätte er wahrscheinlich ungefähr 10^{59} Jahre gebraucht, um den Text richtig hinzuschreiben (wenngleich er es natürlich bei ganz, ganz viel Glück gleich beim ersten Versuch hätte schaffen können). Kein schlechter Trick, 45^{40} durch 45 mal 40 zu ersetzen.«

Der Skeptiker ist am Ende, aber ich möchte noch einige geschichtliche Anmerkungen zu diesem Streit machen. Die Experimentatoren vieler Wissenschaftsbereiche haben ihren menschlichen oder tierischen Subjekten unbewußte Hinweise gegeben oder sie sogar in ihre Apparaturen eingebaut. Ein berühmter Fall, der in einigen psychologischen Lehrbüchern angeführt und auch sehr schön von Carl Sagan in seinem Buch *Broca's Brain* erzählt wird, ist der kluge Hans, ein mathematisch gebildetes Pferd.

Hans lebte um die Jahrhundertwende in Deutschland und war berühmt wegen seiner Fähigkeit zu rechnen. Sein Besitzer wies ihn beispielsweise an, 14 und die Quadratwurzel aus 4 zu addieren und von der Summe 5 abzuziehen. Hans fing an, langsam mit dem Bein auf den Boden zu schlagen und machte nach dem elften Mal halt; die richtige Antwort. Sein Besitzer belohnte ihn dann mit einem Zuckerwürfel und einem Klaps. Hätte der Besitzer gewollt, hätte er Hans offensichtlich dazu bringen können, ihm die gesamte Einkommensteuererklärung auszurechnen.

Diese Fähigkeit war außergewöhnlich, doch leider büßte Hans sie ein, sobald der Besitzer die Antwort nicht wußte oder nicht im Blickfeld von Hans stand. Der Besitzer hatte dem Pferd völlig unbewußt durch Veränderungen seiner Körperspannung signalisiert, wann es aufhören sollte, mit dem Fuß zu schlagen. Das Pferd hatte gelernt, daß es sein Stück Zucker bekam, wenn es bei diesem Zeichen halt machte.

Wir müssen uns wieder dem Replikator zuwenden. Hätte er durch Zufall im Verlauf einer Milliarde Jahre auf der Erde entstehen können?

Die präbiotischen Chemiker erklären mit Recht, daß die Arbeit einer Milliarde Jahre nicht unbedingt an einem Nachmittag wiederholt werden kann. Andererseits kann diese Einschränkung nicht dazu benutzt werden, Reaktionsserien von phänomenaler Unwahrscheinlichkeit zur Gültigkeit zu verhelfen.

Die Befürworter des Zufallsreplikators haben nicht angenommen, daß die Nukleotidsynthese selten sei, sondern daß diese Substanzen in präbiotischen Zeiten reichlich vorhanden waren. Der Schritt, der den Zufall erforderte, war die Verknüpfung von Nukleotiden zu einer Nukleinsäure.

Wenn dem so wäre, müßte es eigentlich ein leichtes sein, die reichlich vorhandene Nukleotidsynthese aus den Bausteinen der Atmosphäre und des Bodens der Urzeit vorzuführen. Im Idealfall würden wir die richtigen Zutaten mischen, den Kolben versiegeln, ihn ein paar Stunden oder Tage beiseite stellen und dann reichlich Nukleotide ernten.

Das ist nicht geschehen. Die verschiedenen Arbeitsgänge sind vielmehr einzeln durchgeführt worden, mit geringer Ausbeute, unter äußerst schwierigen Bedingungen. Da sie nicht wirklich kombiniert worden sind, wollen wir sie jetzt wenigstens in Gedanken miteinander verbinden. Ich habe einige der meistzitierten präbiotischen Nukleinsäuresynthesen in einer durchgehenden Erzählung miteinander verbunden. Die Anregungen der Experimentatoren sind weitestgehend berücksichtigt worden; wo sie fehlen, habe ich Einzelheiten selbst ergänzt. Das Ergebnis wird in Form einer Fabel vorgestellt, einer erweiterten Fassung der Mittwochs-Geschichte aus dem Prolog. Für diejenigen, die die technischen Berichte heranziehen möchten, die für die Zusammenstellung dieser Erzählung benutzt worden sind, habe ich eine Liste in den Anmerkungen am Ende des Buchs erstellt.

Die Mittwochs-Geschichte (überarbeitet)

Einst, vor langer Zeit, als die Erde noch ganz jung war, stiegen aus dem Meer hohe Berge auf und bildeten eine große Insel. Sie war vulkanischen Ursprungs, ungefähr wie eine Hawaii-Insel heute, denn Kontinente, wie wir sie kennen, waren noch nicht entstanden. Wegen der Höhe und Ausdehnung dieser Gebirge und wegen der vorherrschenden

Wind- und Wetterbedingungen hatte die Insel verschiedene Klimazonen.

Auf der Regenseite, wo immer Wolken hingen, gab es häufig Gewitter. In den Höhenlagen nahe den Gipfeln gefror der Regen, und der Niederschlag fiel als Schnee oder Hagel. Die Atmosphäre war reduzierend, was die Bildung von Cyanwasserstoff in den Niederschlägen begünstigte. Regen und Schnee enthielten viel von dieser Verbindung.

Von den höchsten Gipfeln zogen sich mächtige Gletscher bis in die Niederungen. An ihren Ausläufern lagen im Sommer zahlreiche, zum Teil gefrorene alkalische Seen. Cyanwasserstoff sammelte sich in ihnen und reagierte stark mit sich selbst, bis die Seen im Winter wieder bis auf den Grund froren. Wenn schließlich wieder wärmeres Wetter einsetzte, tauten die Seen teilweise auf, und die Reaktion begann von neuem. In einem sehr wichtigen Jahr blieb der Frühling jedoch aus. Das Klima im Hochland hatte sich zum Schlechten gewandelt. In den Bergen fiel mehr Schnee, und die Gletscher dehnten sich aus und schoben die gefrorenen Seen zu Tal. Die Fließbewegung eines der Gletscher führte diesen von der feuchteren Seite der Insel weg zu einer zentralen Hochebene, die geothermisch aktiv war. In diesem gemäßigteren Klima schmolz die Gletscherstirn, und das Reaktionsgemisch des Cyanwasserstoffs floß in eine heiße saure Quelle.

Solche heißen Quellen gibt es heute noch etwa im Yellowstone Park und auf Island. Bakterien, die zur gleichen großen Klasse wie die Methanogene gehören, können dort gedeihen. Zu der Zeit, von der wir reden, existierte natürlich noch kein Leben, doch im Verlauf einer Stunde wandelte die heiße Säure einen kleinen Teil (etwa 0,1%) der festen Stoffe, die der Gletscher herantransportiert hatte, in Adenin um. Die Säure hätte am Ende auch noch das Adenin zerstört, doch bevor es dazu kommen konnte, floß das Wasser aus der Quelle in einen größeren Fluß. Dabei passierte es auch alkalischen Boden, der es neutralisierte.

Es regnete selten auf diesem großen Plateau, und wenn, dann in Form leichter Schauer mit Sonnenschein, nicht als Gewitterregen. Die Sonnenstrahlung bewirkte die Bildung von Formaldehyd, weniger von Cyanwasserstoff. Der formaldehydhaltige Regen floß in winzigen Strömen zu einem geologisch anderen, aber geothermisch ebenfalls aktiven Teil des Hochplateaus, wo es heiße neutrale Quellen gab, die gesättigt waren mit schwebenden Mineralien.

Die Formaldehydströme, die in einen heißen Mineraliensee flossen, wurden durch die sogenannte Formosereaktion in ein kompliziertes Gemisch umgewandelt. Die Ribose bildete einen kleinen Teil dieses Produkts. Das bewegte Wasser trug das Gemisch in den nächsten Stunden durch den ganzen See, was genug Zeit ließ, die Veränderung abzuschließen. An diesem Punkt floß das Produkt aus dem heißen See und wurde von einem schnellen, eisigen Bach davongetragen. Dieses Entweichen war eine glückliche Fügung, da die Ribose sich zerlegt hätte, wenn sie zu lange im See geblieben wäre.

Die Adenin- und Riboseströme vermischten sich auf dem Hochplateau, konnten aber noch kein Adenosin bilden. Dazu brauchten sie eine heiße Umgebung und Meersalz. Glücklicherweise brachte ein steiler Wasserfall sie auf der heißen, trockenen Seite der Insel fast bis auf Meeresniveau. Die Zeit war von ausschlaggebender Bedeutung, denn der Zucker war nicht stabil und ging verloren.

Am Fuß des Wasserfalls wurde der Fluß breiter und bildete ein verzweigtes Delta. Das Wasser strömte über verschiedene Gesteinsarten und Mineralienformationen. Irgendwann kam es in einen Gezeitentümpel, der bei Ebbe vom Meer abgeschlossen war. Die Mineralien auf dem Boden des Tümpels hatten eine besondere Affinität zu Adenin und auch zur Ribose und hielten sie zurück, während die meisten anderen Stoffe fortgespült wurden, als die Flut kam, den Tümpel füllte und wieder ablaufen ließ.

Es war ein sehr heißer Tag. Die Sonne ließ das zurückgebliebene Wasser im Tümpel verdunsten, erhitzte das Adenin und die Ribose in Gegenwart von Salz und wandelte sie in das Nukleosid Adenosin um. Inzwischen kam weit draußen auf dem Meer ein gewaltiger Sturm auf, der riesige Wellen heranbrachte.

Die Flut kehrte mit großer Heftigkeit zurück und beförderte den Inhalt des Tümpels tiefer ins Land hinein. Er lagerte sich in einem nahen Teich ab, den wir Darwin-Teich nennen wollen. Dies sollte der erwählte Ort für den Ursprung des Lebens sein.

Kaum hatte das Adenosin den Darwin-Teich erreicht, als nachfolgende Wellen aus verschiedenen Richtungen den Bestand an den anderen Nukleosiden heranspülten, die zum Aufbau von RNA gebraucht werden. Wären diese Chemikalien Menschen gewesen, hätten sie sich umarmt vor Freude über ihr erstes Zusammentreffen und die glorreiche Zukunft, die vor ihnen lag. Dann hätten sie sich gegenseitig von den wunderbaren und unterschiedlichen Ereignissen erzählt, die zu ihrem

Entstehen geführt hatten. Doch wir sollten nicht unsere Empfindungen in die Geschichte einbringen. Überlassen wir der Natur die weitere Synthese.

Phosphat wurde für die Umwandlung der Nukleoside in Nukleotide gebraucht. Einige Geologen haben behauptet, Phosphat sei auf der Früherde nicht ohne weiteres verfügbar gewesen und habe seine Konzentration im Wasser nur allmählich erhöht, als geeignetes Gestein verwitterte. Der Darwin-Teich aber war einer der wenigen auserwählten Orte, der mit der richtigen Art von Mineralien gesegnet war; er hatte bereits reichlich Phosphat. Als die anhaltende Hitzewelle den Teich fast austrocknete, wurden somit die Nukleoside umgewandelt. Hilfestellung erhielt dieser Prozeß von einem zusätzlichen Katalysator, der in den Mineralien gefunden wurde, die den Teichboden bedeckten.

Jetzt mußten sich die Nukleotide verknüpfen, um den Replikator zu bilden. Erheblich gefördert wurde dieser Prozeß durch das Vorhandensein bestimmter Chemikalien, der sogenannten Amine, die eine andere kurze Überflutung herangebracht hatte. An früherer Stelle unserer Erzählung wären die Amine nicht willkommen gewesen, da sie einige frühere Schritte behindert hätten.

Das Wetter wurde jetzt stabiler. Die Tage waren so heiß wie zuvor, heiß genug, um den Teich trockenzulegen. Nachts brachte der Wind jedoch immer ausreichend Feuchtigkeit, so daß sich auf dem Boden ein dünner, flüssiger Film bildete. Diese abwechselnd heißen und feuchten Phasen gaben den Nukleotiden eine Möglichkeit, auf verschiedene Arten zusammenzukommen und dann wieder auseinanderzubrechen. An einem Abend wurde durch Zufall der Replikator gebildet. Er ging sofort ans Werk und baute andere Nukleotide zu Kopien von sich zusammen, schneller als sie sich trennen konnten. Das Leben war entstanden, und die Evolution konnte beginnen.

Bevor wir diese Geschichte beenden, müssen wir noch ein Wort zum Namen des Teichs sagen. Charles Darwin selbst dehnte seine Theorien nicht auf die Frage nach dem Ursprung des Lebens aus und identifizierte sich öffentlich mit dem Glauben an die Schöpfungslehre. 1863 schrieb er in einem Brief an den Botaniker Joseph Hooker: »... es ist reiner Unfug, zum gegenwärtigen Zeitpunkt an den Ursprung des Lebens zu denken; man könnte genausogut an den Ursprung der Materie denken.« Doch er selbst konnte der Versuchung nicht widerstehen, mit solchem Unfug zu spielen, denn 1871 schrieb er, wieder an Hooker:

»Es wird oft gesagt, alle Bedingungen für die erste Herstellung eines lebenden Organismus, die je hätten vorhanden sein können, seien jetzt vorhanden. Aber wenn (und oh, was für ein großes Wenn!) wir uns vorstellen könnten, daß sich in irgendeinem warmen, kleinen Teich, in dem alle Arten von Ammoniak und Phosphorsalzen, Lichter, Wärme, Elektrizität etc. vorhanden sind, chemisch eine Eiweißverbindung bildet, die bereit ist, sich noch komplexeren Veränderungen zu unterziehen, würde diese Substanz heute augenblicklich verschlungen oder absorbiert, was nicht hätte der Fall sein können, bevor Lebewesen entstanden sind.«

Diese Passage wird oft in Texten und Artikeln über den Ursprung des Lebens wiedergegeben. Viele Fachleute würden das Wort »Eiweiß« lieber durch »Nukleinsäure« ersetzen, wie wir gesehen haben. Ansonsten ist sie bemerkenswert aktuell, was eine Anerkennung entweder Darwinscher Weitsicht oder unseres fehlenden Fortschritts ist.

Der Skeptiker, der weiter vorne im Kapitel einen kranken Eindruck gemacht hatte, hat sich im Lauf der Erzählung erholt und wälzt sich jetzt sogar vor Lachen auf dem Boden. Er unterbricht sich, um mich zu fragen, wieviel von der Erzählung ich zusammengereimt habe und wieviel tatsächlich in der wissenschaftlichen Literatur veröffentlicht worden ist.

Ich erwidere, daß die sehr verschiedenen Reaktionsbedingungen veröffentlicht worden sind, ebenso wie die Vorschläge für geeignete präbiotische Orte wie den gefrorenen See, die heiße Mineralquelle, den Gezeitentümpel und die trockene, wüstenähnliche Umgebung. Ich mußte mir den größten Teil des Hin und Her ausdenken, damit die Chemikalien von einem Ort zum anderen kommen konnten. Die Gletscher und verschiedenen Cyanwasserstoff- und Formaldehydniederschläge finden sich jedoch ebenfalls in der Literatur.

»Es ist sehr phantasievoll«, sagt er, »aber ehrlich gesagt, wenn schon ein Märchen, dann lieber das von Vater Rabe.«

Verschiedene Darstellungen ließen sich konstruieren, die zum Entstehen des Replikators führen und mit anderen in der Literatur veröffentlichten Experimenten arbeiten. Einige wären weniger spektakulär als die obige, aber alle hätten die gleichen generellen Mängel. Viele Schritte wären nötig, die auf unterschiedlichen Bedingungen fußen und damit an unterschiedlichen geologischen Orten stattfinden müssen.

Die Chemikalien, die für einen Schritt gebraucht werden, bedeuten für andere möglicherweise den Untergang. Die Ausbeute ist mager, und viele unerwünschte Produkte machen den größten Teil des Gemischs aus. Es wäre nötig, irgendwelche imaginativen Prozesse heranzuziehen, um die wichtigen Stoffe zu konzentrieren und die Verunreinigungen auszusondern. Der ganze Vorgang würde unsere Glaubwürdigkeit erschüttern, egal wieviel Zeit für den Prozeß aufgewendet würde.

Erneut haben wir, wie im Fall des Miller-Urey-Experiments, eine große Lücke zwischen den unbestrittenen Ergebnissen einer Reihe von Untersuchungen und den daraus abgeleiteten Mythen. Wieder müssen wir die Verhaltensweisen hinter den Glaubenssystemen prüfen, die beteiligt sind. Wir können beginnen mit einer Aussage aus Zubays biochemischem Werk von 1983: »Die ersten Lebensformen enthielten wahrscheinlich Nukleinsäuren zur Speicherung der genetischen Informationen... Folglich muß es einen Weg gegeben haben, auf dem die Nukleotide als Bausteine von RNA synthetisiert wurden.«

Obwohl der Verfasser sich durch das »wahrscheinlich« zum Teil aus der Affäre gezogen hat, rückt das »muß« in dem Zitat das Ganze doch mehr in das Reich der Mythologie als der Wissenschaft. Es mißachtet die Möglichkeit, die in dieser alternativen Aussage zusammengefaßt ist: Gezielte Bemühungen, den geeigneten Weg für die Produktion eines reichlichen Vorrats von Nukleotiden auf der Früherde aufzuzeigen, sind gescheitert. Die ersten Lebensformen speicherten ihre genetischen Informationen folglich wahrscheinlich in irgendeinem chemischen System, das einfacher als Nukleinsäuren war.

Aber der Glaube, daß es solche Wege geben muß, hält sich. Der vielleicht herausragendste Gläubige ist Professor Cyril Ponnamperuma, der das Laboratorium für chemische Evolution an der Universität Maryland leitet. Nach den Worten Ponnamperumas »zweifelt heute niemand daran, daß die Bausteine der Nukleinsäuren auf einem Weg hergestellt werden können, der ›natürlich‹ genannt werden kann«. Vielleicht sollte etwas mehr organische Chemie betrieben werden, damit einige Schwierigkeiten aus dem Weg geräumt werden können, aber das wird sicher geschehen. Die Wege waren nicht durch Zufall da: »Es gibt in den Atomen und Molekülen innere Eigenschaften, die die Synthese in die [für die Lebensmoleküle] günstigste Richtung zu lenken scheinen.«

Er machte diese Bemerkungen bei einem Interview in seinem Labor, das heißt einer ganzen Laborflucht, die poppig ausgeschmückt war mit

Postern vom Weltraumprogramm, einem Meteoritenbruchstück, Fotos vom Miller-Urey-Apparat und dem Apparat selbst sowie einer Konservendose mit der Aufschrift »Ursuppe«. Bevor er seine jetzige Stelle antrat, hatte er beim NASA Ames Laboratorium in Kalifornien gearbeitet, wo er eine wichtige Rolle bei der Analyse organischer Verbindungen in Meteoriten spielte. Ponnamperuma ist vielleicht der bekannteste lebende Wissenschaftler, der seine ganze Arbeitskraft dem Studium vom Ursprung des Lebens widmet. Er war der erste Empfänger der vor einiger Zeit geschaffenen Oparin-Medaille der Internationalen Gesellschaft für das Studium vom Ursprung des Lebens und ist zu der Zeit, zu der dieses Buch geschrieben wird, Präsident der Gesellschaft.

Ponnamperuma kommt aus Sri Lanka. Er hatte an der Universität von Madras Theologie studiert und war dann nach London gegangen, um sich mit Chemie zu beschäftigen, wie der Interviewer Harold T. P. Hayes bemerkt. »Ende der 1940er Jahre erkannte Ponnamperuma, daß seine beiden so verschiedenen Interessengebiete sich überlappten«, und zwar im Bereich des Ursprungs des Lebens, schrieb Hayes. Wie wir festgestellt haben, ist sein Vorgehen in dieser Sache durchdrungen von einem Optimismus und dem Gefühl eines kosmischen Zwecks, das aus einem inneren Glauben zu kommen scheint.

Dieser Zweck beginnt im Weltraum. Ponnamperuma beschrieb seine Empfindungen vor kurzem sehr beredt: »Sie untersuchen interstellare Moleküle, und Sie entdecken Zyanid und Formaldehyd. Diese zwei können den Weg für alles andere bereiten. In dem ganzen System ist eine solche Einfachheit – so sehr, daß man praktisch spürt, daß das ganze Universum versucht, Leben hervorzubringen.« Auf Grund des Wirkens dieser günstigen Umstände, die zu unserer eigenen Chemie führen, »sind wir die Brüder und Schwestern der Sterne«. In dem Hayes-Interview erklärte Ponnamperuma: »Ich wäre nicht überrascht, wenn Sie auf irgendeinem Planeten wie der Erde landeten und jemand von etwa einssechzig mit zwei Augen auf Sie zukäme und ›Hallo‹ sagte.« Seine prägnanteste Formulierung brachte er kürzlich bei einem Vortrag: »Gott selbst muß ein organischer Chemiker gewesen sein.«

Diesen Standpunkt haben wir bereits bei unserer Erörterung des Miller-Urey-Experiments kennengelernt und dort vorherbestimmungsbedingt genannt. Wie wir feststellten, können wir die Möglichkeit nicht ausschließen, daß die Gesetze des Universums zu unseren Gunsten manipuliert worden sind. Ein größeres Kompliment könnte man uns kaum machen. Gegenwärtig jedoch muß diese Haltung auf den Glauben bauen, da die Beweise sie nicht stützen. Die interstellaren Moleküle zum Beispiel können den Weg für alles andere bereiten, wie Ponnamperuma meint, aber ich würde eher das *alles* hervorheben. Der ganze Beilstein könnte letztlich aus den Molekülen hergestellt werden, die dort vorhanden sind. Wenn wir uns mit den Theorien von Sir Fred Hoyle beschäftigen, werden wir lernen, wie weit wir gehen können, wenn wir unsere Phantasie von diesen Substanzen anregen lassen.

Eine sehr viel düsterere Einschätzung der Aussichten bei der Hypothese vom nackten Gen kann man bei Leslie Orgel finden. Wir sind ihm schon begegnet im Zusammenhang mit seinem Modellsystem für die Erforschung der Replikation der RNA ohne einen Katalysator. Er ist zusammen mit Francis Crick Verfasser eines Artikels über Panspermie, ein Thema, auf das wir noch zu sprechen kommen. Er hat theoretische Beiträge zu vielen Gebieten der Biologie geliefert, zu Themen, die vom Altern und der Mutationstheorie bis zur egoistischen DNA reichen. Bedeutsamer für unsere Zwecke ist die Tatsache, daß vieles von der besten Arbeit über die präbiotische Nukleinsäuresynthese aus seinem Labor am Salk Institute in Kalifornien gekommen ist. Bei einem Überblick über den Stand dieser Untersuchungen war Orgel sehr offen: »Die Bildung von Zuckern unter möglichen Bedingungen und ihr Einbau in Nukleoside sind nicht erreicht worden. Solange dieses Problem nicht gelöst ist oder umgangen werden kann, bleibt es eine Schwachstelle der Theorien der abiotischen Nukeinsäuresynthese. Der Ursprung von Nukleosiden und Nukleotiden bleibt unseres Erachtens eines der Hauptprobleme der präbiotischen Synthese.«

Als ich ihn 1983 bei einer Konferenz in Detroit traf, war Orgel bereit zuzugeben, daß die Schwierigkeiten bei der präbiotischen Nukleinsäuresynthese erdrückend sind. Aber er fügte sofort hinzu: »Beim Erarbeiten aller Theorien gibt es in gleicher Weise derartig erdrückende Schwierigkeiten.« Er kennt die Arbeit auf diesem Gebiet sehr genau und könnte bei den meisten Punkten hervorragend den Skeptiker ersetzen, der uns in diesem Buch begleitet hat. Aber dann kann er plötzlich umschwenken: »Ich vermute, es gibt irgendeinen Trick, aber ich weiß nicht, was das für ein Trick ist.« Er weist mit Vorliebe darauf hin, daß die meisten Rubine auf der Erde auf einem einzigen Berg in Burma vorkommen, das Ergebnis einer unerwarteten Folge von Umwandlungen in der anorganischen Chemie. Wir können nicht alle Stoffe kennen, die es auf der Erde der Urzeit vielleicht im Überfluß gegeben hat. Vielleicht hatte einer davon, irgendein wundersames Mineral, genau die richtigen Eigenschaften, die für den Aufbau einer Nukleinsäure erforderlichen Reaktionen in Gang zu bringen.

Wie Leslie Orgel meint, gibt es vielleicht eine Lösung, die übersehen worden ist. Es müssen noch ungeheuer viele Kombinationen von Mineralien mit anderen Chemikalien getestet werden, und vielleicht gelingt einer davon der Trick. Aber bis diese Kombination auftaucht, muß die Vorstellung von einem nackten Nukleinsäure-Gen entweder als Spekulation oder als Glaubenssache angesehen werden, je nach Haltung desjenigen, der sie vertritt. In der Zwischenzeit lohnt es, andere Lösungen zu untersuchen, was wir auch tun wollen.

Als passende Zusammenfassung dieses Themas möchte ich Graham Cairns-Smith zitieren, dessen Theorie uns noch beschäftigen wird.

> »Es hat in der Tat viele interessante und ausführliche Experimente auf diesem Gebiet gegeben. Doch das Wichtige dieser Arbeit liegt nach meinem Dafürhalten nicht in der Demonstration dessen, wie sich Nukleotide auf der Urerde bilden konnten, sondern im genauen Gegenteil: Diese Experimente ermöglichen uns, sehr viel eingehender, als sonst möglich gewesen wäre, zu erkennen, warum präbiotische Nukleinsäuren höchst unwahrscheinlich sind.«

Sollte diese Schlußfolgerung zutreffen, hat sich das Leben vor dem Aufkommen der Nukleinsäuren irgendeines anderen genetischen Systems bedient. Für seine Identität gibt es keine Beweise, doch hat es nicht an Spekulationen gemangelt, die uns gedanklich herausfordern. Wir wollen einige der bekannteren betrachten.

8. Blasen, kleine Wellen und Schlamm

Die Evolution verlangt ein molekulares System, das sowohl Informationen speichern als auch gelegentliche Varianten als Quelle möglicher Verbesserungen liefern kann. Wir wissen, wie die heutigen Nukleinsäuren in dieser Rolle wirken. Leider läßt ihre chemische Komplexität es als unwahrscheinlich erscheinen, daß sie durch spontane Prozesse gebildet wurden und am Anfang des Lebens vorhanden waren. Welches andere System hat dann in grauer Vorzeit diese Funktion erfüllt? Für den Ursprung des Lebens ist dies eine entscheidende Frage.

Einen Mangel an Vorschlägen hat es selbstverständlich nicht gegeben. Von all den miteinander konkurrierenden Theorien hat keine den Sieg davongetragen. Keine Theorie konnte den entscheidenden Beweis erbringen, der ihre Gegner oder zumindest die unvoreingenommenen Beobachter überzeugt hätte. Obwohl die Theorien im einzelnen sehr unterschiedlich sind, haben sie doch etwas gemein. Jede hat ihre ganz eigene Vorstellung von der frühen Erde. Als ich diese Beschreibungen während meiner Recherchen nacheinander las, verschmolzen sie in meinem Kopf und erzeugten ein zusammengesetztes Bild unseres Planeten in seinen ersten Jahren. Es war ein unheimlicher, unwirtlicher Ort, eine Einöde aus Blasen, kleinen Wellen und Schlamm. Alle drei Merkmale verkörpern eine ganz eigene Vorstellung vom Ursprung des Lebens, die wir, jede für sich, untersuchen wollen.

Blasen

Stellen Sie sich als erstes einen See oder eine Lagune voller winziger bläschenartiger Gebilde in Bakteriengröße vor. Es sind jedoch keine Bakterien, da sie nur aus Proteinen bestehen, oder genauer gesagt, aus Proteinoiden, einer verwandten Substanz, die durch das gemeinsame Erhitzen von Aminosäuren hergestellt wird. Trotz dieser begrenzten Zusammensetzung weisen diese Mikrosphären genannten Gebilde zahlreiche lebensähnliche Eigenschaften auf. Sie katalysieren chemische Reaktionen und besitzen eine Oberfläche, die einer Membran ähnelt. Unter bestimmten Umständen können sie elektrische Reaktionen erzeugen, die denen moderner Nervenzellen ähneln. Vor allem aber können sie sich fortpflanzen und haben die Fähigkeit, sich durch natürliche Auslese zu entwickeln. Dabei erzeugen sie zum erstenmal jene für das Leben heute so wichtigen chemischen Stoffe, Proteine und Nukleinsäuren. So sieht es Sidney Fox, der das Institut für Molekular- und Zellulargenetik an der Universität Miama leitet.

Im letzten Vierteljahrhundert war Professor Fox der bekannteste Repräsentant derer, die die These vertreten, daß die Proteine bei der Entstehung des Lebens zuerst da waren. Er hat die Vorstellung vom nackten Gen heftig attackiert und erklärt: »DNA entstand aus dem lebenden System; sie war nicht das Ergebnis eines eigenen Akts spezieller Erzeugung..., das Erbmolekül DNA mußte in Zellsystemen entstehen, in denen bereits geordnete Proteine existierten.«

Er hat inzwischen die Siebzig überschritten, forscht aber immer noch aktiv und organisiert Symposien, die diesen Standpunkt fördern. 1983 leitete er zum Beispiel eine Sitzung beim Detroiter Treffen der American Association for the Advancement of Science, auf dem auch der Ökologe und gelegentliche Präsidentschaftskandidat Barry Commoner sprach. Dieses Treffen machte Schlagzeilen wie »Rolle der DNA heruntergespielt« in der *Detroit Free Press* und »Forschung trägt Material für späte Evolution der DNA zusammen« in *Chemical and Engineering News*. Dies ist natürlich eine Ansicht, die ich in einem früheren Kapitel auch als interessant empfunden habe.

Sidney Fox hat nicht nur als Anlaufstelle für die Gruppe gedient, die die Proteine an den Anfang setzt, sondern hat das spezielle System der Mikrosphären aus Proteinoid, das Ende der 50er Jahre erstmals in seinem Labor vorgeführt wurde, als *die* Lösung für das Problem des Ursprungs des Lebens hingestellt. Überflüssig zu sagen, daß diese Position ihn in das Zentrum der Kontroverse rückte. Sein System hat in den Medien und etlichen Lehrbüchern positive Beachtung gefunden, vor allem in A. L. Lehningers vielgelesenem Werk *Biochemie,* in dem es als bemerkenswert apostrophiert wird. Andererseits hat es scharfe Kritiker gefunden, vom Chemiker Stanley Miller über die Astronomen Harold Urey und Carl Sagan bis zu Duane Gish, einem Anhänger der Schöpfungslehre. In vielleicht keinem anderen Punkt der Diskussion um den Ursprung des Lebens finden wir wohl eine solche Einigkeit zwischen Evolutionsanhängern und Befürwortern der Schöpfungslehre, wie in der Gegnerschaft zur Bedeutung der Experimente von Fox.

Als ich den umstrittenen Professor Fox kürzlich bei einer Konferenz interviewte, lernte ich ihn als höflichen, offenen und mit seiner Zeit großzügigen Mann kennen. Er war bereit, die Geschichte seiner Bemühungen und des Ursprungs des Lebens allgemein zu erörtern. Als ich ihn nach der gegen ihn gerichteten Kritik fragte, erzählte Fox von einem Vorkommnis bei den Vorbereitungen eines guten Freunds zu einem persönlichen Bericht: »Er hatte seit vielen Jahren das Gefühl, daß ich zu empfindlich gegenüber Kritik an mir sei.« Aber dann »ging er noch einmal einige der Notizen durch und stellte fest, daß er seine Meinung geändert und entschieden hatte, ich sei nicht empfindlich genug«. Mit Bedauern bemerkte Fox: »Ich würde gerne glauben, daß die Wissenschaft eine einzige große, angenehme, geistige Gemeinschaft ist..., aber das ist sie nicht, die Leute bringen ihre Gefühle ein.«

Warum weckte er diese Reaktionen? Vielleicht weil er das Gefühl hatte, das Problem vom Ursprung des Lebens im großen und ganzen gelöst zu haben. Fox nannte einen anderen Wissenschaftler, der eine umfangreiche Theorie veröffentlicht hatte, die die wichtigen und noch zu beantwortenden Fragen umriß: »Wie wird er sich fühlen, wenn er entdeckt, daß wir diese Fragen beantwortet haben?«

Fox war sehr selbstsicher, was die Gültigkeit seiner Antworten anging. Er meinte: »Ich glaube, die Evolution ist einem sehr schmalen Pfad mit sehr wenigen Zufällen gefolgt. Jemand ist also entweder auf der evolutiven Spur oder nicht.« Er nannte sein eigenes Labor und vielleicht ein halbes Dutzend andere, die auf der richtigen Spur seien. »Die anderen arbeiten alle im Kontext der Annahme, die DNA sei zuerst dagewesen oder alles sei zufällig entstanden, was verwandte Ideen sind.

Sie haben die Szene beherrscht, aber ich glaube nicht, daß sie uns in irgendeiner Weise weitergebracht haben.«

An diesem Punkt unserer Erzählung muß sich der Skeptiker einschalten. Er weist darauf hin, daß, welche zwischenmenschlichen Gefühle auch immer beteiligt sein mögen, der Wert dieses Systems letztlich durch die Experimente selbst bestimmt werden muß. Wir müssen uns also den Einzelheiten zuwenden.

Wir haben gesehen, daß viele Experimente, beginnend mit denen von Stanley Miller und Harold Urey 1953, die prompte Bildung bestimmter Aminosäuren unter möglichen uranfänglichen Bedingungen nachgewiesen haben. Gemische aus Aminosäuren haben keine lebensähnlichen Eigenschaften. Werden die Aminosäuren jedoch auf ganz bestimmte Art zu langen Eiweißketten verknüpft, können sie Enzyme bilden. Enzyme sind unentbehrliche Bausteine lebender Systeme, da sie chemische Reaktionen, die für Lebensprozesse wichtig sind, erheblich beschleunigen.

Aminosäuren verbinden sich nicht ohne weiteres, um Peptide (kurze Eiweißketten) und Proteine zu bilden, wenn Wasser gegenwärtig ist. Die Einzelheiten des Energiehaushalts diktieren faktisch, daß das Gegenteil geschehen sollte. In Gegenwart von Wasser spalten sich Peptide und Proteine langsam in Aminosäuren auf. Diese Umstände selbst legen die weitere Vorgehensweise nahe. Um Aminosäuren zu verketten, erhitze man sie zusammen in trockenem Zustand, damit das Wasser, das sich bei ihrer Verkettung freisetzt, ausgetrieben wird.

Dieses Rezept hatte sich jedoch, als man es ausprobierte, als nicht zuverlässig erwiesen. »Die Biochemiker wußten, wenn ein Gemisch aus Aminosäuren in dem Verhältnis, in dem es in Proteinen vorkam, erhitzt wurde, dann war das Ergebnis Pyrolyse zu einem dunkelbraunen, übelriechenden Teer«, bemerkte der Chemiker William Day. An diesem Punkt leistete Sidney Fox einen Beitrag. Fox legte die üblichen Rezepte beiseite und fügte zusätzliche Mengen einer von drei bestimmten Aminosäuren hinzu. Diese Gemische ergaben, wenn man sie in trockenem Zustand deutlich über den Siedepunkt von Wasser hinaus erhitzte, saubere Präparate, in denen die Aminosäuren sich miteinander verbunden hatten.

Die Produkte, die man erhielt, waren allerdings keine natürlichen Proteine, auch wenn sie aus Aminosäuren entstanden waren. Die oben erwähnten speziellen Aminosäuren enthielten entweder eine zusätzliche Amino- oder Säuregruppe. Bei normalen Proteinen beteiligen sich diese zusätzlichen Gruppen nicht an der Kettenbildung, was jedoch beim Erhitzen geschehen war. Unnatürliche, sogar verzweigte Ketten waren entstanden. Außerdem waren einige der Aminosäuren in ihre spiegelbildliche Form umgewandelt worden, so daß beide Arten vorhanden waren. Andere waren zu farbigen Substanzen, Pigmenten, geworden, die auch in die Ketten eingebaut wurden. Wegen dieser Merkmale, die dieses Produkt von allem unterschieden, was es in der irdischen Biologie gibt, wurde die Bezeichnung »Proteinoid« gewählt, nicht »Protein«.

Man hielt die Proteinoide weiterer Untersuchungen für wert, da sie interessante Eigenschaften aufwiesen. Verschiedene Präparate zeigten zum Beispiel eine schwache katalytische Aktivität für eine Reihe chemischer Reaktionen, wenngleich diese Aktivität nicht merklich größer als die war, die die gleiche Aminosäuremischung vor der Erhitzung besaß. Weit bemerkenswerter waren dagegen die Umwandlungen, die bestimmte Proteinoidarten zeigten, wenn sie unter geeigneten Bedingungen mit warmem Wasser behandelt wurden. Eine dieser Behandlungen bestand darin, sie in warmem Wasser aufzulösen und die Lösung langsam abkühlen zu lassen. Durch diesen ganz einfachen Vorgang erhielt man Mikrosphären. Aus einem Gramm Proteinoid ließen sich zehn Milliarden Mikrosphären herstellen.

Wir müssen an dieser Stelle festhalten, daß die Mikrosphären ein wunderbares Beispiel für den Spruch »wie gewonnen, so zerronnen« sind. Sie können ohne weiteres aufgelöst werden, indem man den Säuregehalt der Lösung verändert, in der sie sich gebildet haben, oder Wasser in die Lösung gibt. Diese Vergänglichkeit brachte mich auf den Vergleich mit den Blasen. Wenn solche Schritte jedoch vermieden werden, können Mikrosphären über einen beachtlichen Zeitraum erhalten und manipuliert werden. Man hat umfangreiche und detaillierte Untersuchungen zur Erforschung ihrer Eigenschaften durchgeführt.

Ein sofort ins Auge fallendes Merkmal ist ihre Ähnlichkeit mit bestimmten einzelligen Organismen, sowohl von der Größe wie vom Äußeren her. Im Querschnitt sehen sie wie Bakterien aus, mit inneren Kammern und doppelschichtigen äußeren Begrenzungen, die an Membranen erinnern. Andere Präparate sehen alten, versteinerten Algen ähnlich. Daneben enthalten Mikrosphärenpräparate miteinander verschmolzene Einheiten, eine Haltung, die an Zellteilung denken läßt.

Fox selbst war bei der Interpretation dieser Fähigkeit, sich in zwei Hälften zu teilen, zurückhaltend: »Diese Tendenz ist zu beobachten bei Suppentröpfchen, Quecksilbertröpfchen, Öltröpfchen und kommt bei geschmolzenen Glaströpfchen auf dem Mond ebenso vor wie bei Proteinoid-Mikrosphären.«

Bei einem Treffen der American Association for the Advancement of Science verblüffte mich vor einiger Zeit ein herrliches Foto von, wie ich meinte, Proteinoid-Mikrosphären. Winzige, kreisförmige, mikroskopisch kleine Formen, von denen einige miteinander verschmolzen waren, hingen vor einem transparenten Hintergrund. Es waren jedoch gar keine Proteinoiden, sondern Partikel von Vulkanasche vom Mount St. Helens. Sie waren als geschmolzene Lava in die Höhe geschleudert worden und hatten infolge der Oberflächenspannung Kugelgestalt angenommen, bevor sie sich verfestigt hatten. Der Kristallograph J. D. Bernal, dem die Vielfalt der in der Natur vorhandenen Formen aufgefallen ist, bemerkte dazu, daß die von den Mikrosphären gewählte Form nicht ungewöhnlich ist. »Jede Ähnlichkeit mit Organismen, wie das Vorhandensein von Doppelkugeln, das eine Zellteilung andeutet, ist wahrscheinlich zufällig«, folgerte er.

Sidney Fox und seine Mitarbeiter würden dem nicht zustimmen. Sie sind der Meinung, daß die vielen zusätzlichen lebensähnlichen Eigenschaften, die die Mikrosphären aufweisen, zusammen mit ihrem Äußeren, sie zu bedeutsamen Objekten machen. Es sind Listen erstellt worden, die die Reaktion auf Färbemittel für Bakterien enthalten, die katalytische Aktivität, membranartige Eigenschaften, elektrische Aktivität, Lichtempfindlichkeit und sogar die Fortpflanzung. Als Stichprobe wollen wir diese letzte Eigenschaft betrachten und Fox direkt zitieren: »Die Mikrosphären pflanzen sich auf eine primitive Art fort, unter Einbeziehung kristallartigen Wachstums. Das machen sie mittels verschiedener Prozesse: Binärteilung, die Bildung knospender Mikrosphären, der die Trennung und das Wachstum der abgetrennten Knospen folgen, und auch etwas, das wie Sporenbildung und Teilung aussieht.«

Bei den Knospenexperimenten werden die Mikrosphären in proteinoidgesättigte Lösungen gelegt. Wenn das Proteinoid auf ihrer Oberfläche anwächst, vergrößern sich die Mikrosphären und setzen Knospen an. Legt man die Knospen in frisches Protein, wachsen sie und »bilden eine zweite Generation«.

Bei der Zusammenfassung dieses Verhaltens vergleichen Professor

Fox und Gefährten die Mikrosphären gerne mit primitiven Zellen. Bei einigen Aussagen deuten sie ihre Überzeugung an, daß Mikrosphären sich sogar zu heutigen Zellen entwickeln könnten: »Demzufolge glauben wir, daß die Proteinoid-Mikrosphäre zur Evolution zu einer heutigen Zelle fähig ist, auch wenn diese Fähigkeit noch nicht restlos nachgewiesen ist.« Bei anderen Gelegenheiten weisen sie dagegen darauf hin, daß es nur ein Modell, eine Simulation einer primitiven Zelle sei. Diese Doppeldeutigkeit wird dadurch kaschiert, daß den Eigenschaften, die sie beschreiben, die Vorsilbe »proto« beigegeben wird (was minimal, unvollständig oder primitiv bedeuten soll). Sie schreiben also über Protozellen, Protoorganismen, Protoreproduktion, Protometabolismus, Protoevolution und Protosexualität.

Unter einigen Bedingungen ließ man getrennte Mikrosphären sich verschmelzen und Material austauschen. Dieses Phänomen wurde als relevant für »den Ursprung der Protosexualität in Protozellen« betrachtet und in einem späteren Bericht »ein Modell des Ursprungs der Kommunikation« genannt. Bei der Zusammenfassung dieser Demonstrationen erklärte Fox: »Ein wuchernder Protoorganismus ist im Labor synthetisiert worden. Noch einmal: ein restloser Beweis völliger Ableitbarkeit zu einer heutigen Zelle muß noch geführt werden.«

Sollte diese Interpretation akzeptiert werden, wären die obigen Ausführungen an sich ein enormer Beitrag zum wissenschaftlichen Verständnis des Wesens des Lebensprozesses. Doch die beanspruchte Bedeutung wurde noch weiter ausgedehnt. Die Bildung von Mikrosphären ist als das markante Ereignis dargestellt worden, das bei der eigentlichen Bildung des Lebens auf der Früherde eine Rolle spielt:

> »Die Untersuchungen einer Reihe von Forschern, vor allem von Biowissenschaftlern, haben angedeutet, daß die Ur-Erde ein ›Regenwald‹ organischer Verbindungen war. Es ist inzwischen ebenso bewiesen, daß die Oberfläche der Ur-Erde eine üppige Wiese voller verschiedener Makromoleküle war, insbesondere thermischer Proteinoide. Als sie sich bei der Berührung mit Wasser ansammelten, wurden letztere zu Individuen, die für die Darwinsche Auslese bereitstanden.«

Diese zur einfachen Replikation fähigen Protozellen würden bei weiterer Evolution die Fähigkeit entwickeln, echte Proteine und auch Nukleinsäuren herzustellen. Nach dieser Darstellung würde die moderne Zelle nach und nach entstehen.

An der geologischen Wahrscheinlichkeit der Bildung von Mikrosphären entzündete sich ein großer Teil der gegen die Gruppe um Fox gerichteten Kritik. Konnten auf der Früherde Temperaturen von 150 bis 180° C entstehen, und wenn ja, würden Aminosäuren und andere Verbindungen es überstehen, ihnen längere Zeit ausgesetzt zu sein? Stanley Miller und Harold Urey kamen 1959 in einem Bericht zu einem negativen Schluß und schrieben: »Es ist schwer zu erkennen, wie die von Fox verteidigten Prozesse für die Synthese organischer Verbindungen hätten von Bedeutung sein können.«

Später stellten Miller und Orgel in einem Buch die Frage, »ob es heute auf der Erde Orte mit geeigneten Temperaturen gibt, wo wir, sagen wir, zehn Gramm eines Gemischs von Aminosäuren ausschütten und eine nennenswerte Ausbeute an Polypeptiden erhalten könnten... Wir könnten keinen einzigen derartigen Ort nennen.«

Die Zweite Internationale Konferenz über den Ursprung des Lebens, auf der Oparin und Haldane sich 1963 zum erstenmal trafen, war von Sidney Fox organisiert worden. Er und seine Kollegen legten auf der Konferenz in verschiedenen Beiträgen Daten über ihr System vor. Es gab erhebliche Meinungsverschiedenheiten darüber, ob solche Ereignisse auf der Früherde möglich waren. So erklärte zum Beispiel Carl Sagan: »Ich hätte gern eine Größenordnungsberechnung, die jeder Szene des Szenarios eine Wahrscheinlichkeit zuordnet und eine Gesamtpolypeptidmenge über die geologische Zeit ableitet.« (Wenn er diese Bitte doch nur noch auf das nackte Gen ausgedehnt hätte!) Der Geologe J. R. Vallentyne fügte später hinsichtlich des präbiotischen Vorschlags von Fox hinzu: »Jedesmal wenn ein Geologe ihn hört, geht es ihm unter die Haut, und deshalb bekommt man darauf solche Reaktionen von Leuten, die in Kategorien der Erdgeschichte denken.«

Professor Fox und seine Mitarbeiter haben sehr agil und flexibel versucht, dieser Kritik zu begegnen. Anfänglich brachten sie die Ränder von Vulkanen als einleuchtende Orte ins Gespräch, wo die erforderlichen Temperaturen hätten erreicht werden können, die für die Bildung von Proteinoiden gebraucht werden. Regen würde sie anschließend von den Vulkanen forttragen und zu Mikrosphären umwandeln. Um das zu veranschaulichen, wurde eine Lavaprobe von einem Vulkan auf Hawaii genommen und in das Labor von Fox gebracht. Dann wurden in einer Vertiefung der Lavaprobe Mikrosphären hergestellt.

Dieses Szenario wurde dann auf andere Orte ausgedehnt. Man fand heraus, daß man zum Aufbau von Proteinoiden auch niedrigere Temperaturen (85° C) verwenden konnte, wenn die Hitzeeinwirkung von einigen Stunden auf mehrere Monate ausgedehnt wurde. So kamen also zu den Vulkanrändern die heißeren Wüstengebiete der Erde als Orte hinzu, wo die erforderliche Hitze erreicht werden konnte.

Als ich Professor Fox 1983 interviewte, erwähnte er eine andere Idee, die auf einer Linie mit den laufenden Entwicklungen lag. Er meinte, daß die hydrothermalen Öffnungen auf dem Grund des Pazifischen Ozeans recht gut zu den erforderlichen Temperaturen führen könnten. Dort könnten sich Aminosäuren bilden und dann zusammen erhitzt werden, so daß sich Proteinoiden ergeben würden. Er stutzte einen Augenblick, als ich ihn fragte, wie man auf dem Meeresgrund die erforderlichen *trockenen* Hitzebedingungen finden könnte. Dann brachte er den Gedanken vor, daß sich möglicherweise in der Öffnung eines der Vulkanschlote ein fester Pfropfen aus Aminosäuren gebildet habe. Als extrem erhitztes Wasser in der Nähe dieser Stelle verkocht sei, seien die Aminosäuren in Proteinoide umgewandelt worden. Der Materialpfropfen würde sich danach gelöst haben. Der ganze Vorgang hätte sich vielleicht nur jedes zehnte Mal ereignet, aber diese Erfolgsquote sollte eigentlich ausreichen.

Außer dem Ortsproblem sind im Zusammenhang mit den Mikrosphären auch andere Fragen aufgetaucht. Wie kam es zu den notwendigen Konzentrationen der Aminosäuren? Waren die erforderlichen speziellen Aminosäuren auf der Früherde in beliebiger Menge vorhanden? Hätten nicht andere Chemikalien, die vielleicht vorhanden waren, den Prozeß behindert? Hätten sich die Mikrosphären, sofern sie sich gebildet hätten, nicht bei Berührung mit Süßwasser aufgelöst? Wie wahrscheinlich die verschiedenen Schritte auch waren, es muß festgehalten werden, daß sie weit einfacher sind als die vorgeschlagenen präbiotischen Entstehungsarten der Nukleinsäuren, die deutlich weniger kritisiert worden sind.

Ich schlage vor, daß wir die Frage der präbiotischen Wahrscheinlichkeit der Mikrosphären beiseite lassen, denn sie wird überschattet von einer viel wesentlicheren: Trifft es wirklich zu, daß eine primitive Zelle mit einigen lebensähnlichen Eigenschaften und der Bereitschaft, sich zu entwickeln, mit zwei einfachen Schritten (erhitzen und Wasser hinzufügen) aus einer Mischung, jeder Mischung, einfacher Chemikalien erzeugt werden kann?

Wir haben mehrere Kapitel auf den Gedanken verwandt, warum es äußerst unwahrscheinlich ist, daß ein Gebilde mit einer derartigen inneren Organisation durch Zufall entstehen könnte. Sidney Fox würde diesem Gedanken auch tatsächlich zustimmen, denn er erklärt ja, daß die für den Aufbau seiner Protozelle benötigte Information bereits in dem ursprünglichen Aminosäuregemisch vorhanden war. Als die Aminosäuren sich beim Erhitzen verbanden, geschah das nicht zufällig, sondern gezielt, gesteuert durch die jeweiligen chemischen Affinitäten. Dieser Prozeß führte zur Bildung der Protozelle, die durch natürliche Auslese evolutionsbereit war.

Akzeptierten wir diese Erklärung, wäre das Geheimnis des Ursprungs des Lebens in großen Teilen gelüftet. Wir würden die Art der wesentlichen Schritte begreifen. Ob man nun diesem Rezept folgen würde oder einem gleichwertigen, das eher zu den tatsächlichen Bedingungen auf der Früherde paßte, wäre eine Sache des geschichtlichen Details. Das Hauptprinzip würde übernommen. Aber was genau wäre dieses Hauptprinzip? Dahinter steckt mehr, als auf den ersten Blick erkennbar ist.

Um die Frage anzugehen, ist es vielleicht am besten, die Aminosäuren beiseite zu tun und an unseren Charlie und seine Schreibmaschine zu denken. Wir haben ausgerechnet, daß, wenn Charlie wahllos drauflostippen würde, die Sterne wahrscheinlich längst erloschen wären, bevor er den Satz »To be or not to be: that is the question« zu Papier gebracht hätte. Wir wollen ihn also vom Zufall erlösen, ihn entrandomisieren. Dazu müssen wir fragen, wie wir das bewerkstelligen wollen. Es gibt ungeheuer viele Wege, vom Zufall wegzukommen.

Wir wollen ein realistisches Element einführen und Charlie einen Hang zur Rechtshändigkeit geben. Nehmen wir an, er schlägt die rechte Hälfte der Tastatur etwas häufiger an als die linke. Verbessert diese Nichtzufälligkeit unsere Aussichten? Nein, im Gegenteil, denn die meisten Buchstaben, die für unser Zitat gebraucht werden, liegen auf der linken Seite. Eine Einschränkung der Zufälligkeit führt nicht zwangsläufig zu besseren Ergebnissen. Andererseits würden sich die Aussichten verbessern, wenn Charlie die linke Hand etwas mehr benutzen würde als die rechte. Doch die Wahrscheinlichkeit, die gegen unser erwünschtes Zitat spricht, ist so irrwitzig, daß die Sterne wohl immer noch längst erloschen wären, bevor Charlie diese Worte getippt hätte.

Damit dieses Unterfangen Erfolg hat, muß Charlies Abkehr vom Zufall durch irgendeine ordnende Kraft gelenkt werden. Dr. Midas hatte diese Rolle übernommen, als er Charlie nach jedem richtig getippten Buchstaben angehalten hatte. Selbst Dr. Midas wäre ein Strich durch die Rechnung gemacht worden, wenn Charlie so schnell getippt hätte, daß jede Zeile geschrieben gewesen wäre, bevor die Richtigkeit des ersten Buchstabens erkannt werden konnte.

Aminosäuren sind keine abstrakten Zeichen; sie verbinden sich mit einem gewissen Maß an Nichtzufälligkeit, wenn sie zusammen erhitzt werden. Das gleiche Ergebnis würde man von jeder Kombination echter Chemikalien erwarten. Doch Aminosäuren sind auch einfältig, mehr noch als unser Schimpanse. Es besteht kein größerer offensichtlicher Zusammenhang zwischen der Bedingung, die ihre Verbindung bewirkt, der trockenen Hitze, und dem angenommenen Produkt, einer primitiven, aber funktionellen Zelle, als zwischen den frei über die Tasten dahinfliegenden Fingern eines Schimpansen und unserem erwünschten Ergebnis Shakespearescher Dichtkunst. Doch einige sachkundige Wissenschaftler glauben, daß dieses Ereignis stattgefunden hat, zumindest im Fall der Aminosäuren. Was geht da vor sich?

Eine Art, auf die ich dieses Problem angepackt habe, ist, zu fragen, was ich denken würde, wenn ich einen Schimpansen auf eine Schreibmaschine zugehen und einige Teile schreiben sehen würde, unter denen auch das gewünschte *Hamlet*-Zitat wäre. Ich würde schließen, daß jemand die Schreibmaschine manipuliert und/oder den Schimpansen dressiert hat. Im chemischen Fall jedoch sind die entsprechenden Faktoren die Aminosäuren und die chemischen Gesetze, die den Erhitzungsprozeß regeln. Falls sie ausreichen, eine primitive lebende Zelle zu erzeugen, hat irgend jemand die Gesetze der Chemie eingerichtet, damit sie zu unserem Nutzen wirken.

Dieser Denkweise sind wir schon weiter oben begegnet, als wir uns mit der Reaktion auf das Miller-Urey-Experiment und den Vorstellungen, die hinter der Anordnung präbiotischer Experimente stehen, befaßt haben. Hier stoßen wir wieder auf die gleichen Annahmen, auf ein Beispiel dessen, was ich vorherbestimmungsbedingt nenne. Es wird angenommen, daß die Gesetzmäßigkeiten, die die Verbindung von Aminosäuren beim Erhitzen steuern, sie zwangsläufig in Kombinationen mit Eigenschaften dirigieren, die nützlich für das Leben sind. Wie wir schon erörtert haben, sind solche wünschenswerten Ergebnisse wahrscheinlich die Folge von Glück. Man macht eine nicht bestätigte, im wesentlichen religiöse Annahme: Der Schöpfer hat die Dinge so angeordnet.

Diese Annahme liegt selbstverständlich außerhalb der Wissenschaft. Sollten alle anderen Erklärungsversuche fehlschlagen, hätten wir am Ende vielleicht keine andere Wahl, als uns mit dem Gedanken übernatürlicher Kräfte abzufinden. Bis wir jedoch diesen Punkt erreichen, müssen wir nach rationalen Möglichkeiten suchen, die Daten zu erklären.

Eine einfache Alternative besteht darin zu unterstellen, die Eigenschaften der Mikrosphäre seien nicht so wichtig, wie behauptet. Nehmen wir beispielsweise an, unser Affe hätte einen Satz getippt, der mehr Zahlen als Buchstaben enthält, keinen Passus von Shakespeare. Es wäre nichtzufällig, aber unwesentlich, und würde nur andeuten, daß er lieber auf dem oberen Teil der Tastatur schreibt. Ähnlich sind die verschiedenen Eigenschaften, die die Mikrosphären aufweisen – Teilung, schwache katalytische Aktivität, doppelte Außenschicht, elektrische Signale und so fort –, vielleicht die allgemeinen Eigenschaften mikroskopischer Partikel einer bestimmten Größe und haben keinen oder kaum Bezug zu den tatsächlichen Lebensprozessen.

Als Kind habe ich gelernt, mit der Hand den Schatten eines Hundes an die Wand zu werfen. Ich brauchte nur den Daumen aufzurichten, den Zeigefinger abzuknicken und die Hand vor eine Lampe zu halten, so daß der Schatten auf die Wand fiel. Steigern konnte ich die Wirkung dadurch, daß ich den kleinen Finger auf und ab bewegte und dazu bellte. Aber diese Gestalt war weder ein Hund, noch konnte sie je einer werden; es war lediglich ein Schattenspiel. Ebenso sind vielleicht die Eigenschaften der Mikrosphären bloßes Schattenspiel, auch wenn sie unterhaltsam sind.

Es hat tatsächlich eine ganze Geschichte winziger Partikel mit angenommenen lebensähnlichen Eigenschaften gegeben, an die William Day in seinem Buch über den Ursprung des Lebens erinnert. 1892 zum Beispiel brachte der deutsche Biologe Otto Bütschli Olivenöltropfen mit Laugen zusammen und erhielt winzige, amöbenähnliche Gebilde, die sich umherbewegten und Partikel verschlangen. Anfang dieses Jahrhunderts erzeugte Stéphane le Duc, Professor an der medizinischen Fakultät in Nantes, aus anorganischen Chemikalien Formen, die Algen und winzigen Pilzen ähnelten. Er nannte seine Bemühungen die neue Wissenschaft der »synthetischen Biologie«. Seine Anhänger steigerten seine Behauptungen noch und wandelten Gelatine, Glycerin und Salz in »Zellen« um, die alle die Eigenschaften des Lebens haben sollten. Diese Umwandlungen wurden mit Hilfe der geheimnisvollen Energie, des neuentdeckten Radiums, bewirkt.

Solche Demonstrationen gibt es auch heute noch, und sie werfen die Frage auf, ob die Imitatoren von Professor Fox seiner Sache nicht mehr schaden als die, die ihn herabsetzen. Auf dem Treffen der Internationalen Gesellschaft für den Ursprung des Lebens 1983 in Mainz waren zum Beispiel zwei konkurrierende Gruppen anwesend, jede mit einer eigenen illustrierten Demonstration.

Eine indische Gruppe, die von Krishna Bahadur geleitet wurde und 26 Mitarbeiter umfaßte, hob die Vorzüge der Jivanu hervor, Mikrostrukturen, die nach einem Sanskrit-Wort benannt sind, das »Partikel des Lebens« bedeutet. Viele Fotos dokumentierten das zellartige Aussehen der Jivanu (wenn sie gefärbt wurden, ähnelten sie tatsächlich mikroskopisch kleinen, gefüllten Oliven). Sie ließen sich dadurch herstellen, daß man eins von vielen chemischen Gemischen dem Sonnenlicht aussetzte. Ein typisches Rezept verwendete mineralische Substanzen und Formaldehyd. Neben ihrem zellartigen Aussehen verfügten die Jivanu über »die Eigenschaft, von innen heraus zu wachsen, sich durch Knospung zu vermehren«, und über »metabolische Fähigkeiten«. Außerdem zeigten sie enzymatische und photosynthetische Aktivität und waren anfällig für Antibiotika und schwefelhaltige Medikamente. Sie wurden »Protozellen« genannt.

Eine japanische Ausstellung auf dem gleichen Treffen machte Reklame für die Eigenschaften der Marigranula. Wie die Mikrosphären bestanden sie aus Aminosäuren, hatten jedoch ein ganz anderes Gemisch als das, mit dem die Gruppe um Fox arbeitete. Sie konnten durch starkes Erhitzen der Aminosäuren in einem flüssigen Medium hergestellt werden, dessen Zusammensetzung dem Meerwasser ähnelte. Trockene Hitze wurde nicht benötigt. Die Marigranula hatten passende zellartige Größe und Aussehen und wurden als »Modelle organisierter Partikel, die im Verlauf der chemischen Evolution im Urmeer entstanden«, bezeichnet. Marigranula konnten durch Erhitzen von Zuckern wie auch von Aminosäuren hergestellt werden. Die chemischen Bindungen in ihnen hatten wenig Bezug zu denen, wie sie heute im Leben vorhanden sind.

Ein Ergebnis des verstärkten Wettbewerbs ist möglicherweise eine

Eskalation der Behauptungen, die zugunsten der verschiedenen »lebensähnlichen« Präparate aufgestellt werden. Eine deutsche Gruppe benutzte vor einigen Jahren ein Aminosäurengemisch, das dem ähnlich war, wie es für Mikrosphären gebraucht wird, änderte das Rezept allerdings ab, so daß man größere, fluoreszierende Partikel erhielt. Wegen ihrer Größe und Form wurden sie mit eukaryotischen Zellen verglichen. »Sie sind etwa zehnmal größer und entwickeln offenbar komplexere Wand- und Scheidenstrukturen, die dazu neigen, feste gewebeartige Formationen zu bilden.« Die deutsche Gruppe behauptete ferner, daß »verschiedene Gewebezellen in den Körnern unterschieden werden können«. Ihre Formen »ähnelten pflanzlichen Geweben«. Sie folgerten, daß »es glaubhaft scheint, daß die in unserem Experiment vorgeführten Prozesse natürliche Ereignisse auf der jungen Erde waren«.

An dieser Stelle wurde ein unglücklicher Vergleich gezogen: »Die Lumisphären ähneln nicht nur den Mikrosphären von Fox, sondern auch den mikrofossilen Isuasphaera aus dem 3,8 Milliarden Jahre alten Quarzit Grönlands.« Wie wir gesehen haben, sind die vermutlich hefeartigen Isuasphaera anscheinend ganz normale mineralische Einschlüsse und gar keine Versteinerung.

Auf jeden Fall ist diese Behauptung, pflanzliches Gewebe aus Aminosäuren hergestellt zu haben, von der Gruppe um Fox noch übertroffen worden, die ihre Mikrosphären mit Nervenzellen verglichen hat. Bei einem Treffen 1983 wurden die erzielten elektrischen Diagramme, bei denen Elektroden in einem Mikrosphärenpräparat plaziert worden waren, mit der Aufzeichnung von Hirnstromwellen eines schlafenden Affen verglichen. Bei meinem Gespräch mit Sidney Fox erzählte er begeistert von dieser Entwicklung, nannte die Erscheinung »Erregbarkeit« und schrieb sie der Membran dieser Protozelle zu:

> »In einer künstlichen Zelle, die Erregbarkeitsmuster hat, die qualitativ und quantitativ nicht von dem zu unterscheiden sind, was man von Gehirnneuronen und Neuronen anderer Art erhält, sind wir auf dem besten Weg, den Ursprung des Geistes zu verstehen… Der Ursprung des Lebens und der Geist waren Synonyme. Die Wurzeln des Lebens wie des Geistes sind offenbar eine pigmentierte, thermische Copolyaminosäure-Membran gewesen.«

Der letzte Ausdruck ist der, den Professor Fox benutzte, um die Präparate der Art zu beschreiben, die er untersucht hatte.

Ich zögere, zu diesem speziellen Punkt etwas zu sagen, um die Gefühle irgendwelcher bewußter Mikrosphären nicht zu beleidigen. Doch irgend etwas muß zur Situation insgesamt gesagt werden, und so wollen wir den Skeptiker um seine Meinung bitten.

Er erklärt, daß lange Listen mit »lebensähnlichen« Eigenschaften nicht beweisen, ob ein System lebt oder lebensfähig ist. Im allgemeinen sind diejenigen, die die Systeme hergestellt haben, vorsichtig mit solchen Behauptungen gewesen und haben Vorsilben wie »proto« oder die Bezeichnung »Modell« gebraucht. Doch wenn solche Systeme mit leichter Hand erstellt werden, wird in Wirklichkeit nur bewiesen, daß ihre Eigenschaften von geringerer Bedeutung sind. Die wichtigen Eigenschaften sind diejenigen, die die Modellsysteme von den wirklich lebenden unterscheiden.

Die Situation war so wie bei den Lotterien einiger Hamburger-Ketten in den Vereinigten Staaten. Um einen Hauptpreis zu gewinnen, muß der Betreffende ein Bild aus vielleicht neun Einzelteilen sammeln. Ein Päckchen mit einem Bildteil kann man sich ganz einfach besorgen, indem man es in einer der Verkaufsstellen der Ladenkette verlangt. Wer mitmacht, merkt bald, daß es leicht ist, acht der neun Bildteile zusammenzubekommen. Die Begeisterung und Spannung steigen rasch, und immer wieder führt der Gang in einen Hamburger-Laden. Aber das letzte Teil ist nirgendwo aufzutreiben. Andere Teilnehmer entdekken, daß es ihnen genauso geht.

Es ist tatsächlich das letzte Teil, das die Lotterie entscheidet. So viele Exemplare, wie es von ihm gibt, so viele Gewinne gibt es. Nur der Besitz dieses Teils garantiert im wesentlichen einen Gewinn, während der Besitz der übrigen Teile belanglos ist.

Welches ist dann das fehlende Teil im Fall des Ursprungs des Lebens, das Teil, das ein lebensfähiges System vom Schattenspiel unterscheidet? Es ist die Fähigkeit zu wachsen, sich fortzupflanzen und zu entwikkeln. Das System muß einfache Materialien aus seiner Umgebung in mehrere Exemplare seiner selbst umwandeln, nicht einfach so, wie ein rollender Schneeball mehr Schnee aufnimmt, sondern so, daß der innere Aufbau des Systems kopiert wird. Das System muß außerdem während dieses Prozesses seine Fähigkeiten steigern. Durch die Evolution muß es neue Funktionen »erlernen«, die seine Chancen für ein Überleben und weiteres Wachstum erhöhen.

Beim idealen Experiment würde eine Urzelle mit einem Energievorrat in eine einfache Umgebung gesetzt, wo man sie wachsen und sich entwickeln ließe, ohne daß der Experimentator noch weiter eingreifen müßte. Könnten die Mikrosphären diesen Test bestehen und ihre besondere Art als eine selbstorganisierte Form von Materie nachweisen, die zu einer Weiterentwicklung zu erkennbarem Leben fähig ist?

Ich stellte Sidney Fox diese Frage, doch er war hinsichtlich des Experiments, das durchgeführt werden sollte, anderer Meinung. Er meinte, der evolutionäre Fortschritt erfordere eine »sich schrittweise verändernde Umgebung«, wobei der Wissenschaftler die Veränderungen spezifiziere. »Ich rechne nicht damit, Experimente durchzuführen, die von alleine laufen, nachdem ich sie sich selbst überlasse. Ich muß meine Mikrosphären wenigstens füttern. Wenn eine Mutter, später in der Evolution, ihr Baby aufgibt, stirbt es.«

An diesem Punkt gehen unsere Anschauungen auseinander. Die Kernfrage befaßt sich nicht damit, ob die Umgebung statisch oder irgendeinem vorgegebenen Zyklus unterworfen ist (zwischen feucht und trocken etwa, oder heiß und kalt). Bei ihr geht es eher um die Entscheidungen, die zu treffen sind, wenn etwas schiefläuft. Soll der Forscher, der wie ein fürsorglicher Elternteil handelt, ständig eingreifen, um den Bestand des Systems zu sichern, oder ein negatives Ergebnis in Kauf nehmen? Wenn er es tut, beweist er damit vielleicht seine Genialität, doch er würde auch die Rolle der ordnenden Kraft spielen. Ein Beweis der Selbstorganisation des Systems würde nicht erbracht. Nur wenn negative Ergebnisse geduldet und Theorien verworfen werden können, schreitet die Wissenschaft auf diesem Gebiet fort.

Wir sollten die Mikrosphären aber nicht vorverurteilen. Vielleicht ist irgendein Beweis möglich, der sowohl Professor Fox wie auch seine Kritiker zufriedenstellen würde. Wenn, dann wäre er natürlich derjenige, der zuletzt lacht. Es verstieße gegen den Geist der Wissenschaft, einfach zu erklären, seine Theorie wäre unmöglich.

Zu unterstellen, daß derartige Umstände bestehen *müßten*, ist jedoch ebenfalls unwissenschaftlich. Eine solche Annahme würde die Untersuchung der Mikrosphären, Jivanu oder anderer derartiger Partikel als ein weiteres Gebiet der Mythologie etablieren, das sich einer möglichen Negation entzöge. Aus den bereits angeführten Gründen ist es wohl unwahrscheinlich, daß eine solche Beweisführung jemals erfolgt. Jedes System mit differenzierten Fähigkeiten wie denen, die den Mikrosphären zugeschrieben werden, ist wahrscheinlich selbst das Ergebnis einer umfassenden evolutionären Abfolge, nicht eines ein- oder zweifstufigen Prozesses. Dabei ist es unerheblich für diese Schlußfolgerung, ob der Prozeß Urzeugung oder Selbstschöpfung genannt wird.

Wenn wir diese Denkweise anerkennen, wäre der fehlende Teil in unserem Bild vom Ursprung des Lebens ein Prinzip, das die allmähliche Evolution einfacher chemischer Systeme zu höherstehenden lenkt, die zur Replikation und der natürlichen Auslese Darwins fähig sind. Die Suche nach diesem Prinzip hat begonnen.

Kleine Wellen

In den Jahren meiner Ausbildung im Labor habe ich gelernt, daß meistens nur einige Verhaltensweisen erwartet werden können, wenn Chemikalien gemischt werden. Ziemlich oft war das Ergebnis denkbar langweilig. Nichts Sichtbares geschah. Es konnte mich Stunden oder Tage kosten, herauszufinden, ob sich tatsächlich etwas Wichtiges getan hatte, aber es gab nichts, das meine Sinne hätten wahrnehmen können.

Gelegentlich wurde ich durch ein Signal belohnt, daß etwas im Gange war. Gasbläschen konnten in einer Flüssigkeit auftauchen, so wie wir sie sehen, wenn wir eine Flasche Mineralwasser öffnen. (Zuviel davon wäre höchst unerwünscht, denn das hätte das Trauma jedes Chemikers zur Folge – eine Explosion.) Andererseits kann sich plötzlich eine feste Masse bilden. Das kann sehr unterhaltend sein. Einer der frühen Umstände, der mich zum Studium der Chemie trieb, war das sinnliche Erlebnis zu sehen, wie sich im Nu eine leuchtendgelbe feste Masse bildete, wenn zwei farblose Flüssigkeiten zusammengeschüttet wurden.

Sehr viel häufiger, aber weit weniger befriedigend war das allmähliche Entstehen eines dunklen, klebrigen Teers, wenn neue Kombinationen organischer Chemikalien zusammen erhitzt wurden. Diese Teere signalisierten für gewöhnlich das Scheitern der beabsichtigten Reaktion. Mein Versagen bei einem solchen Experiment wurde begleitet von einer zusätzlichen Strafe: Ich mußte irgendeinen Weg finden, die Glaskolben, die das klebrige Zeug enthielten, wieder zu säubern. Nach mehreren derartigen Pannen versuchte ich manchmal, mich dadurch aufzumuntern, daß ich eine als besonders schön bekannte Reaktion wiederholte. Wenn man sie eine Nacht sich selbst überließ, hatte man am nächsten Tag einen Kolben voll langer, großer, glitzernder und unglaublich schöner Kristalle.

All diese verschiedenen Formen chemischen Verhaltens hatten eins gemein, was damals zu offensichtlich war, als daß es mir aufgefallen wäre. Sie liefen ab, egal welche Reaktion stattfand, und wenn sie beendet waren, stoppten sie. Es gab kein Vorpreschen oder Zurückfallen, wie bei einem Pferderennen, oder gar eine völlige Umkehr, wie bei Ebbe und Flut.

Seit einiger Zeit findet jedoch eine chemische Reaktion ganz anderer Art Beachtung. Bei einigen Reaktionen treten Schwankungen auf. Die Menge bestimmter Chemikalien in dem Gemisch nimmt im Verlauf der Reaktion periodisch zu und wieder ab. Werden die Bestandteile klug gewählt, kann das wunderschön sichtbar gemacht werden. Die Reaktion kann wiederholt vom farblosen Zustand zu Gold, Blau und wieder zum Farblosen wechseln.

In einigen Fällen erscheinen schöne, räumliche Strukturen wie kleine Wellen oder Spiralen. Im *Scientific American* wurde eine solche Reaktion beschrieben: »... die Lösung ist anfänglich einheitlich purpurn... Im Verlauf der Reaktion erscheinen weiße Punkte, die zu Ringen und Gruppen konzentrischer Ringe werden, die einander auslöschen, sobald sie sich berühren. Ein Beobachter verglich das Auftauchen der weißen Punkte vor dem purpurnen Hintergrund mit dem Aufgehen der Sterne.«

Einige Teile dieser Systeme können auch ein verwandtes Verhalten zeigen, das als chemisches Chaos bezeichnet wird. Es kommt zu Schwankungen, die aber nicht periodisch verlaufen. Sie steigen und fallen scheinbar willkürlich und unberechenbar.

Man hat diese Reaktionen zwar untersucht, aber nicht ganz verstanden. Obwohl unter Umständen nur einige einfache Chemikalien erforderlich sind, ein solches System zu erstellen, können die Chemiker noch keine völlig neuen Kombinationen voraussagen, die ein Verhalten dieser Art zeigen, oder angeben, welche neuen Verhaltensarten denkbar wären. Die Motivation, diese Untersuchungen fortzusetzen, ist überreichlich vorhanden, denn viele Wissenschaftler spüren intuitiv, daß hier das fehlende Glied liegt, das zum Verständnis des Ursprungs des Lebens gebraucht wird.

Wir haben festgestellt, daß sich selbst replizierende Systeme, die zur

Darwinschen Evolution in der Lage sind, offenbar zu komplex sind, als daß sie plötzlich aus einer Ursuppe hätten entstehen können. Das gilt sowohl für Nukleinsäure-Systeme als auch für hypothetische genetische Systeme auf Proteinbasis. Wir brauchen deshalb ein anderes evolutives Prinzip, das uns die Kluft zwischen Gemischen einfacher natürlicher Chemikalien und dem ersten wirksamen Replikator überbrükken hilft. Dieses Prinzip ist noch nicht im einzelnen beschrieben oder vorgeführt worden, doch es wird vorausgesehen und mit Namen wie »chemische Evolution« und »Selbstorganisation der Materie« benannt. Das Bestehen des Prinzips wird in der Philosophie des dialektischen Materialismus, wie er von Alexander Oparin auf den Ursprung des Lebens angewandt wird, als selbstverständlich angenommen.

Die Anhänger der Schöpfungslehre glauben, wie wir noch sehen werden, ebenso fest daran, daß ein solches Prinzip nicht existiert. Sie vertreten die Ansicht, daß die außergewöhnliche Organisation, die wir selbst bei den einfachsten Lebewesen beobachten können, nicht das Ergebnis eines Evolutionsprozesses ist, sondern in ihrer jetzigen Form von einem noch höherorganisierten und perfekteren Schöpfer erschaffen wurde. Ihr Sprecher Henry Morris drückte es so aus: »Das Schöpfungsmodell postuliert eine Urschöpfung, die sowohl vollständig und perfekt wie auch zweckmäßig war.« Nach dem wissenschaftlichen Grundsatz, der auch als 2. Hauptsatz der Thermodynamik bekannt ist, ist es seither eher bergab als bergauf gegangen.

Falls die Zufallsmaterie sich tatsächlich von chemischen Elementen zum Menschen entwickelt hat, »muß es offensichtlich ein starkes und umfassendes Prinzip geben, das die Systeme auf eine immer höhere Ebene der Komplexität treibt«, wie Morris meint. Morris verneint jedoch die Existenz dieses »grundlegenden Gesetzes zunehmender Organisation«.

Sir Fred Hoyle hat im wesentlichen das gleiche Thema aufgegriffen und nach einem Beweis oder einer Widerlegung durch das Experiment verlangt:

> »Wenn es ein echtes Prinzip gäbe, das organische Systeme zu lebenden Systemen vorantriebe, sollte die Wirksamkeit des Prinzips sich ohne weiteres an einem Vormittag im Reagenzglas beweisen lassen. Man braucht wohl nicht zu erwähnen, daß ein solcher Beweis noch nie geführt worden ist. Nichts geschieht, wenn organische Stoffe dem üblicherweise verordneten elektri-

> schen Funkenregen ausgesetzt oder in ultraviolettes Licht getaucht werden, außer daß am Ende ein teerartiger Bodensatz entsteht.«

Ein älterer Vertreter dieser Richtung war auch William Jennings Bryan, der bekannte Politiker und Evolutionsgegner. Er erklärte: »Wenn es in der Natur eine fortschrittliche Kraft, einen ständigen Antrieb gäbe, würde die Chemie ihn finden. Aber es gibt ihn nicht.«

Sicher, der Beweis, nach dem Hoyle verlangt hat, ist nicht erbracht worden. Es hätte wenig Sinn, sich von einem solchen Versuch Erfolg zu versprechen, falls es erforderlich wäre, im Verlauf des Experiments den 2. Hauptsatz der Thermodynamik umzustoßen. Aber ist das wirklich der Fall?

Wir haben in einem der früheren Kapitel den 1. Hauptsatz der Thermodynamik kurz erwähnt. Er besagt, daß Energie weder geschaffen noch vernichtet, sondern nur von einer Form in eine andere umgewandelt werden kann. Der 2. Hauptsatz behandelt die Gesetze, die diese Umwandlungen regeln. Er spezifiziert die Prozesse und Umwandlungen, die erfolgen können, und die, die unmöglich sind. Von zentraler Bedeutung ist der Begriff Entropie, die wir mit Zufälligkeit oder Unordnung gleichsetzen können. Der 2. Hauptsatz besagt, daß die Entropie bei jedem spontanen Prozeß zunimmt, der das gesamte Universum umfaßt oder einen Teil davon, der vom Rest abgekapselt ist (ein solcher Teil wird ein geschlossenes System genannt). Bei solchen Prozessen, die aus eigenem Antrieb erfolgen, erreichen also die Dinge keine Ordnung, sondern Unordnung; die Entropie nimmt zu.

Das können wir rein gefühlsmäßig aus unserer täglichen Erfahrung verstehen. Wenn wir einen Tropfen Tinte in ein Glas mit Wasser geben, breitet sich die Farbe aus, bis sie gleichmäßig verteilt ist. Wir werden nie erleben, daß dieser Vorgang rückwärts abläuft, daß also die Farbe sich wieder zu einem Tropfen sammelt. Ähnlich ist es, wenn ein heißer und ein kalter Gegenstand miteinander in Berührung gebracht werden; am Ende haben beide die gleiche Temperatur. Die durchschnittliche Bewegung der Moleküle in den beiden Gegenständen (die wir als Hitze empfinden) ist gleich.

Der Gedanke der Unordnung hängt eng zusammen mit Überlegungen über die Wahrscheinlichkeit. Wenn wir annehmen, daß jedes Molekül des Tintenfarbstoffs in einem Glas Wasser die gleiche Chance hat, sich in der oberen oder unteren Hälfte des Wassers zu befinden, und unabhängig von den anderen Molekülen zu seiner »Entscheidung« käme, dann besteht eine endliche Möglichkeit, daß die ganze Tinte sich in der oberen Hälfte des Wassers sammelt und die untere klar bleibt. Doch die Wahrscheinlichkeit, daß dies geschieht, läßt sich am besten dadurch veranschaulichen, daß dieses Ereignis uns in den 100 000 000 000 000 000 000 000. Stock unseres Zahlenturms bringen würde! Wir brauchen also nicht herumzusitzen und darauf zu warten, daß es passiert.

Auf den ersten Blick scheinen belebte Dinge sich in einem aberwitzigen Zustand der Unwahrscheinlichkeit zu befinden, in krassem Widerspruch zum 2. Hauptsatz der Thermodynamik. Nehmen wir beispielsweise die Aminosäureeinheiten in den Enzymen unseres Körpers. Die beiden spiegelbildlichen Formen jeder Aminosäure haben die gleiche chemische Energie und kommen mit der gleichen Wahrscheinlichkeit vor. Bei einem zufälligen Bestand an Aminosäuren würden wir damit rechnen, daß je zur Hälfte D- und L-Aminosäuren vorhanden sind. Doch die Aminosäuren in unseren Enzymen haben fast alle die L-Form. Diese Unwahrscheinlichkeit ist mit der aus dem obigen Wasser-Tinte-Beispiel vergleichbar. Wir könnten weitere Unwahrscheinlichkeiten anhäufen, indem wir auch die anderen Organisationsformen in unseren Zellen berücksichtigen, doch es ist nicht nötig, das zu tun, um unsere Argumente anzubringen.

Kann dieser Sachverhalt in Einklang mit dem 2. Hauptsatz gebracht werden? Die Antwort lautet ja, ziemlich leicht. Belebte Dinge existieren nicht als ein geschlossenes System, isoliert von ihrer Umwelt. Wenn sie isoliert werden, sterben sie. Um konkret zu werden, wollen wir uns einige Bakterien in einer Umgebung vorstellen, die irgendeine einfache organische Verbindung als Nahrungsquelle, benötigte anorganische Salze und einen Sauerstoffvorrat enthält. Wir wollen dieses Gesamtsystem versiegeln, damit nichts hinein oder heraus kann. Nach dem 2. Hauptsatz muß die Entropie des Inhalts unseres versiegelten Behältnisses zunehmen. Doch unsere Bakterien würden sich eine Zeitlang fröhlich vermehren, die einfachen Chemikalien in L-Aminosäuren und letztlich in viele andere Bakterien umwandeln. Diese Umwandlung ginge einher mit einer Abnahme der Entropie der betroffenen Chemikalien.

Diese Ereignisse bergen keinen Widerspruch, da wir noch nicht die ganze Situation geschildert haben. Beim Wachstumsprozeß verbanden die Bakterien einen Teil des organischen Materials mit Sauerstoff und produzierten Kohlendioxid und Wasser. Diese Umwandlung wurde begleitet von einer starken Zunahme der Entropie, die mehr als ausreichte, die Abnahme im Zusammenhang mit der Schaffung neuer Bakterien auszugleichen. Die Entropie unseres gesamten Behältnisses stieg also, in Übereinstimmung mit dem 2. Hauptsatz.

Als die Nahrungsvorräte in der begrenzten Umwelt schließlich zur Neige gingen, hörten die Bakterien auf zu wachsen und starben. Sie könnten am Leben erhalten werden, wenn wir das Behältnis öffneten und die ihnen zur Verfügung stehenden Umweltressourcen vermehrten. Die Bakterien dieses Planeten, und ebenfalls der Rest von uns, können unsere Entropie ständig senken, da diese Veränderungen durch größere Entropiezunahmen innerhalb der Sonne ausgeglichen werden, die letztlich die Quelle für den Erhalt fast allen Lebens auf der Erde ist.

Es ist schwer, die Entropieveränderungen innerhalb der Sonne zu verfolgen, und deshalb werden andere Begriffe benutzt, die gleiche Beziehung auszudrücken. Wir sagen, das Leben erhält einen Vorrat an freier (will sagen: verfügbarer) Energie von der Sonne und verwendet diese Energie, seinen Organisationszustand aufrechtzuerhalten und auszubauen. Auf die gleiche Art verbrauchten die Bakterien im Behältnis die Energie, die durch die Reaktion ihres Nahrungsvorrats mit Sauerstoff freigesetzt wurde, um am Leben zu bleiben.

In dieser Geschichte steckt eine grundlegende Botschaft. Unwahrscheinlichkeiten, die im Sinne von Zufallsereignissen hoffnungslos sind, wie die Bildung von ausschließlich L-Aminosäuren aus einfachen Chemikalien, können ohne weiteres erreicht werden, wenn ein passender Energievorrat verfügbar ist. Und auch die Kosten sind nicht unerschwinglich. Dinge mit einer Unwahrscheinlichkeit, die sie in unserem Zahlenturm Tausende oder Millionen Stockwerke hoch bringen würde, können für die Energie beschafft werden, die in einem Quentchen ATP gespeichert ist.

Die von der Sonne freigesetzte Energie ist demnach die Quelle der im heutigen Leben vorhandenen Unwahrscheinlichkeit und war auch die treibende Kraft hinter den Organisationsschritten, die mit dem Entstehen von Leben zu tun haben. Der Zufall ist ein weit weniger wirksames Mittel für diese Ziele. Doch das entscheidende Problem bleibt. Wie wurde die Sonnenenergie erstmals für diesen Zweck nutzbar gemacht? Verfügbare Energie wird normalerweise nicht in chemische Unwahrscheinlichkeit umgewandelt. Meistens wird viel oder alles von ihr in Wärme umgewandelt und ist damit nicht mehr verfügbar. Sonnenlicht, das auf einen Schrottplatz fällt, wird den Schrott nicht dazu bringen, sich zu einer Boeing 747 zusammenzusetzen, sondern uns lediglich warmen Schrott bescheren. Bakterien unterhalten einen ausgeklügelten Apparat für die Umwandlung von Chemikalien und Energie in weitere Bakterien. Zitieren wir noch einmal Henry Morris: »Die Frage ist nicht, ob es genug Sonnenenergie zur Aufrechterhaltung des Evolutionsprozesses gibt; die Frage ist, *wie* erhält die Sonnenenergie die Evolution aufrecht?... Wo sieht man den wunderbaren Motor, der den beständigen Strom der solaren Strahlungsenergie, in den die Erde getaucht ist, umwandelt in das Werk, chemische Elemente zu replizierenden Zellsystemen zusammenzubauen?«

Viele Wissenschaftler sind nach wie vor davon überzeugt, daß solch ein wunderbarer Motor existiert. So erklärte John Keosian: »Von Energie in einem offenen System bewegte Materie kann auf immer höhere Organisationsebenen gelangen.« Wie wir gesagt haben, gilt dies als ein Glaubensartikel im dialektischen Materialismus, der annimmt, daß der Organisationsprozeß über Atome, Mikroben und Menschen hinaus hin zur Entfaltung höherer Gesellschaften geht.

Die Frage nach dem Ursprung des Lebens wird jedoch besser mit der Mathematik als der Politik angegangen. Ilya Prigogine erhielt den Nobelpreis für Chemie für die Entwicklung der Thermodynamik von Ungleichgewichtszuständen. Er hat erklärt, daß »ein präbiologisches System sich durch eine ganze Folge von Übergängen entwickeln kann, die zu einer Hierarchie immer komplexerer und stärker organisierter Zustände führen«. Während dieser Entwicklung taucht eine ganze Reihe Instabilitäten auf, sogenannte »dissipative Strukturen«.

Andere, wie Manfred Eigen und der Physiker Harold Morowitz, haben ebenfalls versucht, solche Situationen mit Berechnungen anzugehen. Eigens Hyperzyklen haben wir bereits kennengelernt. Auch Morowitz ist zu dem Schluß gekommen, daß Materialzyklen in die chemische Evolution einbezogen sind und daß »die Organisationsprinzipien der Molekularchemie offenbar ausreichen, Systeme auf höchst speziellen Wegen hin zu lebenden Formen zu dirigieren«.

Vielleicht reichen sie aus, aber wir können nicht sicher sein, was sie sind. Morowitz hat hinzugefügt: »Vielleicht gibt es andere, noch nicht entdeckte Prinzipien, die wichtig für die Entwicklung stark geordneter präbiotischer Systeme sind.« Die Mathematiker versichern uns, daß eine Lösung besteht, aber es ist nicht *die* Lösung. Wir müssen sehen, wie sie im Labor bewiesen wird, sehen, wie sich ein System stufenweise im Einklang mit den Vorstellungen der chemischen Evolution entfaltet.

Die kleinen Wellen und Kreise, die wir weiter oben beschrieben haben, stellen den ersten Schritt auf einem Weg dieser Art dar. Sie zeigen, wie einfache chemische Gemische organisierte Strukturen erzeugen können. Wir müssen ein System finden, das weiterläuft, ein System, in dem die Strukturen immer komplexer werden, die chemischen Zyklen sich immer stärker organisieren. Die Kreise und Farben sind gutgewählte Symbole, aber nicht die wichtigsten Merkmale. Wir wollen ein sich entwickelndes chemisches System finden, das am Ende einen Replikator hervorbringt. Man bräuchte eine andere Art präbiotisches Experiment, um die Bedingungen bestimmen zu können, die uns weiterbringen.

Stellen wir uns ein Gemisch aus Aminosäuren und anderen Chemikalien vor, ein Gemisch, das dem gleicht, das bei einem Miller-Urey-Experiment entsteht. Anders als im Fall Miller-Urey wird die Energiequelle jedoch nach einer Woche nicht abgestellt, sondern beschießt das Gemisch weiter. Die chemischen Stoffe spalten sich ständig auf und verbinden sich wieder zu neuen Gemischen.

Nehmen wir nun an, daß eine chemische Verbindung (oder mehrere) und die Energiequelle so aufeinander einwirken, daß erstere stabilisiert wird und ihre Menge in dem Gemisch zunimmt. Es entstände eine neue Verbindung, die ebenfalls in Interaktion mit der Energiequelle treten würde, was vielleicht im weiteren bestimmte Chemikalien zu Lasten anderer begünstigen würde.

Ein Anfang, ein solches System zu entwickeln, ist gemacht worden. Wenn Aminosäuren abwechselnd kalt, feucht und dann warm, trocken auf einer Ton-Mineralfläche behandelt werden, verbinden sie sich zu kurzen Ketten und trennen sich wieder. Es ist gezeigt worden, daß eine kurze Peptidkette, die aus nur zwei Aminosäuren besteht, den Verbindungsprozeß fördert.

Wenn wir über mögliche weitere Entwicklungen spekulieren wollten, könnten wir uns eine sich entwickelnde Gemeinschaft kurzer Peptide denken, die auf irgendeine Weise mit einer Energiequelle wie der Sonne interagieren. Gemeinsam würden sie die Bildung von Aminosäuren gegenüber anderen chemischen Verbindungen, die Vereinigung von Aminosäuren gegenüber Peptiden und die Herstellung nützlicher Peptide gegenüber nutzlosen begünstigen.

Die direkte Replikation hätte sich noch nicht entwickelt, und die Vererbung würde vom Komplex insgesamt getragen. Nehmen wir zum Beispiel an, die Gemeinschaft wolle eine Teerart aufspalten, die in ihrer Umgebung vorkommt. Sie wäre nicht in der Lage, ein spezielles Enzym herzustellen, das diese Aufgabe erfolgreich lösen könnte, sondern würde einige Moleküle bauen, die mehr oder weniger die nötige Fähigkeit besäßen. Würde ein sehr leistungsfähiges Molekül zufällig zerstört, würde seine Funktion von den nächstbesten vorhandenen Molekülen übernommen, bis ein neuer »Spezialist« käme.

Die Situation hat eine gewisse Ähnlichkeit mit der Art, wie in unserer Gesellschaft bestimmte Aufgaben gehandhabt werden. Wir können unsere besten Gehirnchirurgen und Geigenvirtuosen nicht direkt replizieren. Wenn sie sich zur Ruhe setzen oder sterben, treten andere an ihre Stelle, und weitere sind ständig in der Ausbildung.

Nach unseren Spekulationen würden eine sich entwickelnde Aminosäure und ein Peptidsystem dieser Art allmählich an Komplexität gewinnen. Wenn die Mathematik, die diese Prozesse beschreibt, richtig ist, würde Fortschritt in einer Reihe plötzlicher Ausbrüche und Zwischenspurts erfolgen, nicht schön gleichmäßig. Es wären jedoch keine sehr unwahrscheinlichen Schritte dabei, sobald der Prozeß einmal liefe. Wenn schließlich mehr komplexe Moleküle entständen, würde sich ein Auslesedruck entwickeln, der das Aufkommen eines Systems von Enzymen begünstigen würde, die zur direkten Replikation in der Lage sind. Wir wären an dem Punkt, wo Darwins natürliche Auslese einsetzen könnte.

An dieser Stelle müssen wir den Skeptiker hören. Ironischerweise wird sein Standpunkt dem eines Anhängers der Schöpfungslehre sehr nahekommen. Er wird uns daran erinnern, daß die große Kluft zwischen den kleinen Wellen und dem Replikator nur mit Berechnungen und Vermutungen überbrückt worden ist, nicht mit Experimenten, und daß die chemische Evolution bestätigt und abgelehnt, aber nicht bewiesen würde. Wir haben noch immer keine Möglichkeit, die Art von Gemisch vorauszusagen, die ein geeigneter Ausgangspunkt wäre. Um den Prozeß zu veranschaulichen, habe ich chemische Stoffe genommen, die uns vertraut sind, Aminosäuren.

Aminosäuren weisen, wenn sie verbunden sind, Eigenschaften der richtigen Art auf. Außerdem sind sie im Leben heute weitverbreitet. Aus diesen Gründen sind sie logische Bestandteile für ein System chemischer Evolution. Es ist allerdings nicht sicher, ob die Bedingungen auf der Früherde geeignet dafür waren, daß sie sich bildeten und konzentrierten. Wie wir gesehen haben, bestehen auch Probleme im Zusammenhang mit ihrer Verbindung, da bei der Bildung langer Ketten Wasser austritt.

Daher wurde eine alternative Lösung vorgeschlagen. Vielleicht haben die Prozesse der chemischen Evolution und sogar die ersten Schritte der natürlichen Auslese andere chemische Verbindungen benutzt, Chemikalien, die auf der Früherde existierten, die aber im Leben heute nicht mehr gebraucht oder eingesetzt werden.

Schlamm

Ein Dramatiker beginnt mit einer leeren Bühne und bestimmt dann Ausstattung und Requisiteur, die er für sein Stück braucht. Wissenschaftler, die sich mit dem Ursprung des Lebens befassen, machen es oft genauso. Die Früherde wird als kahler Hintergrund genommen und nach den Anforderungen der Theorie dekoriert. Sie verlangen eine reduzierende Atmosphäre oder viele Meteoriten, hohe oder niedrige Temperaturen und alle möglichen spezifischen Chemikalien und behaupten, ihre Anforderungen seien vernünftig oder zumindest für den Erfolg des Dramas notwendig.

Eine durchdachte Ausstattung kann im Theater Wunder wirken, doch in der Wissenschaft herrscht ein anderer Geist. Die Theorie, die mit den wenigsten willkürlichen Annahmen auskommt, ist die überzeugendste. Wir wissen nicht, ob die Früherde eine bestimmte Atmosphäre hatte oder ob es organische Verbindungen im Überfluß gab. Aber Land gab es, und Berge oder Gebirge, und auch eine Art Atmosphäre und Wind. Es gab Wasser, und damit auch Regen, Flüsse und Seen.

Das Einwirken von Wind und Wasser auf die Berge würde erratische Blöcke und Felsbrocken entstehen lassen. Durch weiteres Verwittern ergäben sich Sand, Schlick und sogar noch feinere Partikel, Ton. Wasser würde sich mit diesen Materialien mischen und Schlamm bilden, der von den Flüssen fortgetragen würde. Sobald das Wasser in flacheres Gelände käme und langsamer fließen würde, könnte sich der Schlamm als Sediment ablagern. Wenn die Sedimente sich übereinanderlagerten, würden die unteren zu neuem Gestein zusammengepreßt. Wenn dieses Gestein später durch geologische Kräfte gehoben würde, unterläge es seinerseits wieder der Erosion.

Gestein besteht aus Chemikalien und wird durch Reaktionen und auch durch physikalische Kräfte wie Brechen umgewandelt. Wasser, das durch Gesteinsporen einsickert, löst einige der vorhandenen Mineralien auf, wandelt andere um und hinterläßt auf diese Weise veränderte Substanzen. Neues Gestein kann sich nicht nur durch das Verdichten alten Gesteins bilden, sondern auch durch Ablagerungen aus evaporierenden Wasserlösungen. Mineralien sind nicht nur an verschiedenen Prozessen beteiligt, sondern beeinflussen auch deren Verlauf, indem sie als Katalysatoren wirken. Das tun sie am wirksamsten, wenn sie in die kleinsten Partikel zerlegt werden, in die mit dem größten Oberflächenbereich, die Tone.

Da Tone in den frühen Zeiten sicher auf der Bühne und aktiv waren, haben einige Wissenschaftler versucht, sie in die Handlung vom Ursprung des Lebens einzubauen. Der Kristallograph J. D. Bernal unterstellte, daß sie geholfen hätten, die für die Biologie wichtigen Moleküle zusammenzubringen, indem sie sie in den Gewässern sammelten, in denen diese Moleküle verstreut waren. Andere haben den Tonen eine bedeutende unterstützende Rolle als Katalysatoren der Herstellung dieser Moleküle vor dem Beginn des Lebens zuerkannt. Wir haben gesehen, wie die Wirkung irgendeines unbekannten magischen Minerals als ein Quell der Hoffnung betrachtet wurde, als ein möglicher *deus ex machina,* der das ungewisse Drama der präbiotischen Nukleosidsynthese regeln würde. Bei den Bemühungen, dieses Drama neu zu inszenieren, haben die neuzeitlichen Tone jedoch keine große Bereitschaft gezeigt, diese Rolle zu spielen.

Der aufregendste Gedanke zu dem Part, den die Tone beim Beginn des Lebens gespielt haben, kommt von dem Chemiker Graham Cairns-Smith. Er weist ihnen die führende Rolle zu. Sie haben die organischen Chemikalien nicht einfach nur unterstützt, sondern waren selbst die Lebewesen: »Denken Sie bei einem Bild vom ersten Leben nicht an Zellen, denken Sie statt dessen an eine Art Schlamm, an eine Ansammlung von Tonen, die sich aktiv aus einer Lösung kristallisieren.«

Für die meisten von uns ist jedoch Gestein, auch wenn es noch so fein zerlegt ist, nicht die Materie des Lebens gewesen, sondern das eindeutigste Symbol für das Gegenteil – eben tote Materie. Sandwüsten und die öde Oberfläche des Monds kommen einem sofort in den Sinn. In Biologiebüchern werden häufig die Eigenschaften eines Tiers und eines Steins verglichen, wenn das Leben definiert werden soll. Nichts an Steinen oder Schlamm läßt darauf schließen, daß sie geeignetes Baumaterial für das Leben wären. Doch wir sollten uns vor Augen halten, daß ein Eimer mit Teer auch kaum die Wunder der Biochemie ahnen läßt, die aus Kohlenstoffverbindungen vollbracht werden können.

Halten wir kurz inne und denken an eine uns vertraute Verhaltensweise eines gängigen Minerals: Tafelsalz. Stellen wir uns vor, wir geben Salz in einen Kolben mit Wasser, bis es sich nicht mehr auflöst. Ein einziger Salzkristall schwebt in der klaren Lösung, die der Luft ausgesetzt ist. Wenn das Wasser verdunstet, lagert sich weiteres Salz an der Oberfläche des Kristalls ab und läßt ihn wachsen. Wenn irgendein Stoß oder eine Unvollkommenheit den gewachsenen Kristall in zwei Hälften teilen würde, könnten wir behaupten, daß der ursprüngliche Kristall sich repliziert habe. Dieses Verhalten ist dazu benutzt worden, Definitionen des Lebens anzuzweifeln, die nur Wachstum und Replikation aufwiesen. Der wachsende Salzkristall ist praktisch zu nichts Weiterem in der Lage. Es tauchen mit der Zeit keine weiteren lebensähnlichen Eigenschaften auf. Doch diese Eigenart muß nicht allen Mineralien innewohnen. Salz, dessen chemischer Name Natriumchlorid lautet, ist eine äußerst langweilige Substanz, die sozusagen nur aus zwei Elementen im Verhältnis eins zu eins besteht.

Wir können seine Struktur veranschaulichen, wenn wir auf einem Blatt mit Rechenkaros abwechselnd und reihenversetzt »x« oder »o« einzeichnen, so daß jedes »x« von vier »o« umgeben ist und umgekehrt. Erweitern wir im Kopf diese Anordnung in die dritte Dimension, so daß jedes Symbol an sechs der anderen Symbole grenzt. Wenn wir nun das »x« und »o« durch Natrium und Chlorid ersetzen, haben wir die Kristallstruktur des Salzes. Doch diese Struktur deutet die Möglichkeiten der anorganischen Chemie genausowenig an wie die Struktur eines Diamanten (ein absolut gleichmäßiges, dreidimensionales Netz aus Kohlenstoffatomen) die große Vielfalt der organischen Chemie.

Andere anorganische Strukturen sind weit vielversprechender als Salz, insbesondere die, die Sauerstoff und Silizium, die beiden in der

Erdkruste am häufigsten vorkommenden Elemente, als Hauptbestandteil haben. So wie in vielgepriesenen französischen Weinanbaugebieten wie Bordeaux oder Burgund ein großer Weinberg neben einem anderen berühmten liegen kann, so liegt Silizium bei der von den Chemikern benutzten Einteilung der Elemente neben dem Kohlenstoff. Wie der Kohlenstoff verbindet sich Silizium gern mit vier anderen Atomen gleichzeitig, eine Eigenschaft, die große chemische Komplexität mit sich bringen kann. Silizium ist insofern anders als Kohlenstoff, als es unter Erdbedingungen als Bindungspartner einen einzigen Typ bevorzugt, nämlich Sauerstoff. Die Silikatgruppe, die wir weiter oben als eine Einheit aus einem Silizium- und vier Sauerstoffatomen beschrieben haben, ist der häufigste Baustein des Gesteins auf der Erde.

Das Wort »Silikat« macht unsere chemische Beschreibung jedoch nicht vollständig. Jedes Sauerstoffatom muß zum Silizium noch einen weiteren Bindungspartner nehmen, und die Art, wie es das macht, entscheidet darüber, ob wir eine Substanz bekommen, die nicht sehr viel komplizierter als Salz ist, oder ein System von großer Vielfalt, das vielleicht sogar lebensfähig ist.

Interessantere Möglichkeiten ergeben sich, wenn ein oder mehrere Sauerstoffatome in jeder Silikateinheit sich auch an ein anderes Siliziumatom binden und so Mehrfachsilikat-Einheiten untereinander verknüpfen. Solche Verbindungen können linear erfolgen und Ketten bilden, in zwei Dimensionen Silikatschichten oder -platten liefern oder in drei Dimensionen Gerüste ergeben. Die Sauerstoffe, die sich nicht an zwei Siliziumatome binden, können sich mit verschiedenen Metallen verbinden und vielfältige Strukturen ausbilden. Zusätzliche Vielfalt kann man erhalten, wenn vereinzelte Siliziumatome durch andere geeignete Atome ersetzt werden, etwa durch Aluminium.

Netzsilikate, die Namen wie Quarz und Feldspat haben, sind die Hauptbestandteile des Vulkangesteins auf der Erde. Die Platten erregen unsere Aufmerksamkeit wegen ihrer möglichen lebensspendenden Eigenschaften. Es können ansehnliche Substanzen sein. Manchmal spiegelt sich die schichtweise Anordnung der Atome sogar sichtbar wider. Als Kind bin ich oft in einen Park in der Nähe unserer Wohnung gegangen und habe nach glänzenden Glimmerkristallen gesucht. Ich habe ganz dünne Schichten abgeblättert und über ihre Lichtdurchlässigkeit gestaunt. Jede für mich sichtbare Schicht bestand selbstverständlich noch aus unendlich vielen Silikatschichten.

Dieser Glimmer entsteht direkt, wenn vulkanische Lava unter geeigneten Bedingungen abkühlt. Wenn er verwittert, wird er durch Wasser umgewandelt und liefert eine Gruppe verwandter, geschichteter Silikate, sogenannte Tonmineralien. Der Gebrauch des Worts »Ton« unterscheidet sich in diesem Zusammenhang von dem bisherigen, wo es sich auf winzige Partikel bezog, die aus jedem Mineral entstehen können. Tonmineralien können selbstverständlich verwittern und tonkorngroße Partikel bilden.

Auf der Erde finden sich viele verschiedenartige Tonmineralien, von denen das häufigste Kaolinit heißt. Diese Substanz ist der Hauptbestandteil des Kaolins, das für die Herstellung von Porzellan und anderen Töpferwaren verwendet wird. Der Name ist von einem Berg in China abgeleitet, dem Kaoling, aus dem die erste derartige Tonerde stammte, die nach Europa geschickt wurde.

Unter dem Mikroskop sehen Kaolinitkristalle oft wie bücherartige Ansammlungen von Blättchen aus. Die »Seiten« können sich jedoch zu einem sehr viel dickeren Stapel aufhäufen als die Seiten eines Buchs. Am Rand sind die Stapel nicht immer gerade, sondern nehmen manchmal gewundene oder wurmähnliche Formen an.

Kaolinitkristalle können, wie Salzkristalle, durch das Sichanlagern zusätzlichen Materials aus einer Lösung wachsen. Bei einer der Wachstumsarten werden dem buchartigen Stapel neue Schichten oder »Seiten« hinzugefügt. Wegen dieser Eigenschaften gehören Tonmineralien im allgemeinen und Kaolinit im besonderen für Graham Cairns-Smith zu den bevorzugten Kandidaten für den Baustoff seines lebenden Mineralsystems, den »Lebenston«.

Wenn die Blättchen der Tonmineralien immer gleich wären, also leeren Seiten entsprächen, wären sie für unsere Zwecke von geringem Interesse. In der Mineralienstruktur können jedoch Mängel auftreten, die das Bedrucken einer Seite nachahmen. Solche Fehler können auf verschiedene Art entstehen – etwa durch das Ersetzen anderer Atome durch vereinzelte Siliziumatome oder durch das Zusammenlegen zweier »Seiten« in einem Winkel, um eine abgewinkelte »Seite« zu bilden. Diese Strukturen sind gut dokumentiert, doch der Rest unserer Geschichte besteht aus wenig Beweisen und viel Spekulation.

Um weiterzukommen, müssen wir annehmen, daß neue Schichten dem wachsenden Siliziumstapel so hinzugefügt werden können, daß die Fehler der existierenden Stapelblätter kopiert werden. In unserer

Buchanalogie entspräche die Situation dem Hinzufügen weiterer Kopien eines Dokuments zu einem Stapel solcher Kopien. Es gibt chemische Umstände, unter denen die Replikation eines fehlerhaften Musters auf einem Tonmineral-Blatt erfolgen könnte, und der deutsche Chemiker Armin Weiss hat von ersten Experimenten berichtet, die ein solches Ereignis belegen. Bei seinen Untersuchungen bildeten sich die neuen Blätter allerdings innerhalb des Stapels, nicht an den Enden.

Um die biologische Replikation nachzuvollziehen, würden wir den Stapel nicht nur gerne verlängern, sondern auch in mehrere Stapel unterteilen. Weiss hat gezeigt, daß das geschieht, wenn die Salzkonzentration des Wassers, in dem das Mineral schwimmt, gesenkt wird. In der Natur könnte das eintreten, wenn auf eine relativ trockene Zeit eine Regenperiode folgte.

Ein Muster struktureller Mängel in einer Tonschicht dient dann vielleicht als eine zweidimensionale Mineralanalogie biologischer Informationsspeicherung in der Basensequenz von DNA. Um die Analogie zur Biologie zu vervollständigen, wäre es nötig, daß das fehlerhafte Muster auch die physikalischen und chemischen Eigenschaften des Tons beeinflußte. Das scheint zumindest in einigen Situationen der Fall zu sein. Die katalytische Fähigkeit von Tonmineralien zu bestimmten organischen Reaktionen schwankt nach Weiss mit dem Umfang, in dem in den Blättern Silizium durch Aluminium ersetzt wird.

Wir sind jetzt soweit, den Vorgang zum ersten Akt unseres Ton-Spiels aufzuziehen; das Bühnenbild zeigt die Früherde. Wir sehen mehrere wachsende Tonmineralien in einer geeigneten Umgebung, sagen wir, einem porösen Stein, der durchdrungen wird von fließendem Wasser, das aufgelöste Mineralien enthält. Die verschiedenen Arten kämpfen miteinander um die aufgelöste mineralische »Nahrung«; der Sieger repliziert am schnellsten. Wir haben diese Situation im Prolog in der Donnerstags-Geschichte geschildert.

Wir müssen nun eine weitere Annahme einführen. Die Replikation der Tonmuster ist nicht ganz exakt. Es kommen Fehler vor, die manchmal Ton mit für das Überleben und die Vermehrung verbesserten Eigenschaften entstehen lassen. Die natürliche Auslese unter den Tonmineralsystemen hat begonnen.

In dieser Darstellung war ein sich entwickelndes Tonmineralsystem das erste Leben auf der Erde. Der Plan bietet viele Vorteile, die diejenigen nicht gehabt haben, deren Ursprungsorganismen aus Kohlenstoff bestanden. Keine besondere Atmosphäre oder Ursuppe muß angegeben werden, nur geologische Zyklen der Art, wie sie auf der Erde noch wirksam sind. Die Energie wird von den Kräften geliefert, die die Gebirge aus der Erde aufsteigen und sie wieder verwittern lassen. Man braucht keinen großen Sprung in der Organisation, um vom chemischen Anfangszustand zum ersten Replikator zu kommen. Sie hängen eng zusammen. Außerdem erfordert die biologische Replikation unseres Typs die Verknüpfung kleiner Moleküle unter Austritt von Wasser, von der Energie her gesehen ein ungünstiger Prozeß. Das Wachstum der Kristalle ist dagegen ein in vieler Hinsicht günstiger Prozeß.

Fahren wir im ersten Akt fort. Es haben sich in gewissem Umfang mineralische Wesen entwickelt. Welcher Art wären sie? Nach Cairns-Smith würden sie zunächst in gleichmäßiger, geschützter Umgebung leben, unter der Erde oder in der Nähe des Meeresbodens. Erst später würden sie sich auf abwechslungsreichere Orte an der Oberfläche ausbreiten. In dieser Hinsicht wären sie an ihren Standorten verwurzelt, eher wie Pflanzen, nicht wie Tiere. Bei der Verbreitung würden sie Flüsse und Meeresströmungen nutzen, wenn sie bei der Replikation auseinanderbrechen.

Mineralien haben möglicherweise nicht die Fähigkeit zur exakten molekularen Steuerung der Reaktionen, wie unsere eigenen Enzyme. Sie würden die chemischen Abläufe eher mittels eines Apparats beeinflussen, wie es der Chemiker heute im Labor macht, allerdings auf mikroskopischer Ebene. Verschiedene Röhren, Poren, Membranen, Schläuche und sogar Pumpen würden in der Information verschlüsselt, die von Kristallgenen gespeichert wird. Andere Mineralien wie auch geschichteter Ton würden zu ihrem Aufbau benutzt werden. Die Situation ähnelt der in der heutigen Biologie, in der in DNA geschriebene Anweisungen mittels verschiedener Baumaterialien ihre endgültige Gestalt bekommen. Am Ende des ersten Akts könnte die Erde zahlreiche Gemeinschaften entwickelter Organismen beherbergen, deren jeweilige Mitglieder nach den Worten von Cairns-Smith vergleichbar wären mit »einem Kartenhaus mit Zimmern nur bestimmter Größe, die auf bestimmte Arten miteinander verbunden sind«.

Zu Beginn des zweiten Akts haben Tongemeinschaften die Erdoberfläche besiedelt. Dieser Schritt verschafft ihnen mehr Möglichkeiten zur Ausbreitung. So könnte ein »Lebensschlamm« trocknen und als feiner Staub vom Wind an neue Orte getragen werden. Mit zunehmenden Fähigkeiten der mineralischen Gemeinschaften würden diese anfangen, mit neuen Baustoffen zu experimentieren, vor allem mit organischen Molekülen.

Wir brauchen nicht anzunehmen, daß sie in irgendeine nahrhafte Ursuppe eindringen. Sie könnten Sonnenenergie und Kohlendioxid aus ihrer Umgebung verwenden, um über die Photosynthese organische Substanzen herzustellen. Der für einen solchen Prozeß benötigte Katalysator könnte entweder in der mineralischen Umgebung vorhanden gewesen oder als Folge eines Evolutionsprozesses entstanden sein.

Wir können uns vorstellen, daß von Tonorganismen durchgeführte frühe Experimente in organischer Chemie mit ähnlichen Ergebnissen endeten, wie sie mir und anderen Chemikern heute zustoßen: in Form eines Apparats, der mit hartnäckigem Teer überzogen ist. Wahrscheinlich hat es viele evolutive Unglücke gegeben, bevor die Tonerden »lernten«, organische Reaktionen zu steuern. Mit der Zeit und wachsender Erfahrung entwickelte sich diese Fähigkeit.

Die ersten organischen Moleküle, die in Tonorganismen eingeführt wurden, haben vielleicht nur untergeordnete Rollen gespielt. Sie wurden benutzt, die Beschaffenheit des Tons zu ändern, seltene Mineralien abzusondern und als Baustoffe zu dienen. Mit zunehmender Differenzierung übernahmen sie mehr Rollen im mineralischen Leben.

Am Ende des zweiten Akts wollen wir uns der Worte von Cairns-Smith bedienen, um eine aktive ton-organische Gemeinschaft zu beschreiben, die etwas dem Darwinschen »warmen, kleinen Teich« Entsprechendes bewohnt: »Denken Sie sich Darwins Teich als ein ökologisches System, das aus einer Gemeinschaft gut entwickelter Organismen auf Tonbasis besteht, die in seichtem Wasser und dem Sonnenlicht ausgesetzt leben.« Ein Mitglied dieser Gemeinschaft würde die Photosynthese durchführen und Kohlendioxid verbrauchen, ein anderes würde Stickstoff in der Atmosphäre in eine nützlichere Form umwandeln, wieder ein anderes würde seltene Mineralien sammeln, und so fort. Das Goldene Zeitalter des mineralischen Lebens stand bevor.

Im dritten Akt habe ich die grundlegende Geschichte von Cairns-Smith abgeändert, damit sie besser zum Thema dieses Buchs paßt. Viel Zeit ist vergangen, und Enzyme sind entstanden. Ihre Funktion der chemischen Steuerung hat sich als besser erwiesen als der aufwendige Tonapparat, und die Pumpen und Bläschen sind nach und nach abgeschafft worden. Tongene und ihre Eiweißprodukte sind jetzt von Membranen umgeben, damit sie geschützt und mobil sind. Irgendwann wird es aus Steuerungsgründen effizienter, genetische Informationen und Kapazität auch in den Enzymen zu speichern, anstatt sie nur in Ton festzuhalten.

Nur noch ein Schritt ist zu tun, um das Stück abzuschließen. Solche ton-organischen Gensystem-Doppelorganismen wären nach wie vor angewiesen auf einen Vorrat an aufgelösten Silikaten, um zu replizieren. Einige Organismen könnten sich von dieser Einschränkung einfach dadurch befreien, daß sie den genetischen Tonapparat ausrangierten und die Alternative behielten. Der Übergang der Steuerung von den Mineralien auf die Kohlenstoffverbindungen wäre abgeschlossen, und damit wäre das Tonspiel am Ende. Die moderne Evolution könnte beginnen.

Der Name für dieses Stück ist »genetische Machtergreifung«, der Titel, den Graham Cairns-Smith für sein letztes Fachbuch gewählt hat. Er hat den Prozeß mit der Revolution in der modernen Elektronik verglichen, wo kompakte und leistungsfähige Festkörperinstrumente die Röhren und Leitungen der älteren Geräte ersetzt haben.

Die Wissenschaftler, die sich mit dem Ursprung des Lebens befassen und 1983 auf der Konferenz in Mainz waren, hatten Gelegenheit, eine andere Analogie zu studieren. Johannes Gutenberg hatte Mitte des 15. Jahrhunderts in dieser Stadt die Druckerpresse entwickelt. Ein ausgezeichnetes Museum dokumentiert dieses Ereignis und die allgemeine Geschichte des Buchs von seinen Anfängen bis heute.

Ich war beeindruckt von den verschiedenen technologischen Revolutionen, den Übernahmen, die es in der Geschichte der geschriebenen und gedruckten Information gegeben hat. Die, die Gutenberg berühmt gemacht hat und heute noch genutzt wird, kam in der Entwicklung dieser Kunst ziemlich spät. Die Erfindung der Schrift selbst und des Papiers ging voraus. Die Druckerpresse revolutionierte natürlich die Geschwindigkeit, mit der Informationen übermittelt werden konnten.

Ähnlich hat es vielleicht einige Übernahmen bei der Entwicklung des Mechanismus der biologischen Speicherung von Informationen gegeben, wobei der frühe Ton, Protein und auf der RNA aufbauende Systeme erst spät in diesem Prozeß der DNA Platz gemacht haben.

Das obige Stück, eine spekulative Darstellung des Ursprungs des Lebens auf der Erde, weist viele befriedigende Merkmale und selbstverständlich einen großen Nachteil auf. Bevor wir unsere Evolution als eine durch genetische Übernahme von Tonorganismen in Gang gesetzte betrachten können, müssen wir anerkennen, daß solche Wesen aus eigener Kraft bestehen können. Eine beträchtliche Anzahl Wissenschaftler ist davon überzeugt, daß nur ein System, das auf der Chemie des Kohlenstoffs aufbaut und im Medium Wasser betrieben wird, Leben aufrechterhalten kann. Extreme Vertreter dieser Richtung würden die Möglichkeit des Lebens auf ein Nukleinsäure- und Proteinsystem begrenzen, das dem unseren ähnelt.

Der Nachweis von Lebensformen aus Mineralien würde diesen Standpunkt umstoßen und unsere Vorstellungen von den Formen, in denen Leben im Universum existieren könnte, erheblich erweitern. Diese Entwicklung würde eine Revolution unseres Verständnisses vom Wesen des Lebens hervorrufen und eine gewaltige Leistung darstellen, selbst wenn es nichts mit dem Ursprung unserer Art von Leben auf der Erde zu tun hätte.

Eine Entdeckung dieser Größenordnung verlangt beachtliche Beweise, bevor sie akzeptiert werden kann. Glücklicherweise gibt es mehrere Möglichkeiten, das Projekt zu prüfen. Experimente der Art, wie Armin Weiss sie durchgeführt hat, mögen zwar technisch schwierig sein, erfordern aber Gott sei Dank keinen Ausflug zum Meeresboden oder einem anderen Planeten. Die Fähigkeit der Tone, Informationen zu speichern und auszudrücken, zu replizieren und zu mutieren, muß rigoros und wiederholbar nachgewiesen werden.

Cairns-Smith hat ein anderes, aufregendes Experiment vorgeschlagen – eine mineralische Version der Reagenzglasstudie der Evolution mit Qβ-RNA. Sie würde mit einem Kristallisator arbeiten, einem Gerät, das schon für andere Zwecke eingesetzt worden ist. Eine übersättigte Mineralienlösung würde in ein solches Gerät strömen, Kristallbildung und -wachstum würden in dem Gerät erfolgen, und eine Suspension von Kristallen würde am anderen Ende austreten.

Nehmen wir an, es bilden sich in dem Gerät zwei verschiedene Arten anorganischer Kristalle. Die erste wächst sehr schnell, zerfällt aber nicht. Schließlich wird sie durch den Abfluß hinausgespült und ist verloren. Die zweite Art dagegen wächst nicht nur, sondern zerbricht auch schnell. Die neuen Kristalle, die sich bilden, sind ein Ausgleich für die Verluste. Wenn sich jedoch irgendeine Variante, die durch eine zufällige Veränderung gebildet wird, schneller vermehren kann, erlangt sie die Vorherrschaft in der Kammer, wie die Qβ-Mutanten im Spiegelman-Experiment. Untersuchungen im Kristallisator verraten uns sehr viel über die Möglichkeiten der Kristallentwicklung und der Mineralienarten, die am geeignetsten dafür sind.

Der beste Beweis dafür, daß Leben aus Ton möglich ist, wäre dessen Entdeckung auf der heutigen Erde. Nichts an unserem Ton-Spiel hat das Überleben der ursprünglichen Formen ausgeschlossen. Die gemischten kristallin-organischen Hybride, die dem organischen Leben vorangegangen sind, sind vielleicht von ihren Nachkommen verschlungen worden und heute nur noch in fossiler Form vorhanden. Frühere Versionen nur aus Ton würden mit den heute bestehenden Lebensformen nicht um die gleichen Ressourcen oder Umgebungen streiten und könnten bis heute überlebt haben. Selbst wenn sie infolge geologischer Veränderungen untergegangen wären, könnte man damit rechnen, daß sie wieder ganz von vorn anfangen und sich entwickeln würden, weil der Prozeß relativ einfach ist.

Graham Cairns-Smith war vorsichtig hinsichtlich dieser Möglichkeiten, als ich auf dem Treffen in Mainz mit ihm sprach, und das trotz der Tatsache, daß wir in dem Raum, in dem wir standen, von römischen Artefakten umgeben waren und Wein tranken, damit der Mut stieg, den die Wissenschaftler zum ungehinderten Spekulieren brauchen. Er meinte, mineralische Lebensformen seien zerbrechlich und gingen leicht unter. Heute könne man nur noch mit Neuanfängen rechnen, nicht mehr mit ursprünglichen Überlebenden. Auf der Suche nach ihnen sollten wir nach seltenen und ungewöhnlichen Formen Ausschau halten, etwa nach ausgefallenen wurmförmigen aus Kaolinit, die in ihrer Umgebung vorherrschten. Alternativ könnten wir auch an ungewöhnlichen Orten nach Kristallen suchen, weit entfernt vom Ursprungsort ihrer Materialien. Er nannte keine unmittelbaren Kandidaten, wenngleich er sich bei anderen Gelegenheiten gefragt hat, ob nicht einige bekannte wurmförmige das Ergebnis eines natürlichen Ausleseprozesses sind.

Auf eine endgültige Antwort hinsichtlich des Lebens aus Ton müssen wir noch warten. Wenn wir tatsächlich so angefangen hätten, wäre es eine der befriedigendsten wissenschaftlichen Antworten. Wir bewohnen diesen Planeten und nutzen seine Ressourcen. Unser Körper wird in die Erde gelegt, wenn wir sie verlassen. Wie passend, wenn wir letztlich auch aus dieser Erde hervorgegangen wären, wie es im 1. Buch Mose (2, 6–7) steht: »Aber ein Nebel stieg auf von der Erde und feuchtete alles Land. Da machte Gott der HERR den Menschen aus Erde vom Acker und blies ihm den Odem des Lebens in seine Nase. Und so ward der Mensch ein lebendiges Wesen.«

Die verschiedenen Spekulationen in diesem Kapitel weichen erheblich voneinander ab, doch sie haben miteinander und mit vielen anderen Theorien die Annahme gemeinsam, daß das Leben auf der Erde entstanden ist. Diese Vermutung braucht nicht zu stimmen. Der Mangel an eindeutigen Beweisen, die für den Beginn des Lebens hier sprächen, hat einige bekannte Wissenschaftler veranlaßt, ihre Gedanken in andere Richtungen zu lenken. Mit ihren Vorstellungen wollen wir uns als nächstes beschäftigen.

9. Die Kometen kommen: Wissenschaft als Religion

»Es gibt Leute, die glauben, das Leben hier habe da draußen angefangen.« Ein Satz dieser Art wurde vor jeder Fernsehsendung einer der neueren Weltraumopern wiederholt. Während er gesprochen wurde, zeigte der Bildschirm ein Geschwader Raumfahrzeuge, das in einem geballten galaktischen Exodus auf den Planeten Erde zuhielt. Die Ereignisse und der sternenübersäte Hintergrund übermittelten eine eindeutige Botschaft. Unsere Existenz auf diesem Planeten war nicht nur das Ergebnis irgendeines lokalen Zwischenfalls, sondern hatte kosmische Bedeutung und berührte die gesamte Galaxie.

Der Himmel in einer sternenklaren Nacht ist ein herrlicher Anblick. Mir ist es fast unmöglich, beim Blick hinauf nicht von seiner Größe überwältigt zu werden. Die meiste Zeit meiner Kindheit war mir dieses Erlebnis versagt, denn ich bin unter dem dunstigen, lichterfüllten Himmel New Yorks aufgewachsen. Nur gelegentlich, wenn meine Familie Ferien auf dem Land machte und ich an einem der Sommerabende länger als sonst aufbleiben durfte, konnte ich dieses Erlebnis ganz genießen. Häufiger sah ich es als Simulation am künstlichen Firmament des Hayden-Planetariums. Aber unabhängig von den Umständen – nachdem ich die Wirkung erlebt hatte, konnte ich die Empfindungen der Menschen verstehen, die unseren Ursprung hinaus in den Kosmos verlegen wollten. Sie ähnelten denen einer Magd in einem Märchen, die insgeheim hoffte, als Prinzessin geboren worden zu sein und eines Tages als solche erkannt zu werden.

Solche Gedanken sind zu allen Zeiten immer wieder aufgekommen. Es überrascht nicht, daß sie erneut auftauchten, als die Oparin-Haldane-Hypothese einige Schwächen zeigte. Als es immer wahrscheinlicher schien, daß die Früherde nicht die stark reduzierende Atmosphäre hatte, die von der Theorie verlangt wird, waren mehrere Alternativen denkbar. Eine bestand einfach darin, die Theorie abzuändern oder aufzugeben, doch war diese Alternative für einige Denker nicht so interessant wie eine andere: von der Erde ablassen und den Ursprung des Lebens an einen anderen Ort verlegen.

Wir wollen hier nicht die beliebten Phantastereien erörtern, in denen Astronauten aus der Vorzeit oder extraterrestrische Wesen ohne Ohren, unsere Eltern oder wenigstens unsere Vettern, hinter der nächsten Ecke lauern und uns von Zeit zu Zeit damit necken, ein Raumschiff in unser Blickfeld zu rücken. Die Beweise für derartige Ereignisse gehen einfach nicht durch. Sofern nicht einige harte Tatsachen das Gegenteil beweisen, wollen wir uns an die einfachste Annahme halten: Keine Intelligenz von außen hat in der Zeit, die geologisch belegt ist, in die Ereignisse auf dem Erdball eingegriffen.

Diese Belege reichen natürlich nicht bis zum Ursprung des Lebens zurück, und wir können die Möglichkeit nicht ausschließen, daß die ersten Organismen von anderswo hierhergekommen sind. Das kann durch Zufall oder als Ergebnis der Bemühungen denkender Wesen geschehen sein.

Eine Theorie dieser Art wurde zu Beginn dieses Jahrhunderts von dem gefeierten schwedischen Chemiker Svante Arrhenius veröffentlicht, der 1903 den Nobelpreis für Chemie erhielt. Arrhenius liebte ausgefallene Ideen. In seiner Doktorarbeit hatte er völlig korrekt das Verhalten von Salzen, wenn sie in Wasser gelöst werden, beschrieben. Seine Arbeit stieß auf wenig Resonanz. Er bekam eine gerade noch ausreichende Note, aber seine Ideen bestätigten sich später.

Diese Erfahrung gab ihm zweifellos den Mut, eine radikale Hypothese über den Ursprung des Lebens aufzustellen: die Panspermielehre. Arrhenius meinte, daß von den Atmosphären belebter Planeten irgendwo in der Galaxie kleine Mikroorganismen ausgestoßen wurden. Diese Mikroben trieben dann als Keime, bewegt durch den Strahlungsdruck der Sterne, durch den interstellaren Raum. Einer dieser Keime erreichte die Erde und setzte hier den Anfang für das Leben.

Diese Theorie ist heute nach Meinung der meisten Wissenschaftler unhaltbar, auch wenn man gelegentlich andere Stimmen hört. Der Astronom Carl Sagan und andere haben angeführt, daß selbst die Ankunft nur eines einzigen Keims auf diesem Weg während der gesamten Geschichte des Universums ein unwahrscheinliches Ereignis sei. Außerdem würde jeder Mikroorganismus der Art, die wir auf der Erde kennen, durch die Strahlungseinflüsse, die Kälte und das Vakuum im Weltraum vernichtet werden.

Solche Gefahren würden natürlich vermieden, wenn die Mikroben als Passagiere in einem geeigneten Gefährt gereist wären. In den 60er Jahren meinte Thomas Gold von der Cornell University scherzhaft, außerirdische Wesen hätten auf diesem Planeten ein Picknick veranstaltet und nachher nicht richtig aufgeräumt. Das Leben auf der Erde habe mit einem Bakterium begonnen, das auf einem Kuchenkrümel aus Urzeiten überlebte.

Eine ernsthaftere Variante zum Thema bakterieller Verschleppung durch ein Raumschiff ist ziemlich detailliert entwickelt worden. Francis Crick, der Mitentdecker der doppelhelikalen Struktur der DNA, und sein langjähriger Freund und Kollege Leslie Orgel veröffentlichten 1973 in einer Weltraumzeitschrift einen Beitrag mit dem Titel »Gelenkte Panspermie«. Crick behandelte diesen Gedanken später eingehender in seinem Buch *Das Leben selbst*. Ich habe ihre Theorie mit einigen Details angereichert und im Prolog als Freitags-Geschichte vorgestellt.

Crick begann mit der Beobachtung, daß in einem Universum, das mehr als doppelt so alt wie die Erde ist, »das Leben [sich] nicht nur einmal, sondern reichlich *zweimal hintereinander* [hätte] entwickeln können«. Und er fuhr fort: »Obwohl wir also noch keine überzeugenden Gründe dafür anführen können, warum eine Entstehung an anderer Stelle sehr viel plausibler war, wäre es voreilig, anzunehmen, daß die Bedingungen hier ebenso geeignet waren wie irgendwo sonst« (S. 168). Seine Theorie wurde als Spekulation vorgestellt, als ein Gedanke, der ihm vor allen stützenden Beweisen gekommen war. Im Buch schrieb er: »Das Wohlwollendste, was man über die gelenkte Panspermie sagen kann, ist demnach, einzuräumen, daß es sich tatsächlich um eine gültige wissenschaftliche Theorie handelt, die aber noch unausgereift ist« (S. 182).

Einer der Gründe für die Veröffentlichung des Buchs war, das Bewußtsein der Öffentlichkeit für die Schwierigkeiten im Zusammenhang mit der Frage nach dem Ursprung des Lebens zu steigern. Das erklärte Crick mir bei einem privaten Gespräch: »Wir haben über diese

Theorie nachgedacht, aber wir waren nicht so ganz überzeugt von ihr... Das Ziel [des Buchs] ist, dem intelligenten Leser eine Vorstellung von dem zu geben, was das *Problem* ist, und dies ist nur ein Blatt, von dem man es singen kann... Alle können... mit bestimmten Ideen und mit Dingen wie der Ankunft mit einer unbemannten Rakete etwas anfangen – und selbst mit Bakterien, glauben sie, können sie etwas anfangen.«

Diese lockere, skeptische Haltung steht in krassem Gegensatz zu der Art, wie Sir Fred Hoyle und sein langjähriger Kollege Professor Chandra Wickramasinghe ihre konkurrierenden Gedanken vorgestellt haben. Einigen sind wir in der Samstags-Geschichte des Prologs begegnet. Diese Autoren nehmen ihre Arbeit sehr ernst und präsentieren ihre Vorstellungen mit Überzeugung, ja mit Gewißheit. Sie sind Astrophysiker und stützen sich auf eingehende Kenntnisse der Sterne und interstellaren Wolken, jenes anderen Bestandteils, der soviel von der Masse unserer Galaxie ausmacht. Letztere, die wir flüchtig kennengelernt haben, als wir über den Ursprung unseres Sonnensystems gesprochen haben, sind uns weniger vertraut. Wir wollen uns ihnen daher kurz zuwenden.

Kosmischer Staub

Wenn wir an den Weltraum denken, sehen wir meist unzählige Sterne vor uns, vielleicht mit einem Planetensystem, und dazwischen absolute Leere. In Wirklichkeit gibt es diese völlige Leere nicht. Isolierte, einsame Atome und Moleküle treiben im Raum zwischen den Sternen umher. Ihre durchschnittliche Dichte ist geringer als die in den höchsten Vakuen, die im Labor auf der Erde erzeugt werden, doch schwankt sie stark. An einigen Stellen bilden die Atome oder Moleküle etwas dichtere Haufen, in die winzige, feste Partikel eingestreut sind von einer Größe, die sie in die Ebene -7 des KOGOL brächte. Diese Staubkörner bilden mit den Atomen und Molekülen die genannten Wolken. Die Dichte der Materie in ihnen ist immer noch ziemlich gering, doch sind die Wolken derart riesig – Lichtjahre im Durchmesser –, daß eine von ihnen das 100000fache der Masse unserer Sonne haben kann.

Diese Wolken sind mit dem Teleskop eingehend erforscht worden.

In einigen Fällen erscheinen sie als dunkle Flecken, die das Licht der Sterne hinter ihnen verdunkeln. In anderen können sie direkt beobachtet werden, da einige von ihnen aus eigener Kraft leuchten. Für sie interessieren sich die Astronomen besonders, da in ihnen neue Sterne entstehen.

Eine typische interstellare Wolke kann Millionen Jahre bestehen. Das Material in ihnen kann aus existierenden Sternen stammen und sanft mit dem Sonnenwind oder abrupt durch eine Explosion freigesetzt werden. Wasserstoff und Helium sind die Hauptbestandteile, wie auch des gesamten Universums, doch es sind auch schwerere Elemente vorhanden. Kohlenstoff, Sauerstoff, Stickstoff, Silizium und andere Elemente entstehen durch Kernreaktionen in den Sternen und landen am Ende in diesen Wolken. Schließlich verdichten sich diese Substanzen in den Planeten.

Ein Stern entsteht, wenn lokale Unbeständigkeiten innerhalb einer Wolke Teile davon durch die Schwerkraft zusammenfallen lassen. Die Einzelheiten dieses Vorgangs sind nicht klar, und man weiß nicht, ob die Bildung eines Planeten häufig oder selten vorkommt. Um diese Prozesse ganz zu verstehen, haben die Astonomen sich bemüht, die genaue Identität der Moleküle und Staubkörner in den Wolken kennenzulernen. Wenn wir einen Teil einer interstellaren Wolke mit irgendeinem kosmischen Staubsauger aufsaugen und in ein Labor auf der Erde bringen könnten, würde diese Analyse kaum Probleme bereiten. Selbstverständlich ist das nicht möglich. Die wichtigste Informationsquelle hinsichtlich der chemischen Beschaffenheit sind das Licht und andere Strahlungsarten, die von einer Wolke ausgehen oder sie durchdringen.

Das Licht, das wir mit den Augen wahrnehmen, ist nur ein kleiner Teil eines weit größeren Phänomens, der sogenannten elektromagnetischen Energie. In diese Kategorie gehören so bekannte Energieformen wie Röntgenstrahlen, ultraviolettes und infrarotes Licht und Radiowellen. Diese verschiedenen Energieformen unterscheiden sich voneinander durch die Wellenlänge, die zwischen einigen Tausend Metern Länge bei bestimmten Radiowellen und weniger als einem billionstel Meter bei kosmischen Wellen liegen kann. Diese Längenunterschiede sind so gewaltig, daß man sie am besten mit Hilfe des KOGOL deutlich macht. Die Wellenlänge des sichtbaren Lichts würde auf der Ebene -7 liegen. Ultraviolettes Licht hat zwar eine kürzere Wellenlänge, aber würde normalerweise auch noch in diese Ebene fallen. Die Wellenlänge des infraroten Lichts läge üblicherweise auf der Ebene -6 oder -5, die einer Mikrowelle auf der Ebene -3. Astronomen haben die Energie analysiert, die uns von den interstellaren Wolken über die verschiedenen Wellenlängen erreicht, um die Wolkenbestandteile bestimmen zu können.

Die besten Ergebnisse hat man bei der Bestimmung kleiner Moleküle erreicht, insbesondere beim Einsatz von Mikrowellenspektren. Die aus den Wolken bezogenen Informationen bestehen in einer langen Reihe von Scheitelwerten, von denen jeder eine andere Wellenlänge darstellt. Diese Zahlenreihe läßt zwar nicht direkt erkennen, welche Moleküle vorhanden sind, erlaubt aber doch eine umgekehrte Beweisführung. Ein Astronom wird annehmen, daß ein bestimmtes Molekül sich in der Wolke befindet, und dann sein Mikrowellenspektrum messen oder berechnen, falls es unter Erdbedingungen instabil ist. Wenn die für das Molekül gemessenen oder berechneten Scheitelwerte alle im Spektrum der Wolke vorkommen, schließt er daraus, daß diese Substanz dort vorhanden ist. Es besteht zwar eine gewisse Fehlermöglichkeit aufgrund eines zufälligen Zusammentreffens, doch sie ist gering, vor allem wenn eine verläßliche Anzahl Scheitelwerte einem Molekül zugeordnet werden können und alle im Wolkenspektrum vorkommen. 1982 hat man über 50 verschiedene Moleküle aufgelistet, die auf diese Weise in den Wolken festgestellt worden sind, genug, um einige Verallgemeinerungen anzustellen. Wir müssen uns natürlich eine wichtige Einschränkung vor Augen halten. Ein Molekül muß gleichsam erst erahnt werden, damit es festgestellt werden kann. Infolge der Beschränkungen des Verfahrens kann es keine wirklichen Überraschungen geben.

Die bisher bestimmten Moleküle haben alle nur sehr wenige Atome; eins hat 13, ein anderes 11, die übrigen 9 oder weniger. Zu den vorhandenen Elementen gehören Wasserstoff, Kohlenstoff, Stickstoff, Sauerstoff, Schwefel und Silizium. Es gibt mehrere kleine organische Moleküle, einige davon mit ungewöhnlichen oder unvollständigen Bindungen. Diese Substanzen könnten auf der Erde nicht bestehen, halten sich jedoch unter den kalten, leeren Bedingungen des Alls. Eine uns vertraute, in den Wolken vorhandene Substanz ist Äthylalkohol. Seine Dichte im Weltraum ist gering, doch die Galaxie ist so unermeßlich groß, daß die Gesamtmenge des vorhandenen Alkohols riesig ist. Wir könnten mit diesem Alkohol Millionen Martinis jeweils von der Größe des Pazifischen Ozeans zubereiten.

Aminosäuren sind in den Wolken vermutet, 1971 auch vorhergesagt worden, doch bisher noch nicht aufgetaucht, nicht einmal Glycin, das aus nur zehn Atomen besteht. Die einfacheren wird man irgendwann entdecken, sobald empfindlichere Instrumente gebaut sind, aber ganz sicher kommen sie nicht im Überfluß vor. Die beiden größten bisher entdeckten Moleküle sind ziemlich eigenartige Substanzen, reich an Kohlenstoff und ohne Wasserstoff. Sie würden hier nicht lange überleben. Alles in allem ließe sich die Liste der im Weltall entdeckten Moleküle als eine ziemlich unirdische Sammlung beschreiben.

Trotzdem haben einige Beobachter die Liste dazu benutzt, die eigenen vorherbestimmungsbedingten Annahmen zu untermauern. Das Vorhandensein einfacher organischer Verbindungen in den interstellaren Wolken wird als Zeichen für einen kosmischen Zweck angesehen, als Beweis, daß die kosmische Chemie sich in Richtung unserer eigenen spezifischen Biochemie bewegt. In dieser Beziehung haben die Wolken die Funktion eines Rorschach-Tests erfüllt, da jeder Beobachter in ihnen sehen kann, was er will. Wir werden dieses Thema später noch einmal anschneiden. Jetzt müssen wir fortfahren und uns mit den winzigen Staubpartikeln in den Wolken beschäftigen, die sich als noch anregender für die Phantasie erwiesen haben.

Diese kosmischen Staubkörner sind größer und komplizierter als einfache Moleküle, so daß weniger über sie zu erfahren ist. Infrarot- und Ultraviolett-Spektralanalysen sind zwei wichtige Informationsquellen gewesen. Wir wollen eine Zeitlang bei ihnen verweilen, da sie wichtig für unsere Untersuchung sind.

Die Infrarot-Spektralanalyse ist ein Verfahren, das ich während meiner Ausbildung in organischer Chemie ausgiebig kennengelernt habe. Als ich mein Studium begann, war sie das wichtigste Instrument zur Erforschung der Struktur etwas komplizierterer organischer Produkte (inzwischen ist sie selbstverständlich von aufwendigeren und sehr viel teureren Verfahren überholt worden). Ich lernte, daß eine reine Substanz ein Spektrum ergab, das der Skyline einer amerikanischen Großstadt ähnelte: eine Reihe scharfer Spitzen und Täler. Das Spektrum selbst sagte noch nichts über die Identität der Verbindung aus, doch bestimmte Scheitelwerte an besonderen Stellen gaben eine klare, wenn auch begrenzte Information. Der größte Teil des Spektrums ließ sich jedoch nicht so ohne weiteres deuten, sondern diente eher als ein Fingerabdruck, ein Erkennungszeichen. Mein Doktorvater R. B. Woodward war unter den Chemikern berühmt für seine Laborsynthesen. Ihm gelang die erste chemische Herstellung vieler bekannter Substanzen wie Chinin, Strychnin und Chlorophyll. Oft wurde das Infrarotspektrum der im Labor hergestellten Produkte als definitiver Beweis dafür verwendet, daß die Synthese erfolgreich gewesen war. Wenn es mit dem Spektrum der natürlichen Substanz in allen Einzelheiten übereinstimmte, Spitze für Spitze, Wendepunkt für Wendepunkt, dann erklärte er, daß die natürliche und künstliche Substanz identisch seien.

Für einen in dieser Tradition ausgebildeten Chemiker ist der Anblick der Spektrums einer interstellaren Wolke ziemlich enttäuschend. Es ist in den meisten Bereichen geglättet und relativ merkmalslos, mehr wie die Konturen eines Gebirgskamms als einer Skyline. Diese Form ist Ausdruck der technischen Schwierigkeiten, die es macht, das Spektrum zu erhalten, und auch der Tatsache, daß die Staubkörner eher ein Gemisch verschiedener Stoffe darstellen, nicht eine einzelne Substanz. Aus diesen sehr begrenzten Informationen haben die Astronomen einige Rückschlüsse über die allgemeine Beschaffenheit der Körner zu ziehen versucht, konnten sich aber nicht einmal darüber einigen, ob sie organischer oder anorganischer Natur sind. Einige Forscher haben aus dem Spektrum eine Mischung aus Eis, Silikaten und anderen Mineralien herausgelesen. Carl Sagan und seine Kollegen meinten, es wären Tholine, eine Bezeichnung, die sie für braune, klebrige, organische Teere der Art benutzen, wie sie bei den Miller-Urey-Reaktionen entstehen. Als Analogie zu dieser Situation müßten wir uns den Versuch vorstellen, eine Person auf einem Foto zu bestimmen, das bei Nebel und aus größerer Entfernung gemacht worden ist. Die Auflösung läßt nicht einmal eine Einigung darüber zu, ob die Person ein Mann oder eine Frau ist.

Einige zusätzliche Informationen über den kosmischen Staub hat man aus seinem Spektrum im ultravioletten Energiebereich erhalten. Ich selbst bin aufgrund meiner Arbeit mit Nukleinsäuren mit dieser Technik sehr vertraut. Sie ist begrenzter als die Infrarot-Spektroskopie. Fast alle Substanzen haben ein Infrarotspektrum, aber nur bestimmte Verbindungsklassen haben ein Ultraviolettspektrum in dem Bereich, der normalerweise genutzt wird. Ein typisches Ultraviolettspektrum enthält weit weniger Informationen als ein Infrarotspektrum. Oft ist nur ein einziger Höcker zu sehen. Die Daten können nur dann zur Bestimmung einer Substanz herangezogen werden, wenn die Zahl der

Möglichkeiten durch andere Methoden auf einige wenige begrenzt worden ist. Das Wolkenspektrum enthält nur einen einzigen Höcker an der für diese Spektren häufigsten Stelle. Da die Möglichkeiten im Universum praktisch unbegrenzt sind, können auf dieser Grundlage keine Schlüsse gezogen werden, auch wenn Vorschläge gemacht worden sind, die von einem Gemisch organischer Verbindungen bis zum Graphit reichen (eine geschichtete Form des Elements Kohlenstoff, die im »Blei« des Bleistifts und in einigen Schmiermitteln verwendet wird). Die genaue Beschaffenheit des kosmischen Staubs ist ein Geheimnis und bleibt es vielleicht, bis wir etwas davon beschaffen und zur Erde bringen können.

Die meisten Wissenschaftler würden sich dieser Analyse anschließen, aber Hoyle und Wickramasinghe haben einen anderen Weg eingeschlagen und kommen zu einigen eindeutigen, aber abweichenden Schlüssen über die Art der interstellaren Wolken. Ihre Theorien beziehen die Wolken in den Ursprung des Lebens mit ein. Aber bevor wir uns damit befassen, sollten wir diese beiden Herren vielleicht etwas näher kennenlernen.

Zwei Andersdenkende

Sir Fred Hoyle, der Gefeiertere der beiden, hat eine blendende Karriere gemacht und viel auf dem Gebiet der Astronomie geleistet. Er und seine Mitarbeiter leiteten als erste die Prozesse ab, bei denen in den Sternen schwerere Elemente aus leichteren entstehen. Er war außerdem an der Entwicklung der sogenannten Steady-State-Theorie des Universums beteiligt. Nach dieser Theorie ist das Universum ständig in seinem jetzigen Zustand geblieben. Mit seiner Ausdehnung wird ständig neue Materie geschaffen, damit eine konstante Dichte erhalten bleibt. Dieser Gedanke findet bei den meisten Wissenschaftlern keinen Anklang mehr und hat der Theorie vom Urknall Platz machen müssen, nach der das Universum zu einem bestimmten Zeitpunkt mit einemmal entstanden ist, vielleicht vor zehn oder zwanzig Milliarden Jahren.

Hoyle wurde 1915 geboren und bekleidete während seines Berufslebens größtenteils Lehrstellen an der Cambridge University. Seine Laufbahn ist gekennzeichnet durch einige Kontroversen über die Linie der

Universität und Verwaltungsfragen. Mitte der 60er Jahre schied er aus der mathematischen Fakultät aus und drohte, in die Vereinigten Staaten auszuwandern. Er blieb jedoch in Cambridge, da er zum Leiter des neugegründeten Instituts für theoretische Astronomie ernannt wurde. Nach weiteren politischen Auseinandersetzungen legte er diesen Posten 1972 nieder und gab seine Lehrtätigkeit in Cambridge auf. 1975 machte Hoyle Schlagzeilen mit der Behauptung, einer seiner früheren Kollegen aus Cambridge habe den Nobelpreis für eine Arbeit erhalten, die sein Assistent durchgeführt habe. Sowohl der Ausgezeichnete wie der Assistent wiesen das zurück.

Diese Auseinandersetzungen treten jedoch zurück angesichts der vielen Ehrungen, die Hoyle erhalten hat, darunter zahlreiche Preise und Orden. Er war unter anderem Präsident der Royal Astronomical Society, Vizepräsident der Royal Society und Beigeordneter der amerikanischen National Academy of Science. 1972 wurde er geadelt.

Seine Fähigkeiten erstreckten sich über die Forschung hinaus auch auf die Literatur. Lehrbücher über Astronomie und populärwissenschaftliche Bücher über Kernkraft und globale Klimaveränderungen entstammen seiner Feder. Darüber hinaus hat er mehrere Science-fiction-Romane geschrieben, einige zusammen mit seinem Sohn Geoffrey. 1969 verfaßte er das Libretto für die Oper *The Alchemy of Love* des amerikanischen Komponisten Leo Smit. Einer Kritik der *New York Times* zufolge handelte die Oper von »Politik, Liebe und dem Mißbrauch des Genies«.

Hoyles jüngerer Mitarbeiter N. C. Wickramasinghe stammt aus Sri Lanka. Er arbeitete einige Jahre in Cambridge, zu der Zeit, als Hoyle dort lehrte. In jüngster Zeit war er Leiter der Abteilung für angewandte Mathematik und Astronomie am University College im walisischen Cardiff. Sein Spezialgebiet sind passenderweise die interstellaren Wolken.

Die spekulativen Theorien der beiden Astronomen (wir wollen sie in diesem Kapitel H. und W. nennen) wurden in den Jahren 1977 bis 1981 aufgestellt. Sie wurden ausführlich in polulärwissenschaftlichen Büchern abgehandelt, einige Aspekte eingehender in mehr als einem Dutzend wissenschaftlicher Zeitschriften. In den Jahren davor hatten H. und W. einige eher konventionelle Aufsätze über interstellare Wolken in verschiedenen Zeitschriften veröffentlicht. Ihre Ideen schienen sich von 1977 bis 1981 beinahe ständig zu verlagern und zu entwickeln, aber aus Gründen der Einfachheit möchte ich sie in zwei Gruppen unterteilen. Die in *Lifecloud* (1978) formulierten Ansichten will ich die frühe Theorie nennen, die in *Diseases from Space* (1978), *Evolution aus dem Weltraum* (1981) und späteren Arbeiten geäußerten die späte Theorie. Wir wollen beide getrennt betrachten.

Die frühe Theorie

In dieser Fassung erklärten H. und W., daß bestimmte, für unsere Biochemie wichtige Moleküle im Weltraum vorhanden wären: »Ein Molekül der Ameisensäure und ein Molekül des Hexamethylentetramins könnten reagieren und die einfachste Aminosäure ergeben, Glycin, und es gibt Gründe genug anzunehmen, daß dies ausgiebigst geschieht. Demnach findet eine ziemlich komplexe präbiotische Chemie offenbar bereits auf der Stufe des prästellaren Kollapses dichter interstellarer Wolken statt.«

Ameisensäure und Hexamethylentetramin (ein anderes kleines organisches Molekül) stehen auf der Liste der Substanzen, die im Weltall identifiziert worden sind. Glycin ist, wie wir bereits erwähnt haben, überhaupt noch nicht festgestellt worden, und die Autoren haben auch noch keinerlei Beweise für sein Vorhandensein vorgelegt. Sie haben statt dessen weitere Behauptungen über das Vorhandensein anderer Biochemikalien aufgestellt. Die Staubkörner wurden mit Sicherheit als Zellulose bestimmt (wir befassen uns gleich mit der Grundlage für diese Aussage). H. und W. faßten zusammen: »Mit der Bildung dieser Materialien scheinen die Grundlagen der Biochemie gelegt worden zu sein.«

Die interstellaren Wolken spielten in ihrer Theorie jedoch nicht die wichtigste Rolle. Diese Ehre war einer anderen Klasse schwerer Körper vorbehalten, den Kometen. Kometen bieten sich wegen ihres spektakulären Äußeren natürlich als Kandidaten für eine tragende Rolle in jedem Weltraumstück an. Diese Objekte mit ihrem leuchtenden Kopf und langen Schweif sind zu verschiedenen Zeiten in der Geschichte des Menschen am nächtlichen Himmel aufgetaucht und haben zwangsläufig einen großen Eindruck hinterlassen. Das Erscheinen eines Kometen galt als Zeichen, daß etwas sehr Bedeutendes bevorstand. »Kometen sieht man nicht, wenn Bettler sterben: Der Himmel selbst flammt Fürstentod herab«, schrieb Shakespeare im *Julius Cäsar.*

Inzwischen wissen wir, daß die Bewegungen und die Geschichte dieser Besucher unsere laufenden irdischen Belange weit übertreffen. Der Kopf ist zwar klein, vielleicht zehn Kilometer im Durchmesser, aber der deutlich masseärmere Schweif kann sich über mehrere Millionen Kilometer erstrecken. Sehr viele Kometen folgen einer fernen Umlaufbahn jenseits des Saturns, und das seit ihrer Entstehung zu der Zeit, als unser Sonnensystem seine jetzige Gestalt annahm. Hin und wieder wird einer durch ein Ereignis gestört, das ihn in eine neue Umlaufbahn lenkt, die ihn in regelmäßigen Abständen sehr viel näher an unsere Sonne bringt. Kometen bestehen größtenteils aus Eis und anderen Substanzen, die sich leicht in einen gasförmigen Zustand verwandeln. Wenn sich ein Komet der Sonne nähert, verdampfen diese Materialien, wodurch der Schweif entsteht. 1985 und 1986 hat der Halleysche Komet uns wieder eines dieser berühmten Schauspiele geliefert.

Die Astronomen haben sich sehr darum bemüht festzustellen, welche Substanzen die Kometen außer dem Eis noch enthalten, haben aber nur begrenzte Gelegenheit gehabt, ihre Spektren zu beobachten. Sie haben ein paar einfachere Moleküle bestimmt, die auch in den interstellaren Wolken beobachtet worden sind, doch liegen bisher keine Berichte von Arten mit mehr als sechs Atomen vor.

In ihrer *Lifecloud*-Darstellung behaupten H. und W. jedoch, daß die Kometen zur Zeit ihrer Entstehung große Mengen biologisches Material aus den Wolken aufgenommen hätten. Die Verfasser geben in diesem Buch die Liste der in Kometen bestimmten Moleküle wieder, fügen jedoch die Worte »Polysaccharide und verwandte organische Polymere« hinzu. Sie stützen das nur mit der Feststellung: »Eine nach unserer Meinung bessere Erklärung ist die, daß viele der Radikale, die man beobachtet, Zerfallsprodukte organischer Polymere sind, wie die Polysaccharide.« (Der Begriff »Radikale« bezieht sich auf instabile organische Moleküle mit unvollständigen Bindungen.)

Die Geschichte geht weiter mit der Beschreibung des frühen Zustands der Erde, der in etwa dem des Monds heute ähnlich gewesen sei, ohne Atmosphäre. Dieser Mangel wurde behoben, als Kometen mehrmals sanft auf der Erde landeten und den erforderlichen Vorrat mitbrachten. H. und W. erwähnten die alternative Hypothese, die von den meisten Geologen akzeptiert wird, daß unsere Atmosphäre sich aus Gasen gebildet hat, die aus dem Erdinnern aufgestiegen sind. Diese Theorie verwerfen sie jedoch mit den Worten: »Diese Erklärung ist für zu viele ernsthafte Einwände offen. Zunächst einmal wird sie durch keinerlei Beweise gestützt.«

Als die Atmosphäre erst einmal bestand, konnten die Kometen die weiteren Bausteine herbeischaffen, die als Grundstock für die Ursuppe gebraucht wurden. Wir wollen die Autoren noch einmal zitieren: »Wenn der interstellare Raum voll mit präbiotischen Molekülen ist..., ergibt es sich beinahe von selbst, daß der Ursprung des Lebens auf der Erde lediglich eines Zusammenfügens interstellarer präbiotischer Bausteine bedurfte.« Wie zwingend dieser Schluß immer gewesen sein mag, er wurde ein paar Seiten später zugunsten einer anderen Alternative aufgegeben: Ein besserer Ort als die Erde für das Zubereiten der Suppe sei das Innere der Kometen selbst. Das geschah wiederholt in vielen Kometen, so daß Bakterien und Viren entstanden. »Dann, vor etwa vier Milliarden Jahren, kam auch das Leben von einem Leben tragenden Kometen [auf die Erde].« Solche Lieferungen und Anregungen für die Evolution hat es seitdem immer wieder gegeben.

Die Antwort der Wissenschaftler

Diese provozierenden Gedanken eines berühmten Astronomen und seines Kollegen konnten nicht ohne Resonanz bleiben. Die vielleicht negativste von vielen Kritiken war die der Biologin Lynn Margulis. Sie erklärte: »Das Buch ist in höchstem Maß unverantwortlich. Sein Inhalt steht darüber hinaus in krassem Widerspruch zur abgewogenen Meinung der Wissenschaftler dieses Gebiets, falls man den ›Ursprung des Lebens‹ als ein Gebiet betrachten kann. Das Buch ist leichtfertige, belustigende, verworrene Erfindung.« Sie kam zu dem Schluß, Hoyle habe seinen Namen und seine Position dazu benutzt, die Veröffentlichung seiner Gedanken in Buchform durchzusetzen, anstatt sich der wissenschaftlichen Kritik zu stellen. Zumindest in diesem Punkt hat sie unrecht, denn ein großer Teil seiner Theorie ist in wissenschaftlichen Zeitschriften veröffentlicht worden.

Die fachliche Reaktion auf diese Theorie war jedoch keineswegs nur negativ. Der Astrophysiker John Gribbin schrieb in seinem Buch *Gene-*

sis, ihre Hypothese »liefert die umfassendste Erklärung dessen, was in den Staubwolken des Weltraums vor sich geht«. Welche Schwierigkeiten sich auch einstellen mögen, »etwas in dieser Richtung wird irgendwann die bestehende Meinung darstellen«. Hoimar von Ditfurth, Autor eines deutschen Bestsellers über die Evolution und den Ursprung des Lebens, drückte sich ähnlich aus: »In kosmischen Gaswolken entstehen weit mehr komplizierte Moleküle bis hin zu vollständigen Aminosäuren und selbst Ribonukleinsäuren spontan.« Der Astronom W. M. Irvine und seine Kollegen an der Universität von Massachusetts schrieben 1980 in einem Beitrag in *Nature*: »Daraus folgt..., daß Kometen ziemlich komplexe organische Moleküle enthalten können und daß Kometen eine Rolle beim Ursprung und, was durchaus denkbar ist, auch bei der nachfolgenden Evolution irdischen Lebens gespielt haben.« Ihr Artikel behandelte allerdings nur mögliche Temperaturen in den Kometen, nicht deren Beschaffenheit. Wegen der biologischen Zusammenhänge stützten sie sich auf die Theorie von H. und W.

Die frühe Theorie dieser Verfasser hatte unter gleichgesinnten Wissenschaftlern und Schriftstellern eine kleine Modewelle ausgelöst. Es hätte weit weniger Anhänger gegeben, wäre die Theorie nur in populärwissenschaftlichen Büchern vorgestellt worden; aber das war nicht der Fall, wie wir gesehen haben. Viele Aufsätze sind in Fachzeitschriften erschienen, und wir müssen uns diesen Beiträgen zuwenden, um die Stärke ihrer Aussagen zu prüfen.

Die H.-und-W.-Beiträge

Hoyle und Wickramasinghe haben zur Begründung ihrer Theorien Daten aus verschiedenen Quellen benutzt. Wollten wir im einzelnen alles durchgehen, was sie vorgelegt haben, bräuchten wir ein ganzes Buch, nicht nur ein Kapitel. Wir wollen ihre Arbeit aber nur stichprobenartig prüfen, unser Augenmerk im wesentlichen auf eine wichtige Aussage richten und sie als repräsentativ für die allgemeine Vorgehensweise ansehen.

Die Behauptung von H. und W., die offenbar am meisten beeindruckt hat, war die Gleichsetzung der interstellaren Staubkörner mit Zellulose aufgrund der Infrarotspektren. Dieses Polysaccharid, das vielleicht häufigste biologische Produkt auf der Erde, ist der Hauptbestandteil von Holz und anderen Pflanzensubstanzen. Wir finden es in der Baumwolle und in Papier – direkt vor Ihren Augen in den Blättern dieses Buchs.

Diese Gleichsetzung war deshalb so spektakulär, weil Zellulose ein erstaunlich spezifisches Material ist, das auf der Erde nur auf biologischem Weg hergestellt wird. Jeder rein chemische Weg, auf dem diese Substanz entstehen könnte, würde wohl auch eine Unmenge anderer Produkte ergeben und ein komplexes Gemisch liefern.

Untersuchen wir, welche Schritte zur Herstellung von Zellulose nötig wären. Die kleinen Moleküle in den Wolken könnten auf viele Arten miteinander reagieren und viele Klassen organischer Verbindungen erzeugen. Aufgrund unserer Kenntnisse in organischer Chemie würden wir nicht damit rechnen, daß Zucker im Überfluß vorhanden wären; selbst wenn, könnten sich Hunderte von Zuckern bilden. Glukose wäre selbstverständlich dabei, aber um Zellulose zu bekommen, müßten die Glukosereste ausschließlich einander aussuchen und dabei sowohl die vielen anderen Zucker als auch die übrigen noch zahlreicheren Moleküle außer acht lassen, die keine Zucker sind. Selbst wenn sich dieser unwahrscheinliche Vorgang ereignen sollte, ständen noch weitere Komplikationen bevor. Ein auf Kohlenhydrate spezialisierter Chemiker hat einmal ausgerechnet, daß es 176 verschiedene, chemisch sinnvolle Wege gibt, auf die drei Glukoseeinheiten sich miteinander verbinden können. Zur Herstellung von Zellulose braucht nur eine dieser Alternativen gewählt zu werden. Mit jeder weiteren Glukoseeinheit, die hinzukommt, muß darüber hinaus unter 20 neuen Möglichkeiten gewählt werden. Dieses Auswahlverfahren wäre nötig, bis Dutzende von Glukoseeinheiten miteinander verknüpft wären und eine kleine Zelluloseeinheit herstellen würden.

Hätten H. und W. erklärt, die Staubkörner beständen aus einem komplexen organischen Gemisch oder einem unspezifischen, ungeordneten Material, etwa Tholinen, hätten sie kaum Beachtung gefunden. Aber die Behauptung, es sei Zellulose, erschien fast unglaublich. Um sie zu akzeptieren, müßten wir entweder annehmen, daß irgendeine vorherbestimmte Kraft die interstellare Chemie auf Bahnen lenkte, die zu unserer eigenen Biochemie führten, oder daß mit uns verwandte biologische Geschöpfe sich bereits im Kosmos tummelten. Eine Behauptung dieser Art würde, sollte sie glaubwürdig sein, eine beispiellose Dokumentation mit Details erfordern, die ausreichten, Zellulose von der buchstäblich astronomischen Anzahl anderer Möglichkeiten zu unterscheiden. Jedes gutausgerüstete Labor auf der Erde könnte diese Gleichsetzung sofort bestätigen oder widerlegen, wenn man ihm einen ausreichenden Vorrat an kosmischen Staub zur Verfügung stellte. H. und W. aber wollten das mit Hilfe des im wesentlichen merkmalslosen Infrarotspektrums erreichen, das wir beschrieben haben.

Wir können den Gang ihrer Gedanken nachvollziehen, wenn wir ihre Aufsätze chronologisch verfolgen. In einem Beitrag in *Nature* behaupteten sie 1969: »Die interstellaren Körner können eine Mischung aus Graphitpartikeln, die sich in Kohlenstoffsternen gebildet haben, und aus Silikaten sauerstoffreicher Riesensterne sein.« 1974 hatte Wickramasinghe seine Meinung geändert und fühlte sich von den Vorzügen von POM (Polyoximethylen) angezogen, einem organischen Polymer (ein aus Untereinheiten hergestelltes Produkt), das keinen Bezug zur Biologie hat. Er schrieb: »POM-Körner können somit alle vorhandenen interstellaren Extinktionen erklären. Hinsichtlich der hier vorgelegten Spektralbestimmungen müssen POM-Körner ohne Frage als ein starker Kandidat für den Hauptbestandteil des interstellaren Staubs betrachtet werden.«

Diese Kandidatur wurde Anfang 1977 vom Tisch gefegt. H. und W. nahmen den Durchschnitt der Spektren von 18 organischen Polymeren unterschiedlicher Art und fanden, daß die Zusammensetzung die zufriedenstellendste Übereinstimmung mit dem Infrarotspektrum einer interstellaren Wolke lieferte. Die Amtszeit ihres neuen Kandidaten war jedoch unwahrscheinlich kurz. Im allerletzten Abschnitt jenes Aufsatzes (der vielleicht nach der ersten Vorlage angefügt wurde) erklärten sie, diese organische Mischung spiele im Kosmos eine weniger wichtige Rolle als ihr neuer Favorit, die Polysaccharide. Diese Anmerkung wurde unterstützt durch einen Hinweis auf einen neuen Beitrag, der noch nicht einmal zur Veröffentlichung vorgelegt worden war. Offensichtlich machten ihre Gedanken zu jener Zeit große Sprünge.

Lifecloud vermittelt einige Einsichten in diesen Prozeß: »Anfang 1977 kamen wir zu der Überzeugung, daß es sehr viel besser wäre, wenn eine einzige chemische Substanz gefunden werden könnte, die alle wichtigen Merkmale der Infrarotstrahlung astronomischer Quellen erklärte.« Sie wandten sich biologischem Material zu, unter anderem auch einem wachsartigen Bestandteil aus Sporen und Pollen, konnten aber nicht die Übereinstimmung erreichen, die ihnen vorschwebte. Dann kam ihnen plötzlich ein neuer Gedanke:

> »Erst da, etwas reichlich spät, stellten wir uns eine entscheidende Frage: Was sind die infraroten Eigenschaften der *häufigsten* organischen Substanzen auf der Erde, der Zellulose? Ein Gang in die Bibliothek, und zu unserer Überraschung stellten wir fest, daß die Labormeßwerte für Zellulose im Wellenlängenbereich zwischen 2 und 30 Mikrometer genau die Absorptionsbanden zeigten, die wir suchten. Außerdem war Zellulose frei von unerwünschten Banden. Diese enge Übereinstimmung... überzeugte uns, daß dem ersten Anschein nach vieles dafür sprach, daß interstellarer Staub im wesentlichen aus Zellulose oder einem verwandten Polysaccharid besteht.«

Man erwartete natürlich nicht, daß irgendein unter Laborbedingungen gemessenes Spektrum genau mit dem der Wolken übereinstimmen würde. Die irdischen Infrarotspektren enthalten eine Fülle feiner Einzelheiten – Höcker, Vertiefungen und Vorsprünge –, die beim interstellaren Spektrum fehlen. Gerade dieser Detailreichtum macht sie so wertvoll für Bestimmungszwecke. H. und W. paßten das Laborspektrum der Zellulose mittels einer selbstentwickelten Methode so an, daß die Unterschiede zwischen den Bedingungen auf der Erde und im Weltraum ausgeglichen wurden. Nach dieser Anpassung hatte man eine bessere Übereinstimmung.

Um die Bedeutung dieses Vorgehens beurteilen zu können, müssen wir noch einmal auf die Analogie der aus der Ferne im Nebel fotografierten Person zurückkommen. Stellen wir uns vor, ein Betrachter behaupte, die Person sei definitiv Ronald Reagan. Er holt ein Foto des amerikanischen Präsidenten hervor und übermalt die Einzelheiten, um die Wirkung des Nebels zu erzielen. Diese angepaßte Fassung wird dann mit dem Nebelfoto verglichen, wobei beider Ähnlichkeit hervorgehoben wird. Beide Personen haben zum Beispiel zwei Arme und zwei Beine. Wenn uns dieser Vergleich beeindrucken würde, wären wir auch bereit, die Argumentation von H. und W. hinzunehmen.

Die Autoren waren selbst nicht ganz glücklich mit ihrer Behauptung, die interstellaren Körner beständen aus einem einzigen Material, aus Zellulose. In einem anderen Beitrag schrieben sie: »Wir könnten erwarten, daß eine abiogenetische Synthese... zur Bildung einer hybriden Mischung stabiler Polysaccharide führt, nicht zu einem einzigen

Polysaccharid.« Ein neuer Vergleich wurde angestellt, wobei sie ein angepaßtes, geglättetes Durchschnittsspektrum von vier selbst ausgewählten Polysacchariden benutzten. Sie erkannten zwar an, daß man sich auch viele andere Kombinationen ausdenken könne, die ebenfalls zum Wolkenspektrum passen würden, erklärten aber: »Eine hybride Mischung aus organischen festen Stoffen, die diese Bedingung erfüllt, kann selbstverständlich nicht ausgeschlossen werden. Doch eine solche Mischung wird zwangsläufig erfunden, *ad hoc.*«

Bald jedoch mußten sie Zuflucht zu einer eigenen *Ad-hoc*-Erfindung nehmen. Schon einige Monate später bemerkten sie, daß ihre enge Übereinstimmung noch immer »zwei bedeutsame Abweichungen« enthielt. Eine Abweichung konnte allerdings behoben werden, indem sie annahmen, daß ein bestimmter Kohlenwasserstoff, ausgesucht offenbar wegen seiner Fähigkeit, die Anpassung zu verbessern, ebenfalls in der Wolke vorhanden war. Sie zogen nicht in Betracht, daß dieses Vorgehen ihre gesamte Argumentation schwächte, sondern meinten, daß es »sehr stark auf die Bestimmung von Kohlenwasserstoffen dieser Art hinweist, die mit Polysaccharidkörnern im interstellaren Raum in Verbindung gebracht werden können«.

Wie kaum anders zu erwarten, entfachten diese Veröffentlichungen von H. und W. eine Welle detaillierter fachlicher Widerlegungen. Die Wissenschaftler, die sich hier engagierten, hätten sich ihre Kraft jedoch sparen können. Binnen kurzer Zeit bezogen die Autoren einen ganz anderen Standpunkt: Die Körner waren keine Mischung aus Polysacchariden mit oder ohne Kohlenwasserstoffe mehr, sondern gefriergetrocknete Bakterien und Algen.

Die Argumente zur Unterstützung dieser neuen Position wurden in einer Astronomiezeitschrift veröffentlicht. *Nature,* die geduldig alle vorangegangenen Veröffentlichungen über die Staubkörner abgedruckt hatte, hatte am Ende vielleicht die Geduld verloren. Die Infrarot-Spektralanalyse spielte bei der neuen Beweisführung eine untergeordnete Rolle, doch bemühten sich H. und W., die Verbindung zur Vergangenheit nicht ganz abreißen zu lassen: »Wir nehmen an, daß die optischen Eigenschaften der biologischen Komponente durch unsere Labordaten für Zellulose zufriedenstellend wiedergegeben werden.«

Im Gegensatz zu Bäumen bestehen Bakterien allerdings nicht aus Zellulose. Ihre äußere Zellwand enthält zwar ein Polysaccharid, aber ein ganz anderes. Daneben enthalten diese Wände Aminosäuren und andere wichtige Substanzen. Wenn diese zusätzlichen Bestandteile in den Spektren keinen Unterschied bewirkten, waren alle Bestimmungen, die H. und W. mit Hilfe von Infrarotspektren gemacht hatten, wertlos.

Sie mußten weit umfangreichere Ausweichmanöver unternehmen, um ihre bakteriellen Aussagen mit dem Ultraviolettspektrum der Wolken in Einklang zu bringen. Die wichtigsten, ultraviolettes Licht absorbierenden Substanzen in Bakterien sind Proteine und Nukleinsäuren, und deren Spektren weichen erheblich von dem der Wolken ab. H. und W. gingen dieses Problem wie folgt an: »Leider haben wir nicht die Ultraviolettspektren für intakte biologische Systeme und sind daher gezwungen, diese Frage indirekt anzugehen.« Sie zogen ein 1964 geschriebenes Buch von A. I. Scott zu Rate, *Interpretation of the Ultraviolet Spectra of Natural Products,* und wählten daraus neun Tabellen aus. Sie behaupteten, die Spektren der 186 in diesen Tabellen aufgelisteten Moleküle ergäben im Durchschnitt ein zusammengesetztes Spektrum, das dem der Wolken sehr nahekomme. In ihren Worten: »Diese enge Übereinstimmung zwischen unserer berechneten Kurve der mittleren Absorption und den astronomischen Daten... stärkt unsere Behauptung sehr, daß Chromophore (Absorber) in Biomolekülen die interstellare Absorption bei diesen Wellenlängen beherrschen.«

Glücklicherweise konnte ich ein Exemplar des Buchs von Scott auftreiben; es lag verstaubt in einem Regal meines Büros. Ich ging die Tabellen durch, die H. und W. angeführt hatten, und konnte nur zu dem Schluß kommen, daß sie sich offenbar nicht die Mühe gemacht hatten, die Eintragungen zu lesen, als sie ihren Durchschnittswert errechneten. Hätten sie es getan, wäre ihnen das Vorhandensein vieler Verbindungen aufgefallen, die nichts mit Bakterien, ja nicht einmal etwas mit Biologie zu tun hatten und nur zur Verdeutlichung theoretischer Gesichtspunkte aufgeführt worden waren. Die Tabelle der Pyrimidine, die sie benutzten (Pyrimidine sind Unterklassen der Basen), enthielt zum Beispiel fünfzehn Substanzen, ließ aber eine der beiden aus, die normalerweise in der DNA vorhanden sind. Die Mehrheit der auf der Liste genannten Stoffe hatte überhaupt keine biologische Bedeutung.

Als ich diese Überprüfung abschloß, stieß ich noch auf eine letzte Ungereimtheit. H. und W. hatten die Verbindungen nicht einmal richtig zusammengezählt. Nur 153 Eintragungen befanden sich in den Tabellen, die sie benutzt hatten, nicht 186.

Ich habe mich deshalb so lange bei den Spektren aufgehalten, um dem Leser eine Vorstellung vom wissenschaftlichen Niveau dieser letzten Beiträge zu vermitteln. Dabei bin ich über den Rahmen der frühen Theorie hinausgegangen, die nicht behauptet hat, daß die Staubkörner Bakterien wären. Wir wollen die nachfolgenden Überlegungen von H. und W. etwas eingehender betrachten.

Die späte Theorie

In mehreren, zwischen 1979 und 1981 veröffentlichten Sachbüchern entwickelten Hoyle und Wickramasinghe eine zweite Theorie, die sich in vielen Punkten von der früheren unterscheidet. Die wichtigsten haben wir in der Samstags-Geschichte im Prolog zusammengefaßt. Der Sinneswandel, der in den beiden Theorien zum Ausdruck kommt, ist bemerkenswert, wenn man die kurze Zeitspanne bedenkt, die zwischen ihnen lag. So hatte die frühe Fassung den Ursprung des Lebens noch in einer Ursuppe gesehen und erklärt: »Der Grundsatz dieses Prozesses ist nicht in Frage gestellt« und »es ist außerdem jetzt so gut wie sicher, daß ähnliche Experimente beim biologischen Aufbau bei zahllosen Gelegenheiten an vielen anderen Stellen des Universums stattgefunden haben«. Ungeachtet dieser Gewißheit schrieb Hoyle drei Jahre später: »Eine andere verwirrte Vorstellung ist, daß das Leben hier auf der Erde in einer dünnen Brühe aus organischen Stoffen begonnen habe. Das Unverständliche daran ist, wieso erwachsene Männer und Frauen sich zu einer solchen Ansicht haben überreden lassen, obwohl doch die Tatsachen in erheblichem Umfang dagegensprechen.« Die Ursuppe wurde zugunsten eines Schöpfers aufgegeben.

In *Lifecloud* äußerten sich H. und W. über Darwins Theorie wie folgt: »Als Darwins *Über die Entstehung der Arten* 1859 veröffentlicht wurde, traf es auf emotionale Ablehnung von fast allen Seiten... Darwins Theorie, die heute ohne Einschränkungen anerkannt wird, ist der Eckpfeiler der modernen Biologie. Unsere eigenen Verbindungen zu den einfachsten Formen des mikrobischen Lebens sind nahezu bewiesen.«

Etwas später aber schrieben sie dies: »Diese Schlußfolgerungen entledigen sich des Darwinismus, der keine schnellen genetischen Änderungen hervorbringen kann... Die Spekulationen von *Über die Entstehung der Arten* erwiesen sich als falsch, wie wir in diesem Kapitel gesehen haben... Niemand scheint bereit zu sein, die Darwinsche Evolution zu stoppen. Würde der Darwinismus nicht als gesellschaftlich erwünscht und sogar als wesentlich für den inneren Frieden des Staats angesehen, wäre es natürlich anders.«

Neben der Verwerfung vieler einstmals vertretener Ansichten brachten die Autoren zahlreiche neue Gedanken in ihre spätere Arbeit ein. Ausführlich gingen sie dem Einfluß von Krankheiten, die auf verschiedenen Wegen aus dem Weltraum eingeschleppt wurden, auf den Verlauf der biologischen Evolution und der Menschheitsgeschichte nach. Diese Fragen gehören zwar nicht zum Thema dieses Buchs, doch ich kann nicht widerstehen, einige Kostproben zu geben.

Krebs kann zum Beispiel entstehen, wenn mehrere genetische Anweisungen aus dem All, die das Keimen von Hefe fördern sollen, versehentlich von Tier- oder Pflanzenzellen aufgefangen werden. »Das Phänomen Krebs ist vor diesem Hintergrund als zwangsläufige Entwicklung zu sehen.«

Viele geschichtliche Entwicklungen wurden ebenfalls durch Krankheiten aus dem Weltraum verursacht. »Die Erklärung, warum klassische Armeen denen des Mittelalters überlegen waren, liegt selbstverständlich in Krankheiten, von denen das Mittelalter heimgesucht wurde... Auch den Aufstieg des Christentums schreiben wir der gleichen, von Krankheiten erfüllten Epoche zu.«

Wie wir gesehen haben, bedienten sich H. und W. spektroskopischer Daten zur Untermauerung ihrer Behauptung, der Weltraum enthalte eine Fülle biologischer Organismen. Sie legten jedoch dar, daß wir einen alternativen Beweis finden können, wenn wir uns einfach an die eigene Nase fassen. Vor einigen Millionen Jahren, als unsere affenartigen Vorfahren im Wald lebten, bestand ihre Nase aus wenig mehr als zwei Löchern im Gesicht. Dann zogen sie in freies Gelände, was gefährlich war »im Gegensatz zum dichten Urwald, der wirksamen Schutz gegen die vom Himmel niederregnenden Krankheitserreger bot«. Ein starker Auslesedruck führte zur Ausbildung einer Nase als einem Schutz vor Krankheiten, die durch das Eindringen der gefährlichen Regentropfen in die Nase ausgelöst werden konnten.

Wir kommen von diesen weniger wichtigen Themen zurück zum Ursprung des Lebens; wir erwähnten weiter oben, daß H. und W. jeden

Gedanken an spontane chemische Wege zu unserer Art von Leben zugunsten eines Schöpfers aufgegeben hatten. Ihre Wahl fiel jedoch nicht auf irgendein in einer der herkömmlichen Religionen genanntes Wesen, sondern auf eines, das sie allein beschrieben. Sie erklärten: »Während viele bereit und einige ängstlich waren, einen letztlich unerreichbaren Geist, Gott, zu fordern, sind einige wenige glücklich bei dem Gedanken, daß Intelligenzen auf Ebenen zwischen Gott und uns vermitteln. Aber fraglos muß es solche Intelligenzen geben. Es wäre lächerlich, etwas anderes anzunehmen.«

Unser unmittelbarer Vorfahr war »ein äußerst komplexer Siliziumchip«. Diese Chips, die für die heutigen Computer so unerläßlich sind, hatten nach H. und W. die Rechenkapazität, die für den Entwurf der ersten Bakterien erforderlich war. Das geschah nicht zu altruistischen Zwecken, sondern in der Absicht, daß sich die Bakterien zu Wesen entwickelten, die Computer bauen konnten und auf diese Weise das Siliziumchip-Leben über das ganze Universum verbreiteten.

Wie wir gesehen haben, wurde die frühe Theorie von H. und W. von technischen Aufsätzen begleitet, in denen, wie kläglich auch immer, versucht wurde, die wissenschaftliche Grundlage für die Behauptungen zu liefern. Je ausgefallener jedoch ihre Vorschläge wurden, desto stärker schrumpfte der Umfang der sie begleitenden technischen Daten. Die gewagtesten Aussagen, die schließlich gemacht wurden, wurden praktisch nur noch auf die eigene Machtvollkommenheit gestützt. Mit den Lesern, die nicht bereit waren, sie auf dieser Grundlage hinzunehmen, hatte man wenig Geduld. Die Autoren schrieben an einer Stelle: »Zweifellos wird es Leute geben, die einer positiven Aussage wie dieser niemals glauben, Leute, die auch dann noch behaupten würden, daß ihnen eine Lawine nichts anhaben könne, wenn der Schnee sich schon über ihren Köpfen zusammenballt.«

Aber wenn Daten keine Rolle spielen, wie kommen H. und W. dann zu ihren Schlüssen zum Beispiel über die Hierarchie der Intelligenzen, die das Universum beherrschen? Im Abschlußkapitel zu diesem Punkt erklären sie: »Die Zusammenhänge des Ablaufs gehen wohl eher auf jene plötzlichen Gedankenblitze zurück, die die entscheidenden Veränderungen bei allen großen Entwicklungen menschlichen Denkens ausgemacht haben, die Wandlung des Paulus auf der Straße nach Damaskus.«

Mit diesem Hinweis auf die Offenbarung als der Quelle des Wissens vollzogen die Verfasser die eigene Wandlung, von der Wissenschaft zur Religion. Schrittweise bewegten sie sich von ihren Fachaufsätzen der 60er und frühen 70er Jahre, in denen hinsichtlich der wahrscheinlichsten chemischen Zusammensetzung der interstellaren Staubpartikel einleuchtende, nüchterne und möglicherweise richtige Schlußfolgerungen gezogen wurden, zu ihrer im wesentlichen religiösen Position der 80er Jahre.

In dieser letzten Position zogen sie hinsichtlich der Beschaffenheit des Staubs und des gesamten Universums Schlußfolgerungen, die sie von ihren inneren Überzeugungen herleiten und weniger von objektiven Beurteilungen experimenteller Ergebnisse. Nur die Argumente und Beweise wurden vorgebracht, die ihre vorgefaßte Meinung bestätigten. Wenn wir eine so erstaunliche Wandlung erleben, vor allem bei einem so bemerkenswerten Wissenschaftler wie Sir Fred Hoyle, fragt man sich zwangsläufig, welche Umstände das bewirkt haben mögen. Er hat uns nicht an seinen innersten Gedanken teilhaben lassen, aber doch in seinem schriftlichen Werk einige Hinweise gegeben.

Hoyles biologische und theologische Ansichten sind nicht neu, sondern stehen in Verbindung mit einer einheitlichen Sichtweise, die auch die Steady-State-Theorie des Universums umfaßt. Nach dieser Theorie hatte das Universum schon eine unbestimmte, sehr lange Zeit bestanden. Diese Zeit war nötig, damit sich der unglaubliche Informationsgehalt entwickeln konnte, der in unserer Art von Leben enthalten ist, und der noch größere Gehalt bei den intelligenteren Wesen über uns im kosmischen System. Das älteste, intelligenteste Wesen ist das Universum selbst. »Die Steady-State-Vorstellung bezieht sich auf ein Universum, das in sich die eigene Erkenntnis trägt, die eigene Göttlichkeit, wie man sagen könnte.« Diese Vorstellung rüttelt jedoch an den Grundsätzen sowohl der herkömmlichen Wissenschaft wie auch der jüdisch-christlichen Religion, die darin übereinstimmen, daß das Universum zu einem bestimmten Zeitpunkt plötzlich, aus dem Nichts, erschaffen wurde. Aus der Sicht Hoyles wurde diese Theorie von Astronomen »mit einer fast schon sinnlosen Wut« angegriffen, weil sie das System ihrer Grundüberzeugungen bedrohte. »Ich habe immer erklärt, daß die Gemeinschaft der Astronomen in ständiger Furcht davor lebte, eines Tages unbeabsichtigt auf irgend etwas Wichtiges zu stoßen, eine Bemerkung, die meine Beliebtheit nicht sonderlich gesteigert hat«, schrieb Hoyle.

Hoyle hat erklärt, daß seine biologischen Vorstellungen sich erst sehr spät in seinem Berufsleben gebildet hätten, nach der Steady-State-Theorie. Einige meiner Kollegen haben im privaten Kreis geäußert, er habe damals einfach den Verstand verloren. Eine andere Informationsquelle läßt jedoch vermuten, daß dem nicht so war, daß er vielmehr sein gesamtes Glaubenssystem schon längere Zeit ausgebrütet hatte. Wir brauchen nur in einen Science-fiction-Roman von Hoyle zu schauen, der 1957 herauskam.

Die schwarze Wolke

In dem Roman, der diesen Titel trägt, dringt eine dichte, kompakte interstellare Wolke in unser Sonnensystem vor und hüllt die Erde ein. Das direkte Sonnenlicht dringt nicht mehr bis zu unserem Planeten vor, was einen abrupten Temperatursturz und eine weltweite Katastrophe nach sich zieht. Eine Gruppe Wissenschaftler kommt in Großbritannien zusammen, um über den Notfall zu beraten, wobei einer von ihnen folgert, die Wolke lebe. Er erklärt: »Ich nehme an, die chemische Zusammensetzung der Wolke ist äußerst kompliziert – komplizierte Moleküle, komplizierte, aus Molekülen aufgebaute Strukturen, komplizierte Nerventätigkeit.«

Die Wolke lebt nicht nur, sondern ist den Menschen an Intelligenz auch weit überlegen. Sie nimmt Kontakt zu Wissenschaftlern auf und äußert ihre Überraschung, auf einem Planeten intelligentes Leben vorzufinden. Der Weltraum sei ein weit günstigerer Ort für das Zusammensetzen von Biochemikalien.

Die Wolke ist bereit, den Menschen ihre theologischen Ansichten wie auch ihre wissenschaftlichen Kenntnisse mitzuteilen: »Die herkömmliche Religion, wie viele Menschen sie anerkennen, ist im großen und ganzen unlogisch in ihrem Bemühen, Daseinsformen zu begreifen, die außerhalb des Universums liegen. Da das Universum alles umfaßt, ist offenkundig, daß nichts außerhalb von ihm sein kann.« Die Wolke spürt das Vorhandensein höherer Intelligenzen im Universum und macht sich am Ende auf, sie zu suchen.

Dieser frühe Roman enthält den Kern der Philosophie, die hinter der letzten Position Hoyles steht, obwohl er dem Beweis vorausging, der zu ihrer Unterstützung angeführt wurde. Hoyle war gegen Ende seiner beruflichen Laufbahn bereit, Überzeugungen, die er sehr viel früher in seinem Roman vorgestellt hatte, als Tatsache auszugeben. Die wissenschaftlichen Leistungen und das exzentrische Glaubenssystem waren verschiedene Seiten eines Individuums.

Diese Situation ist in der Wissenschaft nicht einmalig. Anfang 1983 brachte *The New York Times* einen Bericht mit der Überschrift »Was passiert, wenn Helden der Wissenschaft auf Abwege geraten?« Der Artikel, eine Untersuchung des Historikers Frank E. Manuel, befaßte sich unter anderem mit Isaac Newton und dem Naturwissenschaftler Alfred Russel Wallace. (Pikanterweise hatte Hoyle beide anerkennend in einem kurz zuvor veröffentlichten Artikel erwähnt.) Newton hatte mittels Alchimie nach geheimnisvollen Elixieren und okkulten Kräften geforscht, während Wallace an Seancen und anderen Versuchen teilgenommen hatte, mit den Toten in Verbindung zu treten.

Der Psychologe Ray Hyman hatte diese Fälle ebenfalls untersucht. Zunächst glaubte er, Newton und Wallace hätten eine pathologische Veränderung erlebt, sie seien schlicht wahnsinnig geworden. Nach genauer Untersuchung kam er jedoch zu dem Schluß, daß ihre Beweisführung die gleiche geblieben war. Die gleichen Persönlichkeitsmerkmale, die zum Erfolg geführt hatten, waren auch für den Fehlschlag verantwortlich. Vielleicht kann diese Liste um den Fall Sir Fred Hoyles erweitert werden.

Unser Abstecher in den Weltraum hat uns auf unserer Suche nach dem Ursprung des Lebens nicht weitergebracht, macht aber die Schwierigkeiten deutlich, die sich einstellen, sobald das in der Wissenschaft notwendige skeptische Vorgehen aufgegeben wird. Hoyle und sein Kollege hatten mit der Untersuchung experimenteller Daten begonnen, waren am Ende aber bei selbstverfertigter Mythologie gelandet, die sie Wissenschaft nannten. Es paßt ins Bild, daß sie in dieser letzten Position von einer anderen Gruppe in die Arme geschlossen wurden, die, aus einer anderen Richtung kommend, ebenfalls dorthin gelangt war. Diese Gruppe, die Anhänger der Lehre von der Weltschöpfung, setzte an bei der Heiligen Schrift und suchte dann nach experimentellen Beweisen für ihre bereits festgelegte Position. Da sie den Begriff »wissenschaftlich« auf ihr Glaubenssystem anwandte, erreichte sie vielleicht den Gipfel an Verwirrung zwischen den beiden Disziplinen. Wir wollen ihren Fall als nächstes betrachten.

10. Die Weltschöpfung: Religion als Wissenschaft

»Die staatlichen Schulen in diesem Bundesstaat sollen wissenschaftliche Schöpfungslehre und wissenschaftliche Evolutionslehre ausgewogen behandeln.« So begann ein Antrag, der im Februar 1981 an die gesetzgebende Körperschaft im amerikanischen Bundesstaat Arkansas gestellt wurde und den passenden Namen »Gesetz über die ausgewogene Behandlung der wissenschaftlichen Schöpfungslehre und wissenschaftlichen Evolutionslehre« erhielt. Diese Begriffe bedürfen natürlich der Erklärung. Ein späterer Paragraph des Gesetzes legte fest: »›Wissenschaftliche Schöpfungslehre‹ sind die wissenschaftlichen Beweise für die Weltschöpfung und die Folgerungen aus diesen wissenschaftlichen Beweisen«, und »›wissenschaftliche Evolutionslehre‹ sind die wissenschaftlichen Beweise für die Evolution und die Folgerungen aus diesen wissenschaftlichen Beweisen«.

Um diesen Positionen etwas Inhalt zu geben, wurden für beide Lehren sechs Erklärungen erarbeitet, die die gegensätzlichen Standpunkte darlegten. Die wissenschaftliche Schöpfungslehre zum Beispiel vertrat die »plötzliche Erschaffung des Universums, der Energie und des Lebens aus dem Nichts«, während die wissenschaftliche Evolutionslehre das »Hervorgehen des Universums aus ungeordneter Materie durch naturwissenschaftliche Prozesse und das Hervorgehen des Belebten aus dem Unbelebten« favorisierte. Die wissenschaftliche Schöpfungslehre trat für »einen noch nicht lange zurückliegenden Beginn der Erde und der lebenden Arten« ein, während die wissenschaftliche Evolutionslehre sich für »einen Beginn der Erde vor mehreren Milliarden Jahren und des Lebens etwas später« einsetzte. Drei weitere Punkte behandelten Aspekte der Darwinschen Evolution und ein vierter das Ereignis oder Nichtereignis einer weltweiten Sintflut.

Diese Vorlage, der Arkansas Act 590, stieß in der gesetzgebenden Körperschaft auf wenig Widerstand und wurde im Monat darauf in beiden Kammern mit großer Mehrheit angenommen. Zwei Tage später bekam sie durch die Unterschrift von Gouverneur Frank White Gesetzeskraft, »mit großem Trara, ohne daß er sie gelesen hätte, und gegen den Rat eines Angehörigen der Legislative, der sie gelesen hatte«, wie *Science* in einem Bericht schrieb.

Sollten wir zu diesem Zeitpunkt etwas gegen das Gesetz einwenden, bevor wir die Beweise zu einer der sechs Erklärungen geprüft haben? Die Antwort muß »Ja« lauten, da allein schon das Aufstellen der gegensätzlichen Standpunkte Probleme aufwirft. Bei der im Prolog erwähnten Gallup-Umfrage waren 38% der Befragten mit der Aussage einverstanden, »der Mensch hat sich im Lauf von Jahrmillionen aus weniger fortgeschrittenen Lebensformen entwickelt, aber Gott hat diesen Prozeß und auch die Erschaffung des Menschen gelenkt«. Diese beachtliche Gruppe hat bestimmte Ansichten, die zum Stichwort Evolution, und andere, die in den Bereich Schöpfung gehören. Besteht der Standpunkt dieser Gruppe darin, keine eigene Identität zu haben?

Anderen geistigen Richtungen geht es noch schlechter, da sie durch keine Gedankenkombination rekonstruiert werden können, die unter den beiden angegebenen Positionen aufgeführt wird. Eine Theorie, die wir zum Beispiel »Hoyle-Lehre« nennen könnten, tritt für ein Universum unbestimmten Alters ein, für die allmähliche Entwicklung unseres Lebens nicht durch Evolution, sondern durch genetische Botschaften, die mit Kometen geschickt werden; und für eine Hierarchie von Schöpfern, die jeweils den nächsttieferen erschaffen. Hoyle hat eine bemerkenswerte und angesehene wissenschaftliche Karriere gemacht, und seine Theorie ist in anerkannten Wissenschaftszeitschriften veröffentlicht worden. Müßten diese Gedanken nicht auch im Arkansas Act vertreten sein, wenn wir ein »ausgewogenes« Vorgehen hinsichtlich Schöpfung und Evolution haben sollen?

Ohne die Angelegenheit inhaltlich auch nur zu prüfen, können wir erkennen, daß die, die das Gesetz verfaßten, die Karten vor dem Verteilen gezinkt haben. Sie haben sechs von sehr viel mehr Punkten aus dem Bereich Ursprung und Evolution ausgewählt und auf eine Art zusammengefaßt, die die eigene Philosophie wiedergibt. Keine logische oder wissenschaftliche Verbindung besteht zwischen den einzelnen Punkten, außer daß sie geschichtlich zur gleichen Zeit im Glaubenssystem der Anhänger der Weltschöpfungslehre existiert haben. Es gibt keinen anderen Grund, warum der Glaube an eine jüngere weltweite Sintflut mit dem Glauben an die plötzliche Erschaffung des Universums aus dem Nichts verbunden werden sollte.

Nachdem sie so einem Glaubenssystem einen speziellen Status verliehen hatten, packten die Urheber des Gesetzes alles andere in ein einziges zusätzliches System, die »wissenschaftliche Evolutionslehre«, die den entgegengesetzten Standpunkt zu allen sechs Fragen vertrat, die sie stellten.

Es überraschte nicht, daß beinahe postwendend Klage gegen den Arkansas Act 590 bei einem Bundesgericht erhoben wurde. Kläger war eine Gruppe von 23 Organisationen, unter anderem die Nationale Vereinigung der Biologielehrer, die Vereinten Methodisten, die Episkopalkirche, die presbyterianische, die römisch-katholische und andere Kirchen, das American Jewish Committee und weitere jüdische Organisationen sowie die Amerikanische Vereinigung für bürgerliche Freiheiten.

Bevor wir zu den wissenschaftlichen Fragen und der Lösung des Falls kommen, lohnt es sich, den geschichtlichen Hintergrund dieses ungewöhnlichen Konflikts zwischen einem Bundesstaat und einer aufbegehrenden Allianz praktisch aller wissenschaftlichen und religiösen Gemeinschaften der Vereinigten Staaten auszuleuchten.

Die Entstehung der »wissenschaftlichen Schöpfungslehre«

Die Menschheit hat sich seit jeher mythologischer und wissenschaftlicher Betrachtungsweisen der Wirklichkeit bedient, und nicht selten haben die beiden Systeme unterschiedliche Ansichten hervorgebracht. Der Streit, der jedoch zum oben erwähnten Fall führte, war die Folge eines einmaligen Ereignisses – der Veröffentlichung von Charles Darwins *Über die Entstehung der Arten* im Jahr 1859. Darwins Vorstellung, der Mensch sei nicht direkt von Gott erschaffen worden, sondern habe sich aus niederen Organismen entwickelt, erschütterte die ethischen Systeme, die sich auf die besondere und direkte Verbindung des Menschen zu Gott stützten.

Darwins Buch leugnete selbstverständlich nicht direkt die Religion, sondern nur bestimmte wörtliche Darstellungen in der Bibel. Darwin selbst hatte gesagt: »Es scheint absurd zu bezweifeln, daß ein Mensch ein glühender Theist und ein Evolutionist sein kann.« Die meisten Religionen der jüdisch-christlichen Tradition gingen Schwierigkeiten dadurch aus dem Weg, daß sie einige Passagen der Bibel als Allegorie betrachteten, als eine Darstellung, in der ein geistlicher Inhalt anhand von Symbolen wiedergegeben wird, die nicht wörtlich zu nehmen sind. So kann zum Beispiel jeder »Tag« der sieben Tage der Schöpfung als ein sehr viel längerer Zeitraum genommen werden, auch als einige Millionen Jahre.

Ein Zweig der christlichen Glaubensgemeinschaft in den Vereinigten Staaten, der evangeliumsgläubige protestantische Fundamentalismus, ging eine andere Richtung. Diese Gruppe glaubte, die Bibel sei unfehlbar, buchstabengetreu. Darwins Theorie sei somit falsch, und die Beweise, die sie stützten, wiesen Fehler und Irrtümer auf. Außerdem zersetze die Verbreitung dieser falschen Ansicht die ethische Grundlage der Religion und fördere die Zerstörung unserer Zivilisation. In einem neueren Buch von Henry Morris und Martin Clark, Anhängern der Schöpfungslehre, *The Bible Has the Answer,* findet sich diese zusammengefaßte Ansicht: »Die Evolution ist nicht nur antibiblisch und antichristlich, sie ist auch in höchstem Maß unwissenschaftlich und unmöglich. Aber sie hat das letzte Jahrhundert mit Erfolg die pseudowissenschaftliche Grundlage für Atheismus, Agnostizismus, Sozialismus, Faschismus und zahlreiche andere falsche und gefährliche Philosophien abgegeben.«

Die Bewegung gewann in den Jahren nach dem Ersten Weltkrieg erheblich an Dynamik und Einfluß. Die enormen Verluste an Menschen und die Zerstörung von Sachen in diesem Krieg waren der Beweis für den Niedergang der Moral in der heutigen Zeit und zerschlugen die Illusionen über die Zukunft der christlichen Gesellschaft. Ein Gegenangriff auf die Evolution erschien den biblischen Buchstabengläubigen unerläßlich, und sie konnten sich einen zugkräftigen Mitstreiter für ihre Sache sichern. William Jennings Bryan, der bekannte Politiker und Redner – und dreimal gescheiterte Präsidentschaftskandidat – unterstützte aktiv ihr Anliegen.

Bryan war durch Bücher über den Ersten Weltkrieg beeinflußt worden, die eine Verbindung zwischen Darwinismus und deutschem Militarismus herstellten. Er befürchtete, das Lehren der Evolution in den Schulen untergrabe die religiöse Überzeugung und Moral der jungen Menschen. Er unterstützte in Tennessee, Arkansas und drei anderen Bundesstaaten erfolgreiche Bemühungen, das Unterrichten der Evolution zu verbieten, und meinte: »Die Bewegung wird über das Land hinwegfegen, und wir werden den Darwinismus von unseren Schulen vertreiben.«

Das Gesetz des Bundesstaats Tennessee mußte seine Feuerprobe bestehen, als man den High-School-Lehrer John Thomas Scopes anklagte, über die Evolution unterrichtet zu haben. Bryan schloß sich der Anklage an, während Clarence Darrow, ein berühmter Anwalt und Agnostiker, die Verteidigung übernahm. Das Gerichtsverfahren fand 1925 in Dayton, Tennessee statt und stieß weltweit als der »Affenprozeß« auf Beachtung. Scopes wurde für schuldig befunden und zu einer Strafe von 100 $ verurteilt, doch wurde das Urteil später umgestoßen. Der eigentliche Ausgang des Verfahrens wurde von der dramatischen Auseinandersetzung überschattet, als Bryan von Darrow wegen seiner religiösen und wissenschaftlichen Ansichten ins Kreuzverhör genommen wurde. Der völlig kopflose Bryan räumte ein, daß er selbst von einer wortwörtlichen Interpretation der Bibel abweiche. Die Schöpfungstage könnten durchaus mehr als vierundzwanzig Stunden gedauert haben, wie er zugestand, und die Erde könnte sehr wohl mehr als ein paar Tausend Jahre alt sein. Von der Hitze und Anstrengung des Prozesses erschöpft, starb Bryan eine Woche nach Abschluß des Verfahrens.

Der Prozeß hatte, was die Gunst in der Öffentlichkeit anging, sehr positive Auswirkungen für die Anhänger der Evolutionstheorie, doch hatten die Fundamentalisten viele ihrer Ziele erreicht. Um Auseinandersetzungen zu vermeiden, wurden etliche Biologiebücher für High-Schools, was die Behandlung der Evolution anging, erheblich gekürzt. Scopes zum Beispiel hatte anhand eines Biologiebuchs von 1914 unterrichtet, das auf drei Seiten über die Evolution berichtete, und zusätzlich anderweitiges Begleitmaterial beschafft. In der Auflage dieses Buchs von 1926 war der Beitrag über die Evolution weitgehend entfernt worden; der Begriff tauchte im Register nicht mehr auf.

Die Anti-Evolutionsgesetze lasteten viele Jahre auf den Büchern. Die

Gesetzesversion des Bundesstaats Arkansas wurde erst 1968 für verfassungswidrig erklärt. Die fundamentalistische Bewegung, die Schöpfungslehre, entschwand den Blicken der Öffentlichkeit. Sie splitterte sich in mehrere Gruppen auf und siechte in den Jahren zwischen 1930 und 1960 dahin. Gleichzeitig erholte sich der Unterricht in moderner Evolution allmählich wieder. Der Start des Sputniks durch die UdSSR 1957 löste in den Vereinigten Staaten eine Welle der Selbstzweifel über die Angemessenheit des wissenschaftlichen Unterrichts aus. Die Nationale Wissenschaftsstiftung der USA finanzierte Programme zur Verbesserung der Lehrpläne und -bücher. Die Evolution wurde im Biologieunterricht der High-Schools wieder zum wichtigen Thema.

Und auch die Schöpfungslehre erstarkte erneut und nahm den Kampf wieder auf. Diesmal war die einigende Gestalt ein kaum bekannter Bauingenieur, Henry M. Morris, der zu dem Schluß gekommen war, »Gott lügt nicht«. Sein 1961 herausgekommenes Buch *The Genesis Flood* (Co-Autor war J. C. Whitcomb Jr.) bekräftigte die wortgetreue Interpretation der Bibel. Er erklärte: »Die eigentliche Frage ist nicht die richtige Interpretation verschiedener Einzelheiten der geologischen Daten, sondern einfach, was Gott in Seinem Wort zu diesen Dingen enthüllt hat.« Ein neues Merkmal wurde jedoch eingeführt. Es gab Fußnoten, und das Werk ähnelte vom Format her einer wissenschaftlichen Veröffentlichung. Damit war die wissenschaftliche Schöpfungslehre geboren.

Die wörtliche Auslegung der Bibel schöpfte neue Kraft, und 1963 wurde die Creation Research Society gegründet, die Gesellschaft zur Erforschung der Weltschöpfung. Um Vollmitglied in der Gesellschaft werden zu können, mußten Bewerber ein wissenschaftliches Diplom besitzen und eine Erklärung unterzeichnen, in der stand:

> »1. Die Bibel ist das geschriebene Wort Gottes, und da wir sie für gänzlich erleuchtet halten, sind all ihre Aussagen in der Urschrift historisch und wissenschaftlich richtig. Für den Erforscher der Natur bedeutet dies, daß die Darstellung vom Ursprung in der Genesis eine auf Tatsachen beruhende Wiedergabe einfacher geschichtlicher Wahrheiten ist.
>
> 2. Alle Grundformen der Lebewesen, den Menschen eingeschlossen, wurden durch direkte Schöpfungsakte Gottes während der Schöpfungswoche erschaffen, wie es die Genesis beschreibt. Alle biologischen Veränderungen seit der Schöpfung

haben lediglich Veränderungen innerhalb der ursprünglich erschaffenen Arten hervorgerufen.«

Weitere Punkte in der Erklärung bestätigten die Sintflut, Adam und Eva und die göttliche Natur Jesu Christi. Im Grunde zog die Vereinigung Wissenschaftler an, die bereit waren, die Ausübung ihres Berufs in bestimmten Bereichen aufzugeben und statt dessen Erklärungen anzuerkennen, die allein auf der Autorität des Worts beruhen. 1981 hatte die Gesellschaft 650 Vollmitglieder.

Für das allgemeine Publikum wurden das Institute for Creation Research (ICR) und das ähnliche Creation-Science Research Center (CSRC) gegründet, beide in San Diego, Kalifornien. Das erstere ist heute das bekanntere, mit Henry Morris als Direktor und Duane Gish, einem promovierten Biochemiker von der Universität Berkeley, als stellvertretendem Direktor. Die Ansichten dieser neueren Gruppen sind die gleichen wie früher. Die CSRC zum Beispiel meint, die Evolution fördere »den moralischen Verfall geistiger Werte, was zur Zerstörung der geistig-seelischen Gesundheit führt und... [dem Überhandnehmen von] Scheidungen, Abtreibungen und Geschlechtskrankheiten.«

Man brauchte jedoch ein neues Marketing für die alte Verpackung. Der Kampf, das Unterrichten der Evolution zu verbieten, war in den 70er Jahren vor den Gerichten verloren worden. Die Anhänger der Schöpfungslehre beschlossen daher, die nächstbeste Möglichkeit anzustreben, nämlich, daß ihre Lehren in den Schulen neben der Evolution unterrichtet würden.

Diesem Vorgehen stand ein Hindernis entgegen. Die amerikanische Verfassung verbietet das Unterrichten von Religion an staatlichen Schulen. Dieses Land wurde auf dem Grundsatz der Neutralität zwischen konkurrierenden Religionen gegründet. In der Geschichte ist oft Gewalt von einer religiösen Gruppe angewandt worden, um anderen die eigenen Ansichten aufzuzwingen. Um das zu vermeiden, haben die Verfasser der zehn ersten Zusatzartikel zur Verfassung sich entschlossen, die öffentliche Arena von diesen Dingen freizuhalten. Wenn die Anhänger der Schöpfungslehre also ihre Lehren in die Staatsschulen tragen wollten, mußte irgendeine Tarnung her. Zu diesem Zweck entwarfen sie neue Textfassungen, in denen Hinweise auf Gott und andere offensichtlich religiöse Aspekte weggelassen wurden, und führten die Bezeichnung »wissenschaftliche Schöpfungslehre« ein.

Ein wichtiger Organisator der neuen Gesetzgebungsoffensive war Paul Ellwanger aus South Carolina. Er umriß die neue Strategie in einem Brief an ein Mitglied, der bei der Verhandlung in Arkansas auftauchte: »...möchten wir empfehlen, daß Sie und Ihre Mitarbeiter sehr auf der Hut sind, damit nicht wissenschaftliche Schöpfungslehre und religiöse Schöpfungslehre durcheinandergeworfen werden... Bitte schärfen Sie Ihren Mitarbeitern ein, nicht in die ›religiöse‹ Falle zu gehen und die beiden Begriffe zu verwechseln, denn das schadet dem Gesetzgebungsvorstoß sehr.«

Als die Anhänger der Schöpfungslehre dem Gesetzgeber ihr Anliegen vorbrachten, beriefen sie sich auf Vorstellungen, die dem amerikanischen Rechtssystem entlehnt waren. Die Schüler sollten beide Seiten einer Frage kennenlernen, wie in einer Verhandlung. Die Freiheit der Rede, die akademische Freiheit und die Chancengleichheit verlangten einfach, daß auch ihre Seite zu Wort käme. Die Wissenschaft stelle ein Forum dar, vor dem Daten aller Art ausgebreitet und alle Ansichten geäußert werden könnten. Der *Bible-Science Newsletter* empfahl folgende Taktik:

> »Verkaufen Sie mehr WISSENSCHAFT..., wer kann etwas dagegen haben, mehr Wissenschaft zu lehren? Was ist daran auszusetzen?... Gebrauchen Sie nicht das Wort ›Schöpfung‹. Reden Sie nur von Wissenschaft. Erläutern Sie, daß das Zurückhalten von Informationen, die der Evolution widersprechen, einer ›Zensur‹ gleichkommt und nach Provinz und religiösem Dogma schmeckt... Sie sind für die Wissenschaft; jeder, der wissenschaftliche Daten zensieren will, ist rückständig und zu doktrinär, als daß man ihn noch beachtet.«

Der frische Schwung dieses neuen Vorstoßes trug eine Zeitlang den Sieg davon. Die Schulbehörden waren beeindruckt. Bei den amerikanischen Präsidentschaftswahlen erklärte der Bewerber Ronald Reagan 1980: »Wenn an den Staatsschulen der Darwinismus behandelt wird..., sollte auch die biblische Geschichte der Schöpfung unterrichtet werden.« Anfang 1981 passierte die Gesetzesvorlage die Legislative von Arkansas, nachdem die Moralische Mehrheit, die Evangelisten und andere Gruppen noch einmal ihren ganzen Einfluß geltend gemacht hatten. Ein Artikel in *Science* beschrieb die Haltung des Gouverneurs wie folgt: »White, der sich als ›wiedergeborenen‹ Christen bezeichnet, stand politisch in der Schuld der Moralischen Mehrheit, weil diese ihn bei der Wahl unterstützt hatte, und er betrachtete seine Zustimmung als eine Möglichkeit, einiges davon zurückzuzahlen.« Was immer sein Motiv war, die Vorlage wurde Gesetz.

Diskussionen, die meistens auf dem Campus einer Universität stattfinden, haben sich als sehr wirksam erwiesen, die Ansicht der Anhänger der Weltschöpfung unter die Leute zu bringen. Mehr als 100 Veranstaltungen sind etwa in den letzten zehn Jahren organisiert worden, wobei Henry Morris und Duane Gish sehr oft die Seite der Schöpfungslehre vertreten haben und die jeweilige Professorenschaft für die herkömmliche Wissenschaft eingetreten ist. Es waren bis zu 5000 Zuhörer da, und die Vertreter der Schöpfungslehre haben sich recht gut behauptet. Vor allem Gish hat beeindruckend agiert. Ein Kollege meinte bewundernd, er »hält sie ordentlich in Trab«, wie eine Bulldogge.

Gish und Morris waren nicht die ersten Vertreter der Schöpfungslehre, die ihre fachlichen Widersacher »eingefangen« haben. Harry Rimmer (1850 bis 1952), ein presbyterianischer Geistlicher, selbsternannter »Forschungswissenschaftler« und Anhänger der wörtlichen Bibelauslegung, hatte den gleichen Personenkreis bereits ein halbes Jahrhundert früher angesprochen. Er hielt viele Vorträge und war nach eigener Einschätzung in einer Diskussion nie der Unterlegene. Nach einem Wettstreit mit einem Evolutionisten schrieb er nach Hause: »Die Debatte war ein kleiner Spaziergang, eine Hinrichtung – reiner Mord. Der berühmte Professor konnte vor lauter Angst kein einziges der üblichen Argumente der Evolutionisten herausbringen und verpuffte wie ein feuchter Knallfrosch.«

Es lassen sich viele Gründe für das gute Abschneiden der Anhänger der Schöpfungslehre damals wie heute anführen. Gerade die Gestaltung der Diskussion gibt ihnen alles, was sie im Gesetz von Arkansas anstrebten. Die ausgewählten Fragen propagieren ihren eigenen Standpunkt und verleihen ihm den gleichen Status in der Beachtung wie allen anderen Ansichten zusammen. Die Debattenform selbst entstellt die wissenschaftliche Praxis, die nicht auf Konfrontation ausgelegt ist. Wissenschaft definiert sich durch ihre Methode, nicht durch irgendeine Position, die verteidigt werden muß. Irgendeiner festgeschriebenen Lehre das Wörtchen »wissenschaftlich« voranzustellen, wie bei der wissenschaftlichen Evolutionslehre oder der wissenschaftlichen Schöpfungslehre, ist ein Widerspruch in sich. Es gibt nur eine Wissenschaft, und die hat keinen eingebauten Standpunkt. Das Gewicht der Beweise bestimmt die Schlußfolgerungen, wie immer sie ausfallen. Die Praxis, die Zeit gleichmäßig auf zwei Seiten aufzuteilen, kann ein erhebliches Ungleichgewicht der Beweise kaschieren, die entgegenstehende Erklärungen unterstützen.

Auch Umstände, die mit den jeweiligen Vorzügen der einzelnen Positionen nichts zu tun haben, haben eine Rolle bei den Debatten gespielt. Die Anhänger der Schöpfungslehre treten als die Benachteiligten auf, die die Dinge neu sehen und dem schwerfälligen, konventionellen Establishment gegenüberstehen. Ihre Redner haben sich in vielen früheren Debatten geübt, ahnen die Fragen voraus, die gestellt werden, und fühlen sich wie zu Hause. Die Wissenschaftler sind Spezialisten mit enormen Kenntnissen der fachlichen Einzelheiten eines begrenzten Gebiets, aber häufig unbewandert in der Diskussion eher allgemeiner Fragen oder der Wissenschaftsphilosophie. Sie haben nicht gelernt, richtig aufzutreten. Bei einer vom Fernsehen übertragenen Veranstaltung trat Gish bei einer Gelegenheit Russell Doolittle entgegen, einem Biochemiker der University of California in San Diego. Doolittle kam mit seiner Zeit nicht zurecht, wurde nervös und zog bei dem Disput dem Urteil der Medien zufolge den kürzeren. Später erklärte Doolittle, er habe sich wie ein Trottel aufgeführt. Ob er das hatte oder nicht, sein Auftritt gab Auskunft über sein Geschick als Diskussionsredner, nicht aber über die Qualität der von ihm vertretenen Sache.

Der Skeptiker möchte sich an dieser Stelle einschalten. Er wüßte gerne mehr über den Inhalt der von den Anhängern der Schöpfungslehre vertretenen Positionen. Was für Material verwenden sie in ihren Texten, Rundbriefen, Debatten und der Vierteljahreszeitschrift, die sie herausbringen, außer Bibelzitaten? Sie können das Wirken des Schöpfers doch nicht weiter beschreiben oder seine Eigenschaften mit entsprechenden Experimenten belegen. Was steht also in ihren Schriften?

Anhänger einer Mythologie suchen nach Beweisen, die ihre Position stützen, und bemühen sich gleichzeitig darum, keine Ablehnung auszulösen, falls ihre Suche scheitern sollte. Die Anhänger der Schöpfungslehre unterstützen zum Beispiel Expeditionen zum Berg Ararat, die nach der Arche Noah suchen. Das macht jedoch den geringeren Teil ihrer Tätigkeiten aus. Ihre Hauptbestätigung ist die Kritik an der konventionellen Wissenschaft auf Gebieten, wo sie ihre Lehren bedroht. Die Anhänger der Schöpfungslehre erzielen ungewöhnliche Ergebnisse und kritisieren fehlerhafte Methoden und mangelnde Logik bei Wissenschaftlern. Wird das verantwortungsvoll gemacht, erfüllt solche Kritik tatsächlich einen sinnvollen Zweck, da sie hilft, Irrtümer in der wissenschaftlichen Literatur aufzudecken. Die Anhänger der Schöpfungslehre irren allerdings, wenn sie meinen, daß diese Aktivitäten die eigene Position stützen.

Anomalien und Artefakte gibt es in allen Wissenschaftsbereichen. Ein bestimmter Umfang wird als Teil der normalen Wissenschaftspraxis einkalkuliert. Sein Vorhandensein kann nicht den Hauptgedanken der Anhänger der Schöpfungslehre stützen, der außerhalb der Wissenschaft liegt, unverwundbar durch Verneinung, aber auch nicht durch wissenschaftliche Experimente zu bestätigen.

Als Kritiker der konventionellen Wissenschaft, die selbst keine experimentelle Arbeit verteidigen müssen, haben die Anhänger der Schöpfungslehre bei Debatten eine großartige Position. Ein Wissenschaftler, der sich ihnen entgegenstellt, ist in der gleichen Situation wie ein Boxer, der gegen ein Paar ferngesteuerte Boxhandschuhe kämpft. Er kann sich zwar gegen Schläge verteidigen, hat aber selbst kein Ziel, das er angreifen kann.

Die obige Analogie gilt für den Kern der Schöpfungslehre, die plötzliche Erschaffung des Universums und seines Inhalts mit übernatürlichen Mitteln. In einigen begrenzten Bereichen haben sich die Anhänger der Schöpfungslehre vielleicht unklugerweise auf die Verteidigung von Positionen eingelassen, in denen ihre Glaubwürdigkeit überprüft werden kann. Sie sind insbesondere dabei geblieben, daß die Erde nur einige tausend Jahre alt sei. Die Erde hat ein bestimmtes Alter, und ihre Zeittafel kann wissenschaftlich erforscht werden, ohne den geringsten Hinweis auf die Existenz oder Nichtexistenz eines Schöpfers. In einem früheren Kapitel haben wir auf die umfassenden Beweise hingewiesen, die sich aus den Untersuchungen des Verhaltens radioaktiver Elemente in Mineralien ableiten und für ein Alter der Erde von etwa 4,5 Milliarden Jahren sprechen. Zur weiteren Erforschung dessen, welchen Stellenwert der Begriff »Wissenschaft« in der wissenschaftlichen Schöpfungslehre hat, wollen wir die Reaktion der Anhänger der Schöpfungslehre auf diese Ergebnisse prüfen.

Das Alter von Gestein und der christliche Glaube

»Christen möchten, daß ihren Kindern alles Wissenswerte beigebracht wird, aber sie wollen nicht, daß sie den christlichen Glauben aus den Augen verlieren, wenn sie das Alter von Gestein studieren«, schrieb William Jennings Bryan.

Fundamentalisten, die das Alter von Gestein als eine vom Satan erdachte Versuchung betrachteten, müssen die Einführung der radioaktiven Datierungsmethoden mit großem Unbehagen verfolgt haben. Zu Beginn des 20. Jahrhunderts verlief ihre Diskussion mit den Evolutionisten in den gewohnten Bahnen. Die Autorität der Bibel wurde ins Feld geführt gegen die etwas unsicheren Folgerungen, die man aus den Untersuchungen von angesammeltem Sedimentgestein und Fossilien zog. Die Fronten hatten sich geklärt, als plötzlich eine neue Macht, eine neue Beweisquelle, auf der Bildfläche erschien und das Gleichgewicht störte. Diese Verfahren beruhten auf einer sicheren theoretischen und experimentellen Disziplin, dem Studium der Radioaktivität und der atomaren Prozesse, das exaktere Daten lieferte. Die neuen Ergebnisse hätten natürlich auch den Standpunkt der Anhänger der Schöpfungslehre stützen können, wenn sie Beweise für eine junge Erde erbracht hätten. Doch sie taten das Gegenteil und untermauerten die Vorstellung einer wirklich sehr alten Erde.

Den Verdruß und das Gefühl der Ungerechtigkeit, die die Anhänger der Schöpfungslehre angesichts dieser Entwicklung empfunden haben mögen, bringt Henry Morris in seinem Buch *Scientific Creationism* zum Ausdruck:

> »Gestein wird altersmäßig nicht radiometrisch bestimmt. Viele Leute glauben, das Alter von Gestein sei durch die Untersuchung seiner radioaktiven Minerale bestimmbar – Uran, Thorium, Kalium, Rubidium etc. –, doch dem ist nicht so. Der offensichtliche Beweis dafür, daß es auf diese Weise nicht geht, ist die Tatsache, daß die ›Pyramide‹ und das ungefähre Alter aller fossilienhaltigen Schichten schon lange bestimmt worden ist, bevor irgend jemand etwas von radioaktiver Zeitbestimmung gehört oder an sie gedacht hat.«

Das Interessante an dieser Aussage liegt in ihrem geschichtlichen und emotionalen Inhalt. Ihre Logik läßt sich an einer Analogie aus einem anderen Gebiet demonstrieren: Viele Menschen glauben, daß Reisende den Atlantik mit dem Flugzeug überqueren, doch dem ist nicht so. Der klare Beweis dafür, daß es nicht auf diese Weise gemacht wird, ist die Tatsache, daß Reisende den Atlantik mit dem Schiff überquert haben, lange bevor irgend jemand etwas von Flugzeugen gehört hat.

Ungeachtet solcher Worte fliegen heute viele Touristen von Europa nach Amerika und umgekehrt, und das Alter vieler Gesteinsproben wird mit radioaktiven Methoden festgestellt. Die Anhänger der Schöpfungslehre, gebunden durch ihre Mythologie, können sich den neuen Beweisen nicht einfach beugen, sondern müssen sie irgendwie umgehen. Der einfachste und ehrenvollste Weg wäre der Rückzug auf eine religiöse Position, und das geschieht auch manchmal. Wieder können wir Morris direkt zitieren: »Die einzige Möglichkeit für uns, das wahre Alter der Erde zu bestimmen, ist, daß Gott es uns sagt. Und da er es uns in der Heiligen Schrift ganz unmißverständlich gesagt hat, daß sie nämlich einige tausend Jahre alt ist, mehr nicht, sollte das alle Fragen nach der Zeitbestimmung erledigen.«

Ist eine solche Glaubensposition einmal bezogen, besteht für den Gläubigen keine Notwendigkeit mehr, Beweise zu prüfen, wie erdrükkend sie auch sein mögen. Sollte er sich dennoch dazu entschließen, könnte er das anstandslos in seinem Glaubenssystem unterbringen, indem er sich eines Prinzips bedienen würde, das vor über eineinviertel Jahrhunderten in dem Buch *Omphalos* von Philip Henry Gosse entwickelt wurde. Der Titel des Buchs leitet sich von dem griechischen Wort für Nabel her und bezieht sich auf die Frage, ob Adam einen Nabel hatte. Für Adam bestand keine Notwendigkeit dazu, da er das Produkt direkter Schöpfung war, nicht einer Geburt. Das Fehlen eines Nabels hätte ihn jedoch von allen anderen Menschen unterschieden. Er wäre weniger als ein Mensch gewesen. Gosse erklärte, der Schöpfer würde Adam so schaffen, als ob er eine Geschichte hätte, mit Haaren, Fingernägeln und anderen typischen Merkmalen, die auf ein Wachsen in der Vergangenheit schließen ließen.

Ähnlich würde die Erde erschaffen, mit dem Aussehen vergangenen Daseins. Flüsse würden in ihrem Bett fließen, Gestein würde verwittern, Sedimente an ihrem Platz liegen. Wenn wir diesen Gedanken weiterspinnen, können wir uns vorstellen, daß ein Schöpfer auch die Macht hätte, einen radiochemischen Nachweis einer nicht existierenden Vergangenheit zu schaffen, indem er entsprechende Mengen radioaktiver Mineralien, Argon und andere Zerfallsprodukte in das Gestein einbrächte.

Ein solcher Gedanke könnte weder überprüft noch widerlegt werden; er wäre Mythologie, keine Wissenschaft. Als solcher bestände er gleichzeitig neben einer unendlichen Anzahl Alternativen. Wir könnten zum Beispiel ebensogut behaupten, daß die Erde und ihr Inhalt (einschließlich unserer Erinnerungen) erst vor zehn Minuten erschaffen worden seien. Diese Aussage würden den Gläubigen nicht beunruhigen, der im voraus *wüßte,* welche Erklärung die richtige wäre.

Die Anhänger der Schöpfungslehre haben jedoch versucht, ihre Lehren als Wissenschaft auszugeben, und sich damit eine gewaltige Aufgabe gestellt: der Fülle von Beweisen gegenüberzutreten, die von den radioaktiven Datierungsmethoden geliefert worden ist. Bei einigen Beweisführungen haben sie einfach versucht, unter irgendeinem nichtigen Vorwand über die Daten hinwegzugehen. Im Rahmen einer Diskussion kann eine solche Taktik Erfolg haben und die Gefühle der verunsicherten Gläubigen beruhigen. Auf lange Sicht wird sie sich jedoch nicht halten lassen, wie wir in anderem Zusammenhang im Fall des Professors vom California Institute of Technology aus dem ersten Kapitel gesehen haben.

Dr. Harold Slusher, der Fachmann für Physik und Geologie bei den Anhängern der Schöpfungslehre, hat geschrieben: »Das Alter der Erde hat schon fast ebenso viele Werte gehabt wie die Zahl der Personen, die sich mit dieser Materie befaßt haben... Augenblicklich erklären die Evolutionisten mit absoluter Gewißheit, das durchschnittliche ›Alter‹ der Erde sei verschiedenen radiometrischen Verfahren zufolge 4,6 Milliarden Jahre (bei einem Spielraum von einigen Hundert Millionen Jahren). Nach all den Behauptungen, die sie in der Vergangenheit aufgestellt haben und die sich als falsch erwiesen, tun sie das noch immer, ohne eine Miene zu verziehen.«

Natürlich kritisiert er die Wissenschaft dafür, daß sie Wissenschaft ist, daß sie Antworten gibt, die der Überprüfung und Verbesserung unterliegen. Für den, der Antworten vorzieht, die mit absoluter Gewißheit gegeben werden und sich nie ändern, ist die Religion sehr viel besser.

Henry Morris schlägt einen etwas anderen Kurs ein und erklärt, »niemand kann *wissen,* was geschehen ist, bevor es Menschen gab, die beobachtet und festgehalten haben, was geschehen ist... Wissenschaftlich gesprochen, hat niemand Beweise für irgendwelche Daten, die älter als die ersten schriftlichen Aufzeichnungen sind.« Die Betonung von »wissen« und »Beweis« läßt wieder den Wunsch nach Gewißheit erkennen. Die Religion, aber nicht die Wissenschaft, legt besonderen Wert auf geschichtliche, schriftliche Unterlagen, oder zumindest auf bestimmte, ausgewählte Unterlagen. Morris hätte »religiös gesprochen« schreiben sollen, nicht »wissenschaftlich gesprochen«.

Dieses Abtun sind nur Ablenkungsmanöver. Die Anhänger der Schöpfungslehre wissen, daß sie sich den Beweisen stellen müssen, wenn sie als Wissenschaftler auftreten wollen. Sie haben das absolute Recht, das zu versuchen. Wissenschaftliche Paradigmen sind nicht unantastbar; sie bleiben Einwänden ausgesetzt. Aber die Beweise, die sie stützen, dürfen bei diesen Einwänden nicht übergangen werden. Die neue Lösung muß bestehende Daten berücksichtigen und sie mit stichhaltigem, neuem Material ergänzen, wenn sie ernstgenommen werden will.

Um einen ungefähren Überblick über den Umfang der Daten zu bekommen, die mit Hilfe radioaktiver Datierungsmethoden beschafft worden sind, suchte ich die wissenschaftliche Bibliothek meiner Universität auf, die kein Schwergewicht auf Geologie legt. Doch es gab ein ganzes Regal mit Büchern zur Geochronologie. Eins davon, ein 1969 veröffentlichtes 250-Seiten-Werk, behandelte ausschließlich die Kalium-Argon-Methode. Ein wissenschaftliches Buch dieser Art wird Monographie genannt. Normalerweise enthält es kein Originalmaterial, sondern nur einen Überblick über die Literatur mit Hinweisen auf die Veröffentlichungen, in denen die jeweiligen Daten zu finden sind. Dieses Buch enthielt Hunderte von Hinweisen auf viele Tausend einzelne Altersbestimmungen.

Wenn sich eine Anstrengung dieser Größenordnung auf ein wissenschaftliches Verfahren richtet, wird den Fehlerquellen besondere Aufmerksamkeit gewidmet. Einzelne Kapitel der Monographie beschrieben verschiedene Fehlerarten und nannten Methoden, mit denen sie vermieden oder korrigiert werden konnten. Nachdem diese Mängel ausführlich abgehandelt worden waren, wurde erklärt, daß man das Verfahren immer noch als sehr zuverlässig betrachten könne.

Wie könnte eine Schlußfolgerung dieser Art in der normalen Praxis ordentlicher Wissenschaft umgestoßen werden? Es wäre erforderlich, das gesamte Gebirge positiver Beweise anzugehen, Stein für Stein, und es abzutragen. Dr. Harold Slusher hat versucht, den ersten Stein zu entfernen. Er hat zur Widerlegung ein Buch veröffentlicht, das betitelt ist: *Critique of Radioactive Dating* (Institute for Creation Research Technical Monograph No. 2). Diese »Monographie« ist jedoch ein Pamphlet. Sie hat einen Umfang von 58 Seiten, von denen sich nur zwei mit der Kalium-Argon-Methode befassen. Es wird nicht der Versuch einer ausgewogenen Erörterung unternommen, wie in der wissenschaftlichen Monographie meiner Universitätsbibliothek, und es werden auch keine neuen Beweise mit sie stützenden Daten vorgelegt. Slusher führt einfach mögliche Fehlerquellen an und unterstellt, daß sie die gesamte Methode in Mißkredit bringen.

Vielleicht haben er und andere Vertreter der wissenschaftlichen Schöpfungslehre angesichts der Aufgabe, der sie gegenüberstanden, ihr Bestes gegeben. Stellen wir uns beispielsweise vor, uns würde eine ebenso unsinnige Aufgabe gestellt: Wir sollten nachweisen, daß Japan im Zweiten Weltkrieg über die Vereinigten Staaten triumphiert habe. Wie würden wir das anstellen? Zunächst müßten wir Zeitungen wie die *New York Times* in Verruf bringen, die Tag für Tag ausführlich über den amerikanischen Sieg berichtet haben. Wir könnten als erstes Druckfehler in der *Times* und Beispiele heraussuchen, wo Errata veröffentlicht wurden, um vorausgegangene Fehler auszubügeln. Danach würden wir eine Liste mit falschen Voraussagen zusammenstellen: optimistische Erklärungen von Wirtschaftlern, Berufsboxern und Wahlkampfmanagern, die in der *Times* abgedruckt wurden und sich als nicht richtig erwiesen. Wir würden all diese Beispiele zusammenfassen und den Schluß ziehen, daß die *New York Times* als Geschichtsquelle wertlos ist.

Dann würden wir ein alternatives Informationsblatt mit den »authentischen« Nachrichten drucken und dem Herausgeber einen hochtrabenden Namen geben, etwa Institut zur Erforschung des japanischen Sieges. Dort würden wir Fotos vom Überfall auf Pearl Harbor, Kopien japanischer Frontmeldungen, die den unmittelbar bevorstehenden Sieg verkünden, und aktuelle Nachrichten über den Vormarsch japanischer Autos und Restaurants in den Vereinigten Staaten veröffentlichen. Schließlich würden wir vielleicht noch fordern, daß diesem Gesichtspunkt im Geschichtsunterricht der Staatsschulen genausoviel Zeit gewidmet wird wie dem herkömmlichen. Wir könnten zwar nicht damit rechnen, mit diesen Bemühungen den Sieg davonzutragen, aber es wäre interessant, die Verwirrung zu beobachten, die wir anrichten würden. Das war auch die Strategie der Anhänger der Schöpfungslehre in den Bereichen, die sie sich ausgesucht haben.

Die führenden Köpfe der Bewegung geben sich keinen Illusionen über das wahre Wesen der Lehren hin, die sie als Wissenschaft ausgegeben haben. Sie waren bemerkenswert offen in ihren Veröffentlichungen. So hat Henry Morris in seinem Buch *Scientific Creationism* geschrieben: »Die Schöpfung... ist der wissenschaftlichen Methode unzugänglich. Es ist unmöglich, sich ein wissenschaftliches Experiment auszudenken, um den Schöpfungsvorgang zu beschreiben, oder gar festzustellen, ob ein solcher Vorgang sich überhaupt ereignen *kann*. Der Schöpfer erschafft nicht nach den Wünschen eines Wissenschaftlers.«

An anderer Stelle schrieb Morris: »...wir sind vollkommen auf das angewiesen, was Gott uns mitzuteilen für richtig hielt, und diese Informationen finden sich in Seinem geschriebenen Wort. Dies ist unser Lehrbuch über die Wissenschaft der Schöpfung!« Duane Gish hat in seinem Buch *Evolution: The Fossils Say No!* die gleichen Vorstellungen vertreten: »Wir wissen nicht, wie der Schöpfer bei der Erschaffung vorgegangen ist, welche Prozesse Er benutzt hat, *denn Er benutzte Prozesse, die heute nirgendwo mehr im natürlichen Universum wirken.* Deshalb sprechen wir bei der Schöpfung von besonderer Schöpfung. Wir können mit wissenschaftlichen Untersuchungen nichts über die Schöpfungsprozesse in Erfahrung bringen, derer sich der Schöpfer bedient hat.«

Die Behauptung, das Universum, die Erde und das Leben seien von einem nicht feststellbaren Schöpfer mittels übernatürlicher Kräfte erschaffen worden, liegt außerhalb der Wissenschaft. Sie macht keine Voraussagen, die überprüft werden können. Sie kann wissenschaftlich nicht verworfen werden. Wenn irgendeine reale Möglichkeit bestünde, sie zu verwerfen, verlöre sie viele der Vorzüge, die sie ihren Anhängern bietet. Es ist Mythologie, die dazu dient, eine Religion zu stützen. So betrachtet hat die Bezeichnung »wissenschaftliche Schöpfungslehre« nicht mehr Bedeutung als etwa das Schlagwort »Vater-Rabe-Wissenschaft«. Das ließe sich nur anwenden, wenn wir das Wort »Wissenschaft(lich)« weit von seinem anerkannten Platz entfernen wollten. William Jennings Bryan schrieb unmittelbar nach dem Scopes-Prozeß: »...Wissenschaft des ›Wie soll man leben‹ ist die wichtigste aller Wissenschaften.« Aber gerade dieser Wertebereich ist es, den die Religion der Wissenschaft lieber nicht überließe.

Paul Ellwanger, der Organisator bei den Anhängern der Schöpfungslehre, vertritt den gleichen Kernpunkt, wenn er sagt: »...wir stellen keine wissenschaftlichen Behauptungen über die Schöpfung auf, sondern greifen die Behauptung der Evolution an, wissenschaftlich zu sein.«

Dieses Buch befaßt sich mit dem Ursprung des Lebens, nicht mit den Einzelheiten der Evolutionstheorie, die mit der Entwicklung des Lebens zu tun hat, weniger mit dessen Beginn. Das Thema ist von anderen gut und ausführlich abgehandelt worden. Wir müssen trotzdem innehalten, um Ellwangers Bemerkung zu erörtern, denn sie behandelt die Unterscheidung zwischen Wissenschaft und Mythologie.

Die Evolutionstheorie besitzt alle Merkmale einer wissenschaftlichen Aussage und ist das herrschende Paradigma auf ihrem Gebiet. Als solche könnte sie abgeändert oder gar umgestürzt werden, *wenn* hinreichend gewichtige Beweise gegen sie aufkämen. In Comics und Fernsehfilmen sehen wir zum Beispiel täglich Menschen im Kampf gegen Dinosaurier. Wenn die gleichzeitige Existenz beider durch eine Reihe guterhaltener Versteinerungen belegt würde, käme die Evolution in Schwierigkeiten. Wenn auf der anderen Seite im Weltraum Viren entdeckt würden, die Botschaften für unsere Entwicklung enthielten, bekäme Hoyles Theorie Oberwasser. Es gibt viele Wege, die Theorie Darwins zu verwerfen. Die Evolution wird als Wissenschaft angesehen; die wissenschaftliche Schöpfungslehre, wie sie selbst zugibt, nicht.

Das Urteil

Der Prozeß »McLean gegen die Schulbehörde von Arkansas« war eine Schlappe. Richter Overton schlug den Act 590 nieder und gebrauchte in seiner Urteilsbegründung derart sorgfältige Formulierungen, daß kaum Chancen für eine Berufung bestanden. Die Entscheidung galt zwar nur für Arkansas, doch hatte man allgemein das Gefühl, sie würde sich auch auf andere Fälle auswirken. Der Richter stützte seine Entscheidung auf mehrere Gründe, unter anderem auf die Verfassung und die akademische Freiheit. Er definierte den Wissenschaftsbegriff im wesentlichen so, wie wir ihn gebraucht haben, und zitierte die Anhänger der Schöpfungslehre mit ihren eigenen Worten bei seiner Entscheidung, daß die wissenschaftliche Schöpfungslehre keine Wissenschaft sei, sondern Religion.

Der Prozeß war zwar einseitig, brachte aber doch einige interessante Zeugenaussagen. Die Anhänger der Schöpfungslehre bemühten sich, wissenschaftliche Zeugen zur Bekräftigung des eigenen Standpunkts zu bringen und so ein Gegengewicht zur Phalanx etablierter Wissenschaftler zu bieten, die die Gegenseite aufbot. Der angesehenste Zeuge, den sie gewinnen konnten, war Chandra Wickramasinghe, der zusammen mit Sir Fred Hoyle seinen eigenen Ansatz in bezug auf den Ursprung des Lebens verfolgte. Vermutlich wurde er deswegen geholt, weil er und Hoyle dem Gedanken beigepflichtet hatten, daß das Leben auf der Erde das Produkt eines Schöpfers sei. Vielleicht waren die Anhänger der Schöpfungslehre sich nicht darüber im klaren, daß das Wesen ihrer erwählten Verbündeten ein komplexer Siliziumchip war, keine herkömmliche Gottheit. Andererseits hatten sie vielleicht gehofft, auf diese Weise unter den orthodoxen Wissenschaftlern Verlegenheit und Verwirrung verbreiten zu können.

Wickramasinghe bestätigte zwar die Ansicht, daß das Leben das Produkt eines Schöpfers sei, verwendete jedoch die meiste Zeit darauf, seine speziellen Vorstellungen über Viren und Kometen vorzutragen. Er räumte später ein, daß kein vernünftiger Wissenschaftler für die Flutgeologie oder ein Erdalter von weniger als einer Million Jahre eintreten könne. Richter Overton konnte »nicht ganz verstehen, warum Dr. Wickramasinghe durch die Beklagten aufgeboten worden war«.

Diese Entscheidung wird den eigentlichen Konflikt genausowenig beilegen wie der Scopes-Prozeß. Auch in Louisiana wurde ein Schöpfungslehrengesetz verabschiedet, und es wurde ebenfalls von der American Civil Liberties Union angefochten. Ein Bundesrichter hat dieses Gesetz ebenfalls zu Fall gebracht, doch gegen seine Entscheidung wird unter Umständen Berufung eingelegt. Vielleicht werden in anderen Bundesstaaten demnächst weitere Gesetze erlassen.

Der gleiche Kampf tobt auf breiterer Front auf Tausenden von Konferenzen der lokalen Schulbehörden, wo Lehrpläne aufgestellt und Lehrbücher ausgewählt werden. Die Mitglieder einer lokalen Schulbehörde sind vielleicht an irgendeinem Abend einmal nicht so gut vorbereitet und haben nicht die gleiche Möglichkeit, das Wesen der Wissenschaft zu erörtern, wie ein Bundesrichter das verlangen kann. Die Anhänger der Schöpfungslehre sind bei diesen Auseinandersetzungen nicht so sehr daran interessiert, für die Praxis der Religion einzutreten, was sie auf viele andere, weniger kontroverse Arten tun können, sondern versuchen, die wissenschaftliche Praxis auf Gebieten zu untergraben, wo die von den Wissenschaftlern erreichten Schlußfolgerungen sie nicht zufriedenstellen.

Wissenschaft und Religion haben beide ihren Platz im Leben der Menschen. Keiner von beiden ist letztlich mit Versuchen gedient, den Unterschied zwischen ihnen auszulöschen. Im Bereich des Ursprungs des Lebens sind die Anhänger der Schöpfungslehre die Gruppe, die die vehementesten Versuche in dieser Richtung unternommen haben. Zu ihren Methoden gehören das selektive Anführen von Daten, ein Mangel an Skepsis gegenüber den eigenen Lehren und das Desinteresse an kritischen Experimenten und dem Gedanken, etwas zu verwerfen. Leider stehen sie mit dieser Praxis nicht allein da. Wie wir gesehen haben, gilt diese Charakterisierung auch für die Anhänger vieler anderer auf diesem Gebiet bestehender Theorien. Die Mythologie ist so weit vorgedrungen, daß es schwerfällt, das tatsächliche Ausmaß unserer wissenschaftlichen Kenntnisse zu beurteilen.

In den noch folgenden Kapiteln wollen wir über mögliche Mittel für diese Situation in der Zukunft nachdenken, zunächst aber noch einmal innehalten für einen abschließenden Überblick über die aktuelle Situation in diesem Bereich.

11. Ein Mädchen von zweifelhafter Tugend

Hat der Geist der Skepsis bezüglich des Hauptparadigmas eines wissenschaftlichen Gebiets einmal nachgelassen, wird es schwer, diesen Prozeß zu begrenzen. Dann können Varianten auftauchen, die noch phantastischere und aufsehenerregendere Lösungen vorschlagen. Der mythologische Gehalt nimmt zu. Im Fall des Ursprungs des Lebens haben wir gesehen, daß die Anhänger der Schöpfungslehre den logischen Endpunkt dieses Prozesses darstellen. Sie geben ja den Zweifel vollkommen zugunsten des Worts ihrer Autorität auf, ziehen es aber aus taktischen Gründen noch immer vor, ihr Unternehmen »wissenschaftlich« zu nennen.

Um diesen Gedanken zu veranschaulichen, haben wir in diesem Buch der Reihe nach mehrere Theorien behandelt (wenn auch nicht immer streng nach zunehmendem Gehalt an Mythologischem). Mit dieser Abfolge wollten wir keineswegs andeuten, daß innerhalb des wissenschaftlichen Gebiets jeder neue Gedanke den vorangegangenen ersetzte. Sie haben vielmehr nebeneinander bestanden; jeder hat sein Programm unabhängig vom anderen ausgestrahlt, wie die Vielzahl von Kofferradios an einem Badestrand.

Normalerweise sind diese »Sendungen« voneinander getrennt, in einzelnen Artikeln, Büchern und Konferenzen. Gelegentlich kommen sie jedoch zu einer wichtigen Veranstaltung zusammen, mit Ergebnissen, die man erwarten mag. Als ich dieses Buch schrieb, hatte ich Gelegenheit, ein solches Ereignis persönlich zu erleben.

Im Juli 1983 trafen sich etwa 250 Wissenschaftler, die sich mit dem Ursprung des Lebens beschäftigen, zur Siebten Internationalen Konferenz zu diesem Thema in Mainz. Diese Serie von Konferenzen hatte 1957 in Moskau begonnen und sich in letzter Zeit in einem Dreijahresturnus fortgesetzt. Es war die erste, der ich beiwohnte, und die Zahl Sieben erschien mir vielversprechend. Wenn nach der Bibel nur sieben Tage für die Erschaffung des Lebens (und der Menschheit sowie des Universums) nötig gewesen waren, würden den Wissenschaftlern sicher sieben internationale Konferenzen genügen, um den Grundzusammenhang zu enträtseln. Wie Sie bereits geahnt haben mögen, war das nicht der Fall.

Der Ort der Veranstaltung war dem Zustand des Gebiets recht angemessen. Mainz ist eine alte Stadt, die in ihrer Geschichte durch viele Kämpfe verheert und verwüstet worden ist. Nach dem Zweiten Weltkrieg wurde sie auf dem Verwaltungsweg von ihren Vororten auf der anderen Seite des Flusses getrennt, und wie mir ein Verantwortlicher im Büro des Oberbürgermeisters sagte, besteht in näherer Zukunft keine Aussicht auf ihre Wiedervereinigung. Eine ähnliche Geschichte und ein ähnlicher Zustand der Trennung charakterisieren den Bereich vom Ursprung des Lebens.

Im großen und ganzen kamen bei der Veranstaltung alle Standpunkte zum Zuge. Die Befürworter der Nukleinsäure-These und auch die der Protein-These traten sehr selbstbewußt auf, und auch die neuste Gruppierung, die Anhänger der Ton-Theorie waren nicht zu übersehen. Wir hörten von Hyperzyklen und Replikatoren, Staubwolken im Weltraum und heißen Quellen auf der Erde, von Stromatolithen, Koazervaten und Planeten umkreisenden Satelliten. Sir Fred Hoyle war zwar nicht da, aber ein Astronom sprach über die chemische Evolution im Weltraum und meinte, daß organisches Material (wenn nicht gar Bakterien) in Kometen auf die frühe Erde gelangt sei. Keiner der Teilnehmer gab sich als Anhänger der Schöpfungslehre zu erkennen, doch in einem Beitrag hieß es, daß sowohl das Universum wie auch das Leben bei seiner Entstehung hochstrukturiert und nicht einfach gewesen seien. Stanley Miller verglich die Aminosäuresynthese mittels elektrischer Entladung in reduzierender und in fast neutraler Atmosphäre, und Sidney Fox sprach über die lebensähnlichen Eigenschaften der Mikrosphären. Das Gebiet stellte sich im wesentlichen so wie schon in der Vergangenheit dar.

Gelegentlich gab es einige spannende Augenblicke, wenn gegensätzliche Ansichten nebeneinandergestellt wurden. Leslie Orgel stellte neue

Ergebnisse seines Systems vor, bei denen ein einzelner RNA-Strang ohne Mithilfe von Proteinen in eine Doppelhelix umgewandelt wurde. Klaus Dose, einer der Organisatoren des Treffens und Vertreter der Richtung, die die Proteine an den Anfang setzt, fragte Orgel daraufhin, woher denn der *erste* Nukleinsäurestrang gekommen sei. Orgel, der sehr offen, fließend und knapp spricht, antwortete nur: »Ich habe keine Ahnung, wie das erste Polynukleotid entstanden ist.« Dose bemerkte danach, unter Berufung auf Louis Pasteur, zu Sidney Fox, daß dies der Tag gewesen sei, an dem der Nukleinsäure-These ein Todesstoß versetzt worden sei.

Ein anderer Streitpunkt war der Ursprung der Präferenz lebender Systeme für L-Aminosäuren und D-Zucker. Einige Redner beschrieben erfolglose Experimente, mit denen versucht worden war, die Präferenz grundlegenden physikalischen Kräften zuzuordnen, die auf der Ebene der Atome wirken. Ein älterer Herr aus Österreich trug dann eine abweichende Meinung vor: Die Auswahl sei zufällig erfolgt. Er gab sich nicht damit zufrieden, einfach nur seine Lösung des Problems vorzutragen, sondern auch die anderer zu kommentieren: »Leider sind die meisten Bemühungen zu seiner Lösung in die falsche Richtung gegangen.« Dann stellte er die Frage, warum seine eigene, richtige Ansicht nicht zur Kenntnis genommen worden sei. Damit das alles wieder richtiggestellt würde, sprach er sich dafür aus, Bemühungen zum Nachweis der gegnerischen Theorie aufzugeben!

Nicht alle erwarteten Auseinandersetzungen gingen so aus. Dem bekannten Geologen Bill Schopf von der University of California in Los Angeles wurden vierzig Minuten eingeräumt, damit er über die frühen Zeugnisse fossilen Lebens berichten konnte. Einen beträchtlichen Teil dieser Zeit verwandte er darauf zu erklären, warum die Isuasphaera aus dem 3,8 Milliarden Jahre alten Isua-Gestein Grönlands gar keine Versteinerungen waren, sondern lediglich ein mineralischer Rückstand. Der Hauptvertreter derer, die den hefeartigen Charakter der Isuasphaera hervorheben, der deutsche Wissenschaftler Hans Pflug, war laut Plan der nächste Redner und hatte die gleiche Zeit zur Verfügung. Pflug verteidigte seine Position jedoch nicht, sondern hob nur die Hände und sagte: »Ich will nicht weiter darüber diskutieren, ob dies biologische Organismen sind oder nicht, Sie kennen meinen diesbezüglichen Standpunkt.« Statt dessen sprach er über andere Dinge.

Es war eine Ehre, sich auch nur am Podium der Vortragshalle zeigen zu dürfen, einer geschmückten, großen Halle mit Kronleuchtern in einem Renaissance-Palast. Weit mehr Teilnehmer wollten ihre Arbeit vorstellen, als in der verfügbaren Zeit möglich gewesen wäre. Einige wurden als Redner ausgewählt, die übrigen mußten sich damit zufriedengeben, ihre Thesen anzuschlagen. Ihnen wurden Stellwände in einem längst nicht so eleganten Raum im Erdgeschoß zur Verfügung gestellt, wo sie ihre gedruckten Ergebnisse aufhängen konnten. Die sich so ergebende Präsentation glich eher der Plakatwand in einer U-Bahn-Station als wissenschaftlichen Veröffentlichungen.

Diese Anschläge hatten allerdings den Vorteil, daß sie tagelang aushingen, während in der Vortragshalle das Diktat der Uhr herrschte. Leslie Orgel zum Beispiel, der einige der aktuellsten und aufregendsten Ergebnisse der Veranstaltung vorzustellen hatte, bekam nur zehn Minuten. Bei seinem Vortrag wies er mehrmals auf die begrenzte Zeit hin. Andere Redner versuchten, ihre Zeit dadurch auszudehnen, indem sie entsprechende Zeichen des Vorsitzenden, daß ihre Redezeit abgelaufen sei, nicht zur Kenntnis nahmen oder erklärten, sie hätten nur noch ein Dia zu zeigen, dann aber noch eine ganze Reihe zeigten.

Ich selbst konnte der Versuchung nicht widerstehen, etwas an die Plakatwände zu heften, und hängte Material über »Die Unmöglichkeit der präbiotischen Nukleinsäuresynthese« auf. Ich schrieb damals gerade dieses Buch und kam mir wie ein Romancier vor, der sich mitten im letzten Kapitel in die Handlung eingeschaltet hat mit der Möglichkeit, mit seinen Gestalten zu interagieren und sie zu beeinflussen. Ich war jedoch zu befangen und verbrachte die meiste Zeit damit, die Äußerungen anderer Teilnehmer zu lesen, oder stand etwas abseits von meinem Anschlag und beobachtete die, die kamen und ihn lasen. Soweit ich es beurteilen konnte, kamen nur die zu mir herüber, die mit meinen Ansichten übereinstimmten, während andere, deren Arbeit bei Richtigkeit meiner Gedanken gegenteilig berührt worden wäre, wegblieben. Gegen Ende der Veranstaltung bemerkte ein junger NASA-Wissenschaftler, ich würde »gegen den Strom schwimmen«. Soviel zum Todesstoß für die Nukleinsäure-These.

Andere traten hinsichtlich der eigenen Arbeit sehr viel selbstbewußter auf. Clifford Matthews, ein Chemiker aus Illinois, hielt vor einem atemlos lauschenden Auditorium einen Vortrag mit der ganzen Wucht und Begeisterung eines Marktschreiers. Er vertrat die Ansicht, die interstellaren Staubwolken hätten sich durch die Auflösung von Planeten gebildet, die zuvor bestanden hatten. Eine fette Überschrift in seinen Aufzeichnungen lautete »Wo sind all die Planeten hin?«, während er, zuerst auf den Kosmos oben und dann auf den Boden unten zeigend, rief, das Material *dort* draußen komme von *hier*. Später am Abend, nach einer ausgiebigen Weinprobe, scharte sich eine ausgelassene Gruppe von uns um ein Klavier und sang Cliffs Slogan zur bekannten Melodie von »Wo sind all die Blumen hin?«, in die er fröhlich einstimmte.

Über ein Vierteljahrhundert war seit dem ersten internationalen Treffen zu diesem Thema vergangen, und nur eine Handvoll der Teilnehmer der ersten Stunde war diesmal noch anwesend. Eine Gemeinsamkeit zwischen der ersten und der jetzigen Konferenz war das Wetter. Es war ungewöhnlich heiß in Mainz, und Stanley Miller erzählte mir, daß es beim Treffen in Moskau noch heißer gewesen sei. Er hatte die Halle des öfteren verlassen, um der Hitze dort zu entfliehen und sich einen kühlenden Schluck zu gönnen.

Ich stellte fest, daß die Hitze mir nachts am meisten zusetzte, im Hotelzimmer. Es gab keine Klimaanlage, und deshalb mußte ich das Fenster offenlassen. Das brachte wiederum den Straßenlärm ins Zimmer, und Lärm und Hitze ließen mich oft nicht einschlafen. Sinnigerweise hatte ich tagsüber in der Vortragshalle keine so großen Schwierigkeiten einzuschlafen, obwohl es auch dort heiß und laut war. Einmal bin ich nachts aufgestanden und habe das Band laufen lassen, das ich am Tag aufgenommen hatte, in der Hoffnung, einschlafen zu können.

Der marxistische Ansatz zum Ursprung des Lebens hatte im Vergleich zum ersten Treffen fraglos nachgelassen. Nur einer der in Mainz veröffentlichten Berichte bezog sich offen auf die Grundsätze des dialektischen Materialismus, indem er den Ursprung des Lebens mit der Evolution höherer Individuen und Gesellschaften in Verbindung brachte. Bei der ersten Konferenz in Moskau hatte es noch eine ganze Reihe derartiger Hinweise gegeben. Außerdem erschienen mehrere, im Programm des Mainzer Treffens genannte sowjetische Teilnehmer »aus unbekannten Gründen« nicht. Leere Stellwände gaben stummes Zeugnis ab von ihrem unerwarteten Fehlen. A. A. Krasnovsky, ein älterer sowjetischer Biologe, führte bei mehreren Gelegenheiten den Vorsitz und hielt auf diese Weise die von Oparin begründete Tradition aufrecht.

Diese Regelung war jedoch die Folge einiger unglücklicher Umstände und nicht eingeplant. Die Veranstaltung in Mainz war gleichzeitig auch das vierte Treffen der ISSOL, der International Society for the Study of the Origin of Life. Als Vizepräsident der Gesellschaft war Krasnovsky der einzige teilnehmende ISSOL-Offizielle. Der Präsident, F. Egami aus Japan, war inzwischen verstorben. Cyril Ponnamperuma, der zweite Vizepräsident und jetzige Kandidat für die Präsidentschaft war krank und konnte nicht teilnehmen. Somit kam Krasnovsky die Ehre zu, Oparins Platz einzunehmen.

Er hatte graue Haare und trug trotz der Hitze Anzug und Krawatte. Manchmal schien er streng und drohend zu sein, dann wieder wohlwollend. Bei einem Empfang nahm er aus dem Büro des Oberbürgermeisters im Namen der Gesellschaft ein Geschenk entgegen und ließ mit einiger Ungeduld die zahlreichen Verunstaltungen seines Namens über sich ergehen. Dann hielt er eine Rede, in der er mit Nachdruck darauf hinwies, daß Wissenschaft und Politik nicht verquickt werden sollten; der Ursprung des Lebens sei sicher ein Gebiet, über das die Wissenschaftler sich einigen könnten. Ich hoffte innigst, daß wir nicht die Luft würden anhalten oder den Genuß des reichlich vorhandenen Weins würden aufschieben müssen, bis diese Wünsche in Erfüllung gingen.

Krasnovsky hatte zwar nominell den Vorsitz bei der Geschäftssitzung der ISSOL, doch eigentlich besorgten die Amerikaner alles. Der Schatzmeister Bill Schopf erstattete einen genauen Bericht über die mageren Finanzen der Organisation, ein paar Tausend Dollar aus Mitgliedsbeiträgen. Der größte Teil des Gelds war für Reisestipendien ausgegeben worden, damit Studenten an der Konferenz teilnehmen konnten. Hinter diesen kleinen Beträgen verbargen sich jedoch sehr viel größere, mit denen der gesamte Bereich gestützt, Gelder für die Forschung und verschiedene andere Treffen bereitgestellt wurden. Der eigentliche, aber sehr zurückhaltende Geldgeber war die amerikanische National Aeronautics and Space Administration, NASA. Der Sekretär der ISSOL und Herausgeber des Mitteilungsblatts der Gesellschaft war de facto Donald DeVincenzi, der Leiter des Washingtoner Büros, das NASA-Gelder für Untersuchungen zum Thema Ursprung des Lebens vergab. Don war auf der Konferenz anwesend und berichtete über die NASA-eigenen Pläne zur Erforschung des Weltraums, die mit dem Ursprung des Lebens zu tun hatten, um Schritt zu halten mit den Leistungen derer, die NASA-Mittel erhalten hatten, und um als tüchtiger Funktionär der ISSOL zu fungieren, und das alles gleichzeitig.

Die offizielle Zeitschrift der ISSOL, *Origins of Life,* ist ebenfalls in amerikanischen Händen; Jim Ferris vom Rensselaer Polytechnic Institute ist der verantwortliche Redakteur. Ferris berichtete den Mitgliedern in Mainz über die Lage der Zeitschrift. Er wurde von Krasnovsky gefragt, ob der Redaktionsausschuß zusammenkomme, um dem Inhalt jeder Ausgabe zuzustimmen, wie es in der UdSSR erforderlich sei. Ferris erwiderte, daß es dieser Praxis bei amerikanischen Zeitschriften nicht bedürfe; der Chefredakteur könne allein handeln. Er hatte ein anderes Problem: genügend Artikel zu bekommen, um die Zeitschrift zu füllen. Bei vielen bedeutenden Wissenschaftszeitschriften verzögert sich die Veröffentlichung neuer Ausgaben, weil sich die Manuskripte in der Redaktion stapeln. Allen Bard, Redakteur beim *Journal of the American Chemical Society,* erzählte mir einmal, daß jeden Tag etwa dreißig Entscheidungen über Manuskriptveröffentlichungen auf seinem Schreibtisch landeten. Er brauchte in seinem Büro an der University of Texas zwei Sekretärinnen und zusätzliche Telefonleitungen, um damit fertig zu werden. Im Fall von *Origins of Life* dagegen kamen die Hefte deshalb verspätet heraus, weil nicht genügend Manuskripte eingingen, um eine 100seitige Ausgabe zu füllen. In der Welt der Wissenschaft, die im allgemeinen unter der Last der Publikationen stöhnt, war dies eine ruhige, wenig beachtete Ecke.

Einer der letzten Tagesordnungspunkte war die Wahl des nächsten Veranstaltungsorts für 1986. Die NASA wollte ihre Zurückhaltung aufgeben und Gastgeber des nächsten Treffens in den Anlagen des Ames Labors in der Gegend der Bucht von San Francisco sein. Der eigentliche Tagungsort würde wahrscheinlich in einer nahe gelegenen Universität sein, da das Ames-Gelände eingezäunt und aus Sicherheitsgründen bewacht war.

Das abschließende gesellschaftliche Ereignis der Tagung war das Abschlußdinner, bei dem die Oparin-Medaille verliehen wurde. Diese Auszeichnung war erstmals auf dem Treffen 1980 an Cyril Ponnamperuma vergeben worden. Der Name des nächsten Empfängers wurde vor dem Dinner so geheimgehalten, als handelte es sich um den Oscar. Die Medaille war mit der Auflage verbunden, daß sie an die Person verliehen werden sollte, die in den letzten drei Jahren den besten Beitrag geliefert hatte. Diese Auflage wurde auf der Geschäftssitzung jedoch aufgehoben; die Medaille wurde nun für ein Lebenswerk verliehen.

Ich hielt diesen Übergabemodus der Medaille für durchaus passend. Bei gesellschaftlichen Ereignissen hatte ich bei diesem Kongreß oft neben Fremden gesessen. Wir fragten einander dann immer, aus welchem Wissenschaftsbereich der andere käme, und ich gab an, Biochemiker zu sein, während mein Nebenmann vielleicht ein Geologe, Astronom oder Mikrobiologe war. In den Augenblicken kam ich mir immer vor, als befände ich mich in einer anrüchigen Kneipe in einer heruntergekommenen Gegend, und als würden der Betrunkene auf dem Stuhl neben mir und ich uns gegenseitig versichern, daß wir im wirklichen Leben eine sichere Grundlage als Rechtsanwalt, Börsenmakler oder dergleichen hätten. Die Erkenntnis ängstigte und erschütterte uns, daß in der Kneipe einige Leute waren, die keine andere Grundlage hatten und ihr ganzes Leben dort verbrachten.

Eine besondere Anerkennung, und das ohne die Geringschätzung, die vielleicht bei der obigen Analogie mitschwang, war sicher angebracht bei denen, die bereit sind, ihr ganzes berufliches Leben, oder doch einen großen Teil davon, einem Gebiet zu widmen, das oft als am Rande der geachteten, harten Wissenschaft stehend betrachtet wird. Die Medaille war nach A. I. Oparin benannt, dem vielleicht ersten bekannten Wissenschaftler, der sich ganz diesem Gebiet gewidmet hat. Diejenigen, die seinem Beispiel gefolgt waren, würden die würdigsten Kandidaten sein. Aber wer würde der tatsächliche Gewinner sein? Diese Frage war einer der bevorzugten Gesprächspunkte auf der Konferenz.

Vor dem Dinner ging das Gerücht um, es wäre Sidney Fox oder Stanley Miller. Ich war aufgrund persönlicher Beobachtungen davon überzeugt, daß es Miller sei. Ich war Anfang der Woche mit ihm ins Konzert gegangen, und wir hatten einen netten Abend verbracht und uns Geschichten über berühmte Wissenschaftler erzählt; aber ich konnte keinerlei Anzeichen dafür entdecken, daß er das Gefühl gehabt hätte, in naher Zukunft ausgezeichnet zu werden. Gegen Mitte der Woche verbesserte sich seine Stimmung sichtlich. Bei der Geschäftssitzung kam er zu spät und setzte sich neben Bill Schopf. Sie gaben sich die Hand, und dann sah ich, indem ich seine Lippen beobachtete, wie Stanley Schopf fragte, »wissen die Mitglieder es schon?« Schopf schüttelte den Kopf. Zumindest für mich hatte die Ungewißheit hier ein Ende.

Das Dinner selbst fand in demselben großen, geschmückten Saal statt, in dem auch die Vorträge gehalten worden waren. Mir gefiel der Gedanke, daß derselbe Raum, der der Auseinandersetzung gedient hatte, jetzt für ein zwangloseres Beisammensein genutzt werden konnte. Als es jedoch an der Zeit war, nach dem Cocktail die Plätze einzunehmen, bildeten sich wieder die üblichen Gruppierungen. Ich mußte mich entscheiden und wählte einen Platz am »Ton-Tisch«, neben Graham Cairns-Smith und seinem engsten Mitarbeiter, dem kahl werdenden, bärtigen Hyman Hartman vom Massachusetts Institute of Technology. Sie waren in gemeinsame Pläne für eine bevorstehende Ton-Konferenz vertieft, die in Glasgow stattfinden sollte, doch ich wurde entschädigt durch die Gesellschaft einer lebhaften NASA-Wissenschaftlerin, die über die Probleme von Frauen in der Wissenschaft sprach.

Wie ich erwartet hatte, war die Wahl auf Miller gefallen. Er erhielt die Medaille von Krasnovsky, der Millers frühe Arbeit über die Bildung der Aminosäuren ansprach und die Hoffnung ausdrückte, er werde auch derjenige sein, der die Antwort auf »den nächsten Schritt, die Bildung des genetischen Codes« finde. In seiner Dankesrede vermied Stanley geschickt dieses Thema und berichtete statt dessen zwanglos und offen über die geschichtlichen Umstände seiner berühmten Experimente. Er schilderte die ersten negativen Ergebnisse und seine Hartnäckigkeit: »An Öl war ich nicht interessiert. Wir entschieden, daß Aminosäuren das Aufregendste wären, wonach wir suchen konnten.« Die Auszeichnung und die Möglichkeit, sich an diese Zeit zu erinnern, hatten ihn heute zu einem glücklichen Menschen gemacht.

Später am Abend, als alle Gänge serviert, die Reden gehalten und der Wein getrunken war, gingen die Delegierten ihrer Wege. Sie würden sich in den kommenden Monaten und Jahren wiedersehen und die gleichen Ansichten austauschen. Wer zu der Gewißheit gelangt war, einige oder alle Antworten auf die Frage nach dem Ursprung des Lebens gefunden zu haben, fuhr unverändert nach Hause. Andere, die mit den Zweifeln des Skeptikers angereist waren, aber auf einige überzeugende, neue Antworten gehofft hatten, kehrten ebenfalls heim, wie sie gekommen waren. Das fehlende Teil, das Stück, das alle anderen würde zusammenpassen lassen, blieb übrig für die Tagesordnung des nächsten Treffens.

Staub im Museum

Kurz nach meiner Rückkehr von der Konferenz aus Mainz beschloß ich, wieder einmal den Ort zu besuchen, wo ich eines der ersten Exponate zum Ursprung des Lebens gesehen hatte. Das Amerikanische Museum für Naturgeschichte in New York beherbergt seit zwanzig Jahren eine Ausstellung zu diesem Thema. An einer Wand in der Nähe eines dreidimensionalen DNA-Modells standen einige Vitrinen mit Fotos von Mikrosphären, einem Schaubild des Miller-Urey-Apparats, einer Darstellung der Ursuppe sowie Literaturhinweisen für die weitere Beschäftigung mit diesem Stoff. Ich erinnerte mich an diese Exponate, die Anfang der 60er Jahre aufgestellt worden waren – aktuell, auffallend und provozierend. Zwanzig Jahre danach stand alles noch am selben Platz. Die Vitrinen waren mittlerweile jedoch verstaubt, und die Beleuchtung war so trüb, daß man kaum etwas lesen konnte. Die Liste mit den Literaturhinweisen endete mit 1964. Das benachbarte, besser beleuchtete DNA-Modell sah vergleichsweise robust aus.

Das traurige Schicksal dieser Ausstellung ist in einer Hinsicht charakteristisch für den Zustand des Gebiets selbst. Zum Teil liegt das an der fast völligen Gleichsetzung mit dem Weltraumprogramm. In der Euphorie nach dem Apollo-Projekt und der Mondlandung schienen die Antworten auf viele grundlegende Fragen kurz bevorzustehen. Wer wollte wissen, welche wichtigen Erkenntnisse über das Leben vom Mond mitgebracht würden? Die ersten zurückkehrenden Astronauten kamen tagelang in strenge Quarantäne, um eine Verseuchung dieses Planeten zu vermeiden. Selbst wenn niemand mit lebenden Organismen auf der Mondoberfläche rechnete, konnte doch der Mondstaub viele organische Stoffe enthalten, vielleicht sogar ruhende Sporen. Wie beim Mars war unsere Phantasie jahrelang von Orson Welles, Edgar Rice Burroughs und Ray Bradbury angeregt worden. Vielleicht brauchten wir nur eine Kamera auf der Oberfläche zu postieren, um alles mögliche zu entdecken, von exotischen Pflanzen bis zu Lebewesen von der Größe eines Eisbären.

Angesichts dieser Erwartungen konnte die Wirklichkeit nur enttäuschend und ernüchternd sein. Die Begeisterung für das Weltraumprogramm im allgemeinen und die Exobiologie im besonderen nahm ab, und mit ihr die finanzielle Unterstützung zur Planetenerforschung bei der NASA. Auf dem Höhepunkt des Apollo-Projekts konnte der Vizepräsident der Vereinigten Staaten sich für eine bemannte Landung auf dem Mars bis zum Ende dieses Jahrhunderts aussprechen. Später in den 70er Jahren wurden wir an den Gedanken gewöhnt, daß zukünftige Forschungsflüge mit unbemannten Raumfahrzeugen durchgeführt würden. Anfang der 80er Jahre war selbst dieser weniger ehrgeizige Plan gefährdet, und das gesamte Planetenprogramm schien dem Untergang geweiht zu sein. Begleitet wurden diese Schwierigkeiten von einer drastischen Kürzung der Bundesausgaben nach einem Wechsel in der Administration. Die Kürzungen der Ausgaben für die Erforschung der Planeten hatten jedoch schon sehr viel früher begonnen. Die Vereinigten Staaten sind heute nicht merklich ärmer als vor zwanzig Jahren. Wenn sie weniger für die Erforschung unseres Universums ausgeben wollen als früher, muß dieser Wandel auf ein Abnehmen der Ambitionen zurückgehen, nicht auf Verarmung.

Hand in Hand mit dem Streichen von Geldern wuchs der Pessimismus einiger Wissenschaftler in bezug auf die Exobiologie an, als hinge eine Entwicklung von der anderen ab. So schrieb zum Beispiel Lynn Margulis von der Boston University, damals Vorsitzende des Ausschusses für planetarische Biologie und chemische Evolution der Nationalen Akademie der Wissenschaften, in der Zeitschrift *The Sciences*: »Es gibt gegenwärtig keine Beweise dafür, daß irgendwo in unserem Sonnensystem überhaupt Leben existiert.« Da wir auf absehbare Zeit nicht bereit sind, zu anderen Sternen zu reisen, »sieht es für die Chancen des direkten Entdeckens von Leben außerhalb der Erde in naher Zukunft wirklich sehr schlecht aus«.

Und die Aussichten wurden noch schlechter mit der Veröffentlichung eines Berichts durch den oben erwähnten Ausschuß, in dem es hieß: »Wir betrachten die Suche nach bestehendem Leben im Sonnensystem als beendet: Es spricht vieles dafür, daß weder die Planeten (die Erde ausgenommen) noch ihre Satelliten Bedingungen aufweisen, die sich mit der Aufrechterhaltung von Leben vertragen.« Wenn nicht weitergesucht wird, kann man natürlich kaum mit Entdeckungen in der Exobiologie rechnen.

Ein so unberechtigter Pessimismus bereitet den Weg für noch trübere Ahnungen. Natürlich haben wir keine Beweise für Leben an anderen Orten des Universums als der Erde. Der Physiker Michael Hart und andere haben aus verschiedenen Gründen erklärt, daß wir möglicherweise das einzige Leben irgendwo seien, zumindest das einzige intelligente. Wenn dem so ist, dann war unser Ursprung vielleicht das Ergebnis eines äußerst unwahrscheinlichen Ereignisses, dessen Details uns für immer verborgen bleiben werden; gleiches gilt für die Früherde. Nach dieser Logik erweisen sich Bemühungen, eine wissenschaftliche Antwort auf den Ursprung des Lebens zu finden, als erfolglos.

Schwarzseherei hinsichtlich der Entdeckung von Leben an anderen Orten kann somit direkte Auswirkungen auf die Aussichten für die Erforschung des Ursprungs des Lebens bei uns haben. Die beiden Fragen haben jedoch noch einen direkteren und praktischeren Zusammenhang. Die Förderung der Erforschung des Ursprungs des Lebens in den Vereinigten Staaten ist im wesentlichen zu einer Angelegenheit der NASA geworden. Ihr Einfluß auf das gesamte Gebiet wiegt schwer, da über die Hälfte der Mitglieder der ISSOL weltweit aus den USA kommt.

Die Weltraumbehörde rechtfertigt diesen Zusammenhang mit der Behauptung, daß »alle Schritte beim Ursprung und der Evolution des Lebens untrennbar mit den physikalischen und chemischen Prozessen der kosmischen Evolution verbunden sind«. Diese Aussage ist sicher insofern richtig, als das Leben nicht auf der Erde hätte entstehen oder hierherkommen können, wenn die Erde nicht durch die Prozesse geschaffen worden wäre, die auch das Sonnensystem geschaffen haben. Die speziellen Schritte beim Ursprung des Lebens auf der Erde könnten allerdings auch von lokalen Umweltfaktoren auf diesem Planeten bestimmt worden sein und müssen keinerlei Beziehung zu chemischen Ereignissen in interstellaren Staubwolken oder Kometen haben.

Für den Ursprung des Lebens bleiben bis heute viele Möglichkeiten offen, auch das kosmische Bindeglied, und so leuchtet das Interesse der NASA an dieser Frage ein. Sehr viel unverständlicher ist allerdings das mangelnde Interesse der anderen Bundesbehörden. So sagte Donald DeVincenzi von der NASA: »Die anderen Behörden haben noch keine so direkte Rolle bei der Forschung über den Ursprung des Lebens übernommen. Wenn man sie fragt, warum, geben sie einem keine sehr logische Antwort. Sie sagen einfach, das sei das Programm der NASA.«

Was immer für Gründe eine Rolle spielen, die Machtkonzentration bei der Mittelvergabe scheint wenig glücklich zu sein. Der eine oder andere Gesichtspunkt wird zwangsläufig anderen vorgezogen, und die Unterlegenen in diesem Spiel haben keine alternativen Quellen zur Verfügung. Es können allerdings auch noch weiterreichende Gefahren entstehen und die Finanzierung des gesamten Gebiets bedrohen.

Im Sommer 1982 traf ich bei einer Konferenz in New Hampshire Gerry Soffen, einen alten Bekannten. Wir hatten beide als Forschungswissenschaftler in der biochemischen Abteilung der Universität New York gearbeitet, was inzwischen über zwanzig Jahre her war, und hatten zusammen eine schöne Zeit gehabt. Wir schlossen an diese Zeit an und machten einen Rundgang über den Campus des Dartmouth College. Dabei fragte mich Soffen, ob die Unterstützung der NASA für das Programm über den Ursprung des Lebens eingestellt werden sollte.

Gerry machte gern einen Spaß, spielte den Advocatus Diaboli, aber ich hatte eine böse Vorahnung, als ich diese Frage hörte. Wir hatten beruflich ganz unterschiedliche Wege eingeschlagen. Er war zu der Zeit Don DeVincenzis Chef, der Leiter aller Biologieprojekte der NASA. Irgend jemand in seinem Büro nahm die Frage vielleicht irgendwann einmal durchaus ernst.

Finanzieller Druck bei der NASA wird selbstverständlich die Untersuchungen über den Ursprung des Lebens beeinflussen, doch kann der Niedergang des ganzen Fachs nicht nur den Schwierigkeiten beim Raumfahrtprogramm angelastet werden. Die Begeisterung von vor zwanzig Jahren zog ihre Kraft aus dem Auftauchen des Oparin-Haldane-Paradigmas. Die Aminosäuresynthese, die Herstellung von Adenin aus Cyanwasserstoff, Proteinoidmikrosphären, das alles waren relativ neue Entwicklungen. Das neue Paradigma hatte das Fach vor einem verfrühten Niedergang bewahrt, nachdem die These der Urzeugung verabschiedet worden war. Früher, erklärte Oparin 1957, waren viele Wissenschaftler der Meinung, »sie [die Frage nach dem Ursprung des Lebens] sei ein unlösbares Problem und der Arbeit eines ernsthaften Wissenschaftlers unwürdig, und außerdem reine Zeitverschwendung«. Zweifellos war es für Oparin klar, daß die neue Theorie die Situation grundlegend verändert hatte.

In dieser Zeit schien es wahrscheinlich, daß jeden Augenblick von neuen spektakulären Synthesen berichtet würde, die die grundlegenden Gedanken weiter festigten. Doch der erwartete Ansturm neuer Entwicklungen blieb aus. Vielmehr wurden zwei der Hauptvoraussetzungen in Zweifel gezogen, die der reduzierenden Atmosphäre und die der Ursuppe. Die wissenschaftliche Einheit ist zerbrochen, und höchst ungewöhnliche Vorstellungen sind in den Mittelpunkt der öffentlichen

Beachtung gerückt. Viele Forscher haben sich um diese sich ändernden Umstände jedoch nicht gekümmert und geben weiterhin optimistische Bulletins heraus. Hin und wieder stoße ich auf einen Artikel oder Pressebericht, in dem erklärt wird, die wesentlichen Probleme seien gelöst. Nur noch Nebensächlichkeiten, wie der Ursprung des genetischen Codes, verlangen einige Aufmerksamkeit.

Die Wirkung solcher Veröffentlichungen besteht lediglich darin, den Mangel an Glaubwürdigkeit zu verstärken, der zwischen dem Gebiet vom Ursprung des Lebens und der übrigen Wissenschaft besteht. Ich habe das am eigenen Leib mit Abteilungskollegen erlebt, als ich ihnen von meiner Absicht erzählte, mich mit dem Gebiet zu beschäftigen. Ihre Kommentare reichten von »Wie kann man nur so was machen?« bis zu einem besorgten »Wir wollen dich nicht ganz an den Weltraum verlieren«. Diese persönliche Erfahrung ist nicht außergewöhnlich. Mitten in der Euphorie der 60er Jahre hieß es in einem Artikel in *Nature:* »Diejenigen, die sich mit dem Ursprung des Lebens befassen, müssen gezwungenermaßen Ziegel ohne viel Stroh machen, was allemal erklärt, warum dieses Forschungsgebiet mit so tiefem Mißtrauen betrachtet wird.«

Dieses Mißtrauen äußern nicht nur Wissenschaftler und die Öffentlichkeit ganz allgemein, sondern auch Vertreter eines verwandten Gebiets der Evolutionsbiologie. Der Verfasser eines Lehrbuchs dieser Disziplin schrieb, daß »im Kopf vieler Evolutionsbiologen ein Vorurteil dagegen besteht, sich mit den Ursprüngen zu befassen«. Vielleicht wollen sie, bestürmt von Anhängern der Schöpfungslehre, ihr Gebiet davor schützen, mit einem weniger etablierten in Verbindung gebracht zu werden. Die Anhänger der Schöpfungslehre versuchen vielleicht ihrerseits, die gleiche Verbindung auszunutzen. 1981 berichtete *The Sciences* in einem Artikel über die Auseinandersetzung der Anhänger der Schöpfungslehre: »Die Anhänger der Schöpfungslehre konnten recht kluge Argumente gegen die evolutiven Ansichten über die Ursprünge des Lebens vorbringen. Vielleicht haben sie sogar die Achillesferse der modernen Evolutionsbiologie entdeckt und getroffen.«

Auf diesem speziellen Gebiet sind die Anhänger der Schöpfungslehre als Kritiker durchaus qualifiziert. Als eine Gruppe, die selbst versucht hat, Mythologie als Wissenschaft auszugeben, können sie sehr wohl Rivalen erkennen, die, wenn auch unbewußt, das gleiche Spiel betreiben. Verärgert darüber, daß eine andere Mythologie die Erlaubnis zur

Darstellung im Wissenschaftsunterricht erhalten hat, können sie nicht einsehen, warum ihnen nicht das gleiche Recht eingeräumt werden sollte.

Ihre Lösung bringt uns natürlich in die völlig falsche Richtung. Wir wollen den Wissenschaftsunterricht nicht in Veranstaltungen verwandeln, auf denen miteinander konkurrierende Mythen gleich behandelt werden. Und es sollte auch nicht unser Wunsch sein, daß das Fach Ursprung des Lebens seine jetzige Stellung in der Wissenschaft behält: Sein Ruf ähnelt dem eines Mädchens von zweifelhafter Tugend, deren bloßes Erscheinen in der Öffentlichkeit von hämischem, verstohlenem Getuschel begleitet wird.

Wie kann man für das Gebiet wissenschaftliche Achtung reklamieren und es in eine Richtung lenken, wo Fortschritte in wichtigen ungelösten Problemen gemacht werden können? Sicher nicht mit der gegenwärtigen Praxis, in der präbiotische Experimente Beweise dafür liefern sollen, einen Standpunkt gegen die Erklärungen der Gegner zu verteidigen. Wir brauchen vielmehr kritische Tests, bei denen von vornherein einkalkuliert wird, daß ein vorhandener Ballon zum Platzen gebracht wird. Der Gedanke, etwas zu verwerfen, ist das auf diesem Gebiet vielleicht am dringendsten benötigte wissenschaftliche Instrument.

Realistischerweise können wir nicht erwarten, daß diejenigen, die die bestehenden Mythen geschaffen haben, sie kritisch prüfen und verwerfen, wenn sie keine Zustimmung finden, genausowenig wie Henry Bastian sich von der Urzeugung abgewandt oder Trofim Lyssenko die genetische Rolle der DNA anerkannt hätte. Diese Aufgabe fällt Forschern zu, die auf Erfahrungen aus anderen, exakteren Wissenschaftsbereichen zurückgreifen können. Anstatt das Gebiet vom Ursprung des Lebens öffentlich zu übergehen und sich privat darüber lustig zu machen, müssen diese Wissenschaftler bereit sein, die eigenen strengen Kriterien darauf anzuwenden und die Medien zu unterrichten, wenn es angebracht ist: »Wir kennen die Antwort darauf nicht.«

Das Fehlen einer erschöpfenden Antwort auf wichtige Fragen ist keine Schande für die Wissenschaft. Das ist in zahlreichen zentralen Bereichen der modernen Forschung der Fall, etwa in der Ursachenforschung in bezug auf Alterungsprozesse und das Wesen des Bewußtseins. Aber wir stehen auch nicht völlig im dunkeln. Wir haben es nicht mit dem Entweder eines vollendeten Bilds und dem Oder einer leeren Leinwand zu tun. Im speziellen Fall der Erforschung der Ursprünge des

Lebens haben Fortschritte in der Geologie, der Molekularbiologie und Astronomie einen Rahmen für das Bild geliefert, und negative Experimente haben erkennen lassen, wo Hintergrundbereiche liegen könnten. Zusätzlich sind hier und da ein paar kräftige Pinselstriche gemacht worden. Mit ein bißchen Phantasie können wir Möglichkeiten skizzieren, wie das fertige Bild aussehen könnte. Solche Bemühungen sollten nicht unternommen werden, damit neue Mythen entstehen. Sie sollten deutlich als Spekulationen bezeichnet werden, als Annahmen, die auf einer Linie mit den bestehenden Beweisen liegen, aber doch über sie hinausgehen und neue Erklärungen bieten, die von den wissenschaftlichen Daten nicht gestützt werden.

Spekulationen können in der Wissenschaft nützlich, ja unentbehrlich sein, weil sie zu neuen Experimenten anregen und neue Richtungen für die Forschung weisen. Diejenigen, die sie anstellen, müssen sich allerdings über deren Art im klaren sein und vorschlagen, wie man sie verwerfen, aber auch bestätigen könnte. Vor diesem Hintergrund möchte ich die verbleibenden Kapitel dazu nutzen, einige weitere Möglichkeiten für die Entwicklung des Lebens auf der Erde zu beschreiben und denkbare Experimente und Untersuchungen anregen, die uns der endgültigen Antwort über seinen Ursprung etwas näherbringen könnten.

12. Die Sache mit der Henne

Wir haben uns weiter oben mit der intensiven Kontroverse befaßt, ob die Nukleinsäuren oder Proteine bei der Entstehung des Lebens den Vorrang hatten, und haben sie mit dem Streit darüber verglichen, was zuerst da war, die Henne oder das Ei. Nach einigem Nachdenken haben wir den Gedanken, es könne das Ei gewesen sein, aufgegeben. Ich meine damit das Erbmaterial von heute, die Nukleinsäuren. Der Nobelpreisträger Joshua Lederberg hatte bereits 1960 geschrieben: »Es wird darüber gestritten, ob die Nukleinsäuren die ersten Gene waren, zum Teil, weil sie so komplex sind, zum Teil, weil ihre Perfektion eher auf eine Unterbrechung der chemischen Evolution hinweist als auf einen genialen Durchbruch.« Diese Worte sind heute noch genauso zwingend. Selbst die Bausteine der Nukleinsäuren, die Nukleotide, sind komplizierte Moleküle, die jeweils über dreißig Atome haben und die genaue Verbindung dreier Untereinheiten erfordern, wobei zwei Wassermoleküle freigesetzt werden. Es ist nicht verwunderlich, daß die präbiotischen Nukleotidsynthesen unentwirrbare Schwierigkeiten bereiten. Diese Substanzen wurden wahrscheinlich erst einige Zeit nach dem Beginn des Lebens entwickelt.

Wenn wir das Ei fallenlassen, bleibt auf das Rätsel eine Antwort. Es ist an der Zeit, Argumente für die Henne vorzulegen. Ich werde folgende Punkte erörtern: (1) Ein Erbsystem auf der Grundlage von Proteinen ging denen auf der Grundlage von Nukleinsäuren voraus. (2) RNA entwickelte sich zuerst als ein Baumaterial, eine strukturelle Unterstützung bei der Proteinsynthese. Ihre Erbrolle übernahm sie nach und nach. (3) In einem späteren Stadium entwickelte sich die

DNA und wurde die genetische Substanz. Diese Entwicklung hing zusammen mit dem Aufkommen eukaryotischer Zellen vor etwas mehr als einer Milliarde Jahren und half die explosionsartige Zunahme der Evolutionsgeschwindigkeit seither auslösen. Der zentrale Lehrsatz der Molekularbiologie, »DNA macht RNA macht Protein«, wurde also bei der Entwicklung des Lebens genau umgekehrt: Am Anfang stand das Protein. Das Protein brachte die RNA hervor, und beide erzeugten dann die DNA.

Bevor wir fortschreiten, müssen wir uns eine Weile den Skeptiker vom Leibe schaffen. Er hat uns begleitet, als wir nacheinander die These der Urzeugung, die Oparin-Haldane-Hypothese, das nackte Gen, die Vorstellungen Hoyles und die Lehre von der Weltschöpfung abgehandelt haben. Es ist jetzt Zeit, über die bestehende Versuchsebene hinauszugehen und unsere eigenen Spekulationen anzustellen. In diesen Dingen kennt er sich nicht aus und wäre vielleicht sogar hinderlich, und so wollen wir ihn ausklammern.

Jede Diskussion über das Leben ohne ein Erbsystem aus Nukleinsäuren muß zu diesem Zeitpunkt Spekulation sein. Das einzige Leben, das wir kennen, ist die Art, die heute auf der Erde besteht, und sie nutzt ausnahmslos die Nukleinsäuren auf diese Weise. Wir können nur Mutmaßungen darüber anstellen, wie das Leben ohne DNA und RNA aussähe. Während uns grundsätzlich nur unsere Phantasie Grenzen zu setzen braucht, müssen wir uns in der Praxis zügeln, damit wir keine Science fiction betreiben, sondern plausible Wissenschaft. Aus diesem Grund wollen wir die Zahl der neuen Annahmen, die wir machen, begrenzen und soweit es geht im bestehenden Rahmen der Wissenschaft arbeiten.

Leben ohne Nukleinsäuren

Für den Anfang wollen wir annehmen, daß die Proteine ihre Erbmasse selbst übermittelt haben, bevor sie die Nukleinsäuren als verbesserten Mechanismus für diesen Zweck erfanden. Einige Wissenschaftler haben sich mit diesem Gedanken beschäftigt und Systeme zur Proteinreplikation vorgeschlagen, die dem ähneln, dessen sich die Nukleinsäuren bedienen. Eine Aminosäure in einer Lösung würde sich irgendwie direkt mit einem Partner auf einer Proteinkette paaren, so daß die Aminosäuresequenz auf der im Bau befindlichen Kette durch die bestehende gesteuert würde. Die Replikation der DNA erfolgt auf diese Weise, selbstverständlich nach den Regeln der Basenpaarung von Watson und Crick. Es sind zwar einige Anregungen bezüglich möglicher direkter Erkennungssysteme für Aminosäuren gemacht worden, doch hat es keinen überzeugenden Nachweis gegeben, wenngleich er möglich sein sollte, falls ein solches System existiert. Aber vielleicht liegt die Antwort in einer anderen Richtung.

Wenn Proteine mittels irgendeines einfachen Paarungssystems direkt replizieren könnten, hätte für sie keine Notwendigkeit bestanden, diese Funktion auf die Nukleinsäuren zu übertragen. Proteine speichern die gleiche Information rationeller und brauchen weniger Material. Die Aminosäure einer Proteinkette hat zum Beispiel im Durchschnitt etwa 16 Atome. Die gleiche Information, in drei Einheiten einer RNA-Kette gespeichert, erfordert etwa 100 Atome. In der DNA wird die gleiche Information in einem Komplex aus zwei Ketten gespeichert und braucht 200 Atome. Dieser zusätzliche Materialaufwand für das Speichern der gleichen Information wäre nur gerechtfertigt, wenn der Übergang zu dem komplexeren System einen Anstieg der Leistungsfähigkeit mit sich brächte. Somit müssen wir annehmen, daß das frühere Erbsystem auf der Proteingrundlage plumper und weniger geschickt war als das jetzige.

Wie können wir dieses frühere, schwerfälligere System gestalten? Um uns inspirieren zu lassen, können wir uns die Mechanismen ansehen, die heute bestehen. Wenn eine Zelle Proteine herstellt, wird die Information in der DNA zuerst an die RNA übermittelt. Diese Übermittlung erfolgt sehr wirksam mit Hilfe der Basenpaare von Watson und Crick. Die Botschaft, die noch in der Sprache der Nukleinsäuren geschrieben ist, muß dann in die des Proteins übersetzt werden. Dieser sogenannte Translationsprozeß ist im Rahmen der Molekularbiologie in den letzten Jahrzehnten intensiv untersucht worden.

Man hat nach irgendeiner direkten molekularen Paßform zwischen einer Aminosäure und einer Nukleotidgruppe gesucht, um eine logische Verbindung zwischen den beiden Sprachen herzustellen. Wenn ein natürliches Paarungssystem bestände, würde es die Grundlage des heutigen genetischen Codes erklären und auf Ereignisse hinweisen, die stattfanden, als der Code erstmals entwickelt wurde. Man hat jedoch keine derartige direkte Paßform oder ein Paarungssystem gefunden, auch wenn mehrere interessante Anregungen vorgebracht worden sind. Die RNA-Proteinverbindung erfolgt statt dessen auf sehr umständliche Art.

Es gibt eine Molekülgruppe mit dem Fachbegriff »Aminoacyl-tRNA-Synthetase«, doch wir wollen sie Dolmetscher nennen. Es sind spezielle Enzyme, die man sich am besten als zweihändige Moleküle vorstellt. Jedes einzelne ist imstande, unter den zwanzig Aminosäuren eine zu erkennen und auszuwählen, was mit einer »Hand« geschieht. Mit der anderen »Hand« packt es das passende kleine RNA-Molekül (eine Transfer-RNA) aus dem in der Zelle vorhandenen Gemisch. Das Enzym verbindet die beiden dann miteinander. Die Dolmetschermoleküle sind dafür verantwortlich, daß die ursprünglich in der DNA gespeicherten Reihenfolgen beim Bau eines Proteins richtig eingehalten werden.

Eine einfache Analogie kann das klarmachen. Stellen wir uns eine Gruppe Dolmetscher vor, die die Aufgabe haben, vom Chinesischen ins Deutsche zu übersetzen. Jeder Dolmetscher kennt jedoch nur ein chinesisches Schriftzeichen und das entsprechende deutsche Wort. Die Botschaft, die übersetzt werden soll, erscheint auf einer Wand, jeweils ein Schriftzeichen. Sobald ein Schriftzeichen auftaucht, tritt der entsprechende Dolmetscher vor und bringt das deutsche Wort daneben an. Schließlich ist die gesamte Botschaft übersetzt, vorausgesetzt, es ist für jedes gezeigte Schriftzeichen ein Dolmetscher anwesend. Das biologische System funktioniert genauso. Glücklicherweise ist die Zahl der zu übersetzenden Schriftzeichen recht begrenzt.

Das gleiche System könnte auch auf einfachere Art funktionieren und Protein in Protein kopieren. Wieder bräuchten wir mehrere zweihändige Dolmetschermoleküle. Sie hätten diesmal allerdings eine leichtere Aufgabe, da das Enzym nur eine Aminosäure erkennen müßte, die in einer Proteinkette gebunden ist, sowie die gleiche Aminosäure in nicht gebundenem Zustand.

Das zu kopierende Molekül würde irgendeinem geeigneten Träger angelagert (vielleicht einem anderen Protein oder einem Polysaccharid), damit es von den anderen Proteinen in der Zelle unterschieden und für die Verdopplung gekennzeichnet wäre. Dabei würde es gehalten und auf irgendeine Art gedreht, so daß Aminosäure für Aminosäure in der Kette nacheinander freigelegt würde. Jede freigelegte Aminosäure würde von einem spezialisierten Dolmetschermolekül erkannt werden.

Dieses Enzym würde dann die gleiche Aminosäure aus der Lösung auswählen und an der entsprechenden Stelle der neuen, im Aufbau befindlichen Proteinkette einsetzen. Nach Abschluß dieser Arbeit wäre ein Gen verdoppelt worden, und außerdem wäre ein weiteres nützliches Molekül entstanden, da jedes Protein in der Zelle sowohl eine Funktion erfüllen wie auch seine eigenen Erbanlagen tragen würde.

Wenn dieser Mechanismus der Entwicklung der Nukleinsäuren vorausging, aber später ersetzt wurde, arbeitete er vermutlich nicht so gut wie ein genetisches System. Er kann ungenau oder langsam oder sonstwie fehlerhaft gewesen sein. Doch gerade diese mangelnde Perfektion legt eine Lösung eines der Rätsel hinsichtlich der Geschwindigkeit der Evolution nahe.

Um das Problem richtig würdigen zu können, sollten wir zuerst das gegenwärtige Paradigma prüfen, das von vielen Wissenschaftlern geteilt wird und die Entwicklung des Lebens beschreibt. Es nimmt an, daß Protein, RNA und DNA auf die früheste Zeit des Lebens auf diesem Planeten vor 3,5 Milliarden Jahren zurückgehen. Die versteinerten Stromatolithen und andere Überreste aus jener Urzeit haben Formen, die denen heutiger Organismen ähneln. Analog wird vermutet, daß die inneren Prozesse dieser frühen Zellen denen der Prokaryoten von heute ähnelten. Falls dem tatsächlich so ist, ist das Leben im wesentlichen über zwei Milliarden Jahre auf der Stelle getreten und hat kaum evolutive Fortschritte gemacht, ausgenommen vielleicht die Entwicklung der Sauerstoff freisetzenden Photosynthese.

Irgendwann dann, vor ein oder anderthalb Milliarden Jahren, gab es einen Ansturm neuer Entwicklungen. Eukaryotische Zellen entstanden aus einfacheren, Geschlechtsmechanismen entwickelten sich, und Mehrzeller traten auf den Plan. Alle uns vertrauten größeren Lebensformen entstanden in den letzten 500 Millionen Jahren. Über die Gründe für diese verspätete Ereignisfolge gehen die Meinungen auseinander.

Vieles läßt sich jedoch erklären, wenn wir annehmen, daß die genetische Funktion der Nukleinsäuren erst später in der Evolution entstand und ein gröberes System auf der Grundlage von Proteinen zum Vorläufer hatte. Der Gedanke eines späten Ursprungs der DNA ist von mehreren Wissenschaftlern vorgebracht worden, unter ihnen auch vom Biologen John Keosian und vom Physiker Freeman Dyson.

Falls die Nukleinsäuren später kamen, stehen die frühesten Versteinerungen für Organismen, die ein genetisches System auf der Grundlage von Proteinen besaßen. Die Zeit von vor 3,5 Milliarden bis 1,5 Milliarden Jahre, als von den äußeren Formen der Organismen her gesehen so wenig zu passieren schien, war eine Periode der allmählichen Evolution unter den genetischen Proteinsystemen, die ihren Höhepunkt mit dem Übergang dieser Funktion zuerst auf die RNA und dann auf die DNA erreichte. Als die DNA schließlich die Rolle des endgültigen Erbmaterials übernommen hatte, konnte die Evolution beschleunigt erfolgen. Der Rest der Geschichte ist bekannt und führt letztlich zu unserem eigenen Auftreten.

Welche wichtigen Entwicklungen gab es in der Biochemie während der Herrschaft des Proteins? Es ist schwieriger, über diese Ereignisse zu berichten, als über Aufstieg und Fall von Ministern in Königreichen, die vor der Entwicklung der Schrift in Blüte standen. Unser wichtigster Führer ist die Logik.

Während der langen und langwierigen Periode der Proteinrevolution könnte die Zahl der verwendeten Aminosäuren von zunächst einer Handvoll auf die zwanzig gestiegen sein, die wir heute kennen. Die uns bekannten Aminosäuren bestehen aus 10 bis 28 Atomen. Die beiden kleinsten Aminosäuren kommen verstärkt in den Miller-Urey-Experimenten vor. Sie gehörten wahrscheinlich zu den allerersten. Die größten Aminosäuren sind selbst für die ausgeklügeltsten präbiotischen Simulationen nicht erreichbar. Höchstwahrscheinlich wurden sie eingeführt, nachdem sich eine Art Stoffwechsel ausgebildet hatte. Einige Autoren haben gemeint, daß ein Satz von sechs Aminosäuren für eine Annäherung an die verschiedenen Formen genügen würde, die wir heute bei Proteinen sehen. Andere verringern die Anfangszahl auf vier. Wo immer man anfängt – jede neue Einführung einer Aminosäure kann ein Meilenstein im evolutionären Kampf des frühen Lebens gewesen sein.

Größe und Differenziertheit der Enzyme haben in diesen zwei Milliarden Jahren der Evolution zweifellos zugenommen. Gegenwärtig reichen sie von vielleicht 100 Aminosäuren in einer Kette bis zu über 1000. Diese Mammutgrößen erlauben eine ungewöhnliche Perfektion bei den kombinierten katalytischen und regulativischen Fähigkeiten. Aber welches war der Ausgangspunkt für diese Entwicklung? Die Antwort fällt nicht leicht.

Selbst isolierte Aminosäuren, die nicht mit anderen zusammenhängen, können eine bescheidene Tätigkeit als Katalysatoren ausüben.

Dies ist nicht nur eine Eigenschaft der Aminosäuren, sondern auch anderer organischer und anorganischer chemischer Verbindungen. Eine erfreuliche Betätigung für Chemiker besteht darin, andere Moleküle zu planen, die enzymartige Eigenschaften aufweisen. Es sind zum Beispiel einige beeindruckende Ergebnisse mit einer Kohlenhydratverbindung erzielt worden, die die Form eines eingedellten Krapfens oder Berliners hatte.

Wenn wir uns jedoch wieder den Aminosäuren zuwenden, ist es vielleicht richtig, von Enzymaktivität zu sprechen, wenn die katalytische Kraft mehrerer miteinander verbundener Einheiten erheblich die einer Mischung der gleichen Einheiten übersteigt, die nicht aneinanderhängen. Diese Aktivität beginnt, wenn eine Aminosäurenkette die Größe erreicht, die nötig ist, damit sie sich zu einer speziellen, eindeutig definierten, dreidimensionalen Form falten kann. Das kann mehrere Dutzend Aminosäuren erfordern. Die Ära des auf dem Protein basierenden Lebens auf der Erde war demnach eine Zeit, in der die Enzyme von der erforderlichen Mindestgröße auf Dimensionen wuchsen, die denen ähneln, wie wir sie heute beobachten.

Der Auftritt von RNA und DNA

Die Evolution nimmt keine Bedürfnisse vorweg. Es ist unwahrscheinlich, daß die Nukleinsäuren in der Hoffnung entwickelt wurden, irgendeines geeigneten zukünftigen Tages die genetische Funktion zu übernehmen. Sie wurden wahrscheinlich für irgendeinen anderen Zweck gebraucht und erreichten allmählich ihre jetzige Stellung im Leben. Ganz am Anfang war Phosphat auf der Erde in unlöslicher Form in Vulkangestein eingeschlossen und wurde erst nach und nach verfügbar, als das Gestein abgetragen wurde. Als es noch selten war, wurde es wahrscheinlich für seine jetzige Rolle der Energiespeicherung geschont, wenn ohne Frage auch einfachere Moleküle als ATP beteiligt waren.

Als die Bestände an Phosphat wuchsen, fielen ihm mit der Zeit neue Aufgaben zu. Wenn wir heute eine Bakterienzelle untersuchen, können wir das Vorhandensein von Substanzen feststellen, die Teichonsäuren heißen und eine Familienähnlichkeit mit den Nukleinsäuren aufweisen. Sie enthalten ein alternierendes Zucker-Phosphat-Rückgrat, haben aber keine Basen; letztere ersetzen sie durch eine Aminosäure oder einen zusätzlichen Zucker. Diese Substanzen kommen in den Zellwänden und Membranen bestimmter Bakterien vor. Ihr Vorhandensein bezeugt, daß sie wertvolle Eigenschaften als Baumaterialien besitzen und vielleicht auch noch anderen Zwecken dienen. Es hat im Verlauf der Evolution womöglich viele Variationen zum Thema Teichonsäuren gegeben. Während dieses Prozesses entstanden die ersten aktiven Nukleotiduntereinheiten.

Die Verknüpfung der Nukleotiduntereinheiten zur ersten RNA hat den Chemikern einiges Kopfzerbrechen bereitet. Dieser Schritt muß jedoch nicht schwierig sein, wenn ein geeignetes Enzym vorhanden ist. Wir haben gesehen, daß die $Q\beta$-Replikase selbständig ein RNA-Molekül zusammensetzen kann, wenn die passenden Untereinheiten vorhanden sind. Die erste Nukleinsäure ist vielleicht von einem weniger spezialisierten Enzym zusammengesetzt worden, das allgemein dazu in der Lage war, Phosphate und Zucker zu verbinden.

Nachdem sie entstanden waren, stellten diese brandneuen Substanzen zweifellos sehr schnell ihre Fähigkeit als Aufbaumaterialien unter Beweis. Im Grunde werden sie heute in den Ribosomen noch immer in erster Linie für diesen Zweck gebraucht; es wird mehr Nukleinsäure für den Aufbau von Ribosomen als für irgend etwas anderes eingesetzt. Diese Nützlichkeit geht auf die gleiche Eigenschaft zurück, die die Nukleinsäuren so wertvoll bei der Vererbung macht: die Bildung der Watson-Crick-Basenpaare. Wenn eine Nukleinsäurekette keinen geeigneten Partner hat, mit dem sie eine Doppelhelix bilden kann, faltet sie sich auf sich selbst zurück und nimmt eine Form an, die die Bildung vieler interner Basenpaare ermöglicht. Welche Form das Molekül genau annimmt, hängt von der Reihenfolge der Basen in ihm ab. Diese Eigenschaft hat die RNA vielleicht zur idealen Stütze für die Proteinsynthese gemacht, gesteuert von Proteinen. Sie wurde nach ihrer Entdekkung diesem Zweck angepaßt und hat wahrscheinlich irgendeine verwandte, aber weniger geeignete Substanz ersetzt.

Einmal am richtigen Platz, konnte sie verbessert werden und sich entwickeln. Für die Zellen wäre es vorteilhaft, bessere Basensequenzen zu entwickeln, die nützlichere Formen lieferten. Zunächst stellten die Enzyme die Sequenzen vielleicht in einem umständlichen Prozeß selbst her. Nach einiger Zeit wurde jedoch die Entdeckung gemacht, daß die

RNA-Moleküle direkt kopiert werden konnten, wie die Qβ-Replikase Qβ-RNA kopiert. Beim Kopierprozeß kam es möglicherweise zu Fehlern, die, wenn es günstig war, dann vielleicht durch die natürliche Auslese erhalten wurden. Diese Entwicklung führte zweifellos zu einer Flut von Verbesserungen beim Apparat für die Proteinsynthese, was ein sehr viel komplexeres Ribosom zur Folge hatte, das im wesentlichen aus RNA bestand.

Eine wahrscheinliche Verbesserung war die Herstellung kurzer, spezialisierter RNA-Einheiten, von denen jede mit einer bestimmten Aminosäure verbunden war. Diese kleinen RNAs unterstützten das Einsetzen der Aminosäuren in das im Aufbau befindliche Protein. An diesem Punkt erkannte das unentbehrliche Dolmetscherenzym die freie Aminosäure, die Aminosäure in dem zu kopierenden Protein und die kleine Hilfs-RNA (den Vorläufer der Transfer-RNA). Als zusätzliche Stütze wurde eine längere RNA entwickelt, die durch Basenpaarung die verschiedenen Helfermoleküle der RNA so in die entsprechende Reihenfolge brachte, daß das Protein kopiert werden konnte. Eine lange RNA dieses Typs (die Vorläuferin der heutigen Boten- oder Messenger-RNA) wurde für jedes nützliche Protein in der Zelle hergestellt. Mit dieser Neuerung war jedoch die in jedem Protein vorhandene Information auch in der RNA gespeichert. Es hatte sich ein doppeltes genetisches System entwickelt, das zu eigener Evolution fähig war.

Dieses System hatte, wie sich herausstellte, viele Vorzüge. So war es zum Beispiel nicht mehr nötig, daß eine Zelle jederzeit mindestens eine Kopie jedes Enzyms bereithielt, um das Verlorengehen der Information zu verhindern. Der Enzymbestand konnte rasch erhöht oder auf Null reduziert werden, wie es die Umstände erforderten. Als sich das RNA-Erbsystem schließlich als erfolgreich erwies, konnte das damit überflüssige, auf Protein beruhende System abgeschafft werden. Die Proteine waren nun frei und konnten die Aufgaben wahrnehmen, die sie besser bewältigten.

In diesem Evolutionsstadium wurde die genetische Information der Zellen in mehreren getrennten RNA-Molekülen gespeichert, die jeweils zu einem Protein paßten. Diese Moleküle dienten dem gleichen Zweck wie die Messenger-RNA-Moleküle heute: Sie beteiligten sich direkt am Bau der Proteine in den Ribosomen. Inzwischen sind diese beiden Funktionen selbstverständlich getrennt: Die DNA fungiert als entfernter Speicher für genetische Anweisungen, die RNA nur als vorübergehendes Zwischenglied. Irgendwann entstand die DNA durch das Einbringen von Veränderungen in die RNA, und die Erbinformation wurde auf sie übertragen. Diese Informationsübertragung von der RNA auf die DNA erfolgte in der umgekehrten Richtung wie normalerweise in der Biologie, aber sie findet heute noch im Lebenszyklus bestimmter Viren und gelegentlich auch in höheren Organismen statt.

Wahrscheinlich erfolgte diese letzte genetische Neuerung in der Evolution zu dem Zeitpunkt, als Eukaryoten und Prokaryoten sich auseinanderentwickelten, vor vielleicht 1,2 oder 1,4 Milliarden Jahren. Wenn das der Fall war, wäre ein weiteres Rätsel der Evolution gelöst. Wir haben gesehen, daß bei Eukaryoten die codierende DNA in den meisten Genen in Segmente zerbrochen ist. Ein Basenabschnitt, der die Informationen für einen Teil eines Proteins trägt, macht einer »Werbeeinschaltung« Platz, einem Intron. Dann macht der codierende Abschnitt wieder weiter. Es kann zu vielen derartigen Unterbrechungen kommen, bevor die genetische Botschaft beendet ist. Die Prokaryoten haben solche fremden Insertionen nicht in ihren Genen. Die Evolutionisten, die glauben, die DNA bestehe seit den frühesten Tagen des Lebens, vermögen nicht zu erklären, warum Introns in die fortlaufenden Botschaften der Prokaryoten eingeschleust wurden, als diese sich zu Eukaryoten entwickelten. Dieses Dilemma verschwindet, wenn wir annehmen, daß die Wahl dieser beiden verschiedenen Organisationsformen für die DNA kurz nach dem ersten Auftauchen dieses Moleküls erfolgte und daß diese Entscheidung einer der wesentlichen Schritte war, der Eukaryoten und Prokaryoten getrennte Wege gehen ließ. So fand unser biochemisches System nach Äonen von Neuerungen und Änderungen zu seiner endgültigen Gestalt.

Das zentrale Dogma

Wir haben genug spekuliert. Es ist Zeit, den Skeptiker zurückzurufen. Er fragt sofort nach den Widersprüchen zwischen unserem System und dem zentralen Dogma. Sollte diese geschätzte Theorie so einfach abgetan werden?

Allein schon der Klang dieser geheimnisvollen Worte sollte genügen, jeden leichtfertigen Spekulanten einzuschüchtern, der da hineinpfuschen möchte. Dogma läßt in der Wissenschaft an eine Theorie mit gewaltigem Hintergrund denken. Und viele Bücher erwecken diesen Eindruck ja auch. So heißt es zum Beispiel in der Einleitung von Richard E. Leakey in einer illustrierten Ausgabe von Darwins *Die Entstehung der Arten:* »Die genetische Information selbst fließt in nur eine Richtung: von der DNA weg. Diese Aussage wird das zentrale Dogma der Molekularbiologie genannt. Er wurde aus einer Unmenge experimenteller Daten erarbeitet und wird wohl kaum jemals ernsthaft angefochten werden.« Das Dogma selbst wurde erstmals 1958 von Francis Crick aufgestellt. Der genaue Wortlaut ist: »Die Übertragung von Informationen von Nukleinsäure zu Nukleinsäure oder von Nukleinsäure zum Protein ist möglich, doch die Übertragung von Protein zu Protein oder von Protein zu Nukleinsäure ist nicht möglich.«

Die Entdeckung des Informationsflusses von der RNA zur DNA, wie oben ausgeführt, ist also in keiner Weise verboten; die anderen Übertragungen aber, die wir behandelt haben, wären offenbar ausgeschlossen. Aber wie war Crick zu diesem Schluß gekommen? In einem späteren Beitrag wies er darauf hin, daß es einfach eine negative Hypothese war. Keine Spur eines Apparats für die Übertragung von Informationen vom Protein zur Nukleinsäure war in den heutigen Organismen gefunden worden. Das hieß nicht, daß es einen solchen Apparat in der Vergangenheit nicht gegeben haben konnte. Crick erklärte ausdrücklich in seinem späteren Artikel, daß der Lehrsatz »nur für heutige Organismen gelten sollte, nicht für Ereignisse in ferner Vergangenheit, wie den Ursprung des Lebens oder den Ursprung des Codes«.

Um mir ein besseres Bild von den Umständen zu verschaffen, die ihn zu dieser Theorie gebracht hatten und ihn ihr diesen großartigen Namen hatten geben lassen, suchte ich das Gespräch mit Francis Crick. Er nahm an einer Konferenz über das Nervensystem in Cold Spring Harbor im Bundesstaat New York teil, gar nicht weit von meiner Wohnung entfernt, und war glücklich, spät an einem Maienabend über den Lehrsatz zu plaudern. Er ist ein bemerkenswerter Mann, groß, grauhaarig, freundlich, locker und vor allem von munterem Gemüt.

Er erinnerte sich, daß einmal, nachdem er seine Theorie aufgestellt hatte, ein Freund ihm erklärte, daß ein Dogma etwas sei, daß unmöglich angezweifelt werden könne. »Ich wußte nicht, daß es das bedeutet«, sagte Crick. »Ich dachte, es wäre eine Hypothese, irgend etwas Willkürliches, das ohne besonderen Grund aufgestellt wird. Sonst hätte ich es zentrale Hypothese genannt, dann hätte kein Mensch so ein Theater gemacht.«

Dieses Dogma ist also einfach ein praktischer, ordnender Gedanke mit einem irreführenden Namen, längst kein Dogma. Vom Ursprung des Lebens her gesehen, war Crick bereit zuzugeben, daß der Gedanke, Nukleinsäuren seien zuerst dagewesen, einige Probleme aufwarf und sie vielleicht durch die Proteine ersetzt werden sollten. Er könne sich noch einmal dahinterklemmen, vielleicht zusammen mit Leslie Orgel, um erneut darüber nachzudenken.

Nach dieser Bemerkung konnte ich nicht widerstehen, Leslie Orgels Reaktion auf das oben skizzierte spekulative System auf Proteinbasis zu testen. Er hörte mir geduldig zu, als wir ein paar Wochen später zusammen frühstückten, und sagte dann abrupt: »Enzyme können alles.«

Diesen Satz hatte ich zum erstenmal in den 50er Jahren als Student der Biochemie gehört. Wir hatten im Jahr davor in organischer Chemie gelernt, daß bestimmte chemische Reaktionen erfolgreich verlaufen und andere fehlschlagen, und das nach einem empirischen Schema, das Chemiker mit viel harter Arbeit herausgefunden hatten. Wir kamen dann zur Biochemie und sahen, daß in lebenden Systemen die unwahrscheinlichsten Reaktionen stattfanden. Man brauchte nur den Namen eines Enzyms über die chemische Gleichung zu schreiben, um den Prozeß zu bekräftigen. Die damals noch geheimnisvollen Kräfte der Enzyme nahmen sich der Einzelheiten dann schon an.

Orgel hatte sagen wollen, daß Enzyme im Prinzip zweifellos die Art der Selbstreplikation durchführen könnten, die ich beschrieben hatte. Aber das war kein Beweis dafür, daß ein solches System jemals existiert hatte und ein Faktor in der Entwicklung des Lebens gewesen war. Er erklärte: »Modelle machen ist zu einfach. Ich halte nicht allzuviel von Spekulationen, die keine guten Experimente zur Folge haben.«

Das ist natürlich richtig. Anregungen allein genügen nicht. Sie müssen einen Wert als Voraussage haben und zu entscheidenden Tests führen. Aber wie soll man es anstellen, die Existenz eines solchen Systems zu beweisen oder zu widerlegen?

Ein Ansatz wäre, ein solches System im Labor zu konstruieren. Doch die gegenwärtig zur Verfügung stehende Technologie ist dieser Herausforderung nicht gewachsen. Wir wissen noch nicht genug über Enzyme, um auch nur eins zu entwerfen, das erfolgreich eine völlig neue Funktion ausführen könnte. Noch schwieriger wäre es, ein System aus sich wechselseitig beeinflussenden Enzymen herzustellen und zum Arbeiten zu bringen. Irgendwann wird das vielleicht möglich sein. Vielleicht sind wir imstande, von Grund auf eine Gruppe kooperierender Enzyme zusammenzustellen, die tatsächlich ein einfaches Lebensmodell abgäben.

Doch eine solche Leistung würde unser Anliegen nicht beweisen. Sie würde lediglich darlegen, daß unsere Fähigkeiten im Manipulieren von Molekülen zugenommen haben, aber nicht, daß unser System zwangsläufig eine Rolle bei der Entwicklung des Lebens auf der Erde gespielt hat, wie erfolgreich auch immer es arbeitet. Unsere beste Chance, diesem historischen Anliegen Geltung zu verschaffen, ergibt sich aus der Untersuchung lebender Systeme, daraus, wie sie heute arbeiten. Wir haben das Glück, in einer Zeit zu leben, in der erfreuliche Fortschritte in diesem Bemühen gemacht werden. Die intensive Beschäftigung mit der molekularen Grundlage des Lebens wird sich in der Zukunft wahrscheinlich fortsetzen und noch erheblich ausweiten. Aus dieser Arbeit werden wir sehr viel über die Geschichte des Lebens auf unseren Planeten lernen.

In den 70er Jahren wurden beispielsweise enorm verbesserte Techniken zur Bestimmung der Basensequenzen in einem DNA-Abschnitt entwickelt. 1970 mühten sich Forscher ab, die Reihenfolge von 20 Basen in einer Reihe zu bestimmen. Gut zehn Jahre später war die Anordnung von 48 502 Basen in der DNA eines Bakteriophagen namens Lambda bekannt. Wir können voraussehen, daß, wenn wieder zehn oder zwölf Jahre vergangen sind, die in einem Strang des Chromosoms des Bakteriums *E. coli* enthaltene Sequenz mit vier Millionen Basen vollständig oder größtenteils entschlüsselt ist. Viele wichtige Sequenzen höherer Organismen einschließlich des Menschen werden ebenfalls bekannt sein.

Selbst jetzt schon ist ein eingehender Vergleich von Aminosäuresequenzen in Proteinen und Basen in RNA aus verschiedenen Organismen zur Bestimmung der Verwandtschaft und zum Entwurf evolutiver Stammbäume benutzt worden. Sehr viel mehr Informationen dieser Art sind in den DNA-Sequenzen enthalten. Letztlich werden wir ein klares Bild bekommen vom Grad der Divergenz grundlegender Gruppen wie Eukaryoten, Urbakterien und normaler Bakterien untereinander.

Die ganze Bedeutung der in den DNA-Sequenzen vorhandenen Informationen wird nicht mit einemmal aufgehen, sondern sich nach und nach der geduldigen Forschung erschließen. Wir werden die gesamte genetische Fähigkeit eines Bakteriums kennenlernen, die Zusammensetzung jedes Proteins, der RNA und anderer Moleküle, die sie herstellen kann. Physikalische Untersuchungen mit verbesserten Geräten werden uns sagen, wie diese Moleküle dreidimensional zusammenpassen, und wir werden die komplette Blaupause eines Bakteriums haben.

Unsere Kenntnis darüber, wie ein Organismus funktioniert, erlaubt uns vielleicht, Schlüsse auf Einzelheiten seiner zurückliegenden evolutionären Entwicklung zu ziehen. Ich habe die Spekulation angestellt, daß das gegenwärtige bakterielle Ribosom sich aus einer früheren Spielart abgeleitet hat, die mit einem Erbsystem auf Proteinbasis arbeitete. Vielleicht können Überreste der früheren Struktur in der jetzigen entdeckt werden, so wie man ältere Teile einer Kathedrale durch das Studium ihrer jetzigen Form ableiten kann. Ähnlich wiesen vielleicht die »Dolmetscher«-Enzyme, über die wir gesprochen haben, noch geringe Spuren einer Fähigkeit auf, Aminosäureeinheiten in Proteinen zu erkennen. Die Suche nach solchen Überresten ist eine Art molekulare Archäologie. Zeugen der Vergangenheit werden vielleicht auch in den DNA-Sequenzen selbst entdeckt. Die DNA der Eukaryoten besitzt offenbar einige »tote Gene«. Solche Sequenzen ähneln zwar aktiven Genen, haben jedoch durch Mutation irgendeine nachteilige Veränderung erfahren. Sie dienen nicht mehr der Proteinherstellung, sondern werden in der Erbmasse des Organismus einfach so mitgeschleppt und dienen als Register für irgendwelche Vorkommnisse aus früher Zeit.

Sehr viel aufregender und sachdienlicher wäre natürlich die Entdekkung lebender Überbleibsel, Überlebender des ursprünglichen Systems auf Proteinbasis, die noch heute auf unserem Planeten leben und aktiv sind. Mikrobiologen leugnen häufig die Möglichkeit einer solchen Entdeckung und erklären, daß derartige Geschöpfe bereits bekannt wären, wenn sie jemals existiert hätten. Aber das muß nicht der Fall sein.

Das Reich der Mikroben auf der Erde ist nur zum Teil auf seinen Gehalt an neuartigen Organismen hin erforscht worden. Mikrobiologen benutzen häufig ein gutes Kultursubstrat mehrere Male, da es bestimmten Stämmen ermöglicht, sich problemlos bis zu dem Punkt zu vermehren, an dem man sie am besten untersuchen kann. Wirklich ausgefallene Organismen dagegen entwickeln sich in den üblichen Substraten vielleicht nicht so gut und entgehen der Entdeckung, obwohl es sie in der normalen Umwelt gibt. Andere sind vielleicht nicht allgemein verbreitet und halten sich in ungewöhnlichen Nischen auf unserem Planeten versteckt, wo man sie nicht erwartet.

Die kalten, trockenen, sturmgepeitschten Täler der Antarktis zum Beispiel galten einmal als ohne jedes Leben. Die auffälligsten Regionen in diesen Tälern, die exponierten Geländeflächen, waren tatsächlich ohne Leben. Doch später entdeckte man ein ganzes Miniaturökosystem aus ziemlich ungewöhnlichen Algen und Bakterien, die es sich in bestimmten porösen Gesteinsarten heimisch gemacht hatten.

Ungewöhnliche Lebensräume könnten auch außergewöhnliche Organismen beherbergen. Ein 1984 von der japanischen Regierung angekündigtes Fünf-Jahres-Projekt hat zum Ziel, ausgefallene Standorte auf »Superbazillen« mit neuen und möglicherweise nützlichen Eigenschaften hin zu erkunden. Die Zeitschrift *Nature* meinte dazu: »Viele Gründe sprechen für die Annahme, daß Unmengen von Mikroorganismen in extremen Umfeldern leben und noch darauf warten, entdeckt zu werden.«

Methanogene sind, wie wir gesehen haben, sauerstoffanfällige Mikroben, die Energie durch das Verbinden organischen Materials mit Wasserstoff statt mit Sauerstoff erzeugen. Sie besiedeln Regionen wie beispielsweise den Schlamm auf dem Grund der Bucht von San Francisco. Vor zwanzig Jahren, noch bevor man sie entdeckte, wurde die Existenz solcher Lebewesen in einem spekulativen Buch über Wissenschaft vermutet, nur daß sie auf einen entfernten Planeten weit draußen in der Milchstraße versetzt worden waren.

Andere Überraschungen haben sich erst in jüngster Zeit ergeben. Die Biologen haben lange geglaubt, daß Lebewesen nicht bei Temperaturen über 100° C überleben könnten. Doch ist, wie wir schon erwähnt haben, von Mikroorganismen in heißen Vulkanschloten auf dem Meeresgrund berichtet worden, die bei Temperaturen von über 250° C existieren. Die Berichte sind angezweifelt worden, und es wird darüber gestritten, ob es diese Geschöpfe tatsächlich gibt. Falls es sie gibt, müssen sie sich ungewöhnlicher Mechanismen bedienen, um die Stabilität ihrer wichtigsten Biochemikalien aufrechtzuerhalten. Was immer dabei herauskommt, wir dürfen nicht zu sicher werden in unserem Gefühl, schon alles zu kennen, was auf der Erde lebt.

Irgendwo auf diesem Planeten, vielleicht an Orten, deren Phosphatvorkommen erschöpft sind, halten sich eventuell noch Überlebende aus der Zeit des Proteinlebens und bedürfen zu ihrer Entdeckung nur der Erforschung und der geeigneten Kultursubstrate. Joshua Lederberg hat vorgeschlagen, solche Organismen in Gegenwart von radioaktivem Phosphat aufzuziehen. Herkömmliche Organismen würden dieses Phosphat in ihre Nukleinsäuren einbauen und zugrunde gehen, wenn es sich auflöst, während Organismen auf Proteinbasis verschont blieben.

Es ist tatsächlich möglich, daß das erste Überbleibsel des Proteinlebens schon entdeckt worden ist – das einem Virus entsprechende Protein. Wissenschaftler haben jahrzehntelang an der Reinigung eines Partikels (*Scrapie* genannt) gearbeitet, das eine Infektionskrankheit bei Schafen mit Symptomen wie Gehirnstörungen und Tod verursacht. Die Krankheit zieht sich über Jahre hin; aus diesem Grund sind auch Isolation und Identifikation des Partikels langsam vorangeschritten.

Der Wirkstoff der Krankheit, so groß wie ein Virus, besteht offenbar nur aus einem Protein, ohne Nukleinsäure. Doch er kommt in verschiedenen Stämmen vor und hat anscheinend ein Gen, das zu Mutationen in der Lage ist. Wie gibt er nun seine Erbanlagen weiter?

Vielleicht liegt eine gutverborgene Nukleinsäure im Krankheitspartikel. Wenn nicht, erklärt vielleicht eine andere, ganz normale Möglichkeit seine Tätigkeit. Eine andere Alternative ist allerdings, daß es ein Proteingenom hat – eines, das für Protein kodiert oder Informationen in das Nukleinsäuresystem der Wirtzelle eingibt – mit einem Mechanismus, der das zentrale Dogma der Molekularbiologie verletzt. Eine solche Entdeckung wäre sensationell. Sie würde nicht nur die Möglichkeit eines Erbsystems auf Proteinbasis eröffnen, sondern auch beweisen, daß normale Zellen die Fähigkeit behalten, in wechselseitige Beziehung zu einem solchen System zu treten.

Eine Entdeckung dieser Größenordnung würde eine sehr umfangreiche Überprüfung erfordern, so daß wir uns also nicht sofort auf eindeutige Schlußfolgerungen festlegen müßten. Die Entdeckung bestehenden Lebens auf Proteinbasis würde jedoch den Gedanken sehr stärken, daß im Verlauf der Evolution ein System dieser Art demjenigen vorausgegangen ist, das auf Nukleinsäuren beruht.

Nehmen wir einen Augenblick an, dieser Gedanke wäre richtig. Hätten wir dann die Frage nach dem Ursprung des Lebens restlos gelöst? Leider nein. Die Lösung des Paradoxons »Henne oder Ei« würde uns ein Bild von der Entwicklung des Lebens bis zurück in seine ersten Tage auf diesem Planeten liefern, doch es würde uns nicht unmittelbar an den Anfang führen. Wir hätten die Frage nach dem Ursprung des Lebens einfach in eine Form zurückgeführt, die sie hatte, als Darwin und dann Troland erklärten, das Leben habe mit dem Erscheinen des ersten funktionellen Enzyms oder Proteins begonnen. Wir wüßten nicht, was dem ersten Proteinreplikator vorausgegangen ist.

Einige Sorgen sind natürlich gewichen dank der in diesem Kapitel angestellten Spekulationen. Nukleotide müssen nicht präbiotisch hergestellt werden. Die Entwicklung des genetischen Codes und das Verhältnis von Nukleinsäure zu Protein werden auf einen späteren Zeitpunkt in der Evolution verschoben. Mit solchen Dingen brauchen wir uns beim Thema Ursuppe nicht abzugeben. Da bei Miller-Urey-Experimenten Aminosäuren entstehen, haben wir weit weniger Schwierigkeiten, wenn wir die Verfügbarkeit von Bausteinen für den Replikator betrachten. Eine brennende Frage bleibt allerdings: Wie sind die entsprechenden Untereinheiten zusammengekommen, um das erste sich selbst fortpflanzende System zu bilden?

Wieder taucht die so oft verworfene Vorstellung von der Urzeugung als Problemlösung auf. Aber wieder ist ihr kein Erfolg beschieden.

Stellen wir uns die einfachste, in diesem Kapitel beschriebene Form des Systems vor. Wir brauchen einen Bestand an kleinen Enzymen. Vielleicht kommen wir mit nur vier Aminosäuren zurecht. Ein Enzym wird gebraucht, das den Eintritt jeder Aminosäure in ein im Aufbau befindliches Protein steuert. Andere dienen vielleicht dazu, einen Rahmen zu liefern für die Proteinsynthese, bei der Herstellung von Aminosäuren zu helfen und einen Energievorrat bereitzustellen. Wahrscheinlich würde eine Ansammlung von wenigstens zehn verschiedenen Enzymen gebraucht.

Wie komplex muß das einzelne Enzym sein? Es ist kaum vorstellbar, wie die nötige Spezifizierung und Reaktionsgeschwindigkeit mit weniger als vielleicht jeweils 25 Aminosäuren erreicht werden könnten. Wir haben also 250 Aminosäuren beim Bau unseres replizierenden Systems spezifiziert.

Wenn wir auf die Zusammenstellung dieser Ansammlung durch Zufallsauswahl aus einer Lösung mit nur vier Aminosäuren warten wollten, ständen unsere Chancen bei einem einzigen Versuch 1 zu 10^{150}. Selbstverständlich würden auch einige andere Lösungen einen lebensfähigen Replikator liefern. Aber andererseits enthielte kein See oder

Teich, den es wahrscheinlich auf der Früherde gab, nur die Untereinheiten, die wir uns wünschten. Es gäbe da noch die spiegelbildlichen Formen der Aminosäuren, in lebenden Organismen nicht vorkommende Aminosäuren und viele andere Verbindungen, die überhaupt keine Aminosäuren sind, aber sehr wohl in der Lage wären, in eine Proteinkette einzudringen und sie zu beeinträchtigen. Nach allen Berechnungen sind zwar die Chancen für eine Urzeugung eines Proteinreplikators weit besser als die für einen Nukleinsäurereplikator, sie übersteigen jedoch die Zahl der auf der Früherde möglichen Versuche noch immer um ein Vielfaches.

Wir haben weiter oben eine andere Alternative erörtert. Sidney Fox und andere sind der Ansicht, daß Aminosäuren sich nicht zufällig verbinden, sondern nach Regeln, die sich nach ihren chemischen Eigenschaften richten. Die meisten Chemiker würden dem zustimmen, nicht jedoch der weiteren Annahme, daß diese Regeln die schnelle Bildung eines selbstreplizierenden, sich entwickelnden Systems begünstigen. Ein so phantastischer Umstand muß mit genauen Experimenten nachgewiesen werden und kann nicht einfach nur behauptet werden.

Unser Versuch, vom bestehenden Wissen in moderner Biochemie rückwärts auf den Ursprung des Lebens zu kommen, hat zwar einige provozierende Spekulationen ergeben, uns aber nicht an den unmittelbaren Anfang gebracht. Das überrascht uns nicht, denn wir haben nicht erwartet, daß sie uns etwas über das Wesen der einfachsten organisierten Systeme verraten. Das können wir uns am besten anhand einer Darstellung klarmachen.

Nehmen wir an, wir möchten etwas über die Abenteuer und Entbehrungen der ersten Bewohner Nordamerikas erfahren; nicht über die der europäischen Kolonisatoren, sondern die der ersten umherziehenden Stämme, die in vorgeschichtlicher Zeit dort ankamen. Wir würden kaum etwas dadurch in Erfahrung bringen können, daß wir uns ausgiebig mit der amerikanischen Verfassung oder gar den Urkunden der Kolonien befaßten, aus denen die Vereinigten Staaten entstanden sind. Eine bessere Annäherung wäre vielleicht schon, einige Freiwillige dazu zu bringen, ein vergleichbares unbewohntes Gebiet ohne den Segen moderner Werkzeuge zu besiedeln. Wir würden zumindest etwas über die natürlichen Behinderungen im Überlebenskampf und die Probleme lernen, denen der Mensch bei der Organisation einer kleinen Gemeinschaft gegenübersteht.

Höchstwahrscheinlich gibt es keine geschichtlichen Spuren der ersten chemischen Schritte mehr, die beim Ursprung des Lebens auf der Erde eine Rolle gespielt haben. Diese Ereignisse können wir nicht untersuchen. Durch Simulationen im Labor können wir allerdings die allgemeinen Prinzipien erforschen, die bei der chemischen Selbstorganisation beteiligt sind. Wenn wir sie verstehen, können wir auch verstehen, welche Varianten des Prozesses eher in die Richtung unserer speziellen Biochemie gehen. Sidney Fox hat dieses Vorgehen »konstruktiv« genannt. Die Alternative, die Untersuchung bestehender Organismen, nennt man »reduktionistisch«. Das Bemühen, die Anfänge durch reduktionistisches Vorgehen zu verstehen, hat er mit dem Versuch verglichen, das Backen eines Kuchens dadurch zu lernen, daß man einen fertigen »entbackt«.

Viele Wissenschaftler haben diesen Standpunkt natürlich geteilt. Die wissenschaftliche Literatur über den Ursprung des Lebens hat nicht unter einem Mangel an präbiotischen Experimenten gelitten. Der weitaus größte Teil davon ist jedoch durchgeführt worden, um ein bestimmtes synthetisches Ergebnis zu erzielen, nicht um nach dem fehlenden Prinzip zu suchen, das die allmähliche chemische Evolution steuert.

Anhänger der Schöpfungslehre und verwandte Geister haben die Mängel dieses Ansatzes durchaus scharfsinnig erkannt und eine religiöse Lösung für das Problem gewählt. Doch die wissenschaftlichen Möglichkeiten sind noch längst nicht erschöpft. Mit neuem, skeptischem Forschergeist, der frei von vorgefaßten Meinungen über die frühesten Ereignisse bei der Organisation des Lebens ist, dringen wir vielleicht in das Geheimnis ein. Im nächsten Kapitel wollen wir diese Möglichkeiten betrachten.

13. Der Weg zur Antwort

Zu einem bestimmten Zeitpunkt in der Geschichte dieses Planeten sind die einfachsten Systeme, die Nachkommen hervorbringen und sich weiterentwickeln konnten, erstmals aufgetaucht. 3,5 Milliarden Jahre alte Versteinerungen einzelliger Organismen bezeugen dieses Ereignis, das auch noch früher stattgefunden haben kann. Die ersten sich selbst reproduzierenden Systeme müssen nicht zu Zellen angeordnet gewesen sein, sondern haben sich vielleicht auf irgendeine einfachere Art zusammengehalten. Diese Wesen wären, auch wenn sie weit weniger komplex als ein modernes Bakterium waren, doch immer noch sehr viel höher organisiert gewesen als die einfachen chemischen Mischungen, aus denen sie vermutlich entstanden sind. Wir wissen nicht, wie dieser Rückstand in der Organisation ausgeglichen wurde, und das bleibt in bezug auf den Ursprung des Lebens das schwierigste ungelöste Problem.

Eine der Überlieferungen aus der Mythologie behauptet, daß die Lücke nie geschlossen wurde. Die im heutigen Leben vorhandene Organisation wurde von oben eingeführt, nicht von unten, durch die Tat eines noch höher organisierten, übernatürlichen Wesens. Wie wir weiter oben gesehen haben, besteht eine andere Ansicht darin, daß das Leben sich aus einem chaotischen Urzustand organisierte – sie ist ebenfalls in der Mythologie anzutreffen (sie spiegelt sich auch im dialektischen Materialismus, der die Meinung vertritt, daß die Fortführung dieses Prozesses inzwischen fortgeschrittene Gesellschaften einer bestimmten Art hervorgebracht hat). Die letzte Ansicht über den Ursprung des Lebens ist einem wissenschaftlichen Vorgehen zugänglich und kann experimentell geprüft werden – die erstere nicht.

Es sind in der Tat viele Experimente durchgeführt worden, und wir haben sie in den vorangegangenen Kapiteln beschrieben. Wir haben auch die Mängel angesprochen, die sie als Antwort auf das Problem der Selbstorganisation unbefriedigend erscheinen lassen. In diesen Fällen hatte der Experimentator ein vorgefaßtes Ziel. Er wollte die wirksame Synthese von Aminosäuren, einem Polynukleotid oder anderen, für das heutige Leben wichtigen biochemischen Dingen unter Bedingungen vorführen, die für die Früherde als denkbar galten. Zutaten und Umstände wurden so gewählt, daß sie die Wahrscheinlichkeit des gewünschten Ergebnisses maximierten. Ergebnisse, die keinen Bezug zur gegenwärtigen Biochemie hatten, wurden als uninteressant angesehen – zum Beispiel das Entstehen von Öl im ersten Miller-Urey-Experiment. Sie wurden nicht weiterverfolgt. Man versuchte vielmehr mit anderen Bedingungen, das beabsichtigte Ergebnis zu erreichen.

Wenn ein bestimmter Schritt erfolgreich war, galt dieser Teil des Problems als gelöst; man konnte sich dann anderen Fragen zuwenden. Für die Theorie vom nackten Gen wird zum Beispiel die vollständige präbiotische Synthese einer replizierenden Nukleinsäure gebraucht. Bei dieser Suche sind die Synthese von Adenin und die Umwandlung einer einsträngigen Nukleinsäure in eine doppelsträngige Form ohne Enzyme abgeschlossene Leistungen. Weitere Verbesserungen sind zwar selbstverständlich stets willkommen, aber nicht wesentlich. Eine erfolgreiche Nukleosidsynthese und die weitere Replikation einer doppelsträngigen Nukleinsäure sind andererseits Schritte, die noch getan werden müssen.

Viele Anhänger präbiotischer Theorien betrachten solche unvollständigen Schritte einfach als lästige Arbeit, die erledigt werden muß und den unordentlichen Zimmern in einer Wohnung gleicht, die renoviert wird. Allen Schwartz von der Universität Nimwegen sagte mir zum Beispiel, er habe »fast eine Art Glauben«, daß die fehlenden Schritte nachgewiesen werden. Andere zeigen noch weniger Geduld; sie sind bereit *anzunehmen,* daß die erforderliche Arbeit irgendwann erledigt wird. Das kam in einem Bericht des NASA-Beratungsausschusses zum Ausdruck: »Viele glauben, daß die erfolgreiche Herstellung von Nukleosiden etwas ist, das früher oder später erreicht wird, und daß sie eigentlich nicht mehr im Vordergrund der Forschung steht.«

Leider stellt dieses Vorgehen keine Wissenschaft dar, sondern eher das Suchen nach Beweisen zur Unterstützung einer etablierten Mythologie. Jeder wissenschaftliche Ansatz zum nackten Gen oder anderen eingehenderen Theorien über den Ursprung des Lebens muß den gezielten Versuch enthalten, sich selbst zu verwerfen. Der Nachweis eines Fehlschlags bei einem so unentbehrlichen Schritt wie der Nukleosidsynthese wäre ein klarer Hinweis darauf, daß die Theorie falsch ist. Selbstverständlich könnte eine negative Schlußfolgerung dieser Art nie endgültig sein. Es könnte sich immer ein ausgleichendes Gegenbeispiel einstellen und die Lage retten. So kann zum Beispiel noch ein Rezept gefunden werden, das einfache Chemikalien direkt in ein Bakterium umwandelt, Louis Pasteur widerlegt und die Urzeugung aufwiegt. Da ein solches Experiment fehlt, können wir die Urzeugung (und nach weiterer Arbeit vielleicht auch die Theorie vom nackten Gen) zumindest vorläufig in den Müll wissenschaftlicher Theorien geben.

Bei Theorien, die aus Nachweisen ohne jeden Versuch des Verwerfens bestehen, beherrscht der Experimentator die Ereignisse, wie Dr. Midas Charlie den Schimpansen an der Schreibmaschine beherrschte. Charlie hatte keine Möglichkeit, irgend etwas anderes zu tippen. Bei den meisten präbiotischen Simulationen besteht keine Möglichkeit für andere Schlüsse über den Ursprung des Lebens.

Ein fast unerforschtes Gebiet bleibt dem tüchtigen chemischen Wissenschaftler noch offen: ungerichtete präbiotische Experimente. Einige Seiten einer Untersuchung dieser Art sind vorweggenommen worden. Einzelne Wissenschaftler haben Experimente verlangt, die die Komplexität der Urumgebung der Erde genau simulieren. 1963, auf der Zweiten Internationalen Konferenz in Florida, wies der Physiker H. H. Pattee auf folgendes hin: »Trotz aller unvermeidlichen Ungenauigkeiten im einzelnen ist ein Stück sterile simulierte Meeresküste mit Wellen, Gezeiten, Sand, Regen und periodischem Sonnenschein eine exaktere irdische Urumgebung als die genau festgelegten, aber zu stark vereinfachten Reaktionen, die bisher untersucht worden sind.« Und der Chemiker David Usher von der Cornell University hat eine »Tag-und-Nacht-Maschine« geplant, die allerdings noch nicht gebaut ist.

Der Vorteil derart ausgeklügelter Vorrichtungen liegt nicht nur darin, daß sie eine authentische Umgebung simulieren würden, sondern auch weniger anfällig für die Voreingenommenheit des Experimentators wären. Am besten begänne eine Untersuchung mit der Eingabe eines wirklichkeitsnahen und einfachen Gemischs von Chemikalien in das Gerät. Der Apparat würde angestellt und ohne weitere Eingriffe der Wissenschaftler ununterbrochen laufen; lediglich kleine Proben würden von Zeit zu Zeit zu Analysezwecken entnommen.

Welches Ergebnis wäre ein Fehlschlag? Das Nichtvorkommen irgendeiner Chemikalie, auch wenn sie für das Leben heute eine wichtige Rolle spielen würde, wäre nicht von Bedeutung. Das Experiment wäre beendet, wenn weitere Energiezufuhr und die Zeit keine wesentlichen Veränderungen mehr in dem chemischen Gemisch im Apparat bewirken würden. Das könnte gleich zu Beginn der Fall sein, wie im Fall von Sonnenlicht, das einen Schrottplatz bescheint. Der ganze Apparat kann auch mit einer entsetzlichen, hartnäckigen Teerschicht überzogen werden, die auch nachher als Teer übrigbliebe. In beiden Fällen wäre die chemische Evolution beendet.

Vielleicht sollten wir nicht gleich mit einer bombastischen Tag-und-Nacht-Maschine beginnen. Die Aussicht, die Teerschicht entfernen zu müssen, ist alles andere als angenehm. Die ersten Versuche können in kleinem Maßstab durchgeführt werden. Am wichtigsten ist, daß der Experimentator nicht eingreift, bevor das Ende erreicht ist; der Umfang der Bemühungen ist ein nicht so wichtiges Merkmal.

Die ersten Experimente werden höchstwahrscheinlich des öfteren kläglich danebengehen und die Geduld der Forscher auf eine harte Probe stellen. Aber irgendwann würde ein Gemisch vielleicht nicht einfach so untergehen oder zu Teer werden. Es käme vielmehr zu Zyklen chemischer Reaktionen, die andauern und an Komplexität gewinnen würden. Selbst wenn sie nach einiger Zeit auslaufen würden, hätten wir doch etwas daraus gelernt. Wir könnten dann einen abgeänderten Versuch starten.

Eines Tages, wenn Gemisch und Umstände stimmen, hört der Prozeß vielleicht nicht auf. Das chemische System würde sich allmählich selbst organisieren und weiterentwickeln. Anfänglich enthält es vielleicht nicht die Chemikalien, die für unsere Biochemie wichtig sind. Diese Substanzen tauchen vielleicht später auf, vielleicht auch überhaupt nicht. Auf jeden Fall wäre das Ergebnis von entscheidender Bedeutung. Durch eine genaue Untersuchung eines solchen sich entwickelnden Systems würden wir lernen, wie Materie sich organisieren kann, selbst wenn die eingeschlagene Richtung eine andere als die auf diesem Planeten ist. Wenn das Prinzip einmal verstanden wäre, könnten wir mit größerer Aussicht auf Erfolg gerade die Spielart suchen, die zu unserer eigenen Biochemie führt.

Chemische Evolution im Sonnensystem

Aufgrund der Beschränkungen des Menschen sind Experimente der obigen Art, was Umfang und Zeit angeht, zwangsläufig begrenzt und können einer unbewußten Befangenheit des Experimentators unterliegen. Es gibt jedoch Orte, wo Studien über chemische Evolution seit Milliarden Jahren ohne Befangenheit und in großem Stil erfolgt sind. Die Ergebnisse warten auf uns; wir brauchen sie nur zu sammeln und zu analysieren. Die Antworten sind unter Umständen verblüffend. Leider wird das Sammeln sehr teuer, denn die Orte sind die anderen Welten unseres Sonnensystems. Diese Welten bieten eine verwirrende Auswahl verschiedenster chemischer Umstände. Die Temperaturen können heißer als in den heißesten Vulkanschloten bei uns und kälter als in einem arktischen Schneesturm sein. Wir können flüssige oder feste Phasen untersuchen und dichte, dünne oder nicht existierende Atmosphären. Wird eine oxidierende, neutrale oder reduzierende Umgebung gewünscht? Wir brauchen nur zu wählen. Darüber hinaus hat jede der anderen Welten die gleiche Zeitspanne zur Verfügung gehabt, ihr eigenes Schicksal herauszuarbeiten.

Dem Menschen war es bisher nur vergönnt, in eigener Person eine andere Welt aufzusuchen, den Mond. Es war einer der bequemsten und billigsten Besuche, aber was die chemische Evolution betrifft sicher einer der unergiebigsten. Der Mond hat keine Flüssigkeit und keine Atmosphäre, beides wichtige Hilfen für den Evolutionsprozeß.

Gott sei Dank sind unsere Auswahlmöglichkeiten damit nicht am Ende. So wie ein Münchener kaum am Starnberger See Urlaub machen wird – denn das entspräche einem Ausflug zum Mond –, sondern lieber nach Tahiti, Paris oder Rio fliegt, wird auch der Wissenschaftler, der sich mit dem Ursprung des Lebens beschäftigt, von fernen Orten wie Titan, Europa und Mars träumen. Selbstverständlich erhebt keine der obigen Aufzählungen Anspruch auf Vollständigkeit. Die Welten, die ich genannt habe, sind ein Beispiel, das eine Vielfalt an Umgebungen mit den Möglichkeiten für eine chemische Evolution bietet. Es gab zu der Zeit, als dieses Buch geschrieben wurde, keine festen Pläne, einen dieser Himmelskörper zu erforschen, weder direkt durch den Menschen noch mittels automatischer Landefahrzeuge. Ersatzweise wollen wir sie in Gedanken aufsuchen.

Titan

Zur Mittagszeit auf dem Titan, dem größten Saturnmond, scheint die ferne Sonne schwach durch einen orangeroten Nebel und liefert nur soviel Licht wie der Vollmond auf der Erde. Das unheimliche Leuchten läßt ein riesiges Meer erkennen, dessen leichte Wellen die Küste eines Kontinents umspülen. Hin und wieder toben Stürme über den Mond. Regen fällt auf das Land und nährt die Flüsse, die sich ihr Bett in das Erdreich gegraben haben und zum Meer fließen. Die schwere, dichte Atmosphäre besteht überwiegend aus Stickstoff.

Die landschaftlichen Einzelheiten, die wir bisher kennen, erinnern etwas an die Erde, doch enden die Ähnlichkeiten an diesem Punkt. Die Atmosphäre, die dichter als die der Erde ist, enthält neben Stickstoff noch etwas Argon, ein paar Prozent Methan und einige Prozentbruchteile Wasserstoff. Ihre reduzierende Zusammensetzung ähnelt der früher Modelle der Ererde.

In dieser Atmosphäre wirken Licht, elektrische Entladungen und die verschiedenen Gase wechselseitig aufeinander ein und ermöglichen ein gigantisches Miller-Urey-Experiment. Mehrere in den interstellaren Staubwolken vorkommende Moleküle entstehen, unter anderem Cyanwasserstoff, Kohlenwasserstoffe und organische Stickstoffverbindungen. Eine weitere Kombination dieser Substanzen ergibt organische Partikel, die langsam aus der Atmosphäre hinaustreiben. Diese Partikel sammeln sich auf dem Land an und bilden eine mehrere Meter dicke Erdschicht, die vielleicht am besten als Ruß bezeichnet wird.

Durchdringende Kälte herrscht überall. Die Temperatur auf dem Titan bewegt sich um $-178°$ C, ein Wert, der dem absoluten Nullpunkt im Weltraum näherkommt als dem schlimmsten sibirischen Winter auf der Erde. Alles Wasser auf dem Titan ist zu Eis gefroren, das den Untergrund der Kontinente bildet. Wolken, Regen, Flüsse und Meer bestehen aus Methan und anderen Kohlenwasserstoffen.

Die in der Luft sich bildenden organischen Moleküle können in das Kohlenwasserstoffmeer eindringen. Sie können wechselseitig aufeinander einwirken und sogar in gewissem Umfang eine chemische Evolution durchmachen. Infolge der sehr niedrigen Temperatur würden die uns von der Erde her vertrauten Reaktionen sehr langsam ablaufen. Aber andere Substanzen, die zu empfindlich sind, als daß sie die auf der

Erde herrschende Hitze überdauern könnten, wären unter Umständen für die Evolution im kalten Kohlenwasserstoffmeer geeignet.

Auf unserer Welt gibt es natürlich heiße Orte, Schlote und Krater mit Temperaturen, die weit über dem Durchschnitt der Erdoberfläche liegen. Auf dem Titan kann es genauso sein. Einem Lavastrom entspräche auf dem Titan ein Wasserstrom, der sich aus dem wärmeren Inneren ergießt. An einigen ausgewählten Orten könnten das flüssige Wasser und organische Moleküle vielleicht für kurze Zeit aufeinander einwirken und Reaktionen einer Art hervorrufen, die eher der auf dem Planeten Erde entspricht.

Vieles an dieser Darstellung ist Spekulation, zusammengetragen aus den Fachbeiträgen von Kollegen oder selbst angestellt. Der Titan ist größer als einige Planeten. Seine Entfernung und die dichte Wolkendecke stehen der direkten Beobachtung von der Erde im Weg. Ein großer Teil unserer Erkenntnisse stammt vom Vorbeiflug von Voyager I im November 1980.

Die Schätzungen über die Temperatur auf dem Titan und die allgemeine Beschaffenheit seiner Atmosphäre scheinen ziemlich sicher zu sein. Das Meer aus Kohlenwasserstoff und der Regen sind umstritten und existieren vielleicht, vielleicht aber auch nicht. Die beschriebenen Moleküle hat man festgestellt. Die Produkte ihrer weiteren Reaktionen haben für den Ursprung des Lebens vielleicht nicht mehr Bedeutung als der Asphalt, mit dem einige unserer Straßen befestigt sind. Andererseits kann sich ein Prinzip allmählicher chemischer Evolution durchgesetzt und ein sich entwickelndes, organisiertes System der Art erzeugt haben, die zu untersuchen wichtig für uns ist. Einige Wissenschaftler, die sich mit dem Ursprung des Lebens beschäftigen, glauben, daß Aminosäuren und Bausteine der Nukleinsäuren oder die Polymere selbst die erwarteten Produkte eines solchen Prozesses wären. Ich persönlich glaube, daß der Titan nicht wie die Erde ist und daß die chemische Evolution, sollte sie stattgefunden haben, höchstwahrscheinlich einen anderen Verlauf genommen hat.

Glücklicherweise betrifft dieser Streit die Wissenschaft und nicht die Religion oder Mythologie. Wir haben die Mittel zu Gebote, über diese Welt zu lernen, was wir wollen, zunächst durch das Beobachten aus der Ferne und am Ende durch einen direkten Besuch. Wir brauchen nicht bis zum Jüngsten Tag auf die Antwort zu warten.

Europa

Die vier größten Monde des Jupiter – Io, Europa, Ganymed und Kallisto – sind der Menschheit seit ihrer Entdeckung durch Galilei 1610 bekannt. Das meiste über sie wissen wir jedoch von den Vorbeiflügen einiger NASA-Raumfahrzeuge in den 70er Jahren, insbesondere den Begegnungen mit Voyager I und II im Jahr 1979.

Io, der dem Jupiter nächstgelegene Mond, hat das Aussehen einer Pizza mit aktiven Vulkanen und Merkmalen, die sich von denen der drei anderen Monde unterscheiden. Die anderen haben eine Oberfläche aus Eis, praktisch keine Atmosphäre und jeweils eine Dichte, die erkennen läßt, daß sie aus Gestein und Eis bestehen. Hätten sie bei ihrer Entstehung einen Differentiationsprozeß durchgemacht (Schmelzen im Innern, wobei die schwersten Teile zum Mittelpunkt sinken), wie es höchstwahrscheinlich bei der Erde der Fall war, würde das Gestein ihren Kern bilden und das Eis den Mantel darüber.

Die Temperatur dieser Eisschicht ist das Merkmal, das uns am meisten interessiert. Das Eis an der Oberfläche, das dem Weltraum ausgesetzt ist, hat eine Temperatur von etwa −170° C. Falls aber einer der drei Monde infolge Radioaktivität eine innere Wärmequelle hat, wie die Erde, ist dieser Eismantel ganz oder teilweise geschmolzen, also Wasser. Es bestände ein inneres Meer, das einen geeigneten Ort für die chemische Evolution und vielleicht für die Erzeugung von Leben darstellen würde, das, wie das Leben bei uns, auf den chemischen Eigenschaften des Kohlenstoffs und Wassers beruht.

In einem früheren Buch haben mein Physikerkollege Gerald Feinberg und ich diese Möglichkeit anhand des größten Jupitermonds Ganymed erörtert. In neuerer Zeit hat sich die Aufmerksamkeit hin zu Europa verlagert, dem Mond, der dem Jupiter von den großen Satelliten am zweitnächsten ist.

Europa ist etwas kleiner als unser Mond, und seine Dichte deutet darauf hin, daß seine Masse zu vielleicht 6% aus Wasser besteht, also weniger als bei Ganymed oder Kallisto. Europa weist jedoch eine andere Oberfläche als die übrigen Monde auf, mit aufgefüllten Rissen, aber wenigen Aufschlagkratern. Da Europa ohne Frage das gleiche Meteoritenbombardement wie andere Himmelskörper im Sonnensystem mitgemacht hat, sind die Krater wahrscheinlich durch irgendeinen Prozeß resorbiert worden. Das ist von Wissenschaftlern der NASA und der University of California in Santa Barbara als Beweis für einen inneren Ozean unter einer dünnen, halbelastischen Eiskruste gewertet worden. Der Ozean könnte über 100 Kilometer tief sein. Gezeitenkräfte infolge der Wechselwirkungen zwischen Europa und Jupiter sowie Radioaktivität würden die Wärme liefern, die das Wasser flüssig hält.

Für die chemische Evolution und die Aufrechterhaltung von Leben wäre eine Energiequelle nötig. Aber wie kann man eine geeignete Quelle in dem dunklen Ozean unter dem Eispanzer von Europa finden? Die NASA-Wissenschaftler David Reynolds und Steven Squyres meinten, gelegentliche Risse in der Eiskruste würden für Zeiträume von drei, vier Jahren Sonnenlicht in das Meer dringen lassen und so in Abständen für Energiezufuhr sorgen. In unserem Buch haben Gerald Feinberg und ich einen anderen Vorschlag unterbreitet. Hydrothermale Schlote könnten den Grund eines solchen Ozeans bedecken, wie auf der Erde. Falls die Schlote ausreichen, bei uns unabhängig vom Sonnenlicht Leben aufrechtzuerhalten, und wenn sie für einige Wissenschaftler sogar der bevorzugte Ort für den Ursprung des Lebens auf der Erde sind, warum könnten sie dann nicht die gleiche Rolle auf Europa spielen?

Unter dem Eis von Europa kann es Leben geben. Falls der innere Ozean existiert, gibt es ihn vielleicht schon seit Milliarden Jahren, was ausreichen würde, eine richtige Evolution in Gang zu setzen. Um herauszufinden, was geschehen ist, müssen wir einen Blick unter diese Eiskruste werfen, was ein teures Unterfangen ist. Wenn es bei den gegenwärtigen Startplänen bleibt, wird die Oberfläche der verschiedenen Satelliten 1989 im Rahmen des NASA-Projekts Galileo durch ein Raumfahrzeug eingehender erkundet werden. Möglicherweise werden weitere Hinweise bezüglich eines inneren Ozeans gefunden. Falls organische Stoffe in größeren Mengen aus dem Meer aufgestiegen wären und sich an der Oberfläche ausgebreitet hätten, würde das vielleicht auch entdeckt. Eine vollständigere Antwort über die Beschaffenheit von Europa bedarf eines Landefahrzeugs – ein Projekt für das einundzwanzigste Jahrhundert.

Mars

Wir haben bereits die Gelegenheit gehabt, den Mars aus größerer Nähe zu betrachten. Zwei gleiche Landefahrzeuge des Viking-Projekts wurden an weit auseinanderliegenden Stellen der Oberfläche im Juli 1976 postiert. Sie versuchten mittels verschiedener Tests, dem unseren ähnliches, mikrobisches Leben festzustellen. Die Ergebnisse waren mehrdeutig und verwirrend. Es existiert auf der Marsoberfläche etwas Interessantes, aber wir wissen nicht, was es ist. Erst eine weitere Landung, oder auch mehrere, wird uns Auskunft geben können.

Die Bedingungen an den Landeplätzen der Viking-Landefahrzeuge erscheinen auf den ersten Blick nicht gerade einladend für ein Leben unserer Art. Die Viking-Kameras zeigten trockene, orangerote, mit Gesteinsbrocken übersäte Einöden. Die Temperaturen schwankten zwischen −90° C und −10° C, blieben also unter dem Gefrierpunkt von Wasser. Flüssiges Wasser gibt es auf der Oberfläche dort oder an anderen Stellen des Mars nicht, allerdings Eis an den Polkappen; die Luft enthält Spuren von Wasserdampf, und etwas Wasser ist im Boden an Minerale gebunden. Die Atmosphäre des Mars hat nur etwa 1% der Dichte der unseren und besteht im wesentlichen aus Stickstoff mit etwas Argon und Kohlendioxid. Diese unwirtlichen Bedingungen und das kahle Bild des Planeten machten die Existenz mikrobischen Lebens dort jedoch nicht unmöglich. Ein chemisches Analysegerät und drei eigenständige biologische Experimente hatten die Aufgabe, es zu entdekken, sollte es existieren.

Die biologischen Ergebnisse waren alles in allem ermutigend. Es wurden drei verschiedene Arten chemischer Veränderungen gesucht, die typisch für den Metabolismus irdischer Mikroorganismen sind. Jeder Test ging von anderen Voraussetzungen aus, und man war sich im voraus darüber einig, daß eine positive Reaktion bei jedem der drei ein gutes Zeichen für das Vorhandensein von Leben wäre. Ein Experiment erbrachte tatsächlich eindeutig positive Ergebnisse. Es wurde Kohlendioxid freigesetzt, wenn eine Lösung aus einfachen organischen Verbindungen auf den Boden des Mars gegeben wurde. Die beiden anderen biologischen Tests erbrachten Ergebnisse, die innerhalb des ursprünglichen experimentellen Konzepts weder eindeutig positiv noch negativ waren. Es wurde zum Beispiel Sauerstoff freigesetzt, wenn der

Boden des Mars mit Wasser behandelt wurde, ein völlig unerwartetes Ergebnis.

Die biologischen Tests allein hätten vermuten lassen, daß in den Bodenproben Leben vorhanden war. Das chemische Analysegerät zeigte dagegen keinerlei organische Verbindungen an. Auf der Erde werden Organismen im Boden zwangsläufig von zusätzlicher organischer Materie begleitet, die leicht feststellbar ist.

Es wurden mehrere Erklärungen zur Lösung dieses offenkundigen Widerspruchs vorgebracht. Der positive biologische Test ist empfänglicher für das Vorhandensein von Mikroorganismen als das chemische Gerät. Ein geringer Mikrobenbestand hätte vom einen erkannt, vom anderen übersehen werden können. Die meisten Wissenschaftler ziehen jedoch für alle Ergebnisse eine konservativere, nichtbiologische Erklärung vor. Unmengen anorganischer chemischer Systeme sind mit nur teilweisem Erfolg in dem Versuch erforscht worden, die Viking-Ergebnisse zu simulieren.

Erstaunlicherweise wurden einige der besseren Ergebnisse bei der Simulation der Viking-Experimente in Systemen erzielt, die auf geschichteten Tonmineralien beruhten. Versuche, das mögliche Vorhandensein von Leben auf dem Mars zu erklären, haben uns vielleicht gerade auf die Systeme gebracht, die für den Ursprung des Lebens auf der Erde verantwortlich sind. Aktive Ton-Mineralorganismen der Art, wie Graham Cairns-Smith sie beschrieben hat, würden selbstverständlich zu sämtlichen Viking-Ergebnissen passen, auch zum Experiment der organischen Analyse. Es wäre schon sehr eigenartig, wenn wir zum Mars reisen müßten, um auf unsere ältesten Vorfahren zu stoßen.

Leben oder chemische Evolution an anderen Orten auf dem Mars wäre nicht ausgeschlossen, selbst wenn die Viking-Bodenproben tatsächlich kein Leben enthielten und die Ergebnisse auf die langweiligsten chemischen Reaktionen zurückgingen, die man sich nur vorstellen könnte. Am besten entsprechen der Umgebung des Mars auf der Erde bestimmte kalte, trockene, sturmgepeitschte Einöden in der Antarktis, die wir schon erwähnt haben. Dort leben ungestört Bakterien und Algen, verborgen unter dem Oberflächengestein. Leben kann auch an den Landeorten der Viking-Fahrzeuge existieren, aber innerhalb des Gesteins oder tiefer am Boden, wohin die Schaufeln des Landefahrzeugs nicht kamen. Gilbert Levin, das Mitglied des Viking-Projekts, das das erfolgreichste biologische Experiment entworfen hat, bemerkte auf

Steinen in der Nähe grüne Flecken, die Flechten ähnelten, konnte die anderen Mitglieder des Teams aber nicht dafür interessieren.

Selbst wenn die Gegend rund um die Landefahrzeuge sich als uninteressant erweisen sollte, könnten andere Orte mehr bieten. Bestimmte Stellen am Marsäquator zum Beispiel könnten direkt unter der Oberfläche flüssiges Wasser enthalten. Eine weitere interessante Region wäre der Rand der Eiskappen an den Polen. Wir werden noch einige Gebiete des Planeten erforschen müssen – vielleicht mit einem ferngesteuerten Fahrzeug, einem Mondauto –, bevor wir sicher sein können, was es dort geben und nicht geben kann.

Falls es heute kein Leben mehr gibt, entdecken wir vielleicht Überreste vergangenen Lebens. Das Vorhandensein vieler alter flußartiger Kanäle läßt darauf schließen, daß es früher Wasser an der Oberfläche des Mars gegeben hat. Alternativ wurden als Verursacher dieser Kanäle Wind und Eis genannt, doch sind Flüsse als Erklärung durchaus einleuchtend. Das Leben hätte sich auf dem Mars dann sehr viel früher in einer feuchtwarmen Periode entwickeln können und ging unter, als sich das Klima änderte. Falls das zutrifft, stoßen wir vielleicht auf Fossilien, die diese Phase der Geschichte des Mars verkörpern.

Möglicherweise hat der Mars uns Wichtiges zum Ursprung und der Entwicklung des Lebens sowie dessen Verbreitung im Universum zu sagen. Beim Viking-Projekt haben wir versucht, uns Informationen mit einem Schuß ins Blaue, mit einer einmaligen Anstrengung, zu beschaffen. Dieser Versuch ist gescheitert, hat uns aber vielleicht etwas Wichtiges gelehrt. Es bedarf einer andauernden und geduldigen Anstrengung, selbst bei Widrigkeiten, wenn man die ganze Geschichte des Mars kennenlernen will. Wir werden wahrscheinlich nicht eher zufrieden sein, bis Menschen die ausgetrockneten Flußbetten betreten und im Boden des Mars gegraben haben. Sollten die Ergebnisse für die Frage nach dem Ursprung des Lebens vollkommen negativ ausfallen, könnten wir dennoch sehr stolz darauf sein, wie die Suche durchgeführt worden ist.

Planetenabenteuer

Nach einer Phase sprichwörtlicher Finsternis Anfang der 80er Jahre läßt das Programm zur Erforschung der Planeten jetzt bescheidene Lichtblicke erkennen. Ein NASA-Beraterausschuß zur Erforschung des Sonnensystems hat für den Rest dieses Jahrhunderts ein moderates Programm empfohlen. Es wurden 14 Hauptmissionen angegeben, die im Rahmen der laufenden Haushaltsbeschränkungen durchgeführt werden könnten. Von diesen 14 sollten vier mit besonderem Nachdruck betrieben werden. Eine dieser vier Missionen hatte besondere Bedeutung für Untersuchungen des Ursprungs des Lebens: eine Radar-Kartierungssonde zum Titan. Eine Sonde soll am Fallschirm in die Atmosphäre des Titan eintauchen, deren genaue Zusammensetzung bestimmen und einen Teil der Oberfläche kartographisch erfassen.

Eine Mission dieser Art, das Projekt Cassini, steht auch bei der europäischen Weltraumbehörde ESA an vorderster Stelle. Wenn die beiden Behörden zusammenarbeiteten, könnte gemeinsam das Saturn-System erkundet werden, wobei die Erkundung des Titan eine der Hauptaufgaben wäre; als Termin kommt das Jahr 1995 in Frage. Ein Erfolg bei diesem Vorhaben würde möglicherweise den Weg für ehrgeizigere Weltraumprojekte zu Beginn des einundzwanzigsten Jahrhunderts bereiten – beispielsweise eine ausgedehnte Erforschung der Oberfläche des Mars, deren Höhepunkt eine bemannte Expedition wäre.

Kurzfristig vermitteln uns derartige Erkundungen vielleicht wichtige Einblicke in die Prinzipien der chemischen Evolution und des Ursprungs des Lebens. Der Geist, der dahintersteht, wird, falls er nicht unterdrückt wird, uns oder die von uns ausgesandten Sonden letztlich über unser Sonnensystem hinaus in die unermeßliche Weite der Galaxie führen. Da draußen werden unsere Nachfahren sicher Antworten auf die Fragen nach dem Platz des Lebens im Universum finden. Bis dahin müssen wir uns mit den Teilantworten zufrieden geben, die uns vielleicht gegeben werden.

Eine Vermutung

Auch wenn die vollständige Geschichte unseres Ursprungs erst noch erzählt wird, zögere ich doch, ein Vakuum zu hinterlassen. Wir brauchen irgendein Modell, um das Material in unserer Hand zu ordnen, um Unstimmigkeiten zu orten und weitere Untersuchungen zu planen. Mit der folgenden Darstellung möchte ich die verschiedenen Fäden, die wir aufgenommen haben, sammeln und die Lücken umreißen. Ich hoffe, meine Vorstellungen werden nicht als Dogma betrachtet, denn das Gebiet braucht nicht noch mehr Mythologie.

Ich beginne mit der Annahme, daß das Leben, wie wir es kennen, das Produkt unseres eigenen Planeten ist. Wir haben die Möglichkeiten hier noch lange nicht ausgeschöpft – es besteht keine Notwendigkeit, sich woandershin zu wenden. Die einfachste Vermutung über die Bedingungen auf der Erde, bevor das Leben begann, ist die, daß sie im wesentlichen so waren wie heute. Ausgenommen ist selbstverständlich, daß es das Leben und seine Produkte, vor allem den Sauerstoff in der Luft, noch nicht gab. Ferner spielten keine sehr unwahrscheinlichen Schritte eine Rolle, lediglich voraussagbare Entwicklungen, die unter den gleichen Umständen wieder einträfen. In einer anderen Umgebung und unter anderen Umständen würden andere chemische Wege eingeschlagen und andere Lebensformen aufkommen oder überhaupt kein Leben.

Die komplizierten Moleküle und Strukturen, die wir heute im Leben beobachten, sind vermutlich das Ergebnis eines langen Evolutionsprozesses, so wie die Organe unserer Gesellschaft, das Parlament, die Gerichte, die Finanzbehörden, sich aus einer langen Zeit sozialer Entwicklung ergeben haben. Es macht genausowenig Sinn anzunehmen, daß das Leben mit vollentwickelten Enzymen und Replikationssystemen begann, wie anzunehmen, daß primitive Stämme komplizierte Gesetzgebungsverfahren und Finanzämter einführten, als sie lernten, sich selbst zu regieren. Das Leben begann mit einfachen, verfügbaren Chemikalien und entwickelte sich dann.

Es bleibt das Problem, die Bestandteile, Umstände und Organisationsprinzipien zu bestimmen. Dieses Unterfangen muß beim gegenwärtigen Stand unserer Kenntnisse mehr eine Sache der Eingebung als der Logik sein. Ich persönlich war ganz gefangen von einem Ort, den ich 1983 im Urlaub im Yellowstone-Nationalpark beobachtete. Der Platz hatte den aufregenden Namen »Farbenquelle« und war eine der vielen geothermischen Stätten jener Gegend. Ich kam an tiefblauen heißen Teichen, speienden Geysiren und brodelnden Quellen vorbei. Das Wasser, das von ihnen bergab lief, lagerte leuchtend orangegelb und rot Schwefel, Eisenoxide und andere Minerale in Streifen auf dem felsigen Untergrund ab. Die Sonne schien strahlend auf dieses Farbenschauspiel, dem die Luft allerdings nicht entsprach, denn sie roch unangenehm nach reduziertem Schwefel.

Der Ort bezog seinen Namen von seiner Hauptattraktion, einem schaumbedeckten Schlammtümpel. Dampf entwich in Blasen aus dem zähen Morast, schleuderte Material in die Luft und erzeugte kleine Wellen auf der dicken, klebrigen Oberfläche. Ich betrachtete dieses lebhafte, fast sinnliche Schauspiel und dachte bei mir, das muß der Ort sein. Man sieht unbelebte Materie selten so belebt.

Energie war hier im Überfluß vorhanden, in Gestalt von Sonne, Wind, Hitze, Chemikalien und fließendem Wasser. Es gab reduzierte Chemikalien, und Minerale wurden in das Sonnenlicht geschleudert. Auf der frühen Erde hatte es bestimmt viele Orte wie diesen gegeben, und an einem oder mehreren von ihnen war etwas geschehen.

Viele haben vor mir diesen Gedanken gehabt, aber noch niemand war in der Lage, die genauen Schritte oder Grundsätze abzuleiten, die dabei eine Rolle spielten. Ton war reichlich vorhanden; wir haben die Möglichkeiten erörtert. Wir bestehen aus organischen Chemikalien; sie müssen also zu irgendeinem Zeitpunkt aufgekommen sein. Sie sind nicht als entwickelte, sondern als einfache Produkte mit nur wenigen Kohlenstoffatomen aufgetreten. Sonst wäre die chemische Komplexität überwältigend gewesen. Es ist noch nicht klar, ob sich Tone eine Zeitlang allein entwickelten, wie Graham Cairns-Smith meint, oder ob die Zusammenarbeit von Kohlenstoff und Silikat von Anfang an funktionierte.

Die Vermischung dieser beiden chemisch unterschiedlichen Ursprünge wurde an der Farbenquelle offenkundig. Die Farbstoffe stammten nicht nur von Mineralien. Grüne, orangefarbene und braune Algen färbten das heiße Wasser ebenso wie gelbe und rosa Bakterien. Mein ungeschultes Auge konnte die Minerale nicht von den Mikroorganismen unterscheiden.

Natürlich unterscheiden sie sich erheblich, wie wir weiter oben erklärt haben. Ihre Nachbarschaft an diesem Ort ließ jedoch an irgendeine frühere Zusammenarbeit beim Ursprung des Lebens denken. Der organische Partner dieser frühen Verbindung wurde komplexer und entwickelte sich, während sein mineralischer Gefährte vor Ort blieb.

Die Freude an der Wissenschaft

Sollte sich die obige Darstellung als richtig herausstellen, wäre ich ziemlich überrascht. Ich habe versucht, die Dinge von größtem Belang zusammenzutragen, die wir kennengelernt haben, doch konnte ich nicht die Entdeckungen miteinbeziehen, die noch nicht gemacht worden sind. Die Wissenschaft ist nicht der Ort für die, die Sicherheit wollen, die die Wahrheiten wollen, die sie in der Kindheit gelernt haben, damit sie ihnen im Alter Gewißheit geben. Überraschungen ereignen sich und verändern unsere Wahrnehmung der Wirklichkeit – zum Beispiel die Entdeckung der Radioaktivität oder der genetischen Rolle der DNA.

Einige Wissenschaftsbereiche, wie die klassische Mechanik und die organische Chemie, scheinen einigermaßen gut fundiert zu sein. Fundamentale Entdeckungen in solchen Gebieten sind zwar möglich, müssen aber nicht erwartet werden. Wenn es jedoch beim Ursprung des Lebens keine weiteren Überraschungen mehr gäbe, wäre das das Überraschendste überhaupt.

Welche Entdeckungen die Zukunft auch bereithält, das Interesse an diesem Gebiet wird bleiben. Vielleicht sind einige damit zufrieden, von einem Tag in den anderen zu leben, ohne sich um die großen Fragen der Wissenschaft zu kümmern. Wie hat das Universum angefangen? Wie hat das Leben in ihm begonnen? Welche Arten von Leben gibt es? Wie arbeitet das Bewußtsein? Ein solches Verhalten würde mich an jemanden erinnern, der an Gedächtnisschwund leidet und eines Tages ohne Erinnerung an die Vergangenheit aufwacht, sich nicht mehr für sein früheres Leben interessiert. Francis Crick hat geschrieben: »Kein Interesse an diesen Themen zu zeigen ist ein Zeichen echter Unbildung.«

Doch die Menschen haben sich seit undenklichen Zeiten für die Frage nach dem Ursprung interessiert und tun es bis heute. Vortragssäle, die sonst kaum besucht sind, füllen sich, wenn der Ursprung des

Lebens auf dem Programm steht. Viele von denen, die kommen, hoffen, daß die Antwort noch am gleichen Tag gegeben wird. Wenn sie nur aus diesem Grund erscheinen, ist die Enttäuschung vorprogrammiert. Doch ihr Interesse hat andere triftige Gründe, wenn sie teilnehmen, weil die Wissenschaft ihnen etwas bedeutet. Wenn es so ist, kommen sie nicht nur, um ihre Neugier auf die Antwort zu befriedigen, sondern auch, weil sie den Geist des Suchens lieben.

Wenn wir jede neue Beobachtung und Theorie skeptisch behandeln, uns unsere Zweifel bewahren, bis sie den Erfahrungstest bestanden haben, und sie dann mit der Sorgfalt eines Sammlers, der nach langem Suchen ein wertvolles Stück gefunden hat, zu unseren anderen Erwerbungen nehmen, können wir die Freude an der Wissenschaft erleben. Diese Freude, weniger das Beharren auf einer direkten Antwort, ist wahrscheinlich unser Lohn, wenn wir weiter nach dem Ursprung des Lebens forschen. Doch wollen wir selbst bei dieser Schlußfolgerung ein wenig Vorsicht walten lassen. Vielleicht sind wir der Antwort näher, als wir denken.

Weiterführende Literatur

Kapitelweise habe ich einige Hinweise zusammengestellt, die ich für nützlich hielt. Der Leser, der mehr über Themen wissen möchte, die im Text behandelt werden, sollte sich mit ihnen befassen. Die Liste ist lediglich als Anregung zu verstehen, keineswegs als vollständige Aufzählung.

1

Sun Songs. Creation Myths from Around the World, Raymond Van Over, Hrsg., (New York, New American Library, 1980), ist eine nützliche Einführung in dieses Thema.

Den Lebensweg von Ignaz Semmelweis beschreibt Frank G. Slaughter in *Immortal Magyar* (New York, Henry Schulman, 1950).

Wegen Informationen über die Philosophie und Wissenschaftspraxis vergleiche man Thomas Kuhn, *Die Struktur wissenschaftlicher Revolutionen* (Frankfurt, Suhrkamp, 1973), und Carl. G. Hempel, *Philosophie der Naturwissenschaften* (München, Deutscher Taschenbuch Verlag, 1979).

The Spontaneous Generation Controversy from Descartes to Oparin von John Farley (Baltimore, Johns Hopkins University Press, 1977) bietet eine ausgezeichnete Darstellung des Themas.

2

Eine weitere Erörterung über das Wesen des Lebens findet sich in G. Feinberg und R. Shapiro, *Life Beyond Earth* (New York, William Morrow, 1980). Vgl. auch den Beitrag »Life« von Carl Sagan in der *Encyclopaedia Britannica*, 15. Aufl., *Macropaedia*, Bd. 10.

3

Die Grundlage der Berechnungen von Erzbischof Ussher wird eingehend beschrieben von William R. Brice in »Bishop Ussher, John Lightfoot and the Age of Creation«, in: *Journal of Geological Education*, 30 (1982), S. 18–24.

Eine Darstellung verschiedener Methoden zur Altersbestimmung der Erde, einschließlich der radioaktiven Datierung, geben Frank Press und Raymond Siever, *Earth*, 3. Aufl. (San Francisco, W. H. Freeman, 1982).

Informationen über die Auseinandersetzungen um die Isua-»Versteinerungen« finden sich in Artikeln von D. Bridgwater, J. H. Aalaart, J. W. Schopf, C. Klein, M. R. Walter, E. S. Barghoorn, P. Strother, A. H. Knoll und B. E. Gorman, »Microfossil-like Objects from the Archaean of Greenland: a Cautionary Note«, in: *Nature*, 289 (1981), S. 51–52, und B. Nagy, M. H. Engel, John M. Zumberge, H. Ogino und S. Y. Chang, »Amino Acids and Hydrocarbons 3, 8000-Myr Old in the Isua Rocks, Southwestern Greenland«, ibid., S. 53–56, wie auch die dort genannten Hinweise.

Wegen umfassender Informationen über die geologische Geschichte der Erde und ihr Verhältnis zur Entwicklung des Lebens vgl. *Earth's Earliest Biosphere*, J. William Schopf, Hrsg. (Princeton, N. J., Princeton University Press, 1983).

4

Die Umstände seines frühen Experiments beschreibt Stanley Miller, »The First Laboratory Synthesis of Organic Compounds under Primitive Earth Conditions«, in: *The Heritage of Copernicus: Theories »Pleasing to the Mind«*, J. Neyman, Hrsg. (Cambridge, Mass., MIT Press, 1974), S. 228–242.

Eine Zusammenfassung der Millerschen Ergebnisse findet sich in Stanley L. Miller und Leslie E. Orgel, *The Origins of Life on the Earth* (Englewood Cliffs, N. J., Prentice-Hall, 1974). Vgl. auch die Hinweise auf S. 100 f. jenes Werks. Seine neuere Arbeit mit weniger günstigen Atmosphären beschreiben S. L. Miller und G. Schlesinger in »Carbon and Energy Yields in Prebiotic Syntheses using Atmospheres Containing CH_4, CO, and CO_2«, in: *Origins of Life*, 14 (1984), S. 83–89.

Wegen einer kritischen Analyse der Bedeutung dieser Experimente vgl. A. G. Cairns-Smith, *Genetic Takeover and the Mineral Origins of Life* (New York, Cambridge University Press, 1982).

Das Verhältnis zwischen den in Meteoriten gefundenen Aminosäuren und denen, die bei Miller-Urey-Experimenten entstanden sind, beschreiben James G. Lawless und Etta Peterson in »Amino Acids in Carbonaceous Chondrites«, in: *Origins of Life*, 6 (1976), S. 3–8.

Eine Zusammenfassung der Gedanken A. I. Oparins gibt er selbst in *Das Leben. Seine Natur, Herkunft und Entwicklung*, (Stuttgart, G. Fischer Verlag, 1963).

Kritik an der Vorstellung von der »Ursuppe« äußern J. Brooks und G. Shaw in »A Critical Assessment of the Origin of Life«, veröffentlicht in *Origins of Life*, 9 (1978), S. 597–606.

Carl Woeses Anregung von Wolken als Ursprung des Lebens, »An Alternative to the Oparin View of the Primeval Sequence«, wurde veröffentlicht in *The Origins of Life and Evolution*, H. O. Halvorson und K. E. Van Holde, Hrsg. (New York, Alan R. Liss, 1980), S. 65–76.

Die Bakterien, die bei 250° C gedeihen sollen, werden abgehandelt von J. D. Trent, R. A. Chastain und A. A. Yayanos in »Possible Artefactual Basis for Apparent Bacterial Growth at 250° C«, in: *Nature*, 307 (1984), S. 737–740. Vgl. auch die Erwiderung von J. A. Baross und J. W. Deming auf S. 740.

5

Der Beitrag von George Wald vom August 1954 in: *Scientific American*, »The Origin of Life«, ist abgedruckt in *Life, Origin and Evolution* mit einer Einleitung von Clair E. Folsome (San Francisco, W. H. Freeman, 1979).

Die Berechnungen von Harold Morowitz erklärt er selbst sehr detailliert in seinem Buch *Energy Flow in Biology* (New York, Academic Press, 1968).

6

Der im Text genannte Beitrag von H. J. Muller, »The Gene Material as the Initiator and the Organizing Basis of Life«, erschien im *American Naturalist*, 100 (1969), S. 493–517. Der angeführte Artikel von Carl Sagan, »Radiation and the Origin of the Gene«, erschien in *Evolution*, 11 (1957), S. 40–55.

Genes, Radiation and Society. The Life and Work of H. J. Muller, von Elof Carlson (Ithaca, N. Y., Cornell University Press, 1981), ist eine fesselnde Darstellung der Erlebnisse Mullers.

Wegen Informationen über den Lebensweg Lyssenkos und seine Wirkung auf die sowjetische Wissenschaft vgl. David Joravsky, *The Lysenko Affair* (Cambridge, Mass., Harvard University Press, 1970), Loren A. Graham, *Dialektischer Materialismus und Naturwissenschaften in der UdSSR* (Frankfurt, Fischer, 1974), und Zhores A. Medvedev, *Der Fall Lyssenko* (Hamburg, Hoffmann u. Campe, 1971).

Ein Buch von A. I. Oparin, das seine Gedanken zusammenfaßt, ist bei den Hinweisen zum Kapitel 4 aufgeführt.

Proceedings for the first International Symposium on »The Origin of Life on the Earth«, F. Clark und R. L. M. Synge, Hrsg. (New York, Pergamon Press, 1959).

Das Buch von Farley über die Urzeugung ist unter Kapitel 2 aufgeführt.

7

Die von Sol Spiegelman und seinen Mitarbeitern durchgeführten Darwinschen Experimente werden beschrieben in F. R. Kramer, D. R. Mills, P. E. Coles, T. Nishihara und S. Spiegelman, »Evolution in vitro: Sequence and Phenotype of a Mutant RNA Resistant to Ethidium Bromide«, in: *Journal of Molecular Biology*, 89 (1974), S. 719–736, und in den dort genannten Hinweisen.

Wegen Informationen über die Arbeit von Leslie Orgel über Modelle der RNA-Replikation vgl. T. Inoue und L. E. Orgel, »A Nonenzymatic RNA Polymerase Model«, in: *Science*, 219 (1983), S. 859–862.

Manfred Eigen und seine Mitarbeiter haben ihre Gedanken über den Ursprung des Lebens zusammengefaßt in »The Origin of Genetic Information« von M. Eigen, W. Gardiner, P. Schuster und R. Winkler-Oswatitsch, in: *Scientific American*, (April 1981).

Die Theorie von Norman Horowitz, die diskutiert wird, wurde als Beitrag veröffentlicht, »On the Evolution of Biochemical Synthesis«, in: *Proceedings of the National Academy of Sciences*, 31 (1945), S. 152–157.

Die Zwänge, denen man bei der präbiotischen Synthese folgte, wurden von L. E. Orgel und R. Lohrmann zusammengefaßt in »Prebiotic Chemistry and Nucleic Acid Replication«, in: *Accounts of Chemical Research*, 7 (1974), S. 368–377.

Die Literatur über die präbiotische Synthese ist umfangreich. Die folgenden Hinweise sind eine Auswahl der Werke, die für die revidierte Fassung der Mittwochs-Geschichte herangezogen wurden: W. A. Schwartz, »Chemical Evolution – the Genesis of the First Organic Compounds«, in: *Marine Organic Chemistry*, E. K. Duursma und R. Dawson, Hrsg. (Amsterdam, Elsevier, 1981), S. 7–30; N. W. Gabel und C. Ponnamperuma, »Model for Origin of Monosaccharides«, in: *Nature*, 216 (1967), S. 453–455; W. D. Fuller, R. A. Sanchez und L. E. Orgel, »Studies in Prebiotic Synthesis. VII. Solid State Synthesis of Purine Nucleosides«, in: *Journal of Molecular Evolution*, 1 (1972), S. 249–257; M. J. Bishop, R. Lohrmann und L. E. Orgel, »Prebiotic Phosphorylation of Thymidine at 65° C in Simulated Desert Conditions«, in: *Nature*, 237 (1972), S. 162–164; D. A. Usher, »Early Chemical Evolution of Nucleic Acids: A Theoretical Model«, in: *Science*, 196 (1977), S. 311–313.

8

Eine umfassende Erörterung der Arbeit von Sidney Fox und seinen Mitarbeitern findet sich in S. Fox und K. Dose, *Molecular Evolution and the Origin of Life*, verbesserte Auflage (New York, Marcel Dekker, 1977). Wegen einer neueren Zusammenfassung vgl. S. Fox in *Science and Creationism*, Ashley Montague, Hrsg. (New York, Oxford University Press, 1984), S. 194–239. Einen kritischen Standpunkt vertritt William Day in *Genesis on Planet Earth* (East Lansing, Mich., House of Talos, 1979).

Schwankungen bei chemischen Reaktionen beschreiben I. R. Epstein, K. Kustin, P. De Kepper und M. Orban in »Oscillating Chemical Reactions«, in: *Scientific American* (März 1983).

Die Vorstellungen von A. G. Cairns-Smith beschreibt er selbst ausführlich in seinem neuesten Buch *Genetic Takeover and the Mineral Origins of Life* (New York, Cambridge University Press, 1982).

9

Francis Cricks Theorie der gelenkten Panspermie ist eingehend beschrieben in *Das Leben selbst: sein Ursprung, seine Natur*, (München u. Zürich, Piper, 1983).

Zu den populären Büchern von F. Hoyle und N. C. Wickramasinghe gehören *Lifecloud* und *Diseases from Space* (New York, Harper & Row, 1978, 1979) und *Evolution aus dem Weltraum* (Berlin, Ullstein, 1981). In neuerer Zeit hat Hoyle geschrieben: *Das intelligente Universum* (Frankfurt, Umschau, 1984).

Als Beispiel für die Fachbeiträge von H. und W. über interstellare Körner vgl. F. Hoyle, A. H. Olavesen und N. C. Wickramasinghe, »Identification of Interstellar Polysaccharides and Related Hydrocarbons«, in: *Nature*, 271 (1978), S. 229–231, und F. Hoyle und N. C. Wickramasinghe, »Biochemical Chromophores and the Interstellar Extinction at Ultraviolet Wavelengths«, in: *Astrophysics and Space Science*, 65 (1979), S. 241–244.

10

Wegen einer kurzen Geschichte der Bewegung der Anhänger der Schöpfungslehre in den Vereinigten Staaten vgl. Ronald L. Numbers, »Creationism in 20th-Century America«, in: *Science,* 218 (1982), S. 538–544.

Der Text der Entscheidung von Richter William R. Overton »Creationism in Schools: The Decision in McLean versus the Arkansas Board of Education« ist in *Science,* 215 (1982), S. 934–943, veröffentlicht worden. Er enthält geschichtliches Material, eine packende Darstellung des Prozesses und eine ausgezeichnete Erörterung des Wesens der Wissenschaft.

Eine allgemeine Darstellung der Position der Anhänger der Schöpfungslehre findet sich in *Scientific Creationism,* Ausgabe für Staatsschulen (San Diego, Calif., CLP Publishers, 1974). Wegen einer fachlichen Erörterung der Ansicht der Anhänger der Schöpfungslehre über den Ursprung des Lebens vgl. Duane T. Gish, »A Consistent Christian-Scientific View of the Origin of Life«, in: *Creation Research Society Quarterly,* 15 (1979), S. 185–203.

Argumente gegen die Ansicht der Anhänger der Schöpfungslehre über die Wissenschaft finden sich in Niles Eldridge, *The Monkey Business* (New York, Washington Square Press, 1982), und Philip Kitcher, *Abusing Science* (Cambridge, Mass., MIT Press, 1982).

11

Der Bericht der Siebten Internationalen Konferenz über den Ursprung des Lebens ist in *Origins of Life,* Bd. 14, Nr. 1–4 (1984), veröffentlicht worden.

12

Wegen eines neueren Überblicks über Fortschritte bei den DNA-Sequenzen vgl. A. T. Bankier, »Advances in Dideoxy Sequencing«, in: *Bio Techniques* (März/April 1984), S. 72–77, und die Hinweise dort. Die längste Erbinformation, deren Basenabfolge in der DNA bis Anfang 1985 sequenziert wurde, ist das Epstein-Barr-Virusgenom mit 172 282 Basenpaaren; vgl. R. Baer, A. T. Bankier, M. D. Biggin, P. L. Deininger, P. J. Farrell, T. J. Gibson, G. Hatfull, G. S. Hudson, S. C. Satchwell, C. Seguin, P. S. Tuffnell und B. G. Barrell, »DNA Sequence and Expression of the B95–8 Epstein-Barr Virus Genome«, in: *Nature,* 310 (1984), S. 207–211.

Informationen über die Erkrankung finden sich in einem Beitrag von Stanley B. Prusiner, »Prions«, in: *Scientific American* (Oktober 1984).

13

Ausführliche Kritik am Entwurf vieler präbiotischer Simulationen haben C. B. Thaxton, W. L. Bradley und R. Olsen geübt, *The Mystery of Life's Origin: Reassessing Current Theories* (New York, Philosophical Library, 1984).

Die Möglichkeit von Leben an anderen Orten des Sonnensystems haben ein Kollege und ich ausführlich abgehandelt: G. Feinberg und R. Shapiro, *Life Beyond Earth* (New York, William Morrow, 1980).

The Planetary Report, Bd. III, Nr. 6 (1983), ist fast ganz dem Titan gewidmet, einschließlich Plänen über zukünftige Erkundungen.

Das mögliche Vorkommen von flüssigem Wasser auf Europa wird von S. W. Squyres, R. T. Reynolds und P. M. Cassen untersucht, »Liquid Water and Active Resurfacing on Europa«, in: *Nature,* 301 (1983), S. 225–226.

Als Titelgeschichte der Septemberausgabe 1984 brachte die Zeitschrift *Discover* die Argumente für eine bemannte Reise zum Mars.

Register